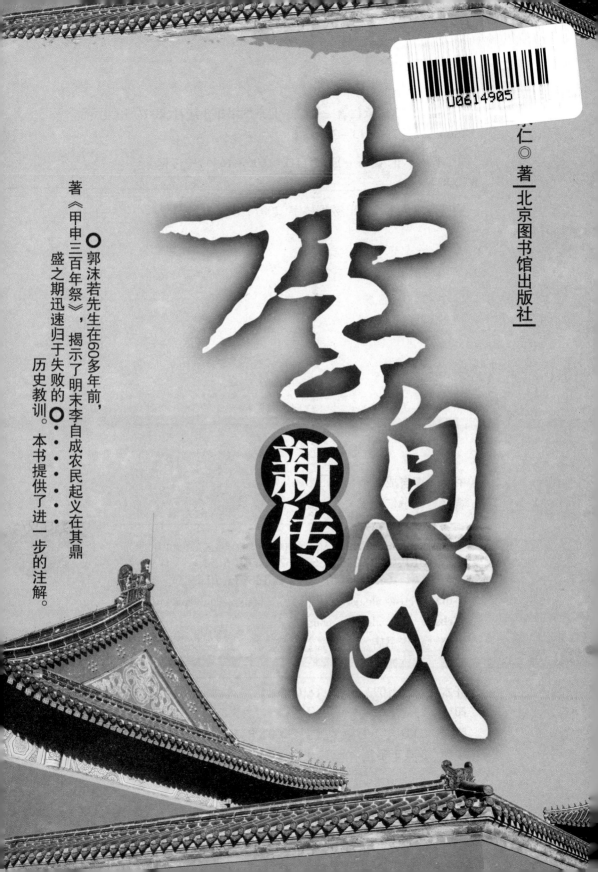

李自成新传

○郭沫若先生在60多年前，著《甲申三百年祭》，揭示了明末李自成农民起义在其鼎盛之期迅速归于失败的……历史教训。本书提供了进一步的注解。

○○仁○著 北京图书馆出版社

图书在版编目(CIP)数据

李自成新传/谢承仁著. —北京:北京图书馆出版社,2007.5
ISBN 978 - 7 - 5013 - 3476 - 6

Ⅰ.李… Ⅱ.谢… Ⅲ.李自成(1606~1645)—传记
Ⅳ. K827 =48

中国版本图书馆 CIP 数据核字(2007)第 059559 号

书名 李自成新传
著者 谢承仁 著

出版 北京图书馆出版社 (100034 北京西城区文津街7号)
发行 010 - 66139745 66175620 66126153
      66174391(传真) 66126156(门市部)
E-mail cbs@ nlc. gov. cn(投稿) btsfxb@ nlc. gov. cn(邮购)
Website www. nlcpress. com
经销 新华书店
印刷 北京四季青印刷厂

开本 787×1092 毫米 1/16
印张 23
版次 2007 年 5 月第 1 版 2007 年 5 月第 1 次印刷
字数 300 千字

书号 ISBN 978 - 7 - 5013 - 3476 - 6/K·1507
定价 35.00 元

目　　录

前　言

谢承仁

编者按：本书作者谢承仁先生已八十四岁高龄，多年来受眼疾困扰，不能应出版社邀请亲撰序言，遂由责任编辑访问，谢先生口述本书撰著缘起、历程诸事项如次。

中学时代，我对诗词曲赋、小说戏剧之类很感兴趣。我家祖上有位清朝道光年间做过大官的元淮公，在文学、音韵领域都有成就，所著《碎金词谱》、《养默山房诗稿》、《双砚斋词话》等至今还有较大影响。上世纪70年代，毛泽东同志曾亲自指定专业人员将《碎金词谱》翻译成简谱，演唱并录制了数百张唱盘。家人喜以他的事迹教导子弟，我从小就深受启迪。但高中文理分科时，因为物理、数学等学科成绩出众，我还是选择了理科。1946年投考大学时，我在上海同时报考了上海交大、同济大学、厦门大学、暨南大学、复旦大学及北京大学六所高校，专业则有医、理、法、工、新闻、史学六种，结果全部考中。只有北京大学录取单上注明为试读。当时犹豫再三，反复思量，考虑到北京是文化古都，学风好，同时又很想去看看明清两代遗留的故宫，最后还是大胆舍弃其他学校，进胡适之先生领导下的北京大学。初入学时，对"试读"二字深感困惑，惴惴不安，有一天终于鼓起勇气去找当时任校秘书长兼史学系主任的郑天挺先生打探究竟，承他热心接待，告诉我只要期末考试每门都及格，即可免试读，转正式生。听完我才舒了口气，在史学系安心读起书来。

求学期间，我对明清史产生了浓厚兴趣，经常给《青年报》、《中学生》等刊物写文章，讲明清故事。离开北大后，我仍与郑天挺先生有联络，他是清史专家，所著《清史探微》对我影响很大。后来，又经他介绍，先后认识了王崇武先生、吴晗先生。王崇武先生介绍我参编《中国历史大图谱》（拟出中俄双文版），王先生和我负责文字部分，沈从文先生配图，苏联方面派出的则是莫斯科大学尼基伏罗夫教授。直接负责这本书出版工作的本是文化部副部长郑振铎先生,孰料书未编竟他便因出国访问途中飞机失事而遇难。此后,中苏关系破裂,书的出版工作遂告流产。不过我在编书过程中,与王崇武先生朝夕相处,深受教益,更坚定了研究明清史的志向。

吴晗先生在新中国成立后,担任北京市副市长。他毕业于清华大学国学院,在学术上成名很早,但虚怀若谷,很愿意与学术界人士往来,尤其是青年学者。他主编《中国历史常识》(中国青年出版社,1963年出版)时,便邀我协助他主编古代史部分,我们间渐至熟悉、密切,他还介绍我与廖沫沙、邓拓认识。吴晗先生曾到中央党校讲明史,从朱元璋起义,一直讲到嘉靖年间,讲稿由中央党校记录并整理。1961年,北京出版社约他撰写明史通俗读物,他于是打算将这部讲稿和《朱元璋传》交过去,由于缺明后期部分,吴先生工作又太忙,专门让出版社主编到我任教的北京师范学院(今首都师范大学)来找我。我不便拒绝,于是要求与吴先生合写,他却说:"你先别管那么多,先找资料,写完再说。"我只好勉强承担下来,准备先将受约撰写的《李闯王》整理、完善后交过去。不料形势骤变,不久"文化大革命"爆发,吴先生首当其冲被批斗,之后含冤辞世,我亦因与"三家村"相熟,受到牵连,进了牛棚,这本书的修改完善工作遂告中辍。

"文化大革命"后,我回到北京师范学院,重执教鞭,开始正常的研究、教学工作,学校一派生机勃勃的景象,不时有外国学者来访。一次,美国哈佛大学教授戴福士(DES, Forges)来访,他是汉学家,见面后即送我一本 *Harvard Journal of Asitic Studies*,内容是研究李岩和红娘子关系的,我看到以后感觉很惊诧——原来国外汉学界如此关注明清历史的研究!本来,新中国成立以来对明清史的研究就较热,中共中央进城后即有要求全体干部集体学郭沫若《甲申三百年祭》的举措。此际可以重操旧业了,我于是再起炉灶,开始整理《李自成新传》书稿。1984年稿成后寄上海人民出版社,很快得以出版。可是之后不久,上海人民出版社竟在我毫不知情的情况下,擅自将版权卖给台湾桂冠图书公司,该公司也没有与我联系,于1993年将这部《新传》收入自己的"古典新诠"丛书,录排出版。对出版商的这种不尊重著作权人的违法行为,我只好诉诸法律,所求无他,只是希望著作者辛辛苦苦的劳动得到应有的尊重而已。其结果,是上海人民出版社败诉,桂冠公司亦因未与我联系而被判侵权。

本书有三个特点:一、考虑到读者对象文化程度相当于大专学生,文字上力求通俗晓畅,可读性更强。二、在写作形式上,本书注多于文,其目的是尽量做到"论从史出"、"言必有据",将史实考证透析。为说明问题,个别注达万余言(如第三章注㊺)。本书参阅农民运动史料及明清档案馆藏书籍、原始资料千余种,即便是一手资料,也细加考证甄别。三、采纳别人意见,书中一律明确说明是某人所持某观点;凡与他人观点相左者,则均说明自己的观点所在,及为什么与人不同。

《李自成新传》撰写期间,我曾带年轻同事和研究生赴陕西米脂等地实地考察。后来,米脂县专门为李自成立了碑,由我题词,欧阳中石先生书写。这算是一份意外的回报,我感到很欣慰。现在《李自成新传》由北京图书馆出版社慨允出版,真是此书又一大幸也。出版在即,感慨良多。记得文革前,为使吴晗先生1962年交给我的《明史》记录稿和《朱元璋传》油印稿等免遭不虞,我专门将这些书稿装进一个小皮箱,请求我的大学同学、时在中宣部任职的朋友刘一冷同志代为保管,后来取出来时,曾赋诗致谢,诗云:

> 把酒殷勤劝,西窗夜雨来。
> 相交三十载,肝胆两无猜。
> 抱节山间竹,冲寒岭上梅。
> 与君同醉饮,且待雾霾开。

重新整理、撰写《李自成新传》时,我为新的气象鼓舞,填写了一首《金缕曲》,词道:

> 万里长征路,见新天,云开日出,尽擒狐兔。前辈当年征途上,斩荆披棘岂惧?造就了,英雄无数。赢得关山刁斗静,后来人,昂首鹏程步。
> 心腹话,纵情述,凯歌一曲平章赋。愿年年,东风雨润,茂林春树。溪越的卢奔何速,惊破襄阳紫雾。怎驾驭,天公分付。酒祝河清星添寿,展新容,桃李芳如故。谈笑里,不知暮。

今日之欣慰、感念,正可与之照应相合也。

最后,感谢编辑同志热忱、辛勤的劳动!

2007年2月
于首都师范大学寓所

第一章 动荡的时代

一 摇摇欲坠的明王朝

李自成生于明神宗万历三十四年（1606），万历朝是明朝封建统治由盛而衰的一个很重要历史时期。万历后期，朱翊钧晏居深宫，声称有病，二十余年不见群臣，不问朝政，醉生梦死地过着糜烂生活，"鼓钟于宫，声闻于外"，"每夕必饮，每饮必醉，每醉必怒，左右一言稍违，辄毙杖下"①。他为了满足贪欲，维持自己及其子孙的帝王豪华享受，先后派遣大批宦官，分赴各地，收税、开矿，敲骨吸髓地对人民进行搜刮。连他的某些臣下也看不惯这种做法，提出警告说："奈何皇上欲黄金高于北斗，而不使百姓有糠秕升斗之储？皇上欲为子孙千万年，而不使百姓有一朝一夕？试观往籍，朝廷有如此政令，天下有如此景象，而不乱者哉！"②

万历中期之后，皇储人选争夺激烈。朱翊钧的皇长子朱常洛和皇

万历皇帝像

1

崇祯皇帝像

三子朱常洵，为争夺皇位继承权，长期进行明争暗斗。朝中大臣，围绕着"拥立"谁的问题，各植党羽，争权夺利，势同水火。政府中某些机构，多年无人主管，一般日常工作无法进行。诏狱的犯人，因无人负责审理，结不了案，又不放出，长期被关在狱中。全国年年闹灾荒，报灾的奏疏雪片般送进宫中，犹如石沉大海，从不见下文。③整个统治机构，暮气沉沉，一天天瘫痪、溃烂。

继朱翊钧之后的皇帝是朱常洛，即位只有一个月就死去；他的死，加剧了统治集团内部的党争。

朱常洛死后，皇位由他16岁的儿子朱由校继承，改元天启，历史上称为明熹宗。熹宗在位七年（1621—1627），后期大权实际完全操纵在以司礼监太监魏忠贤为首的宦官集团之手。魏忠贤与朱由校的乳母客氏勾结，两人狼狈为奸，把明末的政治推到了腐朽、黑暗的顶点。他们掌握了特务机关"东厂"，可以任意捕人，任意廷杖大臣，任意把反对他们的人下诏狱论死。厂役见谁有资财，就诬谁为盗贼，先加以严刑拷问，逼他择肥而攀，随后瓜连蔓抄，把许多无辜的人投进监狱。④京城内外，密布东厂暗探，民间闲话，一语不慎，就有割舌、砍头、剥皮的危险。⑤

朝中无耻官僚，见魏忠贤势焰熏天，无不千方百计巴结逢迎。天启朝，前后26个宰相⑥，除东林党人外大多数都是魏党，人们称之为"魏家阁老"。⑦自内阁、六部以至四方督抚，遍布魏的心腹爪牙，有所谓"五虎"、"五彪"、"十狗"、"十孩儿"、"四十孙"等名目。⑧魏氏家族及姻戚，尽皆窃居要职，高官显爵。甚而连还未学步的稚子也封侯、封伯。⑨客氏，封奉圣夫人，居住宫中，声势显赫，其子弟亦皆显贵。

客魏集团，人们称之为"阉党"，由于他们在经济上的垄断和在政治上的专横，侵犯了一部分中小地主和工商业主的利益，因此受到了这部分人的坚决反对。代表这部分人在政治上说话的是"东林党"。天启四年

（1624），左副都御史杨涟与左佥都御史左光斗密谋，上疏列举魏忠贤二十四大罪状，请求将魏正法，并将奉圣夫人赶出宫外，以消隐忧。杨上疏之后，御史黄尊素继上《劾奏逆阉魏忠贤疏》，请"即日罢忠贤（东厂）厂务，敕归私第，将傅应星、傅继教、陈居恭诸人立付法司"。史科都给事中魏大中上疏支持杨涟，请求熹宗采纳宪臣之言，立斩魏忠贤，驱除客氏。左光斗亦草奏劾魏忠贤及魏广微三十二斩罪。魏忠贤开始有点惊慌，后得客氏暗助，从容布置党羽，进行反扑，先后将杨涟、左光斗、魏大中、周顺昌、黄尊素等著名东林党首领以"党同伐异，招权纳贿"罪名逮捕下狱，酷刑拷掠而死。⑩接着，大批东林党人惨遭迫害，一一被排挤出政府。至此阉党势力盛极一时，宰相、六部都得秉承魏忠贤意旨行事，一切政令皆出自"九千岁"之门，以致在政治上造成我国自汉、唐、宋以来空前酷烈的宦官专权局面。⑪

朱由校死后，皇弟朱由检即位，历史上称为思宗（或称毅宗、怀宗），改元崇祯，在位共十七年（1628—1644）。

朱由检初即位时，为了巩固皇位，消除隐患，虽曾对客魏集团采取了严厉镇压手段，为过去受迫害的东林党人昭雪过冤狱，然而在政治上却并未因此而有多大起色。"四海渐成土崩瓦解之形，诸臣但有角户分门之见"。⑫崩溃之势，犹如江河日下，业已无法挽回。⑬

所谓"门户之争"，争的是"坐位"——官品的高低，权力的大小；争的是"要路"——高升的捷径，迁转的迟早。⑭吏、兵二部，选官、授官，均以交情的深浅和贿赂的多寡为人择地。交情深、贿赂重，则"钻营闽、粤、浙、直美缺以去"；否则，便"以功令驱之到官"。⑮"命运低，得三西"⑯，这是当时官场中流行的一句谚语。"三西"指江西、山西、陕西。这三省，比起闽、粤、浙、直诸省来，地瘠民贫，是官吏们认为没有多少油水可捞的地方。崇祯十五年（1642），会推阁臣，大僚们皆以私交情面滥推，一些未能参与会推的人大为不满，于是投写匿名文书，揭露会推黑幕，把参与会推的人比作"二十四气"，称某某为"杀气"，某某为"棍气"，某某为"戾气"……⑰，把一场所谓的会推盛典，搅得乌烟瘴气。

随着世风日下，在明末政治生活中行贿、纳贿的花样越来越多。吏部每逢大选，如不买通东厂关节，总会遇到麻烦；故每到选期，事先馈赠东厂白银二万两，方能双方安堵，彼此心照，互不干涉。⑱贿赂的规格也愈来愈提高：初送白银，继送黄金，再后敬奉珍珠。[19]内阁首辅周延儒、温体仁、陈演、魏藻德等，皆以贪权受贿而致臭名昭著。周延儒家的心腹门客董廷献（又名董心葵），交际广阔，京师不少达官贵人，甚而对之"上揖其履"、"恭听其声"，不敢丝毫怠慢。[20]周延儒在京师开设三间店铺，卖金、卖珠、卖人参，命董经营，并给他大珠30颗，以当牙筹。凡行贿之人，都假装顾客到这三间铺子进行"交易"；如行贿上千金，则由童心葵给大珠一颗，作为凭信，然后行贿人将大珠面献周延儒，由周含笑收纳。30颗大珠用完，又给30颗，再用完再给，如此周而复始。[21]户科给事中韩一良上疏论贿赂，讲道："县官为行贿之首，给事纳贿之魁。""至于科道，人号为'抹布'，言只要他人净，不管自己污名。"[22]韩一良的话总还算比较老实，敢于承认受过贿，脏！像抹布。不过他还说的不够。不只科道脏得像抹布，整个明末统治集团，上自内阁下至科道，几乎全都脏得像抹布。

"邪人当路，贿赂公行，几于不成世界。"[23]这是崇祯时一位曾残酷镇压过农民起义的高级官员都察院右佥都御史、陕西三边总督杨鹤的话[24]，连他也发出这种感慨，可见问题已经到了何等严重的程度！

造成明末社会阶级矛盾日益尖锐的原因，除上述政治腐败这点外，还有最根本的两点是：土地的高度集中和赋税、徭役的极端繁重。

万历时，潞王朱翊镠在湖广霸占田地四万顷。[25]福王朱常洵封藩洛阳，明神宗下令搜刮河南、山东、湖广等处田地两万顷赐他做王庄；王府官役丈地征税，勒索百姓，捕杀庄佃，引起所在骚动。[26]天启时，瑞、惠、桂三王及遂平、宁德二公主，各有庄田万顷。[27]成都蜀王，西安秦王，开封周王，武昌楚王，尽皆"跨土连城"，家财百万。魏忠贤历年盗窃宫中珍宝及内帑财物无数[28]霸占良田最少有万顷。[29]其他一些大太监，也都"房宅遍满京师"。[30]阉党"五彪"之首锦衣卫都督田尔耕，强占土地当亦不下万顷。[31]河南南阳曹某、睢州褚太初、宁陵苗思顺、虞城范良彦四家，各有良田多者千余顷，少者亦不下五、七百顷，畜养健仆数千人，横行州府，任意杀人，夺人田产，掠人妇女，不可胜计，百姓称之为"四凶"，地方官明知不敢过问。[32]江南苏州、松江一带，地主只占十分之一，佃耕农民则占十分之九。那里一年收成，每亩最多不到三石，农民交租一般为一石二、三斗，最少得交八、九斗，自己所剩无几；以致今天交完租，明日就得乞讨、借贷，生活难以维持。[33]

百姓交纳田赋，除规定正额外，还有种种"加派"。主要"加派"有："辽饷"、"剿饷"、"练饷"。"三饷"每年共计白银二千三百余万两。㉝为搜刮"加派"，明政府还特地给地方官定出了一套具体奖惩办法：以十分为足额。搜刮六分以上者"免议"，足额者"优叙"；不足额者，分别给以"降俸"、"降职"、"戴罪督征"、"赴部改选"等处分。㉟因此，地方官雷厉风行，"催比钱粮，血流盈阶"。㊱

朱翊钧在位期间，税监遍天下：无论水路、陆路，才行数十里，甚或数里，一遇码头，便设抽税关卡。即使穷乡僻壤，也是税网密张。州县之中，茅檐蓬门之村，肩挑背负之贩，米盐鸡豕之物，无一村不税，无一贩不税，无一物不税。连往来旅客行李，也被搜索，逼令输税。少有违抗，即送官惩治，没收一半资财；再敢违抗，即解税使衙门，没收全部财货。只要一送进税使衙门，就很少有活命希望。㊲朱由检在位期间，苛捐杂税更是层出不穷：崇祯初年，关税每两增一钱；三年，复增二钱；八年，增添间架税（即房捐）；九年，复议增税课款项；十三年，增关税20万两。由是商民益困，都在背后痛骂，称"崇祯"为"重征"。㊳

明末徭役之重，和历代相比，有过之无不及。朱翊钧即位不久，就动工给自己修建陵墓，费时六年，紧急施工期内，每日役使军匠、民工2万余人，前后耗银800余万两。朱由校给父亲朱常洛修陵墓，朱由检给哥哥朱由校修陵墓，均各耗银50万两，役使军匠、民伕数万名。㊴重修三殿（皇极、中极、建极），采楠、杉诸木于湖广、四川、贵州诸省，费银930余万两，浪费人工不可数计。桂王建造王府，历时七年，耗费金钱50余万。修魏忠贤生祠，全国数十所，一祠之费，动辄万计，祠宇壮丽，自古罕有。㊵

对统治阶级中的特权阶层贵族、官僚、太监、孔孟后裔、举人、监生等来说，都享有"优免"部分赋役的特权。他们不仅可以不当差、不纳粮，或者少当差、少纳粮；有的甚至恃强霸道，把自己应该承担的赋役，通过"飞洒"、"诡寄"等欺诈手段，转嫁给穷民。就这样，由于种种弊端，因而造成了赋役的极其不均与不公：有的地主"产无赋，身无徭，田无粮，廛无税"㊶，生活一天比一天富裕；而广大的破产农民，则在"无田之粮，无米之丁，田归富室，产去粮存，而犹输丁赋"的重压之下㊷，越来越走向贫困。

被统治者当作砂粒踩在脚下的亿万饥寒交迫的农民、手工业工匠、矿徒、以及城市贫民，不堪压迫，不断地掀起反抗。万历时：山东、湖广、南直隶、云南等地区，反对矿监、税监的斗争，波澜壮阔，此伏彼起。有的地方烧掉矿监、税监衙门，杀死矿、税监；有的地方杀死地方知县官，把斗争矛头直接指向明政府；有的地方甚至公开转变为武装起义。天启时，山东爆发白莲教起义，实际已经拉开明末农民战争的序幕。苏州、浙江等地，抗议东厂差役行凶捕人，数万人罢市，万声鼎沸，痛殴缇骑；苏州居民倡议拒绝使用"天启钱"，邻近各府、州、县采取一致行动，致使"天启钱"被当地禁用达十月之久。⑫崇祯时，各地人民的反抗斗争，范围越来越广，声势越来越大，最后汇合成为我国古代史上规模最大的一次农民革命战争。明朝276年的封建统治，终于就在这次轰轰烈烈遍及全国的农民革命烽火中，土崩瓦解。

注：

①《明史》卷二百四十三《冯从吾传》。

②《明史纪事本末》卷六十五。

③参见《明史》卷二百十八《方从哲传》。

④关于魏忠贤与客氏狼狈为奸事，《明史·魏忠贤传》记载甚详。魏忠贤和客氏，互以夫妇相待，宫中称为"对食"。有关东厂诬良为盗之材料，见李清著《三垣笔记》（上）。

⑤《明史·魏忠贤传》。

⑥据《明史》卷一百十《宰辅年表二》统计。

⑦吴应箕《两朝剥复录》（中）。

⑧《明史·魏忠贤传》谓："五虎"为崔呈秀、田吉、吴淳夫、李夔龙、倪文焕；"五彪"为田尔耕、许显纯、孙云鹤、杨寰、崔应元；周应秋、曹钦程等号"十狗"；"十孩儿"、"四十孙"未具体提名。

⑨据《明史》载，魏忠贤令党徒奏请封其从孙魏鹏翼为安平伯，从子魏良栋为东安侯，"时鹏翼、良栋皆在襁褓中，未能行步也"。《先拨志始》谓魏良栋为东安侯时止4岁，魏鹏翼为安平伯时止3岁。《剥复录》谓魏鹏翼"以四岁封安平伯"。

⑩杨涟劾魏忠贤二十四大罪状疏为天启四年六月。

⑪黄宗羲《明夷待访录·奄宦上》："奄宦之祸，历汉、唐、宋而相寻无已，然未有若有明之为烈也。"

⑫这是崇祯五年四月兵部员外郎华允诚所上《三大可惜四大可忧疏》中语。见《崇祯朝纪略》（国家图书馆藏钞本）。按此钞本与李逊之著《崇祯朝记事》（光绪年间刊本）除极个别文字有出入外，其余全同。

⑬夏允彝《幸存录·国运盛衰之始》。

⑭见史惇《恸余杂记·门户坐位》。

⑮据吴伟业：《绥寇纪略》卷十一"附记"《豫抚陈益吾与同年许霞城书》。

⑯谢肇淛《五杂组》卷四，《地部二》。

⑰李清《三垣笔记》附识中："大僚及台谏，以枚卜构竞不休，其不得与会推者，遂造为二十四气之目，摇惑中外。以吴辅姓为'杀气'，下注再生吴起；孙廷尉晋为'棍气'，下注两头蛇；金金宪光辰为'戾气'，下注金甲神……"。

⑱同上书。

⑲史惇《恸余杂记·贿赂之变》。

⑳见明佚名著《董心葵事记》及《恸余杂记·宜兴七相公》条。《明史》卷三百八《周延儒传》所说之"门下客"董廷献，即童心葵。

㉑见孟森编纂《霜猨集校订补注》。

㉒李逊之撰《三朝野记》卷四。

㉓见《明末农民起义史料》（北京大学文科研究所编辑）崇祯元年《起升都察院右金都御史杨鹤题为微臣误蒙起用事》。

㉔杨鹤说这几句话，是在崇祯元年九月，此时他还未任三边总督。

㉕《明史》卷一百二十，《潞王翊镠传》。

㉖同上书，卷七十七《食货一》。

㉗《明史》卷七十七："熹宗时，桂、惠、瑞三王及遂平、宁国二公主，庄田动以万计。"据同书卷一百二十一《公主传》载，知光宗朱常洛有九女，其中五个早死，其余四女为：怀淑公主、宁德公主、遂平公主、乐安公主。四公主中，并无宁国公主。按宁国公主系明太祖之女，明成祖之妹，死于宣德九年（1434）八月（据《明史·公主传》）。可见《明史》卷七十七上所说之"宁国"公主，当是"宁德"之误。

㉘此事陆圻《纤言》（上）《大珰盗宝》、《明史》卷七十九《食货三》、钱甹《甲申传信录》卷六及冯苏《劫灰录》"附录别集"《诛逆爰书》，均有记载。

㉙《明史纪事本末》卷七十一《魏忠贤乱政》。

㉚《纤言》（上）《大珰盗宝》。

㉛据《明史纪事本末》卷七十一记载，田尔耕"捐"田土七千余顷举办军屯。一次就"捐"田七千余顷，可见他原来所占土地，一定要大大超过此数。

㉜吴伟业：《绥寇纪略》卷八，郑廉：《豫变纪略》卷二。

㉝顾炎武：《日知录》卷十，《苏松二府田赋之重》。

㉞《明史》卷七十八《食货二》："御史郝晋亦言：万历末年，合九边饷止二百八十万，今（指崇祯时）加派辽饷至九百万，剿饷三百三十万，业已停罢，旋加练饷七百三十余万，自古有一年而括二千万以输京师，又括京师二千万以输边者乎？"又《明清史料》、乙编第五本《核饷必先清兵残稿》载："（崇祯）十二年大木厂集议以来，加派练饷七百二十九万，以养练兵……据户部疏称，岁用练饷至八百七十万九千有零，则已出浮于入矣。三饷岁额二千三百余万…"。

㉟参看《崇祯存实疏钞》（北京大学研究院《文史丛刊》第一种）卷一上，《辽饷征解愆期筹事》。

㊱李清《三垣笔记》（上）。

㊲根据《明文》卷八十一《食货五》，及《明书》卷八十三《食贷志三》。

㊳《明史》卷八十一及《三垣笔记》（上）"附识上"。

㊴参看《明史》卷五十八《礼十二·山陵》、《明书》卷十八《熹宗本纪》及《明清史料》乙编第一本《兵部行"营建大行皇帝陵寝"稿》。

㊵据《明史》卷八十二、《明季北略》卷五、《明史纪事本末》卷七十一、《三朝野记》卷三。

㊶原见《复社纪略》，转引自李文治《晚明民变》第一章。

㊷《明史》卷七十八。

㊸赵吉士辑：《寄园寄所寄》卷六，《焚麈寄·遗闻》。

二　农民起义风起云涌

天启时，黄河多次决口，黄淮地区经常泛滥成灾。[①]

崇祯时，水、旱、蝗灾，年年不断；"大疫"、"大饥"、"人相食"的记载，史不绝书。[②]灾情遍及全国，其中尤以陕西、山西、河南诸省，最为悲惨。据一位目睹崇祯元年（1628）陕西灾区惨象的人讲：延安府大旱，许多人吃山间蓬草度命，蓬草吃尽吃树皮，树皮剥尽掘吃观音土，不几日腹胀下坠而死。安塞县城，弃婴遍地，呱呱而啼，今日弃明日死，后日复有人弃。老人、儿童及单身行人，一到城外，便为人所食；食人之人，不数日面目赤肿、内发燥热而死。城外尸骸枕藉，臭气熏天，埋不胜埋。[③]

崇祯二年（1629），兵科左给事中刘懋建议，裁减部分驿站，将每年裁驿节省下的经费，移作军饷。[④]崇祯十二年（1639），兵部尚书杨嗣昌建议，在原征"辽饷"、"剿饷"之外，再加征"练饷"。⑤陕西省州县官，为催逼钱粮及各种"加派"，"牌催差守，三令五申"，逼得各地"人逃地荒"，"民穷彻骨"，"千里荒山，寂无人烟"，"满目荆榛，瓦砾四野"，到处都呈现出一派荒凉图景。⑥

由于军政腐败，将官腒削，边兵缺饷现象十分严重。陕西四镇（延绥、甘肃、宁夏、固原），自万历三十八年（1610）至天启七年（1627），十八年中共缺饷240余万两。⑦至崇祯二年（1629）三月，延绥、宁夏、固原三镇，缺饷竟达36个月之久。⑧由于欠饷，兵变不断发生，而且每次都闹得很凶：固原兵变，抢州库；甘肃兵变，杀参将；宁夏兵变，杀巡抚。……

明末大规模农民起义，早在天启初年就已正式拉开序幕。

天启二年（1622），徐鸿儒在山东西南部领导白莲教徒起义，自号"中兴福烈帝"，称"大乘兴胜元年"⑨，攻下郓城、邹县、滕县、峄县、钜野等县城⑩，一度"阻绝运河"，夺获粮船40余艘，切断漕运。北直隶深州（今河北深县）、景州（今景县）、大名府（包括今河北省东南部魏县、大名及河南省东北部南乐、清丰等十县之地）一带，白莲教徒起义，响应徐鸿儒。四川也有白莲教起义，与山东遥相呼应。⑪

明政府派兵镇压，起义虽在半年内即遭失败，但白莲教群众一直坚持秘密斗争，"一呼响应，百万成群"，从未停止过反抗。明统治者害怕运河再次被切断，特别在漕运咽喉之地——兖州，驻兵防守；护漕官兵，在所谓"伏莽窃发，岁岁见告"的情况下，提心吊胆，时刻处于紧张戒备状态。⑫

崇祯元年秋，陕西大饥荒。澄城县知县张斗耀催退钱粮，白水县农民王二率领饥民反抗，杀死张斗耀，在澄城宣布起义。⑬接着，起义队伍攻打蒲城县孝童村和韩城县淄川镇，攻破宜君县狱。⑭

同年冬，府谷县农民王嘉胤、杨六郎、不沾泥等强分地主、富户粮食，对抗官府缉捕，也举行了武装起义。⑮

王二率部北上与王嘉胤部会合，两部共约五六千人，集中于宜川、洛川以南黄龙山区。⑯

同年，王左挂（原名王之爵、王子顺，又称左挂子）⑰、苗美、飞山虎、大红狼等起义于宜川（一说起于绥德）；高迎祥起义于安塞，自称

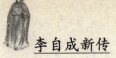

"闯王"；王大梁（又名王昇）起义于陕南，自称"大梁王"。庆阳、淳化、绥德、洛川、延川等府、州、县，到处都有农民军兴起。

崇祯二年（1629）春，王二、王大梁分别在黄龙山区和略阳、汉阴跟明军作战，牺牲[18]；王二的余部退进黄龙山首蓿沟，王大梁的余部退往四川，以后都加入了别部农民军。这时，陕西的农民革命斗争浪潮，滚滚向前。一开始，农民军不仅拥有全副武装的精锐步兵，而且还拥有控弦带甲的精锐骑兵；起义的队伍打到哪里，就受到哪里的人民群众热烈欢迎。各地的饥民，争先恐后参加革命，有的甚而连家带口，以米脂县为例，全县几乎十分之七的人都加入了农民军。

明陕西地方高级官员，都被眼前这种天翻地覆的局势吓得惊慌失措，束手无策。陕西巡抚胡廷宴和延绥巡抚岳和声彼此攻讦，互相推卸责任。[19]三边总督[20]武之望忧惧成疾，惶恐自杀而死。消息哄传京师，举朝震惊，议论纷纭。明政府派遣杨鹤继任三边总督，前来陕西，负责镇压农民军。

杨鹤到任后，采取"剿、抚并用，以剿行抚"的狡猾策略，对农民军软硬兼施。所谓"剿、抚并用"，用他自己的话讲，即"服则舍之，解散安插"，"聚则歼之，扫荡廓清"；所谓"以剿行抚"，即"剿一处"、"抚一处"、"安插一处"，"善后之后，仍不废防剿"，此之谓"真荡平"。[21]明统治者对付农民军的手段，自始至终，总不外"剿、抚、困三法相机并用"[22]，其最终目的无非为了"真荡平"，彻底消灭农民军。

起义之初，农民军的首领大大、小小有数百，小股数百人、千余人或数千人不等，大股万余人或数万人不等，其中著名人物除最早牺牲的王二、王大梁外，还有王左挂、王嘉胤、点灯子（名赵胜、赵四儿，一说名孟长更）、紫金梁（名王自用，又称王和尚）、神一元、神一魁、可天飞（名何崇谓），以及自称"闯王"的高迎祥和自称"八大王"的张献忠等。

为了叙述清楚起见，下面以几个著名农民军首领的事迹为线索，将这一历史阶段农民起义初期的情况，作一简要介绍。

崇祯二年春、夏之际，王左挂转战于真宁、三水（今陕西栒邑）、耀州等地。该年夏初，他率众与明军鏖战于云阳，被万余官军、乡兵包围，趁一个大雷雨之夜，奋勇突围，走淳化，入神道岭。次年春，他攻打宜川，失利；转攻韩城、邰阳、清涧、安定，又失利；北奔怀宁河（今称槐里河），为明军追逼，接受了"招抚"。他的部下苗美、飞山虎、大红狼等坚决反对投降，率领残部800人继续和官军战斗。闰四月，官军追苗美等至安塞县铁叶寨，随之又追至贺家湾，苗美、飞山虎、大红狼三人不幸均为叛徒所害。王左接受"抚"后，并未得到好结果，这年秋天，仍被明政府定计杀死；跟他一起投降故人，也都统遭杀害。

王嘉胤在王二战死后，沉寂了一段时期，崇祯三年春，又开始活跃起来。他先后攻下延安、庆阳二府所属许多州县，三度攻克府谷县城，两次打进山西省㉓，声势震赫一时。正月，第一次攻占府谷；四月，第一次打到山西。六月五日，第二次攻占府谷，坚守3个月，主动退出；当官军正在自鸣得意庆幸"收复"县城之际，他率领起义军出其不意回戈一击，第三次又攻占了府谷。十一月，王嘉胤率领部众东渡黄河，第二次打到山西。㉔防河官军不敢和农民军正面接触，用大炮遥轰。总兵王国梁放炮，炮膛炸裂，官军不战自乱，全军惊溃；农民军在当地人民的内应下，占领了晋北要地河曲。㉕在一连串胜利中，王嘉胤的威望日益增高，成为当时陕西、山西大小各支起义军中最强的一位领袖，连高迎祥、张献忠、王自用等都在他部下，听其号令，服其调遣。

农民军捷报频传，引起明廷极大忧虑和恐惧。崇祯皇帝召集辅臣、九卿、科道及各省监司于文华殿，了解各地农民军动向及河曲被占真相，当他听完臣下奏报和答问之后，不禁神色惨淡，心情沉重，半天说不出一句话来。

明廷为夺回河曲，纠合川兵、秦兵、晋兵2万余人，连营19座，截断农民军汲道和粮道，四面围困攻打。农民军在缺粮缺水、外援断绝的情况下，英勇奋战，坚守5个多月将近半年，最后于崇祯四年（1631）四月十八日放弃河曲，向晋南转移。王嘉胤很快由晋北河曲挺进到晋南岳阳（今安泽县），随即由岳阳入屯留、长子境；二十七日，由高平之长平取山径至沁水坪上村；这月末，复由坪上村西南进入阳城县北乡，再折而从李丘长湾村入南山。

明将曹文诏统率官军，声称追击，尾随于后，也从晋北赶到晋南；但是他始终有意和农民军保持一定距离，害怕逼近，不敢冒险进犯。他部下有个小卒名叫张立位，其姊为王嘉胤强娶为妻；他向曹文诏献诈降计，愿混入农民军内部，刺杀王嘉胤。曹文诏命张立位假扮逃兵，前去投降。

王嘉胤对于张立位的"投奔"，毫不怀疑，把他当作"至亲"看待，收留为帐前指挥。张立位在其姊张氏掩护下，很快与另一位混藏在农民军

内部的奸细王国忠暗中勾搭上了。

六月初二夜里，王嘉胤心情烦乱，喝多了酒，醉寝帐中。王国忠手持宝剑，伪为护卫，守候在帐外。三更人静，张立位潜身执剑入帐，只见几上一灯焚荧，王嘉胤仰面而卧，两眼张开，眼光闪烁射人。张暗吃一惊，紧握住剑，定神静听，没有其他响动，唯闻鼻息如雷，酒气熏人，王嘉胤确已沉睡入梦，烂醉不醒。刹那间，只见剑光一闪，王嘉胤连清醒还来不及，就被这位"至亲"割下了首级。㉖张立位在营内放火，曹文诏在营外接应，驱兵掩杀。农民军猝不及备，黑夜厮杀，损失极其严重。

王嘉胤被杀后，紫金梁王自用被各部首领推为领袖。他团结各支农民军，结成大小三十六营，共同对敌。三十六营除王自用外，还有：老回回、闯王、八大王、曹操等许多重要首领。总人数号称20万。㉗

三十六营之"营"，是部队的意思，某某营即某某部队。营的最高首领称"大总掌盘子"，或称"老掌家"；"大总掌盘子"之下有"大掌盘子"，或称"大掌家"，统领上千人；"大掌盘子"之下有"管队"，管领数百人；"管队"之下有"小掌家"，带领上百人；"小掌家"之下有"队长"，领数十人。另外，还有"领哨"、"总管"等名目，其职位可能高于"大掌盘子"，也可能与之平行。㉘

历代农民起义，都假借宗教旗号，发动和组织群众；唯有明末农民起义，除最初的白莲教起义外，其余都是直接通过抗租、抗粮，反抗官府压迫和剥削等政治斗争手段来扩大队伍的。三十六营的结合，尽管还很松散，各营的组织也很不严密，然而各支农民军能由分散的几百小股集结而成几十大股，而且能在一个共同的政治目标之下，以一个公认的领袖为中心，结成一个大联合，这在我国古代农民战争史上不能不说是一个很大的进步。

崇祯三年（1630）十二月，陕西延绥镇边兵3000余人，在神一元、高应登领导下宣布起义。起义军攻破新安边营，占据宁塞营，围攻靖边堡，转克柳树涧营。崇祯四年正月，攻占保安县（今志丹县）。官军攻打县城，双方展开激战，神一元、高应登战死。神一元之弟神一魁被推为首领，继续领导战斗。二月，神一魁从保安突围，西走宁夏，继由宁夏南下围困庆阳府城，并分兵攻克合水县城，"其锋不可当，官军望风奔溃"。起义部队迅速发展到六七万人。㉙

起义军运用流动作战战术对付官兵，"胜则长驱，不胜则疾走"；每次战斗结束，"官兵虽斩级累累，不知多少无辜死于锋镝之下"，而起义军的"精兵健马"，"十不得其二、三"，以致"剿者自剿，乱者自乱"，明政府的"剿法穷矣！"

三边总督杨鹤为此惊忧成病，食不下咽。他自己供认："无一日不在多凶多惧之中"，"愈病愈忧，愈忧愈病，朝露微躯，何能自保！"⑩杨鹤见用武力镇压不能奏效，于是改用诱降办法。这年三月，神一魁上当受骗，接受了"招抚"。⑪

就在神一魁接受"招抚"后不久，发生过这样一件事：延绥巡抚洪承畴命守备贺人龙，假意设酒宴慰问投降受抚人员，等与宴者酒醉谢宴告辞时，伏兵齐起，大肆屠杀，一次就杀死320人。无数次血的教训，终于使神一魁觉醒。这年秋，他在宁塞重新举起叛旗。可是有利的时机已经一去不复返了，他再也无法恢复数月前围庆阳、破合水、拥众数万时那种赫赫的声势了。没过多久，他就为部下一个叛徒所杀。⑫他的余部在红军友、李都司等领导下，团结不散，艰苦转战于平凉、凤翔、汉中各地，坚持斗争了很久。

杨鹤的"招抚"把戏破产，明政府将他逮问治罪，三边总督由延绥巡抚洪承畴接任。

点灯子最初起义于清涧，活动于绥德、韩城、宜川、洛川一带，往来于陕西、山西边境，极盛时有众数万人。他在陕西韩城、郃阳、鄜州（今鄜县）等地和官军交战，一度有过妥协。崇祯四年（1631）七月二十二日，夜半，他率领6000余人渡过黄河，打到山西沁水县，与他部农民军会合，成为三十六营首领之一。九月十八日，他的部队在石楼县乌龙寺、康家山遭到明军夜袭，他从梦中惊醒，来不及穿衣，摸黑提刀迎战，指挥突围，败死。⑬

不沾泥名张存孟，原为王嘉胤部下，起义于陕北。他曾多次向官军乞降。崇祯五年（1632），不沾泥再次起兵攻米脂、葭州（今葭县），失败走西川（指米脂、绥德、宁夏三处犬牙交错之地），这年夏为洪承畴所俘，被杀于绥德。

洪承畴在镇压了不沾泥后，便进一步对延绥西路宁塞、安边、定边以南，庆阳、合水、环县以北，米仓沟、铁角城、西阳、三川一带绵亘五百余里地区内之农民军展开了一场大规模的"围剿"。围剿计划从崇祯五年 (1632) 八月初七日至十一月初四日，共 85 天。分前后两个阶段：前 50 天主要是政治攻势，堵绝农民军粮道，派遣大批奸细混入农民军内部，散播谣言，挑拨农民军首领互相猜疑、攻杀；后 35 天主要是军事攻势，"围堵"、"搜剿"、"擒捕"，惨毒的滥肆屠戮。在这次"围剿"中，许多重要的农民军首领，如何崇谓（浑名"可天飞"）、李二（李都司）、白成宰（胡元帅）、张龙（黑煞神）、尹世财（满天星）、任守正（任喇嘛）、张汝金（燕青）、高应昌（黄巢）、张文朝（张飞）、刘守立（焦赞）、许自成（龙得水）等，共 60 人，先后战死在战场；1000 多名农民军战士被官军屠杀。洪承畴下令将 1000 多颗血淋淋的人头送到环县，摆列在教场，强迫阖县军民齐集辨认，指出被杀者姓名，以便株连其家属。又将 58 颗农民军首领的头颅（可天飞、李都司未包括在内）解送庆阳府城，农民军战士头颅则将耳鼻割下送赴府城，一并摆在城中十字街头示众。另外，他还下令活埋了 400 个战俘。在这次"围剿"中，农民军之所以失败，主要原因之一是由于内部出了叛徒。白广恩配合官军，里外夹攻，将可天飞、李都司杀死于阵上。郝惟端为官军收买，把上年甘泉起义的农民军首领石耀宇用计谋害。这次大屠杀，表面上官军以所谓"荡平"的"奇绩"而告终，实际上各地农民革命斗争的烈火并未被扑灭，相反，却更加猛烈地在燃烧。[33]

正当明政府认为陕西全境"稍为清理"颇有得色之际，不料山西的农民军又发动了强大的攻势。

崇祯五年（1632），山西农民军分为三路，主动向明军进攻：西路以平阳（今临汾）为活动中心，东路以泽州（今晋城）、潞安为活动中心，中路以汾州（今汾阳）、太原、沁州（今沁县）、辽州（今左权县）为活动中心。农民军（包括三十六营系统和非三十六营系统）总数约 30 万人。其中以紫金梁、老回回两支势力最为强大。

这年下半年，农民军攻下泽州、临县等要地，声势比前更盛。临县西扼黄河，与陕西接壤，为山西西北重地；该地被占，北自偏关南至青龙镇，明守军士气为之动摇。[35]泽州，南有太行山，北有丹水，地势险要，为晋南大州；该地被占，"全晋为之震动"。[36]

冬末，紫金梁、老回回等由山西南部渐次向北推进。十二月二十四日深夜，别支部队攻下山西东部要地辽州城。[37]接着，紫金梁逼进太原城。他部农民军打进河南、直隶两省。进入河南的一支，战斗在该省所属黄河以北地区；是年冬，趁黄河冰冻，踏冰渡河，打到湖广。进入直隶的一支，兵锋指向元氏、平山、行唐、灵寿、获鹿、赵州（今赵县）、宁晋、柏乡、南宫诸州县，直逼保定；是年冬，折回山西，开进五台山，占据山中显通寺，短期休整。

明统治者面对这一不可收拾的局面，更加表现出了百倍的疯狂。朱由检用高官厚禄、严刑重典给文臣、武将打气、加压力。在他的督责下，延绥巡抚陈奇瑜，在其短短一年多延抚任期内，杀害的农民军首领计有黑煞神、满天星、一只虎、钻天哨、开山斧等180余人，屠杀的农民军战士就有3000多人。⑧

成千成万的农民军英雄，死在明统治者的屠刀之下，同时成千成万的后继者，更加勇敢无畏地踏着前人的血迹继续坚持着战斗。这是一个天翻地覆的动荡时代。复杂的斗争，广阔的战场，考验、锻炼了农民军战士。

李自成自崇祯三年（1630）参加农民起义以来，作战英勇顽强，逐渐成为这个时期从广大农民军战士中涌现出来的一个最杰出的代表。他个人的苦难遭遇，反映了当时整个农民阶级的悲惨地位。他战斗一生的光辉经历，从某种意义上说反映了明末全部农民革命运动的盛衰过程。总之，通过了解他一人，可以了解明末这个动荡的时代。

注：

①《明史》卷二十二、卷八十四，谓天启元年、三年、四年、六年，均有河决事。

②据《明史》卷二十三、二十四记载，除崇祯八年、十五年外，其余各年都有灾荒。

③《明季北略》卷五《马懋才备陈大饥》。

④明政府正式下令裁驿为崇祯二年四月初九日，各项乘驿条例的裁定为同年五月初三日。专管裁驿工作的负责人为刘懋。裁驿令下后，直到第二年正月底，"各省直驿递工食之裁定，尚未有成议"（《明末农民起义史料》，崇祯三年《兵科左给事中刘懋题为查催驿站裁定工食事》）。裁驿后所省之银，《明史》卷二百五十八《魏呈润传》谓"才六十万"，《恸余杂记·梁廷栋》谓"裁驿递岁省金钱四十余万"。

⑤龙文彬撰《明会要》卷五十四《加派》："（崇祯）十二年六月，（杨）嗣昌复请于剿饷外，加征练饷七百三十万。"陈盟撰《崇祯阁臣事略》（国家图书馆藏钞本）《熊汝霖》："问谁为（杨）嗣昌画练饷之策驱中原万姓为盗者？原任科臣沈迅也。"

⑥引文见《明末农民起义史料》年月残缺部分《（缺名）为请蠲延属荒地亡丁练饷裁站银两等事》。这篇文件年月虽残缺，但因内有"闰正月"字样，而且所谈系有关催征"练饷"事，"练饷"为崇祯时新增，只有崇祯十三年有"闰正月"，故知此材料所反映之事实乃崇祯十三年陕西地方情况。

⑦从万历三十八年到天启七年：延绥欠饷1154148两，宁夏欠饷210790两，甘肃欠饷752555两，固原欠饷327726两，四镇共欠兵饷2445219两。此材料系转引自李文治《晚明民变》第二章、第一节《拖欠各镇京运银额表》。

⑧《明季北略》卷五，《南居益请发军饷》。

⑨明天启二年爆发了徐鸿儒、王好贤领导的农民起义。《罪惟录·徐鸿儒传》、《明史纪事本末》记载起义军改元"大乘兴胜元年"，《明史·赵彦传》记改元"大成兴胜元年"。

⑩《明史·赵彦传》记农民军攻钜野，"知县赵延庆固守，不下"；但《明史纪事本末·平徐鸿儒》却说"复郓城、钜野"，可见钜野一度还是被攻占过。

⑪《明史纪事本末》卷七十及《明清史料》乙编、第一本《兵部行〈兵科抄出广东道御史刘徽题〉稿》。

⑫《明清史料》乙编第一本《兵部题行〈兵科抄出贵州道御史徐吉题〉稿》及《兵部题行〈兵科抄出山东巡抚王从义题〉残稿》。

⑬王二起义，各书所记时间不一：《晚明民变》第二章注四一引《熹宗实录》及《烈皇小识》谓在天启七年。《明史》卷二十二说"澄城民变，杀知县张斗耀"，在天启七年三月戊子（二十一日）；同书《杨鹤传》则说在崇祯元年，该传未提王二名，张斗耀作张耀采；又同书《李自成传》，说王二、王嘉胤等农民军"一时并起"，时间在崇祯元年。《明崇祯实录》（江苏国学图书馆传抄本）卷一，说崇祯元年十一月"白水县盗王二等合山西逃兵，伪贾服，掠蒲城、韩城之孝童、淄川镇。"《明季北略》卷四所记王二攻打孝童、淄川镇之时间与"实录"同。《国榷》卷八十九，说崇祯元年十一月王子顺等攻打"蒲城、韩城之孝童、淄川镇"，"劫宜君县狱"，他书均记为王二之事，不知该书为何安在王子顺身上？刘景伯辑《蜀龟鉴》卷一、《明史纪事本末》卷七十五、《绥寇纪略》卷一，都说王二起义在崇祯元年十一月，可是后二书又都引巡按陕西御史吴焕同一奏疏，说王二起义为崇祯元年七月。管葛山人辑《平寇志》卷一所记王二起义与吴疏所说时间同。

⑭《绥寇纪略》卷一注文说王二"劫宜君县狱"，在攻打孝童村、淄川镇之前；《明史纪事本末》、《北略》均说在这之后。

⑮王嘉胤起义，《明史纪事本末》、《北略》、谈迁《国榷》、《平寇志》等书，谓在崇祯元年十一月；《延安府志》卷六《大事表二》，则说在崇祯元年十二月。

⑯《明史纪事本末》卷七十五，说王二、王嘉胤会合后，"聚延庆之黄龙山"。这里所说的"廷庆"，系延安府、庆阳府之合称。

⑰《国榷》卷九十一说"王子顺号左挂子"，"一名王之爵"。但《绥寇纪略》和《明史》都把王左挂和王子顺作为两个人。《绥寇纪略》卷一说王左挂原名王之爵。《明史纪事本末》和《北略》只提到了王子顺，没有提到王左挂，而实际上该二书有些记载王子顺的事，就是《绥寇纪略》所记王左挂的事。究竟王子顺和王左挂是两个人、还是一个人？下面就以《明史纪事本末》和《绥寇纪略》二书为根据，把两人的主要事迹列成一表，比较对照，就可得出结论。

王左挂事迹 （《绥寇纪略》卷一）	王子顺事迹 （《明史纪事本末》卷七十五）
（一）重要部下： 苗美、苗登云、苗登雾、飞山虎、大红狼。苗登云、苗登雾为苗美之叔。	（一）重要部下： 苗美、苗登雾。苗登雾为苗美之叔。
（二）主要战绩： 王左挂同苗登云、苗登雾、苗美黏兵"蹂躏"绥德，伤人援参将石在廓，拥众南下。 （崇祯）三年正月十一日"犯"韩城。……粮道洪承畴……击破之。"贼"走清涧。十七日"犯"郃阳，据清涧之华严寺。奔怀宁河。	（二）主要战绩： （崇祯）三年正月，陕西边"盗"王子顺、苗美连逃兵"掠"绥德，众三四千人，南围韩城。总督杨鹤、巡抚刘广生提兵赴援，斩首三千级，"贼"遁。复"犯"清涧，官兵追逐之。"贼"走西川，官兵追击，降 300 余人，余大奔。
（三）投降受"抚"： （崇祯三年二月）"贼"首张述圣、姬三儿乞降于河西道蒋士忠。士忠遣故降人李光烨入营招谕，（王）左挂乃降。	（三）投降受"抚"： （崇祯三年六月）"贼"求抚，王子顺、张述圣、姬三儿等俱降。
（四）最后结局： （三年九月）按臣李应期与洪承畴、（杜）文焕定计，命游击左光先、守备白邦政就绥德诛之。邦政即按臣帐下到王左挂、苗登云等 57 人。余党在他境皆毙。	（四）最后结局： 初，洪承畴"抚盗"王子顺等驻榆林，（四年五月）巡按御史李应期诛之。

如上所述，二书分别记载了王左挂和王子顺的事迹，除个别年月有出入外，主要

17

情节大致都相同。可见王左挂和王子顺实为一人无疑。此点《国榷》所记，当属可信。

⑱王二、王大梁牺牲时间，《明史·李自成传》说在崇祯"二年春"。《绥寇纪略》卷一记王二牺牲在崇祯二年正月，与《明史》所说"春"时间相合；记王大梁牺牲在崇祯二年四月，与《明史》所说之"春"不合。《明史纪事本末》卷七十五，谓"诛渠魁数十人"，"汉南盗平"，时间在崇祯二年二月；《北略》卷五《刘应遇败贼》谓在崇祯二年二月二十日；《平寇志》卷一谓"擒贼首王大梁"在崇祯二年"二月丁亥朔"。三说均与《明史》记载之"春"相合。

⑲吴伟业《绥寇纪略》卷一。

⑳刘献廷《广阳杂记》（钞本）卷一载，"三边总督辖延绥、甘肃、宁夏三巡抚。……甘肃、宁夏、延绥曰三边；后以总督驻固原，更曰四镇。"

㉑《明末农民起义史料》，崇祯四年《陕西三边总督杨鹤题为恭报剿贼情形事》。

㉒见同上书，《（缺名）为塘报费县捷音事》。这份"塘报"是讲山东费县镇压农民军事，年月残缺。但"塘报"中有"（五月）复接原任内阁张四知手书"等语，后面又提到"旧辅臣张四知晰示情形，筹画兵食"的功绩，根据这个线索，故知该"塘报"之时间乃崇祯十五年六月。因张四知任内阁辅臣为崇祯十二年五月到崇祯十五年六月，"塘报"前面称"原任内阁"，后面称"旧辅臣"，正好说明"塘报"发出是在张四知刚下台不久。

㉓《明史纪事本末》卷七十五载，崇祯三年正月，"王嘉胤陷府谷"，六月，"遂据府谷"；十月，"复陷府谷"。《国榷》卷九十一谓王嘉胤三次占领时谷，时间与《明史纪事本末》所记同。《平寇志》卷一谓三克府谷，为崇祯三年二月、六月、十月，第一次与前二书所记不同。《绥寇纪略》卷一记王嘉胤攻占府谷只有两次：一次为崇祯三年六月五日，一次为崇祯三年十月下旬。《北略》卷六《贼陷黄甫川》云：崇祯三年五月，贼破金锁关……，壬子，王嘉胤陷黄甫川、清水二营，次日陷府谷县。按崇祯三年五月没有"壬子"，只有六月有"壬子"（初四日），次日即六月初五日"陷府谷县"，所记日期与《绥寇纪略》同。此处"壬子"之前，可能脱漏"六月"二字。《明史》卷二十三及卷二百六十《杨鹤传》记王嘉胤占据府谷，一说在崇祯三年"六月"，一说在该年"七月"，前后自相矛盾。按《杨鹤传》所记之"七月"，可能系根据《杨鹤对诏狱供状》（见《明末农民起义史料》）。该"供状"讲："七月内失记日期，有延绥东路'贼首王加印（即王嘉胤，聚众攻破府谷县，鹤移会洪抚院檄遣原任总兵杜文焕督兵同各该官兵，围困三月，剿杀贼级千余，旋即恢复县城。贼遂败走山西。"根据上下文，所谓"七月内失记日期"，原是杨鹤说自己移会洪承畴檄遣杜文焕督兵日期失记，并非指府谷被农民军攻占之日期失记，据此如《杨鹤传》"七月"占领府谷之说不确，应以六月之说为准。综上所述，知王嘉胤攻据府谷共3次，《绥寇纪略》、《明

史》等书均有缺记。王嘉胤两次打进山西，见《绥寇纪略》卷一：一次为崇祯三年四月，"从神木渡河入晋"，另一次为同年十月攻占府谷后，"兵至走山西"。《晚明民变》附录《初期民变重要首领攻战路线表》说，王嘉胤打进山西共3次：一为崇祯三年二月后，由神木入山西；一为三年七月到河曲；一为三年十一月再到河曲。这里所说的第一、第三两次入晋，同《绥寇纪略》所说两次入晋时间，大致吻合；第二次入晋不见于《绥寇纪略》记载，可能是根据《杨鹤传》致误。该传讲："（崇祯三年）七月，（王）嘉胤陷黄甫、清水、木瓜，遂陷府谷，文焕击走之。贼流入山西。"这段文字容易引起误会。王嘉胤"七月"（实际应为六月）攻下府谷后，何时被"文焕击走"，相对"流入山西"？从上下文看，好像都发生在"七月"。事实上，王嘉胤第二次占领府谷（崇祯三年六月），坚守3个月，明总兵杜文焕督兵围攻，农民军主动退出县城；没过多久，农民军又第三次占领府谷（崇祯三年十月）；不久，农民军东渡黄河入山西，该年十一月占领河曲。《杨鹤传》在叙述这段史实时，省略了许多过程（如农民军第三次占领府谷事即被省略），所以好像农民军"流入山西"就是在这年"七月"。其实该传所记"流入山西"一事，与《绥寇纪略》所记"兵至走山西"是一回事，《晚明民变》将《绥寇纪略》所记王嘉胤两次入山西，加上《杨鹤传》中的一次，误为三次。

㉔《绥寇纪略》卷一、《明季北略》卷六，说王嘉胤渡河入晋攻占河曲（《北略》未提王嘉胤之名），为崇祯三年十一月。另据山西巡抚许鼎臣讲，王嘉胤坚守河曲6个月（《明末农民起义史料》，崇祯六年《兵部题为直陈临城宜复等事》）；明军攻陷河曲为崇祯四年四月，从崇祯三年十一月到四年四月，约6个月。据此，可知《绥寇纪略》、《北略》所记王嘉胤渡河入晋之时间可信。

㉕《国榷》卷九十一："（朱由检）问河曲之陷。（山西按察使杜乔林）曰：贼未尝破，失于内应。问：导贼何人？乔林曰：大抵饥民为之耳。"

㉖张立位、王国忠事，参看乾隆四十八年郑居中修《府谷县志》卷之四《人物》。王嘉胤被刺日期，《绥寇纪略》卷一前面说："（王）嘉胤夺门走。（四年）六月初一日，（官军）得之阳城城下。"后面说："（四年）六月初二日，王嘉胤在阳城南山夜饮，醉虐其下，左右杀之，以其首献。"《明末忠烈纪实·殉秦传·曹文诏》谓被刺为六月二日。

㉗三十六营首领姓名，张道濬著《兵燹琐记》记载了35人。张道濬明末人，世居山西省沁水县东北之窦庄。《兵燹琐记》是目前所能见到的当时当地人所留下的最直接记载。《绥寇纪略》所列举三十六营中之35人名字与《兵燹琐记》所记全同（《琐记》中之"张纱手"，《纪略》作"张妙手"），可能前者系录自后者。今将《琐记》所列35人书于下：紫金梁、八大王、扫地王、邢红狼、黑煞神、曹操、乱世王、闯将、撞

19

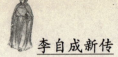

塌天、满天星、老回回、李晋王、党家、破甲锥、八金刚、混天王、蝎子块、闯王、点灯子，不沾泥、张纱手、白九儿、一阵风、七郎、大天王、九条龙、四天王、上天猴、丫头子、齐天王、映山红、催山虎、冲天柱、油里滑、讫烈眼。《明史》中之过天星、阎正虎、上天龙等人，以及《明史纪事本末》、《平寇志》、《北略》、《延绥镇志》中之显道神、乡里人、活地草（《北略》作"满地草"）等人，均不见于《琐记》，诸人中哪一个是《琐记》所缺记之人？《琐记》有无误记？这些问题尚有待进一步研究。关于三十六营人数，各书记载也不一。张道浚《从戎始末》讲，"紫金梁等率众号十六万，分三十六营"；可是他在《兵燹琐记》中却说，"（紫金梁）复纠众起，共三十六营，号二十万"。

㉓据《兵部题为类报晋省捷音事》及《兵部题为类报山西捷音事》（均见《明末农民起义史料》，知农民军中有"大总掌盆子"，"大掌盘子"、"管队"等称呼。赵士锦《甲申纪事》讲："百人之长为小掌家，千人之长为大掌家，万人之长为老掌家。"还说每营有"队长"。据《孙忠靖公全集》卷三《报三水捷功疏》、《绥寇纪略》卷五载，知农民军中还有"领哨"、有"管队"、有"总管"。又据《兵科抄出湖广巡抚宋一鹤题本》（《明清史料》乙编第十本）载，知农民军之"管队"有老管队、小管队之分，另外还有老总管。按"掌家"和"掌盘子"是一个意思。"小掌家"即"小掌盘子"，"大掌家"即"大掌盘子"，"老掌家"即"老掌盘子"。老回回为"大总掌盘子"，李自成为"老掌家"，按两人在农民革命战争初期势力和地位大致相当，故"大总掌盘子"和"老掌家"（"老掌盘子"）应是同一等级，只是两种不同称呼。上举《宋一鹤题本》谓老掌盘子恶虎王"系治世王"分出掌盘子"，说明恶虎王原来是治世王部下；恶虎王为老掌盘子（"老掌家"），当然治世王也必然是老掌盘子。治世王与争世王当时名声不相上下，既然治世王是老掌盘子，不言而喻，争世王也应是老掌盘子。该"题本"提到老总管回甲子是争世王部下，说明老总管的职位是在老掌盘子之下。《绥寇纪略》讲高迎祥和他的部下"领哨"黄龙、"总管"刘哲一同被俘，为孙传庭用槛车解送北京献俘。这说明，"领哨"、"总管"职位一定相当高。高迎祥和老回回都是三十六营的首领，肯定也会是老掌盘子。《绥寇纪略》中所说的"总管"，或系"老总管"之省称，当是在"大总掌盘子"或"老掌盘子"之下、"大掌盘子"之上的一级职位，最少也当是和"大掌盘子"同级的职位；"领哨"可能高于"总管"，也可能与之平级（此点据黄龙被俘名列刘哲之前推断）。《流贼陷庐州府纪（上）》说，"长家之上，还有老管队"。"长家"即"掌家"。这就是说，百人之长的"小掌家"之上还有"老管队"。上举《兵部题为类报晋省捷音事》载，官军杀了一名叫张诈手的"大掌盘子"，称为"大头目"；俘虏了一个名叫邢红狼的"管队"秦虎，称为"头目"。由此可见，"管队"低于"大掌盘子"。最低一级大概是小营的"队长"。这点从

赵士锦称"队长姚奇英"、"贼兵姚奇英"二语略可窥出端倪；他把"队长"和"贼兵"任意混称，说明"队长"和"战士"很接近。《宋一鹤题本》说小来虎是九队的"小管队"。"小管队"也许和"队长"是一回事，也许稍高于"队长"。兹将农民军组织系统，列一简表于下：

老掌家或称老掌盘子、大总掌盘子（万人之长）——领哨、老总管——大掌家或称大掌盘子（千人之长）——老管队——小掌家或称小掌盘子（百人之长）——小管队、队长（管数十人）——战士

据《平寇志》卷六云："一老掌家管二、三十老管队，一老管队管六、七十或四、五十小管队，一小管队又管一、二百或三、四百管队，管队皆以20人为率。"如按上述系统所辖人数计算：一"老掌家"管二十"老管队"，一"老管队"管四十"小管队"，一"小管队"管一百"管队"（均按最小数字计），一"管队"为二十人，总计一个"老掌家"要统率160万人，此数字显然不可信。

㉙《陕西三边总督杨鹤题为布信招降事》、《陕西三边总督杨鹤题为微臣万苦堪怜事》（均见《明末农民起义史料》）。

㉚见同上。

㉛《明史纪事本末》、《国榷》、《北略》都说神一魁降于崇祯四年四月十六日。《平寇志》卷一说"（崇祯四年四月）乙未，神一魁以战骑五千降"；按四年四月无"乙未"，"乙未"显系"己未"之误，"己未"即十六日。据注㉙引《布信招降事》讲，崇祯四年三月初三日庆阳围解，三月初九日神一魁降（《明史》卷二十三也说这天降）。又据《陕西三边总督杨鹤题为微臣负不白之冤事》（《明末农民起义史料》）讲："神一魁率众投降，献出保安县印信。臣以三月二十九日散遣降丁、饥民俱尽，神一魁之抚局完矣。"神一魁接受"招抚"时间，应以杨说为准。

㉜神一魁之死，《国榷》、《明史纪事本末》、《平寇志》都说，四年九月为"其党黄友才斩"。《绥寇纪略》卷一前面说神一魁死于崇祯四年十二月，后面又说九月十八日为黄友才所图。夏燮《明通鉴》卷八十二《考异》采《绥寇纪略》十二月之说。黄友才于崇祯五年正月为明将张应昌所杀。

㉝据《绥寇纪略》卷一。该书前面说点灯子当阵被杀，后面又说他"越山北逸，九月乃于康家山被擒伏诛"。前后说法不一。

㉞参阅《崇祯存实疏钞》卷五下，《兵部尚书张凤翼等奏》（124页——138页）。

㉟《崇祯存实疏钞》卷二上，57页。

㊱《绥寇纪略》卷一。

㊲据《崇祯存实疏钞》卷五下，118页记载。

㊳据《明史·陈奇瑜传》材料统计。

第二章　揭竿而起

一　青少年时代

李自成生于万历三十四年八月二十一日（1606 年 9 月 22 日），诞生在陕西米脂县李继迁寨的一间旧窑洞里。①该县地处黄土高原，其自然环境和社会风俗要首先介绍一下。

米脂县，明朝时隶属陕西省延安府绥德州，明以前一度称银州，又称银川郡。这里，气候干旱，少雨多风，地势高寒，土壤贫瘠，庄稼生长期短。"春当种而冻未消，秋未收而霜已降"，一年四季粮食收获极其有限。全县的耕地本来很少，而又多为乡官、地主们霸占，农民的生活异常贫穷，"糊口实难"，"人逃地荒"的现象十分严重。②

无定河流经县境。由于河床经常改道，常给当地人民造成灾害，故有"无定"之称。河流两岸是有名的古战场，在历史上不知发生过多少次战争。"可怜无定河边骨，犹是春闺梦里人"、"无定河边暮笛声，赫连台畔旅人情"等著名诗句，描绘的就是这一带地区当年征战的情景。

在陕北米脂县境西部双泉都二甲地方，东距县城 200 里左右，有个偏僻的小山村，名叫李继迁寨（一名"李继迁宅"），仅有十余处窑洞、土舍。这儿就是明末农民革命的杰出领袖李自成的故乡。③

李继迁寨是西夏的建立者党项族首领李继迁的老家，村名就是由此而来。李自成自称是李继迁的后代，但从李继迁到李自成，经过 600 多年，传了多少代，现已无法考证。

李自成的曾祖名李世辅（一作"甫"），祖父李海，又名李势。父亲李守忠，又叫李印、李务。李守忠家世代务农，承担有"里役"之差，是官家的"养马户"，家道十分贫苦。④李守忠有两个儿子，长子李鸿名，次子李鸿基。李鸿基就是李自成最初的名字。他的乳名很多：硙生、枣儿、闯儿、黄娃子、黄来儿。他的母亲有说姓石，也有说姓金、姓吕，说法不一。他的哥哥比他大20岁，兄弟俩非同母所生。⑤

李自成的侄儿李过于万历三十四年九月出生，⑥比他仅小1个月。

50多岁的李守忠，晚年添子、添孙，感到无限喜悦。老人给孙子取名叫"双喜"，可能就含有纪念的意义。李双喜又名李过，混名一只虎；后来又改名叫李锦。⑦他长得很像他叔父，两人个子也差不多，无怪有人常误把他们当成兄弟俩。⑧李双喜生后3个月，他的父亲李鸿名就生病死去；父亲死后3年，母亲又改嫁了。

李守忠老俩口，抚育着年幼的儿子和孙子，一家祖孙三代，老小四口，日子过得很艰难。李守忠是一个勤劳朴实的农民，有较浓厚的迷信思想。他一生吃苦，与人无争。他没有别的奢望，只想让儿子、孙子能读点书、识点字，会写封家信、开个借条，无须求人就算满足了。他宁可自己省吃俭用，也得设法让孩子们上学念书。因此，李自成6岁时就开始识字，8岁时就和侄儿李过一同上了村塾。

在村塾里，李自成表现得与众不同。他聪明、记性好，学习肯动脑筋，爱问个为什么。他精力充沛，爱打打闹闹，一刻也闲不住。他厌烦那种刻版式的学习生活，更厌烦那些毫无生气的学习内容。一有机会，他就和李过一起溜出村塾的大门，同邻村的孩子们去摔跤、角力、斗拳，做打仗的游戏。逃学，几乎成了他们的家常便饭。家长和塾师都管不住他们，叱责、打骂丝毫也不发生作用。

李自成十余岁时，家乡遭到特大灾荒，旱灾、蝗灾接连而至。⑨年景荒歉，家中没吃没喝，李守忠为生计所迫，不得不忍痛把儿子送到一个庙里去当寄食的和尚⑩，随后又让他去给一个回族地主婆家牧马，还先后给姓姬、姓艾的地主家放羊牧马。在此期间，李自成备受虐待。一次，地主诬赖他偷了羊，给了他一顿狠命的鞭打，打得他血迹斑斑，遍体鳞伤，有冤无处诉。⑪

李自成13岁那年，母亲去世了。⑫

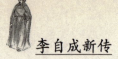

在艰苦环境的磨炼中，李自成和李过一天天成长起来。李自成的身体长得很强壮，个子很魁梧，两臂多力，雄健善走，快跑时能追及奔马。他的面貌有点像古画中的钟馗，鼻偏小，高颧骨，深眼眶，短发蓬松，目光如电，说话微带鼻音，虎虎有生气。他的性格坚强、勇敢，不畏强暴，能吃苦耐劳。⑬李过也同他一样，长得身强体壮，刚毅勇猛，只是在膂力、智力上稍逊于其叔。

同村的小伙伴刘国龙，与李自成、李过同岁，3人常在一起练拳比艺，骑马射箭，偶尔还在一块喝酒，干些淘气的事。有时3人畅谈抱负，相互鼓励说："吾辈须习武艺，方可成大事，读书有何用！"同伴中有人想考科举，李自成就劝导说："若此世界，贿赂公行，文官必由7篇文字，武科也由策论，我辈读书识字不多，又行不起贿，何必妄想这条道路！"⑭

一天，李自成、李过、刘国龙同到一个关帝庙去玩。殿前有只铁香炉，重70余斤，3人都想试试谁的力气大。李自成一手举起香炉，绕殿1匝，放回原处，面不改色，也不气喘。刘国龙也想用1只手来举，试了试不成，只好用两只手握住炉腿勉强举起，走了5步，支持不住，不得不放下。李过上前，猛用力一提，觉得太沉，也只好学刘国龙双手举起，走了15步放下。李自成再试一次，又举起香炉绕殿1匝，仍放回原处。旁观的人都对他喝彩叫好。刘国龙和李过两人也都心悦诚服，甘拜下风。李自成很得意，兴奋地说："大丈夫当行遍天下，自成自立！从今后，我即改名'自成'，号'鸿基'。"⑮

延安府有个退伍的军官叫罗囊（又名罗君彦），武艺很高强，在家收徒传艺。李自成得知这个消息，暗自欢喜。在一个深秋季节的某天，他瞒住父亲，一个人偷偷离开家往延安寻师学艺去了。这年，他虚岁刚只16岁，还是个未成年的孩子。⑯

到了延安，李自成拜罗囊为师。他刻苦用功地学习武艺，连新年也不回家。直到数月后，他父亲才知道他的下落，亲自去将他接了回来。

回家3个月后，李自成还不时向李过、刘国龙津津乐道地谈起延安的学艺生活，引得他们两人也非常羡慕。李守忠为了成全孩子们的心愿，决定把罗教师请到家中来，教他们的武艺。3个人在罗囊的耐心指导下，进步都很快；尤其是李自成，非常受到罗教师的器重和喜爱。

18岁那年，李过、李自成先后都结了婚。李过比叔叔早结婚半年。李自成因要自己选择对象，把婚期推迟了半年。大概是在他结婚后一、两年内，70多岁的父亲便在长期贫困、劳瘁的煎熬下，因病与世长辞了。⑰

父亲一死，家中的境况更不如前。为了谋生，李自成只好去给一家酒肆当佣工，谁知没干几天，肆主诬他光喝酒不做事，把他解雇了。他想学打铁，因置不起工具，也没有学成。不得已，去给一家地主扛长活，整天汗流浃背、筋骨都快累断，地主还说他偷懒、不卖力气，也把他辞退了。⑱贫困逼迫着他不得不靠借高利贷来过活。艾家是米脂县数一数二的大户，世代做官，有权有势。艾家的老举人，曾做过某府同知，为人厉害，远近无不闻名。李自成年幼时曾给他家放过羊，挨过他的鞭打。想不到此刻借高利贷还得求着他……但这又有什么办法呢？

李自成21岁时，应募为银川驿马夫。⑲银川驿在米脂县城内，北至榆林鱼河驿90里。驿马夫是个苦差，一年到头风里来雨里去，投递公文，护送往来官员过境，时刻都得提心吊胆；每人每天只能支领工食银二分，不够买半升米，一人吃饱还难，如何能养活全家？⑳

艾家不断派人来逼债，豪奴恶仆如虎临门，实在难以应付。李自成为债务所逼，到艾家去求情，艾老举人正在陪客，看门的人不让他进去。他在门前石坊边躺下休息。艾某送客出外，见李自成躺着没有即刻起来，不禁大怒，喝令仆役将他捆绑，毒打一顿。打完，又把他锁在庭院柱子上，

明·周臣绘《流民图》局部

25

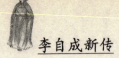

不许他吃饭、喝水。艾某的小儿子站在一旁，手里拿着一块饼奚落他，故意咬一口慢吞吞地嚼着，还挤眉弄眼问道："想吃吗？不给！……我宁可喂狗，也不给你！……"说完，果真把饼扔到地下，用脚踩得稀烂，然后蹦着跳着掉头不顾跑开。㉑李自成简直要气炸胸脯，然而却是无可奈何，只能把仇恨的怒火埋藏在心中。

在李自成当驿卒期间，他所骑的驿马不知何故一连死了好几匹，上官责令他照价赔偿，严限追比，毫无通融余地。死驿马的事还未了结，不知怎么一时疏忽，又把一份投递的公文弄丢失了。㉒不料一波未平，一波又起，家中又出了一桩人命案，闹得他简直不可开交。事情的经过是这样：衙役盖虎儿平日趁李自成出差在外，暗中勾搭上了他的妻子韩氏。日子一久，奸情终于被察觉。某天黎明，李自成突然闯回家，当场碰上那个恶棍。李自成满腔怒火，持刀就砍，盖虎儿夺门而逃。李自成极端忿怒，不顾一切，顺手一刀杀死了自己不贞的妻子。㉓左右邻居见出了人命，将他扭送到县，交给官府处理。于是他被关进了监狱。

艾同知趁危索债，唆使米脂县县令将他打入死牢。衙门里多数县役都很同情他，为他奔走说情。李过为了营救自己的叔父，到处借钱，托人上下行贿。但都不管用。

某日更深人静，李自成在狱卒的帮助下，终于越狱而出。一出狱，先杀艾同知，随后带着侄儿李过，出外逃亡。

叔侄俩先到绥德州，找到了过去认识的一位朋友钟姓武生，向他说明了情况。主人将李自成、李过安置在一个僻静的窑洞中歇宿。

当夜幕降临的时候，窑外飘起了雪花。雪下得很大，连窑门很快也要堵上了。天太冷，手脚都冻僵，许久还不见钟家人来。李自成想出外去寻点木柴，生生火取暖。到什么地方去寻呢？离此不远有座文庙，里面有许多牌位，抱些来当"劈柴"岂不很好？李自成动手扒开堵门的积雪，走出窑洞，寻到文庙，抱回了一大捆"劈柴"，立刻就在窑洞里生起一堆火来。㉔

在李自成面前的这堆熊熊之火，意味着什么？这是一堆离经叛道的烈火，是对一千多年来敬天法祖的正统思想的公开挑战，是对古代圣贤偶像崇拜的辛辣讽刺，是对明统治者的不满和反抗。

第二天天刚亮，文庙木主被烧的事很快就被人发觉，而且很快就找到了他的名下。一场"天塌"的祸事又降临到他的头上。李自成被扭送往官府，受到了严厉审讯。不过这次总算幸运，未被关押多久，枷责示众之后，就被释放了。

获释后，李自成同侄儿李过迅即离开绥德，投奔宁夏、甘肃而去。这年是崇祯元年（1628），叔侄两人虚岁都还不满23岁⑤。

注：

①《鹿樵纪闻》卷下："（李）印初无子，祷于西岳，梦神告之曰：'当命破军星为若子。'至是年（万历三十四年）八月，（自成）生……"又《明季北略》卷五记载，李自成生于万历三十四年五月。据《怀陵流寇始终录》："（崇祯十七年）八月丙辰朔……是月闯贼立祖弥庙，欲以生日往祀……"又《明史》卷三百九："八月，建祖弥庙成，将往祀……"既然八月建成祖弥庙，并打算在自己生日那天去祭祀，可见他生于八月。《绥寇纪略》卷九："万历三十四年丙午……八月二十一日丁巳，李自成生于延安府米脂县双泉堡之农家。"此处所记年月日如此具体，当有根据。

②康熙二十年修《米脂县志》卷四《田赋第四》。

③《明史》卷三百九、光绪三十三年修《米脂县志》卷十二，说李自成居"怀远堡李继迁寨；《甲申传信录》卷六、《北略》卷五、《绥寇纪略》卷九、《小腆纪年附考》卷一，说李系"米脂县双泉堡人"。按怀远堡清时改为怀远县，民国时又改置横山县。据民国修《陕西横山志》卷一《横山县志全图》，知李继迁寨（当地人讹呼为"李继仙寨"，"县志"作"李记先村"）位于米脂、横山两县犬牙交错之地，但实际仍在米脂县境。李继迁寨（"李记先村"）北距横山县城，即原怀远堡（明时为延绥镇所属营堡之一）约30余里，东距米脂县城约200里（民国三十三年修《米脂县志》卷二说"距城二百二十里"）；清时人修史，因见李继迁寨距怀远堡甚近，故往往认李继迁寨为怀远堡所属。李继迁寨今属榆林地区横山县。有关李自成的故居及其祖墓所在地，应以边大绶《虎口余生纪》所述为准。

④关于李自成的家庭情况，有两种相反的记载：《虎口余生纪》、《春明梦余录》、《明史纪事本末》、《明史》、《荒书》、《怀陵流寇始终录》等书，都说李自成家很穷苦。《甲申传信录》卷六、《北略》卷五、《绥寇纪略》卷九及《鹿樵纪闻》卷下、《明季遗闻》卷一、《小腆纪年附考》卷一等书，都说李自成家"富饶"。理由是他家有"里役"，是行太仆寺"养马户"；按照明政府的规定，凡负担"里役"或充当"养马户"之家，必须是"大户"、"富民"。实际是前一种说法比较可信。因上述诸材料中，《虎口余生纪》的记载最有说服力。该书作者边大绶是崇祯末米脂县县令，崇祯十六年七月初旬始去任；当他在任期间，曾奉明政府命令，带着人刨过李自成的祖坟；事后，

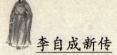

他写了一件公文，向上司报告掘坟经过及有关李自成的家庭情况，收录在他顺治元年写成的《虎口余生纪》中。报告提供了两条很有价值的材料：（一）李家世代坟墓大小23座，都埋葬在一起，墓前没有任何碑碣；所有墓葬中除李海棺内有一只当作灯盏用的黑碗外，其他均无任何一点殉葬物品。看样子，绝不像一个"富饶"人家的墓地。（二）边大绥挖坟，是在崇祯十五年正月，距李自成参加起义不过10多年，而李氏庄村却早已残毁不堪，仅"墙垣尚存"，如同废墟、看样子，也绝不像一个"富饶"人家的住宅。至于说，李自成家有"里役"，是"养马户"，就认为他家"富饶"，这种说法其实是站不住脚的。据《明史》卷七十八《食货二·赋役》载："崇祯三年，河南巡抚范景文言：'民所患苦，莫如差役。钱粮有收户、解户，驿递有马户，供应有行户，皆金有力之家充之，名曰大户。究之所金非富民，中人之产，辄为之倾'。"又《明史》卷七十五《职官四》载："洪武三十年，置行太仆寺于山西、北平、陕西、甘肃、辽东。……宣德七年，发杂犯死罪应充军者于陕西行太仆寺养马。"如上所述，可见所谓里役户、养马户，并非一定都是"大户"、"富民"。尤其应该指出的是：陕西行太仆寺的养马户，不仅不是什么"大户"，相反有很多倒是被送到这里来的所谓"犯死罪应充军"的人。1982年8月我到米脂县调查，据李氏族人讲，李自成家确实很贫穷，绝非富有；有关他家穷苦的故事，至今还有很多在流传。

　⑤据《北略》载：李自成之母石氏，为其父继妻，年30余岁因不孕进香武当祈嗣，方生自成。李鸿名比李自成大20岁，只小石氏10余岁；李自成乃石氏头胎所生，显然与其兄鸿名并非同母。

　⑥《明史纪事本末》卷七十八："一只虎陷阕乡，即自成弟李过也。"《国榷》卷九十四："官兵自兴平抵乾州之扬河镇……斩一麟甲者，云李自成之弟过天星也。"《小腆纪年附考》卷一："自成又屡为洪承畴所败，于乾州阵失其弟某……"按浑名"过天星"的农民军首领有顺虎、张五、惠登相、徐世福、张天琳等数人。显然这几个人均非李自成之弟甚明。《国榷》所云，显系传闻之误。《小腆纪年附考》所记与《国榷》所记实一事，所谓"其弟某"，当然也不可信。李过非李自成之弟，乃李自成之侄，此点《北略》、《鹿樵纪闻》、《明季遗闻》、《石匮书后集》、《明史》诸书，均有明确记载。《明史》不止在《李自成传》中指出李自成和李过的叔侄关系，也在何腾蛟、堵胤锡传中指出了这种关系。查继佐《国寿录》卷四《何腾蛟传》谓"（李）自成侄赤心（即李过）号一只虎"；郑达辑《野史无文》卷七《堵胤锡传》谓李锦（即李过）为李自成义儿。李自成和李过都是与明代兴亡有关的人物，李自成死后李过归附何腾蛟、堵胤锡，《明史》虽为官修，其成书年代虽较《纪事本末》为晚，但在记述李自成、李过叔侄关系这一点上，不会存有任何顾忌，所记当可信。《清世祖实录》卷二十五谓顺治三年二月"李自成弟李孜"向清投降，此处所说之"李孜"，或系自

成之族弟。

⑦《明史》卷三百九把李过、李双喜误为两人,《小腆纪年附考》卷十又把李锦、李过误为两人,其实是一人。

⑧《甲申传信录》卷六说李自成在作战中被射瞎左眼,"后营制将军李遇(应为"李过")混名一只虎,左目瞎"。卷三又说李过为李自成之"从兄"。《寄园寄所寄》卷九载:"一只虎名锦,闯族弟也;伪称亦眇一目,冀与闯相似。"所谓"从兄"、"族弟"之说均误,其所以引起误会,可能是由于李过长得颇"与闯王相似"之故。

⑨《明史》卷二十一:"万历四十四年……陕西旱。""四十五年……两畿、河南、山东、山西、陕西、江西、湖广、福建、广东,灾。"嘉庆七年修《延安府志》卷六《大事表二》:"(万历)四十四年,(延安府)旱蝗。"万历四十四年、四十五年正是李自成虚岁 11 岁、12 岁时。

⑩《虎口余生记》(《明季实录》卷四收录):"闯贼名李自成,幼曾为僧,俗名黄来僧,为姬氏牧羊奴。"夏振叔《借山随笔》:"幼为僧,还俗名黄来,鬻于姬氏牧羊。"何时为僧,未说明。所谓"幼",大概最小也应是十一二岁,因 10 岁以下之幼童庙里恐怕不会收。

⑪牧马、牧羊事,《延绥镇志》、《绥寇纪略》等书均有记载,惟时间先后不明,现已无法查考。

⑫《鹿樵纪闻》卷下说李自成的父亲先死,母亲改嫁,后流落宁夏。他书也有这样的记载。《小腆纪年附考》卷一曾对此作过考证,并斥之为"传闻之谬"。

⑬《国寿录》附录说李自成"貌寝顺不甚伟,膂力不过中人",与《鹿樵纪闻》上所说"伟躯"、《甲申传信录》上所说"貌甚魁壮",有出入。

⑭见《北略》卷五、《甲申传信录》卷六。

⑮《北略》卷五。

⑯据《北略》卷五讲,李自成到延安 4 个月后给李过写回一封信,这封信于正月十六日为他父亲接到;随后父亲到延安接他回家,又过了 3 个月,请罗曩来家教艺,以后给李自成议婚,李自成推迟半年结婚,结婚这年他 18 岁。若依照上述事实所需时间推算,肯定李自成结婚那年绝不是他从延安回家的当年,一定是次年。结婚那年既然为 18 岁,从延安回家那年当然是 17 岁;再从这年正月十六日向上推 4 个月,不成问题,从家中出走必然是在他 16 岁那年九月中下旬。

⑰李守忠死于哪年?《晚明民变》第五章、第一节《李自成的家世》说"大概在熹宗天启四五年"。天启四、五年李自成正当十九二十岁,也就是他结婚后的一二年。《北略》卷二十三说李自成的父亲年 52 "进香武当祈嗣",第二年李自成生。李自成 18 岁时结婚,一两年后父亲死,父亲死时当为七十二三岁。1982 年我访问李氏后裔李海

树（77岁）、李海顺（70岁）两位老人时，他们对我讲，当年李守忠和李自成背着两口缸到县里去卖，走在路上老人突然患急病，一会儿就死去了。

⑱《延绥镇志·李自成传》。

⑲见同上。

⑳《延安府志》卷四十二《兵略四》载，延安府驿马夫"每名日食银二分至三分不等"；乾隆四十八年修《府谷县志》卷三《驿传》载，府谷县释马夫日支工食银三分；光绪《米脂县志》卷五《田赋志四·驿站》说：银川驿马夫"每名日支工食银二分"。《延安府志》卷六《大事表二》及《府谷县志》卷四《祥异》记崇祯二年，延安、延川、米脂、清涧诸府县，斗米六钱；崇祯三年，府谷县斗米六钱。李自成21岁至23岁为驿马夫，正当天启六年、七年及崇祯元年，有关这三年的米脂粮价一时找不到材料，只好用崇祯二三年的粮价来说明问题。斗米六钱，升米六分，每日工食银二分，不够买半升米。

㉑见《荒书》及《客滇述》。

㉒死驿马事，见《荒书》。丢失公文事，见康熙《米脂县志》卷一《舆地第一》；该书谓丢失公文为崇祯三年，时间不确。

㉓《北略》说杀死其妻韩氏；《绥寇纪略》说杀死"淫者"，此语甚含糊，可能仅指盖君禄（盖虎儿），也可能包括韩氏；《平寇志》则说"将妻并君禄皆手刃之"。

㉔见《荒书》。

㉕《鹿樵纪闻》卷下《闯献发难》说自成"弃乡里与从子（李）过投甘州为兵"时年23。按照古人计算年岁习惯多用虚岁，当然此处亦必系指虚岁。李自成虚岁23岁，正当崇祯元年。据《荒书》讲，李自成逃到绥德，遇上了大雪。问题是这场大雪到底是春雪、还是冬雪？如果是春雪，则李自成由绥德投往甘州当在崇祯元年；如果是冬雪，李自成当兵可能在崇祯二年。《蜀龟鉴》卷一说"（李自成）偕兄子过亡命甘州投参将王国为兵"为崇祯元年，《北略》卷五、卷二十三说李当兵为崇祯二年。李自成由绥德奔往甘肃当是在崇祯元年一场春雪之后，根据是：顺治十八年修《绥德州志》卷二《舆地·灾祥》云："崇祯元年，草木冬华；二年、三年大旱，寇起。"这段材料说明，绥德州崇祯元年冬天气温较高，未有霜雪。那么，崇祯元年春天绥德是否下过雪？《甲申传信录》卷六记崇祯元年"正旦大雪"，下雪的地区虽未明言，但就该段上下文意看，显然说的是米脂县。绥德距米脂不远，米脂正旦大雪，绥德十九也会下雪。既然崇祯元年绥德无冬雷，有春雪，可证李自成由绥德奔往甘肃的时间当是在该年一场春雪之后。

二　参加农民军

崇祯元年（1628）李自成带着侄儿李过，从绥德来到甘肃。两人暂时投入甘肃巡抚梅之焕部下当兵。不久，李自成升为"总旗"。下管50名士兵。

这年，陕西大饥，各地的饥民、逃兵，集聚成群，出没在山林草泽之间，劫夺大户，杀富济贫，武装以抗官府。明政府诬称他们为"响马"。安塞县高迎祥（一名"高如岳"）就是这些"响马"中最著名的一个。他自称"闯王"，手下约有百余人马，活动于兰州以东的广大地区。

每当官府听到所谓"盗警"要派兵前去镇压时，李自成就主动请求担任这一差事，他的真实意图是想借这机会去结识一些江湖上的英雄好汉。在作战中，他常把一些俘虏私自放掉，并且对他们说："东海舟头，亦有遇处！"意思是：都是同舟共济的兄弟和朋友，将来总会有相会的时候。高迎祥是官军主要捉拿的对象，也是李自成早就闻知的英雄。他带着50名士兵，假借"搜捕"为名，到处寻访。他找了两天，不见踪影，第三天，看见8人8骑飞驰而来。为头的是个魁梧大汉，骑着一匹雪白的骏马，高声喊道："高闯王在此，快让道！"李自成迎上前说："我奉命来捉拿你！"高道："能者来战！"

两人交锋许久，胜负难分。李自成提议住手，下马说明来意。高迎祥也下马，以礼相见，邀请李自成到自己寨中叙谈。两人很投契，愿结为异姓兄弟。结拜这天，寨中宰马祭天，歃血盟誓，相仪式当隆重。①

这年秋冬，大规模的农民起义在陕西爆发。高迎祥在安塞正式起义。庆阳、绥德等府州县，起义犹如星火燎原，发展迅猛。次年夏，明政府裁减部分驿站，大批失业的驿卒，纷纷参加农民军，起义军的队伍更加壮大。

崇祯二年（1628）冬，后金大汗皇太极趁农民革命风暴袭击全陕之机，明统治者顾此失彼、处境狼狈之时，兴兵十万，突破长城关口，直逼北京。明政府宣布京师戒严，诏令各镇兵马火速入援勤王。山西、陕西等省援兵先后出发。十二月，山西巡抚耿如杞率领总兵官张鸿功，以劲卒5000赴援，3日不得饷，兵溃于良乡。②陕西巡抚刘广生、甘肃巡抚梅之焕及三边总督杨鹤，遣延绥、宁夏、固原、临洮、甘肃五路总兵吴自勉、尤世禄、杨麒、王承恩、杨嘉谟等率兵17000入卫京师。③延绥总兵吴自勉领榆林兵，沿途征马，勒索受贿，兵哗溃散。甘肃总兵杨嘉谟以参将王国为先锋，自统中军，率援师北上。李自成此时属王国部下，已升把总（明代

31

崇祯年间，监军太监高起潜奏后金攻击宁锦行文

武官中最低一级）。次年正月队伍过兰州，东至金县（今甘肃榆中县），向县里索饷，知县畏惧闭户不见，士兵鼓噪。王国责打闹嚷最凶的 6 名士兵，其中 3 人系李自成手下兄弟。李自成不服，带头鼓动，捆缚知县，杀死参将王国，发动了大规模兵变。④兵变后，李自成随即和侄儿一道脱离官军，参加了农民军。哗变的土兵，也都纷纷加入了农民军。

李自成最初投入王左挂部，称"八队闯将"，时间可能在崇祯三年（1630）正月中、下旬。这年二月，王左挂在陕北怀宁河（槐里河）地区战败，接受"招抚"，李自成愤而离他而去。⑤接着，他转投不沾泥张存孟营，做了队长。⑥不沾泥屡为洪承畴等所败，多次乞抚，崇祯四年四月竟亲手杀死自己的战友，缚献自己的同伙兄弟，无耻向官军投降。⑦李自成对此无法容忍，愤而改投他处。这年四、五月间，李自成带着李过往山西，投奔闯王高迎祥。⑧

这时，闯王的声势已很强大，手下已有许多英勇的战将，如曹操、罗汝才、革里眼、贺一龙、争世王、刘希尧等，都是农民军中战功卓著的人物。李自成在闯王名下称"闯将"，深受闯王信任，被倚为左右膀臂；同时也深为闯王部下其他诸将所推重。

这时正当王嘉胤被刺杀，紫金梁王自用继续举起战斗的旗帜的时候，王团结各部首领，结成"三十六营"。闯王高迎祥、八大王张献忠都是"三十六营"首领之一。闯将李自成，尽管此刻名义上仍属闯王部下，论势力也还不及八大王，但也是"三十六营"首领之一。⑨此后，在一段相当长时期内，李自成主要活动在山西汾河以西地区，有时或与高迎祥联兵出击，有时或单独领兵作战。

崇祯五年（1632），紫金梁、闯王、八大王等在山西发动大规模攻势。九月十四日，李自成率领部队由山西突入河南，占领修武县城，知县刘凤翔缒城逃走，被捉回杀掉。队伍在城内驻军3天，旋即退出。二十九日，又率部攻破清化镇（今博爱），分兵攻打武陟、辉县、济源等县城，围困怀庆府城（今沁阳县）。明政府救兵赶到，李自成迅即撤围北上，打回山西平阳府（今临汾），重返汾河以西一带。[10]李自成这次闪电般的出击，其目的是为了分散官军兵力，配合山西南部农民军主力部队作战。他的军事行动取得很大成功：河南巡抚樊尚燝因怀庆被围，受到崇祯皇帝切责。山西巡抚宋统殷率军驻扎陵川，妄图阻挡李自成军重返山西，结果失败。副总兵左良玉将兵2500救怀庆，见李自成解围北去，无可奈何，只好跟踪追入山西。

从十一月下旬起，农民军主力部队约数万人，由紫金梁、老回回、邢红狼等率领，在山西南部阳城、翼城、垣曲和河南济源之间，与官军展开了一场为时半个多月的大战。十二月初十，又和官军在河南境内王屋山区济源近界的西阳河展开了激战。农民军老营扎在西阳山头，官军扎在西阳山下。农民军先发动攻势，老回回头戴红缨帽；从西面指挥进攻；紫金梁骑着栗色大马，头戴套帽，从西南角指挥进攻。官军用大炮轰击，农民军缺乏火器，只能用弓箭还射。紫金梁一直在战场坚持，尽管人困马乏，也不休息。接着他换骑一匹青色大马，由北面率众猛攻官军阵地，鏖战一日一夜未进饮食，战士饥疲不堪，官军因有大炮，农民军一时攻打很难得手。这天深夜，紫金梁下令转移阵地至古（一作"瞽"）冢村。此地离济源县界之圣佛头约20里，已入山西境内。农民军营地绵延30余里，白天旌旗连云，入夜火光照天。十二日五鼓，明原任总兵尤世禄率兵猖狂来犯，大总掌盘子老回回奋力抵抗，血战中不幸牺牲。紫金梁、邢红狼被迫向东北方向撤退。十四日，农民军在翼城官庄屯与明延绥坐营都司贺人龙部夜战，紫金梁受重伤，臂中四箭，喉中一箭。农民军连战失利。[11]

明政府为消灭这支农民军，制订了一项恶毒计划：重兵驻泽州，以备各方策应，北可以援高平、长子，东可以接陵川、潞安，西可以应阳城、沁水；另以陕西、河南、山西三省之兵合力围攻，秦兵向东"追剿"，豫兵向西"截杀"，晋兵从中"邀击"。并认为这是"万全之策"，以为如此一来，农民军即可全军覆没，"当无噍类"。[12]其实官军的阴谋农民军早已有

所洞察。紫金梁、邢红狼见到大量明军向潞安、泽州调动，为避免三面受敌，决定往山西北部开拔。

尤世禄发觉紫金梁等向阳城移动，有北上迹象，立即统督各营官兵，在后穷追不舍。二十一日，官军追到阳城县，追了90里，没有追上；第二天，追到泽州城，又追了90里，也没有追上；第三天，即二十三日，追到高平县，追了80里，还是没有追上；第四天，追到长子县，又追了90里，追得人疲马乏，连农民军的影子也没有见着。其实紫金梁等根本没有把官军放在眼里。他们为了赢得时间，争取胜利，在开拔途中，快马加鞭，疾若雷电，一昼夜行一二百里，早把尤世禄远远抛到马屁股后面，使他越追越远，望尘莫及。二十五日，尤世禄追至屯留县，追了60里，正在喘息未定，忽然接到一个惊人消息，几乎把他吓得瘫软如泥，动弹不得。原来闯将李自成、八大王张献忠以及八金刚、过天星等部，从汾河以西打到汾河以东，长驱而进，直抵武乡，已于二十四日深夜，一举攻克了晋东南的军事要地辽州城。[13]

辽州在屯留东北，武乡在屯留之北；李自成等控制了武乡和辽州，军事上处于主动地位。尤世禄凭着多年作战经验，察觉到形势的急剧变化，使自己在军事上已经处于十分被动的危险地位，如果继续往前追击，李自成的部队就很可能从屯留的北面和东北面，像一柄钳子，钳断自己的去路和归途。这样，后果将是什么，尤世禄不会不明白，用他自己的话讲，即"闻警熟思"，"惟恐有破巢覆卵之患"。[14]在这种情况下，尤世禄不敢再往北追，只好把军队掉转方向，向辽州反扑过来。

李自成等部攻占辽州的意图，主要是为了牵制尤世禄的追兵，以掩护紫金梁、邢红狼等部北上。既然目的已达，那就无须在此久留；就在这年农历除夕这天，李自成等又出其不意地退出了辽州城。[15]当天深夜三更，尤世禄的军队开进辽州，一进城就大肆屠杀，拿老百姓的首级冒功请赏，把辽州人民推进了血泊的深渊。

攻占辽州，充分表现出了李自成的优异军事才能。他采取避实击虚的战术，进军迅速，行动果决，当攻则攻，当守则守，当退则退，牢牢掌握住攻守的主动权，从而把不利的局面转变为有利的局面。战争一开始，他就紧紧牵着尤世禄的鼻子走，使他疲于奔命，追不能追，救不及救，进退失据，两头落空，从而使得敌人处心积虑妄图三省合力围剿农民军的险恶计划全部破产。在这次战役中，李自成出色地完成了任务，初次为明末农民革命立下了巨大的功绩。

由于得到闯将等部的有力支援，紫金梁、邢红狼部向北进军，节节取得胜利，很快就打到沁州（今沁县），进入榆次，逼进寿阳，前锋距太原城不到50里。在迅速取得胜利的面前，农民军的首领们，产生了骄傲情绪，在思想上忽略了团结对敌的重要性。紫金梁王自用与乱世王蔺养成为争夺一个女人发生摩擦，给敌人钻了空子，敌人趁机行使离间计，使两人的关系最后破裂。⑯自此，农民军分裂成好几股，各自分开活动，先后在霍州（今霍县）、盂县、定襄、五台、寿阳、榆次、榆社、泽州、阳城等地，被明将曹文诏、猛如虎等所部官军及罢职官僚张道浚所率领的地主武装联合打败。混世王、满天星、闯王（不是高迎祥，此为另一人）等首领被杀害，蝎子块、八大王、扫地王等劲旅连遭挫折。紫金梁从榆次败退到榆社、武乡、阳城、济源，为明将邓玘追逼，崇祯六年（1633）五月战死于济源之善阳山（一说病死）。⑰紫金梁一死，"三十六营"的结合，等于无形解散。

官军被一时的胜利冲昏头脑，继宋统殷之后的山西巡抚许鼎臣向皇帝朱由检大吹大擂报捷说：山西农民军30万，被歼灭十分之五，解散十分之三，剩余三万多人逃入济源、辉县、林县山中，"自可计日奏功"。霍州、隰州（今隰县）等地之"土贼"，更是"可折箠笞，不烦天兵"。⑱

这里所说的农民军伤亡人数及解散人数，全系许鼎臣主观臆造。事实上，大量农民军早已进入直隶、河南两省，留在山西的也还不少。就在他发出狂言后不久，一部分农民军由河南返回山西，占和顺，取乐平，下永和，克沁水，大破官军于岢岚州（今岢岚县），彻底粉碎了他自欺欺人的谎言，连他自己的乌纱帽也未保住，终于在农民革命胜利声中罢官丢职。

崇祯六年（1633）夏天，闯王高迎祥、闯将李自成由山西辗转进入河南，活跃于黄河以北地区。他部农民军10余万也陆续由山西、直隶转入"河北"。⑲农民军的老营一部分驻扎山西辽州桑山，一部分驻扎河南武安县（今属河北省）山中。五月十二日，各部农民军进逼河南磁州（今磁县，属河北省）⑳，队伍长达五六十里，官军前来救援，农民军南走彭城镇，进入林县、安阳山中。新任河南巡抚玄默亲督邓玘、左良玉、曹文诏、汤九州部，在"河北"三郡彰德（今河南安阳）、怀庆（今河南沁阳）、卫辉

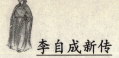

（今河南汲县）所属州县内，到处堵截农民军主力——闯王高迎祥和闯将李自成的队伍。[21]

该年夏、秋之际，高迎祥和李自成的部队，在汲县以西的山彪镇与官军大战，后由汲县长驱而下，一直打到怀庆、济源、孟县，锐不可挡。玄默布置四路官军迎战，来势凶猛，气焰不可一世。从七月初三至二十二，农民军在怀庆地区与官军进行了7场激烈战斗，双方死伤均很重，一时胜负难分。正当前线战事吃紧时，农民军的后方辽州桑山老营，10000多留守人员（主要是伤病员和家属）突然遭到官军袭击；尽管留守部队进行了顽强抵抗，但终因兵力悬殊，伤亡惨重。农民军处境不利，高迎祥、李自成立即下令将队伍退入深山。[22]

八月上旬，闯王、闯将谋攻林县，计划东下攻占水冶。水冶位于安阳、林县、磁州、武安四城要冲之地，为兵家所必争。玄默侦知农民军必来攻夺水冶，先在附近要隘处设下埋伏。李自成攻林县受阻，把队伍集中在淇县烟霞沟，夜里以百余人进攻县城，侦测官军虚实。八月十四日，农民军在烟霞沟和六娄之间，与来犯官军连战二十余阵，获得大胜。十五日，李自成率部往攻水冶，刚至横河，忽听三声炮响，四面伏兵齐起，只见到处都是官军旗帜，当他发觉自己误中埋伏，为时已晚。李自成沉着应战，命令战士稳住阵脚，边战边走。官军在后紧追，箭如飞蝗，李自成中箭受伤，差一点被追及。[23]

李自成突围后，继续在林县、涉县、武安等地和官军作战。九月间，原在桑山老营的农民军残部约5000人，经过不断血战，由山西平顺东北洪梯关（一作虹梯关）打到河南，与闯王、闯将等大部队汇合。农民军声势复振。此刻，官军的力量也比以前有所加强，除原有玄默指挥的几支部队外，崇祯皇帝又特命总兵倪宠、王朴分率6000京营兵，以太监杨进（一作"应"）潮、卢九德监军，赶来河南参战。

十一月间，农民军在林、武、涉三县，分头困扰官军。玄默指挥三路兵马向农民军猛扑：京营兵出武安之西，汤九州出林、涉二县之东，左良玉从辉县、修武间向北。十二十三两日，农民军与京营兵战于柳泉寨、猛虎村、石坡村等处；十七十八两日，与汤九州部战于清店村、傅村、六岭、林奇等处，与左良玉兵及辉县地主武装乡勇战于孟村等处。这是一场主力对主力的恶战，双方都投入了巨大兵力。战况异常激烈，前后大小数十战，彼此互有伤亡。农民军合兵十五营，把主力集中于武安、涉县境；官军厚集兵力，采取包围形势，截断农民军各方去路。农民军为麻痹敌人，行使缓兵之计，一面派人假意和官军谈判讲和，一面暗中积极备战。

乘官军不备，农民军突然发起猛烈进攻，迅速向南挺进，过清化，渡丹河，经济源，进入山西垣曲县境，直抵黄河以北。不数日，闯王高迎祥、闯将李自成、八大王张献忠、曹操、罗汝才、老回回马守应等，各部共约十余万人，皆云集黄河北岸。

黄河天险，无法飞渡。农民军首领们面对着滔滔激流，为考虑大军渡河问题，不免感到焦急。不料恰在这时，气温骤然下降，一夜之间，大河封冻，冰坚如桥，无须舟楫，处处可渡。十一月二十四日，十数万农民军——步兵、骑兵、老营，刀枪闪耀，旌旗招展，在一片雷鸣般的欢呼声中，从河南渑池县野猪鼻，踏冰渡过了黄河。㉔防河官军一触即溃，中军袁大权战死。明军讳言败绩，诡称追至半渡，冰解而返。

从此，农民军主力又开辟了新的战场，打开了新的局面，河南、湖广等省革命的形势，犹如长江、大河，奔腾向前，不可遏止。李自成此时虽然仍在高迎祥部下，但已自领一军，而且手下也有了自己的战将和谋士，如李过、高杰、顾君恩等人。㉕李自成的名声很快就和高迎祥、张献忠二人并驾齐驱，很快就成了农民军中三大主力之一。

注：

①《绥寇纪略》和《明史》说李自成和高迎祥是甥舅关系，《北略》说是异姓结拜关系。前一种说法颇值得怀疑，其理由如下：甲、《绥寇纪略》一面说李自成的母亲姓金，一面又说"自成于高为甥舅"，自相矛盾。《明史》不提李自成母亲姓氏，表面上虽能自圆其说，但仍有令人可疑之处：高迎祥，安塞人；李自成，米脂人。高、李两家都很贫穷，安塞、米脂相距二三百里，两姓隔县联姻可能性很小。乙、李自成生母，各书所记姓氏虽不一，但却无一提到高氏。既然李自成之生母不姓高，当然高迎祥肯定就不会是李自成之舅。

②《明史》卷二十三谓崇祯二年十二月癸酉（二十三日），耿如杞援兵"溃于良乡"。《国榷》卷九十所记兵溃时间与地点与《明史》同。《明史纪事本末》卷七十五，谓耿如杞援兵于崇祯二年十一月"哗于涿（州）、大（兴），掠良乡"；同书卷七十八谓"二年冬十月……山西巡抚耿如杞入援，兵溃在涿鹿。《平寇志》卷一谓"二年（十月）……戊寅（二十七日）都城戒严，山西巡抚耿如杞以兵入卫，兵哗于涿鹿，

大掠良乡。"《寄园寄所寄》卷九"农民起义表"谓崇祯二年十一月，"山西巡抚耿如杞兵叛于涿，掠良乡，劲卒皆为盗"。按崇祯二年，后金兵入大安口为该年"十月戊寅（二十七日）"，北京戒严为"十一月壬午朔（初一）"，凡记载耿如杞兵溃为"十月"或"十一月"者，均系连带后金入犯、京师戒严事一并叙述，并非专指兵溃而言。关于兵溃于"涿鹿"之说，恐系涿州（今涿县）、大兴之误，因各书均记有溃兵"掠良乡"之事，良乡与涿州、大兴相距甚近，与涿鹿相距甚远；而山西援兵至京师时，初命守通州，后调昌平，再调良乡，3日之内，"汛地累更，军3日不得饷，乃噪而大掠。"（《明史·耿如杞传》）既然兵溃于良乡，当然首先波及之地肯定是与之邻近的涿州、大兴，不会是离得很远的涿鹿。

③《国榷》卷九十一及《明史》卷二十三、卷二百六十《杨鹤传》、卷二百七十《杨肇基传》。

④《明史纪事本末》卷七十五、《明史》卷二十三记金县兵变在崇祯三年正月。《国榷》卷九十一也说陕西五路总兵援师北上为崇祯三年正月，惟未明确记载杨嘉谟兵溃事。《北略》及《绥寇纪略》，都说李自成等杀参将王国，《明史·梅之焕传》则说"悍卒王进才杀参将孙怀忠等以叛"。

⑤《米脂县志》卷十二《拾遗志四》、《延绥镇志·李自成传》都记载了李自成投入王左挂部事，但均未记具体月日。《绥寇纪略》卷一及《洪文襄公年谱》说王左挂投降官军为崇祯三年二月，《平寇志》卷一则具体记为三年二月初一。李自成投入王左挂营应在崇祯三年正月金县兵变后。金县兵变具体发生日期，推测可能在崇祯三年正月上旬或中旬；因若发生在正月下旬，李自成从金县到清涧往投王左挂，时间会来不及。李自成离开王左挂营也许就在该年二月初一王左挂投降这天，实际他在王营所待时间极短。《平寇志》谓金县兵变后李自成投入王嘉胤营，《北略》谓金县兵变后李自成投入高迎祥营，均误。

⑥《延安府志》卷六《大事表二》说李自成投入不沾泥部为崇祯四年十一月。《明季实录塘报稿》则说李自成自崇祯三年投入不沾泥营后不知下落。按王左挂投降是在崇祯三年二月，李自成投入不沾泥营当在这之后不久，《塘报稿》之说较为可信。又查继佐《罪惟录》卷三十一《李自成传》讲，崇祯二年李自成即归于王嘉胤部下，此说恐不确，因这年李自成还在梅之焕军中，直到次年正月金县兵变后才脱离梅营。

⑦见《明史纪事本末》、《绥寇纪略》《国榷》、《北略》、《石匮书后集》等书。

⑧《国榷》卷九十、《明史纪事本末》卷七十八，说李自成奉高迎祥为闯王，在崇祯二年冬耿如杞兵溃后；《北略》卷五、《绥寇纪略》卷九则说在梅之焕部金县兵溃后，即崇祯三年正月后。按李自成在投归高迎祥之前，曾投入王左挂部和不沾泥部，以上诸书均略去了这两次关系，故在时间上与实际不符。《明史》卷三百九说李自成往

投高迎祥是在"三十六营"结成之后。实际是在"三十六营"结成之前，因李自成本人就是"三十六营"首领之一。"三十六营"形成于崇祯四年六月初二。王嘉胤死后，李自成改投高迎祥是在崇祯四年四月不沾泥投降后，而且是在"三十六营"形成之前。很清楚，这个时间当不会超出这年四月、五月这一范围。

⑨《明史》没有把"闯将"包括在"三十六营"之内，但《明史纪事本末》、《北略》、《绥寇纪略》、《平寇志》、《石匮书后集》、《延绥镇志》、《兵燹琐记》等书，都说"三十六营"包括有"闯将"。问题是诸书中所说的"闯将"，是否即指李自成？不明确。据《米脂县志》卷十二《拾遗志四》讲，李自成投入王左挂部号八队"闯将"。这八队是：一队"眼钱儿"，二队"点灯子"，三队"李晋王"，四队"蝎子块"，五队"老张飞"，六队"乱世王"，七队"夜不收"，八队"闯将"李自成。这说明李自成在投归高迎祥之前即已自称"闯将"。"三十六营"结成时，"闯将"这一称号一定早在部分农民军中为人所知。从投入王左挂部到不沾泥部、高迎祥部，一年多来，李自成在农民军中已不是一个新兵，已结识了不少农民军中著名首领；所以他能成为"三十六营"首领之一，能为其他各营首领所承认，绝不是偶然的。再者，王左挂部所属八队中，点灯子、李晋王、蝎子块、乱世王都是"三十六营"之一，八队"闯将"李自成自然也能成为"三十六营"之一。

⑩《明史纪事本末》卷七十五、《北略》卷八、《绥寇纪略》卷一，都记载了崇祯五年九月农民军攻占修武、围困怀庆的事，但都没有明确日期和农民军首领。《国榷》卷九十二不仅清楚指出领导这支农民军的是李自成，而且所记日期也很具体。

⑪据《兵部题为流寇再犯济西等事》、《兵部题为类报"山西"捷音事》（俱见《明末农民起义史料》）。

⑫《崇祯存实疏钞》卷三下、70页及《明末农民起义史料·兵部题为流寇再犯济西等事》。

⑬雍正十一年重修《辽州志》卷一《疆域·形胜》谓：辽州"地蹲太行，界交晋、豫"，"崇冈峻阜，邃壑丰林，虽云瘠壤，实属岩邑"。又卷五《祥异》谓："崇祯五年壬申，流贼陷城。""闯将"、八金刚、过天星于崇祯五年十二月二十四日攻破辽州，见《崇祯存实疏钞》卷五下、第118页及同书卷七下、第59页。张献忠参加攻辽之役，见《纪事略》。《崇祯存实疏钞》只说攻占辽州的是"闯将"，没有明说这个"闯将"就是李自成，但仍有理由相信这个"闯将"确实是指李自成。因八金刚、过天星、紫金梁、邢红狼都是"三十六营"首领之一，当然，这位和他们采取统一行动、共同对敌的"闯将"也必会是"三十六营"首领之一；否则，一个非"三十六营"系统的农民军首领，不可能率领两个"三十六营"系统的首领八金刚、过天星（《兵燹琐记》未把过天星计入"三十六营"之内，《明史》等书则把过天星算入在内）去支

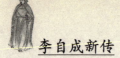

援另外两位"三十六营"系统的首领紫金梁、邢红狼。据此，可以肯定，这位攻占辽州的"闯将"，不会是别人，一定就是那位"三十六营"首领之一的"闯将"李自成。另外，《崇祯存实疏钞》又讲，这位"闯将"，系"从河西过来"，系所谓的"西河之'贼'"。这里所说的'河'，是指汾河，意思是"闯将"系来自汾河之西。他书记载，李自成自围怀庆府后，即退入平阳府地区，平阳府东临汾河，李自成就是活跃于汾河以西一带。这一记载，正好补充了上述"从河西过来"、系"西河之贼"两句中所未提到的"闯将"乃李自成。

⑭见《崇祯存实疏钞》卷七下，第59页。

⑮闯将等攻占辽州的军事意图，各书均未直接论及，但据有关资料记载，略可间接推知一二。《绥寇纪略》卷一："紫金梁众十余万，以秦兵、豫兵、毛兵尽聚泽、潞东南，乘虚突犯东北，从沁州、武乡以陷辽州。"《明史》卷269页《李卑传》也说攻占辽州是王自用。实际上，攻占辽州的是闯将、八金刚、过天星部，不是紫金梁王自用部，此点《绥寇纪略》和《明史》均误。可是这个记载却曲折地反映了这样一个事实：攻占辽州的农民军属于紫金梁领导下的"三十六营"系统；攻占辽州与紫金梁的军事活动是联系在一起的，是有着密切关系的，不是彼此孤立的两件事情。

⑯紫金梁和乱世王失和事，《明史·张铨传》、《明史纪事本末》及《绥寇纪略》等书均有记载，只是所记时间互有出入。

⑰《绥寇纪略》卷一。

⑱许鼎臣报捷奏疏，《绥寇纪略》卷一说在崇祯六年四月，《国榷》卷九十二说在崇祯六年二月。

⑲明朝时把今河南省黄河以北一带地方称为"河北"。李自成自上年除夕退出辽州城后，并未立即离开辽州境，但何时由何路进入"河北"，不甚清楚。高迎祥自"三十六营"形成至紫金梁死一段时期的活动情况也不甚清楚。据《绥寇纪略》、《平寇志》、《明史纪事本末》等书记载，崇祯六年五月，农民军十余万由直隶沙河、邯郸南走，在河南磁州、涉县（今二地均属河北省）一带和官军战斗。估计高迎祥、李自成可能就是这时由山西经直隶转入河南的。

⑳《绥寇纪略》卷一记"（五月）十二日贼十余万逼磁州"，《平寇志》记"逼磁州"为这月十八日之后。

㉑《北略》卷九《河南诸贼》载崇祯六年六月，左良玉、汤九州等与农民军激战于河南，称闯王、闯将为"贼之中坚"。玄默著《剿贼图记》第九、第十六两图也都明确提到"闯王"、"李自成"，同时就该书第一图至第十六图全部说明内容看，知崇祯六年，玄默所率领的官军主要就是和闯王、李自成等作战。

㉒参看《剿贼图记》第六《保护济孟图》、第七《穷追剥落图》说明。

㉓玄默《剿贼图记》第九《贼首被矢图》载，"贼首闯王为矢所中，几获，赖马腾跃逸去。"下面注文道："按李自成攻大梁，为总兵陈永福射中左目，此又一次中矢也。"上述注文肯定非玄默原注，可能是他的玄孙玄展成于雍正九年重刊《剿贼图记》时所加。玄默死于崇祯八年，李自成攻打开封为陈谢中左目乃崇祯十四年，故知此注绝非玄默本人所加。不过，此注虽非玄默所加，但注文所说受箭伤之闯王即李自成，此点应府合玄默原意。因该书第十六图有"李自成号闯王"的话，可见"闯王为矢所中"一语，实际在玄默心中闯王就是指李自成；李自成称闯王，是在高迎祥牺牲后。闯王、李自成应为两人，玄默之所以混为一人，可能系由于探报不确致误。

㉔以上数段文字，主要根据《剿贼图记》第十、十一、十二、十三、十四诸图说明，并参阅《北略》卷九、《绥寇纪略》卷一及《明史》卷二十三、卷三百九等有关材料。农民军渡河日期，康熙三十二年修《河内县志》卷二《古事》载："明年（指崇祯六年），（农民军）复大掠河内，渡河而南。"未说明月日。《卢忠肃公集》卷首《邑志本传》说农民军渡河在崇祯六年十一月，没有具体日期。《绥寇纪略》、《北略》、《明季遗闻》卷一及《明史》卷二十三均谓在崇祯六年十一月二十四日。据常道立《报守城疏略》（见民国六年续修《洛宁县志》卷六《艺文》）讲："崇祯六年十一月二十四日，流寇自渑池渡河。"可证《绥寇纪略》等书所记李自成等渡河日期可信。《明史纪事本末》谓农民军渡河在崇祯六年十月八日，康熙《汝宁府志》卷十《武备·军功》说在六年十月二十日，乾隆《郑州志》卷十《艺文志》载张椊《流土纪》说在六年十一月初六日，均误。

㉕《明史》卷三百九："及入河南（指崇祯六年农民军过黄河后），自成与兄子过结李牟、俞彬、白广恩、李双喜、顾君恩、高杰等，自为一军。"按李牟为李岩之弟，是时尚未归附李自成；李双喜即李过；白广恩已于崇祯五年十月投降官军（《明史》卷二十三说自崇祯五年八月降，误）非李自成部下。以上三处，《明史》均误。顾君恩，钟祥诸生，何时归附李自成？——一般史书谓在崇祯七年以前。但 1964 年 3 月 12 日《羊城晚报》载姚雪垠《我所理解的李自成》一文却对此提出质疑。不过姚文并未提出明确解答。1964 年 6 月 9 日《人民日报》载王纲《顾君恩归附李自成的时间》一文，根据清同治年修《钟祥县志》，认为顾君恩归附李自成是在"崇祯十六年元月李自成攻克钟祥时"；同年 9 月 18 日《人民日报》载丕烈《是崇祯十六年元月吗?》，又对王纲所作结论提出了不同意见，认为王文对县志原意理解有误。顾君恩究竟何时归附李自成，既然一时尚无新的论据，此处仍从旧说。

第三章 流动作战

一 车箱峡遇险

十数万农民军，共四十八营，踏冰渡河后，节节取得胜利。崇祯六年十一月二十七日，大军占领渑池县城；十二月初一日四鼓，占领伊阳县城。

队伍继续前进，初二日闯将李自成攻克卢氏县城。初六日，闯王、闯将等环攻内乡，知县艾毓初伙同城中乡绅、举人等威逼县民死守，攻打10日未克，撤围而去。一部分队伍在曹操、罗汝才等率领下，南下进入湖广郧阳境；一部分队伍在闯王、闯将、老回回、过天星等率领下，向东挺进。往东的一支又分为两股：一向南走合水，欲攻汝宁（今河南汝南县）；一向北走吴城镇，欲攻开封和归德（今河南商丘）。

河南巡抚玄默见农民军渡河，吓得手脚慌乱，既怕洛阳有失，又怕开、归不保，到处调兵遣将：一面命左良玉率兵赴援嵩县、卢氏、永宁等处，一面命邓玘、李卑二将率兵赶抵洛阳，分布三路，合力夹击。

十二月十九日，高迎祥、李自成、过天星等部，打到郦城附近。过天星扎营于吴城镇，高迎祥、李自成扎营于横山镇，两军声势联络，互为犄角。二十日夜，天大寒，风雪不止。玄默亲督抚标丁壮和汤九州部趁机偷袭过天星营。官军出其不意，呼噪杀入。过天星未曾戒备，正在酣寝，起初还以为老回回兵到，大呼道：是老回回来了吗？后发觉不是，立即下命抵抗。两军在黑夜中短兵相接，肉搏拼杀，过天星部不支，败走闯王营。

二十二日，官军追至横山镇，农民军迎击，失利；闯王、闯将、过天星等率众退走五华集。这场战斗，血流疆场，尸横50里许，双方死伤均很惨重。①

闯王等移营保安驿，左良玉引兵追到；农民军接战不利，一条龙、上山虎、展翅飞、跟山虎、小李广等首领不幸被俘。闯王、闯将等改变主意，折向东南走泌阳，打算进攻信阳，与老回回会合。老回回等十二月二十日打南阳，二十四日雪夜到达确山县，原想往东攻打汝宁，因见府城有备，于是由确山挨山经过，未打县城，即往南至新安店扎营。未过多久，老回回等又率众向豫西南进发。十二月二十九日，闯王、闯将在确山县和信阳州之间的平上关（今称平昌关）与左良玉接仗，战斗甚为激烈，农民军向西北方向牛蹄村退走。玄默刚由宛南到遂平，得知平上关战讯，立即由确山赶到牛蹄村，一日夜奔驰140余里，一到就与汤九州、左良玉二将会同巡按刘令誉，督率京营兵对农民军进行堵截；高迎祥、李自成等未让敌人布置就绪，稍一交锋，就机智地率领部众向西北突走。这天为崇祯七年元旦。②

这年开春，李自成等又打回豫西。闯王、闯将仍想回陕西，进至商、雒，遭到官军截击，复折回河南，转入卢氏深山，在当地矿徒的协助下，由向导带路，从山间小道进入内乡；继而又进入淅川、邓州（今河南邓县）境，活动于河南、湖广交界一带山区。郧阳抚治蒋允仪眼见农民军大量入境，深感束手无策，唯有上书请死。

这年春、夏间，高迎祥、李自成等由湖广走陕西紫阳，开往汉中。③

过河后的张献忠，怎样率领部队作战，是否与李自成等在一起，详细情况不甚清楚。只知他在渡河当年的冬天至次年开春这一期间，打过信阳，一度进入湖广应山县境，还打过邓州。④崇祯七年（1634）正月十四日，左良玉驱兵至内乡，驻扎花园关；这时，老回回、革里眼、过天星、八大王等部正活跃于楚、豫边境。左良玉需索供应，扰害地方，当地土著起义军首领六老、七老、八老、九老、十老诸营领导百姓，不断掀起反抗。从此，内乡成了官军征兵调饷的转运基地，同时也成了农民军往来楚、豫的交通孔道。二月二十八日，张献忠挥戈西向，由河南打回陕西商、雒。⑤

这年正、二月，老回回一营、过天星一营、满天星一营、闯塌天一营、混世王一营，共五营，人马有二三万，自湖广郧、襄地区出击，破远安、兴山，经夷陵（今湖北宜昌）、归州（今湖北秭归）、巴东，西入瞿塘峡，袭破川东门户夔州（今四川奉节县），连克大宁、大昌、开县、新宁（今开江县）诸县。⑥

在山西，刚接替许鼎臣任山西巡抚不久的戴君恩，将受抚农民军首领王刚、通天柱、王之臣及其部众429人，诱骗至太原，假迎春为名，设宴犒赏，在会饮方酣中将他们擒杀。这一血淋淋的事实，对其他幻想接受招安的农民军首领，是一个很深刻的教育。二月间，一部分农民军西渡黄河，打到陕西宜川县境，受到各地饥民的支援，转战澄城、郃阳之间，并趁胜南下，突入商、雒地区。⑦

在陕西，正月间，农民军攻占洵阳县，逼近兴安州（今安康县）、西乡县，连破紫阳、平利、白河。陕西巡抚练国事移兵商、雒，巡按御史范复粹奔赴汉中。农民军转入四川，先后两支入川部队，一由陕西入川，一由湖广入川，分头攻打巴州（今巴中县）、太平县（今万源县）、保宁府（今阆中）、广元县、达州（今达县）、仪陇县、万县等地方，在四川省的东部、北部共同开创了大好局面，传播了胜利的火种，为此后在这一带地区发展壮大起来的以摇天动、黄龙等为首的"摇黄十三家"农民军的活动打下了基础。⑧

崇祯帝御押印文

明政府看到农民军的势力已经发展到陕西、山西、河南、湖广、四川五省范围，感到万分恐慌，下令以延绥巡抚陈奇瑜为上述五省总督，全面负责这五省军事，"视贼所向，随方剿抚"⑨。为了提高陈奇瑜的政治地位，崇祯皇帝还特地提拔他为兵部右侍郎兼右佥都御史。另外，明政府还下令将失守郧西、上津诸县的郧阳抚治蒋允仪撤职逮问。朱由检指示吏部："卢象升升都察院右佥都御史，提督军务兼抚治郧阳等处地方，写敕与他，钦此！"⑩卢象升奉命后，立即单骑启行，兼程赴任。

郧阳抚治，辖区的范围包括：湖广的郧阳（今湖北郧县）、荆州（今湖北江陵县）、襄阳三府，河南的南阳府，陕西的汉中府以及商州（今陕西商县）所属商南、雒南等县。⑪

在卢象升走马上任的前后，这一地区的斗争形势是这样：这年"三月初"，河南巡抚玄默曾自我安慰地表示，在他管辖的地界内，经过汤九州、周尔敬、范正斗几人的"告捷"，河南境内烽火"稍平"。⑫可是没过几天，浙江道监察御史四川人甘学阔，就抱着"殷忧乡土，更愀然于制胜之远图"的怔忪心情，向崇祯帝报告说："今（指崇祯七年三月）其大股独萃汉、郧之间"。⑬尽管这时老回回、八大王、闯王、闯将等大股已分别入川、入秦，然而分布在湖广郧阳、襄阳、承天（今湖北钟祥县）、德安（今湖北安陆县）四府以及河南函谷关一带的农民军，仍不下数十万。⑭而且就在卢象升刚上任不久，就有一股农民军由湖广打到卢氏，往北一直打到灵宝。⑮

这年春、夏之际，原由陕入川活动于川北的农民军，分两路——一由宁羌（今陕西宁强）入阳平关，一由巴州通江入西乡——重返陕西。⑯原由楚入川活动于川东的老回回、闯塌天等五营，四月中旬由四川重回湖广；加上其他一起回湖广的部队，总数共十余万人，分别驻扎在郧阳、均州（今湖北均县）。老回回等驻营于郧阳府城西南的黄龙滩（今名黄龙镇），打算等人马会齐，然后约定三路行兵：一路攻均州城，前往河南；一路攻郧阳府城，往攻淅川；一路上金漆潦过河，要往陕西商南，又要从卢氏上河南府（洛阳）。总兵张应昌在均州五岭山被农民军杀得大败，身带箭伤逃回。⑰

面对着这一"顾此不能顾彼"、前景"大为可虑"的局势，五省总督陈奇瑜闻警，即由南阳星夜督兵飞驰郧阳、均州诸处，马上差官飞调各镇总兵、副将、参将、游击等官入山"合剿"，并檄四巡抚"会讨"：陕西巡抚练国事驻兵商南，遏其西北；郧阳抚治卢象升驻兵房县、竹山、竹溪，遏其西；河南巡抚玄默驻兵卢氏，遏其东北；湖广巡抚唐晖驻兵南漳，遏其东南。陈奇瑜会同卢象升督促总兵邓玘、副将柳国镇、杨正芳及参将张天礼、贺人龙等，在湖广郧县、上津、竹山、竹溪至陕西洵阳、平利一带，自夏及秋，驱迫士兵分道入山，进行两个多月血腥搜剿；"无穴不搜"，逢人就杀。在这群刽子手的屠刀下，农民军受到了一定损失，闯王（不是高迎祥，不知姓名）、翻山虎等重要首领被俘。另有12名首领也被俘，农民军战士前后死者达13800余人。陈奇瑜为此向崇祯皇帝表功说，

屡战获捷，"楚中渐有宁宇"。朱由检亦大为高兴，对他表示嘉劳。[18]

其实，老回回、闯塌天、混世王等在陈奇瑜、卢象升开始入山"搜剿"之前，已主动向陕西汉南转移。他们边转移边战斗，死伤很重。农民军转移到陕西，陈奇瑜也跟着追到陕西。[19]陕西"汉南"，是指陕西汉水以南之地而言，包括的地方是：东至洵阳、白河、平利，又东至兴安、石泉、汉阴；西至西乡、洋县、汉中府，又西至沔县、宁羌、略阳。其他皆与楚、蜀为界。早在这年春天，八大王张献忠已回到商、雒；春、夏间，闯王高迎祥、闯将李自成已回到汉中；春、夏之际入川的农民军又打回汉南；随后，老回回、闯塌天等也进入汉南。各股农民军，集中汉中、兴安、平利，东至于商、雒，总数约十四五万人。[20]农民军多为精锐骑兵，战士每跨双马，一骑一备乘，往来驰逐，捷若风雨；官兵只有一二万人[21]，马三步七，动转不灵。农民军打到哪里，就受到当地人民的欢迎，粮食不成问题；官军所到之处，百姓望风而逃，无粮可资，待饷转运，处处坐困。此刻，农民军无论是在数量、质量上，还是在装备、给养上，比起官军来，都要大占优势。但不幸的是，他们在军事上却犯了一个很大错误。由于地理情况不熟悉，闯王周迎祥、闯将李自成、八大王张献忠、闯塌天刘国能、射塌天李万庆等主力部队，在这年夏天误入兴安州平利县车箱峡绝地，被官军围困，粮援断绝，情势万分危急。

车箱峡又名狗脊关，位于兴安州（今陕西安康县）州治东南 50 里。峡长 40 里，形同狗脊骨，四山巉立，险峻难攀；峡中巨石磷峋，草木丛杂，道路崎岖难行。农民军误陷峡中，官军垒石断路，堵塞峡口，地主乡丁从两边山巅推落巨石，投下薪火，实在无法招架。加上连雨数十日，农民军人马久被雨淋，衣甲泡坏，弓弦弛懈，刀刃锈蚀，粮料缺乏，饥饿困顿达于极点。[22]

在这危急存亡的关头，李自成表现了极大的镇静和勇敢。他沉着地考虑各种脱险的办法，仔细分析敌军的弱点和矛盾，最后采纳谋士顾君恩的建议：一面用重贿买通陈奇瑜的左右亲信，使缓其进攻；一面假意表示愿接受招抚，以欺骗官府。陈奇瑜贪图"大功"唾手可得，信以为真，下令停止进攻，准其出峡听编，并派遣"安抚官"一路监视，限令按期到达指定安插地点。农民军整队从容出峡，表面上与官军交杯欢饮，易马而乘，抵足而眠；暗中却加紧戒备，修理衣甲，磨砺刀剑，补充食粮。一出绝地，犹如猛虎出柙，尽杀所有随行"安抚官"；各股分头出击，纵横长驱，所向无敌。全陕烽火连天，金鼓之声不绝，明政府大小地方官闻讯，无不怖栗失色。

闯将李自成在艰危的时刻，受到了一次严峻的考验。他为农民军建立了伟大的功勋，受到了自己的部下及别部将士的尊敬与赞扬。他的队伍迅速扩展到十余万人，成为当时官军闻之丧胆的一支铁骑劲旅。

七月初一日，李自成部攻克陇州（今陕西陇县）。七月十一日，与张献忠合兵破澄城，往围郃阳。洪承畴仓皇带兵赴救，二十二日李自成解围而去，回师西向，转攻平凉（在今甘肃）、邠州（今陕西邠县）。八月初五日，李自成占领咸阳，旋西走醴泉、乾州（今陕西乾县）。八月初十日，再次攻克陇州[22]，寻退出，屯兵于陇州、汧阳之间月余。陈奇瑜遣参将贺人龙救陇州，官军进城；闰八月十九日，李自成大军复至，将贺人龙围困于城中。李自成部下骁将翻山鹞高杰，为前线指挥，督兵攻打陇州城，贺人龙坐困待救。

高杰是米脂人，贺人龙也是米脂人，都与李自成同乡。李自成命高杰写信给贺人龙，劝他投降。高杰派人和贺人龙联系。派去的人回营复命，先向高杰报告，后向李自成报告，这事引起了李自成疑心。陇州久攻不下，贺人龙观望不降，因而李自成将高杰调回老营，前线军事另派别将指挥。

洪承畴闻陇州围急，自平凉派遣枭将左光先间道出华亭，驰援解救陇州。李自成见救兵将至，于九月二十九日前一二日收兵他往。陇州被困41天，农民军主动退走，但陈奇瑜却厚颜无耻地把陇州围解掠为己功。十月二十九日，李自成在高陵、富平间和左光先打过一仗，旋退往乾州安家庄。[23]

洪承畴像

与李自成转战东西的同时，其他各部农民军分别在各地和官军作战，也都取得了很大胜利。闯塌天在车箱峡脱险后，不久又打出陕西，进入河南，一直打到汝宁府真阳县（今称正阳

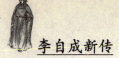

县），驻兵于寒冻店。⑤张献忠与李自成合兵破澄城、围郃阳期间，即挥兵东向，打出陕西，打到汝宁府，移营至马乡店，时间为这年秋七月。㉖混世王（崇祯六年有一混世王被官军俘杀，此为另一人）、老回回未遭车箱峡之危，他们自湖广转移至陕西后，老回回屯兵商雒山中，混世王则在凤翔、郿县活动。六月初七日，混世王、随山虎率兵至盩厔（今作周至），在县城南不远的马召村（今称马召镇）暂扎，随即往东经鄠县（今作户县），声称要攻西安。洪承畴得报，奔驰一日夜，赶到西安，调兵守城，檄兵把守潼关。七月二十二日，混世王率众入商雒，与老回回会师。㉗

这年冬天，各大股农民军纷纷由秦入豫。十月，老回回由商南入河南，过汝州，至汝宁府，与扫地王合营驻扈家店，分兵至射桥、万金店、东湖一带。㉘十月中旬，混世王也进入河南，与张献忠、整齐王等连营于卢氏县东南朱阳关附近，各有众数万。㉙

闯王高迎祥出车箱峡后，详细情况不甚了解，有记载讲，这年秋天，他曾和李自成一度进入终南山。㉚不过，他在终南山没待几天，就和李自成分手，移兵往东，挺进至商州。接着，他就同过天星一道由商州打回河南渑池。横天王、九条龙由雒南县经湖广上津逾郧阳徐家庙，抵河南邓州。最后，李自成也由陕西向河南进军：东出潼关，围阌乡未下，往东破灵宝、陕州，十一月十二日，师次郾师、巩县。㉛张献忠等亦率师至嵩县、汝州。一时，各著名农民军首领尽集河南，"势如山海，疾若风电"㉜，河南巡抚玄默惶惧万状，飞章告急。

陈奇瑜妄图在车箱峡困毙农民军的恶毒计划，遭到彻底破产。他把失败的责任推给别人：陕西巡抚练国事坐罪被逮下狱，遣戍广西。明政府以李乔继任陕西巡抚。给事中顾国宝、陕西巡按傅永淳先后奏劾陈奇瑜"剿抚两妨"之失并揭发他贪功欺饰之罪，结果陈亦被解任除名、逮讯、谪戍边地。

陈奇瑜解任后，洪承畴被任命为兵部尚书，总督五省军务，仍兼原三边总督一职。

注：

①攻占渑池日期，见《明史》卷二十三；攻占伊阳日期，见道光十八年修《伊阳县志》卷末《杂记》。攻占卢氏月日，见《明史纪事本末》卷七十五。攻打内乡县城

日期，见康熙壬辰（五十一年）修《内乡县志》卷十《兵事志》；《国榷》卷九十二谓攻内乡为崇祯六年十二月戊辰（初十日），此处从"县志"。又《国榷》谓农民军攻打内乡后，"自此从合而之分：罗汝才掠于楚，邢红狼横于豫，惠登相入于秦，而李自成领劲兵以入于汉中"。按惠登相入秦，李自成入汉中是稍后的事，罗汝才入楚估计当在打内乡后不久。吴城镇、横山镇之战的具体日期，见《北略》卷九及《剿贼图记》第十六图。《明史·汤九州传》说："大败过天星于吴城镇"，"追贼闯天王等五华集"。这与《剿贼图记》所记追闯王之说不同。到底是追"闯王"还是追"闯天王"？按张道浚《兵燹琐记》、《明史纪事本末》、《北略》、《绥寇纪略》、《延绥镇志》、《平寇志》等书所记农民军"三十六营"中均无"闯天王"之名，康熙《内乡县志》卷十《兵事志》载有崇祯六七年时著名农民军首领共107人，其中也无"闯天王"其人。

如上所述，知《明史·汤九州传》所记被追至五华集之"闯天王"与《剿贼图记》所说之"闯王"，当系一人。康熙时修《巢县志》卷四《祥异》谓"贼高姓号闯天王"。这里所称之"高姓"，当是指高迎祥。由此可见，"闯王"被误称为"闯天王"，并不奇怪。

②平上关、牛蹄村之战日期，见《剿贼图记》第十七图说明。光绪十八年《续修睢州志》卷十二《存遗志·兵寇》讲，一条龙姓韦，崇祯十三年九月聚众起义，"众至十余万"。左良玉所擒之"一条龙"肯定必为其所杀，这个"一条龙"当是另一人。老回回等打到确山之日期，据乾隆《确山县志》卷三《武功》；康熙元年修《汝宁府志》卷十《武备·军功》亦有此记载，惟未记具体日期。"县志"说老回回名孙昂，"府志"则说名孙寻。《明史纪事本末》卷七十五、《平寇志》卷一都说崇祯六年十二月"戊寅"（二十日）农民军曾进攻南阳，但并未明确是老回回；《确山县志》、《汝宁府志》也未说老回回曾打过南阳。另据《剿贼图记》第十六图的说明，汤九州夜袭过天星营，过天星误以为是老回回，从这点可看出过天星、老回回等是循着同一路线进军，只不过出发的时间有先有后。闯将、过天星等由内乡往东至郾城，即玄默所说"欲犯开、归"的一股；老回回则是玄默所说由内乡往东至确山"欲犯汝宁"的一股。不管是由内乡往东到郾城，还是往东到确山，都要经过南阳；十二月二十日过天星、闯将等早已过南阳，因而攻打南阳的任务大致上由他来承担。

③光绪十九年修《卢氏县志》卷八《人物》："李自成三次陷卢。"一次在崇祯六年，一次在崇祯八年，另一次县志未指出。参看《剿贼图记》第十八图及《绥寇纪略》卷二，知还有一次当是崇祯七年。李自成等打回陕西，《国榷》卷九十二说为崇祯六年十二月。但据《剿贼图记》载，崇祯七年正、二月李自成等还在河南内、淅一带，《国榷》所记显然有误。《剿贼图记》载："迨三月初，汤九州告捷于土桥凤凰台……豫贼稍平。"又《明史·左良玉传》谓："七年春、夏间，中州幸无事。"《明史纪

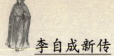

事本末》卷七十五讲："（七年四月）楚贼尽西奔汉中……凡名贼尽归汉中。"这些材料说明崇祯七年春、夏间大部队农民军已陆续退出河南，估计李自成等可能就是这期间打回陕西的。

④《明史纪事本末》卷七十七说崇祯七年，"张献忠犯信阳、邓州，遁入应山。"《平寇志》卷一亦有同样记载。同治十一年修《应山县志》卷二十一《兵荒》说，"崇祯六年十二月二十四日，"流寇至孟畈店，都司周元儒击走之。"此处之"流寇"，实际是指张献忠。据此知张献忠攻打信阳、邓州等地，并不都在崇祯七年。

⑤左兵至内乡日期，见《内乡县志》卷十《兵事志》。张献忠西奔商、雒日期，见《明史》卷二十三。

⑥《明史》卷二百六十《陈奇瑜传》说老回回等入蜀为五大营，其中有过天星；《明清史料》乙编第九本《兵部题行"兵科抄出河南总督陈奇瑜题"稿》也说五营中有过天星。但《剿贼图记》说过天星和闯王、李自成在一起，不和老回回在一起。按绰号"过天星"的农民军首领有好几位，不知谁和闯王、李自成在一起，谁和老回回在一起？此处无法确定。又光绪庚辰（六年）刊《重修巴东县志》卷十四《事变寇乱》载："明崇祯七年流贼过巴东。"下面注云："时流贼自楚入蜀，有一斗粟、整十万等号。"据此知当时由楚入蜀之农民军，除老回回、闯塌天等五营外，还有其他别股。

⑦见《国榷》卷九十三。

⑧欧阳直《蜀乱》载，崇祯六年"张献忠自陕西战败，遁入川"。按崇祯六年春、夏，张献忠在山西一带；这年夏、秋，在河南黄河以北地区；同年冬，随同高迎祥等部踏冰过黄河，进入豫南；崇祯七年二月下旬，西入陕西。此处所记崇祯六年张自陕西入川之说，肯定有误。《客滇述》载崇祯七年二月，张献忠"自陕西平利县复犯四川"。《蜀碧》卷一载这年张献忠"始自楚犯蜀"。以上二书，一说自陕西"复犯四川"，一说"始自楚犯蜀"，所记均不确。此点《蜀龟鉴》卷一已明确指出："（七年）三月，贼犯梁山白兔亭……讯之奎木狼也。可证是年入蜀为献贼之误。"又据《荆楚剿贼功次残稿》（因文内有"自去腊流贼渡河之信"一语，故知此为崇祯七年之残稿）、《兵部题行"兵科抄出河南总督陈奇瑜题"稿》（均见《明清史料》乙编、第九本）提到自崇祯七年二月由楚入蜀及同年四月由蜀返楚之农民军为老回回、闯塌天等五大营，其中并没有八大王张献忠。可见《客滇述》及《蜀碧》所记崇祯七年二月张献忠入蜀事均误。"摇黄十三家"起于何时？李馥荣《滟滪囊》卷一《摇天动黄龙寇巴蜀》载："初犯蜀时，贼首摇天动、黄龙二贼遂号摇黄，后分为十三家……"此处所谓"初犯蜀时"之"初"，时间不明确。另据该书卷二《摇天动黄龙再寇巴蜀》载，崇祯六年四月"摇、黄等贼围仪陇县"。即然再攻巴蜀为崇祯六年四月，说明初攻巴蜀必在六年

四月之前。但《蜀龟鉴》卷一却说"（六年冬）摇天动、黄龙初犯巴蜀，号摇黄"。《蜀乱》则说崇祯七年"摇黄贼夺世王、争天王……等十三家攻破巴州、通江……"《蜀碧》卷一认为"摇黄"初起为乙亥（崇祯八年）、丙子（崇祯九年）这一期间。

⑨《明史纪事本末》卷七十五，《平寇志》卷一。

⑩给卢之敕，引自《卢忠肃公集》卷一，《抚郧奏议·到任谢恩疏》。

⑪同上书卷首《明大司马卢公年谱》（以后简称《卢象升年谱》）。

⑫《剿贼图记》第十八图说明。

⑬《明末农民起义史料》崇祯七年《浙江道监察御史甘学阔为绸缪封疆等事》。此奏崇祯七年三月十四日"奉圣旨：兵部看议，速奏。"

⑭《平寇志》卷一。

⑮乾隆十二年重修《灵宝县志》卷六《外纪·纪事》，记载农民军"自湖广走卢氏、灵宝"，为崇祯七年夏四月，无具体日期（《明史》卷二十三所记亦同）。卢象升接受任命后，于崇祯七年三月二十六日赴任，四月初八日抵达南阳府叶县境内（见卢本人《到任谢恩疏》）。

⑯农民军何时重返陕西？《绥寇纪略》卷二引洪承畴疏谓崇祯七年三月十五日"自四川来"，三月二十二日入两当，同月二十四日破凤县。但《明史纪事本末》卷七十五、《国榷》卷九十三、《平寇志》卷一、《石匮书后集》卷六十二都说四月丁丑（二十二日）入两当，己卯（二十四日）破凤县。法式善辑《洪文襄公年谱》（以后简称《洪承畴年谱》）亦云："（崇祯七年）四月，川贼复入陕。"二说相差一个月。按应以洪承畴疏所说为准。

⑰《绥寇纪略》卷二说"入蜀者未逾月而返楚"，意即老回回等重返湖广为崇祯七年三月；《明史》卷二十三亦云七年三月"庚戌（二十四日），贼自四川走湖广"。但据前引《陈奇瑜题稿》及《明史纪事本末》、《国榷》等书，都说农民军重返湖广为崇祯七年四月；据"题稿"讲，老回回等驻扎黄龙滩及另一部到达均州为崇祯七年四月十九日，其消息来源分别得自郧县原差侦探"快手"王继安及南阳县原差侦探"快手"金国玉的报告，故农民军回楚之时间应以此为准。张应昌事，《绥寇纪略》说"身被箭回均州"，《四朝成仁录》说"败绩死之"，《明末忠烈纪实·殉楚传·张应昌》亦谓"与贼战于均州，败绩死之"。《明史》卷二十三谓"击贼于五岭山，败绩"，同书卷二百三十九《张臣传》谓崇祯七年"（张应昌）击贼均州五岭山，败绩，身中一矢，退还河南"。

⑱农民军牺牲数字，据《陈奇瑜传》统计。

⑲据《国榷》卷九十三、《平寇志》卷一、《明史纪事本末》卷七十五，知老回回等向陕西转移是在四月。《国榷》具体将此事记于"己卯"（二十四）之下；按陈奇瑜

等正式开始"围剿"是在五月初,四月二十四日老回回等已向陕西转移,说明还未等陈"围剿"开始,农民军已在战略上采取了主动行动。

⑳《国榷》、《平寇志》、《石匮书后集》等书引洪承畴崇祯七年七月己丑(初五日奏,谓尽归汉中等地农民军为"十四五万";《洪承畴年谱》亦谓"大抵可十四五万"。另据《绥寇纪略》卷二载:"(崇祯七年闰八月)贼北接庆阳,西至巩昌,西北及邠州,西南抵盩屋,众五十余万。"可见陕西全境之农民军,在崇祯七年夏、秋间,总数绝不止十四五万。洪承畴所说之数,当系仅指陆续进入汉南及商雒一带的农民军而言。

㉑《洪承畴年谱》:"贼十余万,公(指洪承畴)兵仅三千……时汉中兵三千四百有奇,总兵左光先等将之;临巩兵三千五百,总兵孙显祖等将之;平凉兵千人,副总兵艾万年将之,止可城守;总兵张全昌等兵6000,专视贼盗所向为援剿。"又据前引《陈奇瑜题稿》讲,陈奇瑜到湖广时,从延绥镇调拨兵马3600余名,另外还自行召募7000余人,总数为10000多人;农民军向陕西转移,他追到陕西,所带之兵为3000多人。

㉒康熙三十四年《兴安州志》、嘉庆二十年《安康县志》均未有李自成等被困车箱峡之记载;嘉庆十九年版《汉中续修府志》卷二十四《纪事》却载有李自成等被困车箱峡之史实,惟其内容系录自《明史纪事本末》。按兴安州原属汉中府,万历二十三年已将该州及其所属六县划出,直隶布政司。另据荆凤翔编《安康县乡土志》(民国二十八年二月出版)十九《关隘》:"狗脊关就是车箱峡,安康、平利分了家。"该书二十《历史》"崇祯七年……李自成由川地窜兴安(按不是由四川入兴安,此点误),被围击败困于车箱峡,即狗脊关一带……"《平利县乡土志》(不著撰人,国家图书馆藏钞本,封面有"平利县印"四篆字)《兵事录》:"明崇祯七年……陈奇瑜围李自成于平利之车箱峡。"乾隆二十年修《平利县志》卷一《山川》云:"狗脊岭在县西四十里,形似名,与(兴安)州接界。"该书卷二云:"狗脊关在县西北五十里狗脊岭与兴安州分界处。"《安康县志》卷二说兴安"东南至平利县狗脊关界首五十里"。咸丰癸丑(三年)重刊《兴安府志》卷四《建置志·关镇》说狗脊关在平利县西50里,"狗脊关交兴安州界"。《国榷》卷九十三谓崇祯七年六月甲戌(二十日),李自成等大部出山。《绥寇纪略》卷二"附记"瑞王常浩奏:"六月间,(农民军)遂自兴安入西乡。"据此可证六月"出山"之说可信。《明史》卷二十三谓崇祯七年夏,官军围高迎祥、李自成等于"兴安之车箱峡两月"。既然六月二十日"出山"(《明通鉴》谓七月"出山"),被困两月,说明陷入车箱峡之时间当在这年四月下旬。

㉓李自成再克陇州,《国榷》及《绥寇纪略》均谓在八月初十日;但《平寇志》却说"八月甲寅朔……陕贼复陷陇州",与前说略有出入。

㉔陇州解围日期,以《国榷》卷九十三、《绥寇纪略》卷二所记为准。《明史·高

杰传》说陇州"两月不拔"，同书《李自成传》说"围陇州四十余日"。《高杰传》之说误。洪承畴所派之将为左光先，《小腆纪年附考》以"明末武臣，祖姓为多"为理由，并以《四王合传》、《燕都日记》俱作"祖"不作"左"为证据，怀疑左光先为祖光先"传闻之误"。查左光先之名，见于崇祯六年正月兵部题本中（《崇祯存实疏钞》卷三上，46页），绝非"传闻之误"。《荆驼逸史》本（锦章图书局印行）《四王合传》仍作"左光先"，并未作"祖光先"。

㉕驻兵寒冻店，为崇祯七年秋七月，见民国二十五年出版《正阳县志》卷三《大事记》。

㉖见康熙元年《汝宁府志》卷十《武备·军功》。邠阳被围十余日，解围为七月二十二日，这月小，止有29天；从陕西邠阳县到河南汝宁府，距离一千数百里，估计张献忠当是在邠阳围解之前即已挥兵东向。

㉗乾隆五十年修《盩厔县志》卷十二《纪兵》："崇祯甲戌（七年）六月初七日，贼混世王、八大王、张胖子、随山虎自郑安出，从鄠县至马召村……"按张献忠此时被困车箱峡尚未脱险，此处说有八大王，实误。混世王与老回回会合日期，见《平寇志》、《国榷》、《明史纪事本末》等书。

㉘《明史纪事本末》卷七十五说崇祯七年十月底老回回仍留在陕西武功。可是《汝宁府志》卷十《武备·军功》却说这年"冬十月"老回回、扫地王已入河南。

㉙崇祯七年十月乙未（十二）混世王、张献忠等连营朱阳关，见《国榷》卷九十三。朱云锦撰《豫乘识小录》卷下《关塞形胜说》谓"朱阳关在卢氏县西南"，参看《中华人民共和国地图集》，朱阳关实在卢氏县东南。

㉚《盩厔县志》卷十二《纪兵》引《鹿樵纪闻》。

㉛参看《国榷》卷九十三、乾隆十一年重修《荥阳县志》卷六《事实》、乾隆十二年《阌乡县志》卷十二《纪事》、《明史》卷二十三及《明史纪事本末》、《平寇志》、《北略》等书。

㉜《剿贼图记》第二十一《合剿获捷图》。

二 群英会上崭露头角

崇祯八年（1635）春，陆续集结在河南的农民军，有十三家七十二营，共二三十万人。西自潼关，东至归德，北达大河岸，南抵湖广界，在这块自古称为中原腹心之地的地区内，农民军的飞骑探卒，几乎无处不至。

明政府征调西北边兵及南兵七万二千人，拨饷九十三万六千两，拨内

明代吏部官印

库银十万两，命洪承畴统兵出关，节制各镇、抚将领，合力进剿；限期半年，务必"扫荡廓清"。有功，立颁"上赏"；否则，督、抚、诸镇立置"重典"。①

崇祯八年元旦后不数日，农民军攻占了氾水、荥阳二县城。②"十三家"著名首领闯王高迎祥、老回回马守应、八大王张献忠、革里眼贺一龙、曹操罗汝才、射塌天李万庆、左金王（一作"左监王"）贺锦、混十万、过天星、九条龙、顺天王、改世王、横天王等，在荥阳召开重要军事会议，商讨迎击官军的策略。李自成作为高迎祥部下也参加了这次会议。③会上，马守应主张北渡黄河，向山西转移；张献忠不以为然，认为这是怯懦表示，主张乘胜挺进。在战略上两种看法发生严重分歧，争论很激烈。最后，李自成表示自己意见，说："一人尚要奋斗，何况十万之众！目前我之兵力超过官军数倍，即使官军把山海关的铁骑调来，也不见得能够取胜。如今要紧的是：我兵统一步调，各定所向，分兵迎击；同心协力，一致对敌。"所有参加会议的"十三家"首领，对此提议一致赞同。于是大家用拈阄办法，分配战斗任务。

革里眼、左金王为一路，南拒四川、湖广官兵。这支部队后来深入江北英山、霍山、潜山、太湖一带，逐渐发展成为"左革五营"。

横天王、混十万为一路，抵挡洪承畴所率领的西来陕西官兵。因此路敌军力量较强，故又增添射塌天、改世王数营为后继。

曹操、过天星为一路，分屯荥、氾，抗击开封、归德、洛阳、汝州等地官兵。

闯王、闯将、八大王等率领主力，向东挺进，粉碎官军围攻计划。

老回回、九条龙为游击，往来各方策应，何处紧急即往援何处。

李自成还建议，战斗中缴获的战利品，由诸路军公平分配。这个建议也得到各路军首领共同支持。

会议结束时，举行隆重誓师仪式：杀牛宰马，聚餐会饮。

部署既定，诸路军各按分配任务，分头领兵出发。④

荥阳大会是明末农民革命发展过程中一件大事。通过会议形式，共同商讨作战方略，定出作战计划，然后根据计划部署任务，联合作战，共同对敌。农民军各股由分散活动、各自为战到统一部署、一致行动，这是一个很大进步。尽管在以后的实际战争中，各支起义军未能完全贯彻这个精神，然而这次大会的重大意义，仍然不可磨灭。

荥阳大会后，高迎祥、李自成、张献忠率领数万大军，如疾风骤雨，由荥阳往南至密县，折往东南经郾城，破上蔡，至汝宁府（今河南汝南），然后分成两支：一支由李自成、张献忠率领，由汝宁东下，至杨埠，长驱向东，前往攻打颍州（今安徽阜阳县）；一支由高迎祥率领，由汝宁至新蔡，与另一股农民军会合，经固始、霍丘，前往攻打寿州（今安徽寿县）。两支部队攻打的总目标为凤阳。正月初十日，李自成等师次颍州；次日，大军直薄城下。城北有韩进士家数座高楼，迫近城垣，守城官军原想将它拆毁，由于韩反对，未来得及拆。农民军一到，首先抢夺这些高楼，登楼俯攻，向城中发射飞矢、火器，异常猛烈；城中守军仰攻不利，无法抵挡。知州尹梦鳌、通判赵士宽驱迫居民上城助守，但民心思变，谁也不肯真心出力。十二日午刻，战斗进行十分紧迫，居民纷纷下城避走，尹梦鳌跪求阻拦不住；农民军穴城而入，胜利占领颍州。尹梦鳌、赵士宽受伤投水而死。魏忠贤余党退休兵部尚书张鹤鸣被处死，家产被抄没。全城人心大快。[⑤]

当李自成、张献忠由汝宁往东向颍州进发时，上年冬进入江北英、霍地区的扫地王张一川部，打回河南新蔡县，与到达此地的闯王高迎祥会师，合兵攻破县西40里的李庄桥，随后向东南进军，破固始县，再折而往东，破南直隶霍丘县。正月十一日，火烧寿州西南的正阳镇（今正阳关）。十二日将晓，对州城作试探性进攻；天明，战斗忽停，队伍开拔东去。两日后，闯王大营继到，先令人送信进城：令守城官吏开城投降，准备香案迎接。大军在城外连营70里。夜四鼓，并始攻城；天刚明，队伍皆拔营往东。[⑥]

李自成等占领颍州后，大军停留3日，随即向寿州开拔，与闯王、扫地王部会合，疾趋凤阳。[⑦]

凤阳是明朝皇室发迹之地，明太祖朱元璋的父亲、母亲、哥哥的陵墓就修建在这里。明政府特以此地为"中都"，置"中都留守司"，辖八卫一千户所，驻防官兵万余人[⑧]，设一巡抚、一守陵太监镇守。巡抚以漕运总督兼，驻淮安（在今江苏省），守陵太监驻凤阳。此时凤阳巡抚为杨一鹏，守陵太监为杨泽。杨泽坐镇该地，滥征商税，贪诈无厌，激起商民极大愤

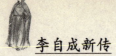

慨。卫指挥侯定国倚仗杨泽势力，苛虐士卒，激起兵变，为乱兵所杀。兵士公开扬言，要在新年"元夕"勾来农民军。颍州离凤阳440里，当闯王、闯将、八大王的部队还在数百里外，凤阳受害商民就派人远远前往迎接。

其实，数月前，农民军的便衣侦探，早已潜伏凤阳，或化装成乞丐、和尚、道士，或化装成小商小贩，白天穿行大街小巷，观察地形，入夜分头各宿，准备伺机行事。农民军逼近的消息，到处暗中传遍，但是市上一切如常，显得十分太平。新春元宵节来临，街上人声喧沸，笙歌盈耳，人们按照惯例，打算夜里大放花灯。这天白天大雾，远近雾气迷漫，朦胧莫辨。入夜，忽听有人大声喧闹：农民军来了！……此处一呼，彼处响应，顿时四面八方一片喧嚷声。百姓匆匆各奔还家，秩序大乱，就在这时，农民军的先头部队扫地王、太平王等已趁乱开进凤阳。接着，高迎祥、李自成、张献忠率领大队人马，源源到达。官军绝大多数自动放下武器投降，少数企图顽抗，很快就被歼灭。农民军放火烧毁了"龙兴寺"。龙兴寺原名皇觉寺，是朱元璋年轻时做过和尚的地方。还烧毁了朱家皇陵楼、殿及护陵松柏，并凿穿了皇陵"宝顶"。⑨杀守陵太监60余人。开监释囚。凤阳知府颜容暄，囚服匿狱中，想借释囚之机逃出，被识破，为农民军杖杀。

张献忠进入凤阳后，俘获了12名皇陵鼓乐手，饮膳时大讲排场，命他们为自己奏乐；另外，还在自己营地树起一面"古元真龙皇帝"的大旗，看样子似乎已经有点陶醉于眼前的胜利。李自成看到这一点，感到着急，他说服张献忠交出了这个小乐队，并且杀掉了这12名鼓乐手。为此，张献忠非常不满，两人之间的关系暂时有点紧张。⑩

失守凤阳的败耗传至京师，引起明朝政府极大震惊。崇祯皇帝闻讯，寝食不安，哭告太庙，降旨逮杨一鹏至京问斩。凤阳巡抚由山东巡抚朱大典接替，移驻凤阳。杨泽畏罪自杀，仍照章议罪。巡按御史吴振缨因未及时奏闻，发往口外为民。兵部尚书张凤翼戴罪视事。

睢州总兵骆举驻兵红心驿（今名红心铺），距凤阳60里，惧不敢前。总兵官秦翼明奉命由归德疾趋凤阳。太监卢九德、总兵杨御蕃以川兵3000救凤阳。南京救兵迟迟始至。等各路官军陆续赶到，农民军已早离凤阳而去。

闯王、闯将、八大王等驻凤阳3日，分两路撤走：高迎祥、李自成为一路，西走河南；张献忠为一路，率部南下，围攻庐州（今安徽合肥市）。

正月二十一日，张献忠率军打到庐州；次日晨，逼至城下，入夜开始攻城。一连攻打数日，虽曾一度攻破北门月城，但由于城中明军死守，大城始终未被攻下，只好撤围他去。[11]

张献忠由庐州退走，转战江北一带，攻城夺地，取得很大胜利。不久，由湖广麻城县打回河南新蔡县，与正在该地活动的老回回、过天星部会合。接着，攻破新蔡、真阳（今正阳县）。然后由真阳渡淮河，往南打到罗山县。队伍寻由罗山拔营。过天星部北上另与李自成部会师。张献忠、老回回部则南下湖广麻城，经枣阳、襄阳，循郧阳故道，西走商州，于这年三月下旬打回陕西。[12]

高迎祥、李自成等于正月十八、九日离开凤阳，一面派出游骑，作为侧翼，游袭萧县、砀山、单县、曹县；另一面主力部队则向西北进击，疾行450里，直趋亳州（今安徽亳县），破该州北关。稍后，闯王、闯将率大军进入河南永城、虞城、宁陵县境。二月初六日，闯王等由宁陵阳驿铺往攻睢州（今河南睢县），睢州卫守军于城东编小车为营，企图顽抗，被击溃；大军继攻鸣凤门，河南巡抚玄默亲督救兵赶到，农民军退走。三月间，闯王、闯将往攻归德，因城守甚严未克，转而向西。约两月前，当东征大军攻克颍州时，李自成曾分出一军自太和返回河南，在鹿邑、柘城、宁陵、杞县、通许一带游击，以牵制官军，使左良玉兵龟缩许州（今河南许昌市），不敢正眼东顾。这支队伍原分许多股，后陆续聚集到新郑、密县地区深山中。等到闯王、闯将等打到睢州、归德等地，他们又和主力部队会合到了一起。

荥阳大会后，原来留在河南分头抗击诸路官军的其他各支农民军，在高迎祥、李自成、张献忠等统率东征雄师胜利打到颍州、寿州、凤阳期间，也各分头领兵出击，展开了凌厉的攻势。东征雄师分两路重返河南，曹操、罗汝才、过天星和李自成等合兵一起，老回回和张献忠等合兵一起，仍分两路打回陕西。闯王、闯将回陕西大致由太康往西经新、密山区，再折而向南，过南阳境，进入湖广；三月二十六日，师次应山，次日西走随州（今湖北随县），为总兵曹文诏追及，二十八日战败；复折回河南泌阳，不久由淅川、内乡、卢氏等地，进入陕西终南山区。时间大约为

这年四月上旬。⑬

　　新晋升兵部尚书、获赐"上方宝剑"、旨准"便宜行事"的五省总督洪承畴，自西安驰赴河南，立脚未稳，惊闻凤阳失守消息，惶愕万分。他一面上书请求"自贬"，表示要与农民军"决死"战斗；一面调遣各路官兵驻防湖广、河南各处适中之地，以便相机援剿。四月十二日，他在汝州召开重要军事会议，布置作战方略，与诸将"定分地"，左良玉、汤九州、尤世威、徐来朝、陈永福、邓玘、尤翟文、张应昌等主要将领，都从各地赶来参加了这次会议。⑭

　　汝州会议刚收场，就接连发生两件事，几乎打乱了他全盘部署。参将徐来朝奉命守朱阳关，畏怯不肯入山，兵哗于卢氏，经上司强迫，始勉强应命。总兵邓玘奉命戍樊城，防守汉江，士兵索饷哗变，放火烧屋，玘登楼越墙逃避，坠落火巷烧死，全营骑兵溃散，唯步兵未动；洪承畴采取紧急措施，命副总兵贾一选、周继先分领其众，多方安抚，风潮方告平息。⑮

　　四五月间，楚、豫两省各大股农民军，先后都回到陕西。张献忠、马守应等整军耀武于商州、雒南之间；高迎祥、李自成等出终南山，北渡渭河，战斗在西安以北富平一带。洪承畴自称"还顾根本"，从汝州拜表西发，自率贺人龙、刘成功入秦，并檄调曹文诏自湖广以兵来会。洪承畴经灵宝入潼关，至高陵南20里，折而向西，夜渡渭水，驰赴西安；曹文诏从南阳驰至灵宝，接受洪承畴指示，然后由阌乡取山径至雒南、商州，直抄农民军老营。

　　五月上旬，老回回、八大王由商、雒向西北，直薄西安，距官军50里安营；闯王、闯将由富平向西南进逼西安，与老回回等采取一致行动。西安官军防守甚严。闯王、闯将、八大王等撤兵往西，合力围攻凤翔。过天星、蝎子块等围攻平凉。⑯在合攻西安、凤翔期间，李自成和张献忠仍同心协力，和好如初。

　　"剿灭"农民军的半年限期眼看转瞬即到，而农民军不仅未被消灭，反而一天比一天壮大，这不能不使那些地方督、抚大员深深感到焦虑。郧阳抚治卢象升曾忧心忡忡地说："杀贼一而从贼百，杀贼百而从贼千；所杀者皆贼也，皆民也，而贼之渠与夫狡者仍在也。毋论贼不可尽，纵令贼尽，民将与之俱尽矣！"⑰洪承畴一次路过鄠县、盩厔交界，曾据鞍顾盼、得意忘形地以鞭指点对左右随行人员说："此地南距山（指终南山），北阻渭（指渭水），中30余里，贼出秦、入秦之要口，得专将守之，贼无能为矣！"可是通过几次实际较量，迫使他不得不改变看法，因而终于无可奈何地发出了这样寒蝉般的哀叹："胜负之数未可得而知也！"⑱

这年六月中下旬，闯将李自成偕同过天星、乱世王等部，在一系列战役中，取得了一个又一个胜利。襄乐之役、湫头镇之役，就是其中战果最为辉煌的两个战例。

六月十四日，副总兵艾万年、刘成功、柳国镇及游击王锡命等，率兵3000在宁州襄乐镇与李自成交战，陷入伏中，左冲右突，挣扎至薄暮，退入巴家寨。农民军将该寨围困数匝，艾万年无奈，出寨迎战，被当阵擒杀。柳国镇亦战死，刘成功、王锡命负重伤逃归。官军惨败，被歼千余人。⑲

总兵曹文诏闻知艾万年被杀，拔刀砍地，狂怒叫嚷，要报仇雪愤。他急切向洪承畴请战，洪给他打气："非将军不足办此贼！顾吾兵已分，无可策应者，将军行，吾将由泾阳赴淳化，以为将军后劲。"曹文诏率部3000自宁州出发，以其侄曹变蛟为前锋，自领步卒殿后。六月二十八日，官军与农民军相遇于真宁县（今甘肃正宁）东60里之湫头镇。农民军仍采取诱敌入伏战术，退兵30里，曹变蛟持勇穷追，至埋伏地，伏骑数万齐起，四出合围，将官军截而为二，分别把曹文诏、曹变蛟包围于两地。农民军起初不知陷入伏中的官军将官为谁，忽听一被缚俘虏高声喊："曹将军救我！"才知道原来被困在重围中的不是别人，就是官军中鼎鼎大名的总兵曹文诏。农民军战士异常振奋，倍加勇猛战斗。过天星张五正面力战曹文诏，闯将李自成、乱世王蔺养成左右夹击。一时万箭齐发，喊杀声惊天动地。官军死伤惨重。曹文诏浑身重伤，自知难以得脱，拔刀自刎，部下游击材官死者20余人，败卒尽溃散。曹变蛟死战突围，逃脱。农民军大获全胜。⑳

艾万年系米脂人，当年陷害李自成的艾老举人或许就是他的亲属。㉑他是官军中疯狂镇压农民军的一员悍将。曹文诏在官军中以所谓"勇毅有智略"著称，是洪承畴手下的得力战将，深为洪所倚重。艾、曹二将的败没，使官军人人惊胆战；洪承畴亦深感前景不妙，不禁为之抚膺恸哭。

明政府为稳定局势，又下令撤换了一批"庸懦"地方大员。湖广巡抚唐晖罢官，以郧阳抚治卢象升为楚抚，宋祖舜为郧抚。河南巡抚玄默革

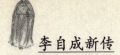

职，以陈必谦任豫抚。免陕西巡抚李乔官，以甘学阔为陕抚。旋又改命卢象升总理江北、河南、山东、湖广、四川军务（后加督山西、陕西军务），统关辽兵，掌上方剑，旨准"便宜行事"，王梦尹代卢象升为湖广巡抚。[22]洪承畴仍为五省总督，负责"督剿"西北；总理卢象升负责"督剿"东南。如农民军入秦，则卢象升入关与洪承畴连兵合击。

这年秋天，老回回、整齐王、扫地王、闯塌天、蝎子块等大股，共数万人，由终南山出，大军向东，有出关模样。洪承畴闻警，昼夜兼程驰至西安，仓皇调兵堵御。秦、豫交界处有潼关和朱阳关，朱阳关历来与潼关皆为兵家必争之地。尤世威奉命把守兰草川各隘，徐来朝奉命把守南北朱阳关口，洪承畴尤恐东线疏漏，又命张全昌、赵光远提兵3000堵截潼关大峪口，游弋至河南阌乡、灵宝地界。

老回回等集兵山阳县，攻打丰阳关（今名漫川关），拟由此突入湖广郧、襄境，遭到截击，于是转向商南县，东突朱阳关。徐来朝不战而逃，不知何往，一军尽溃；尤世威及游击刘肇基、罗岱俱负重伤，溃不成军。[23]老回回等顺利返回河南，越卢氏，走永宁（今洛宁），长驱挺进到南阳。

闯王、闯将、八大王——农民军中三大主力，此时仍留在陕西。闯王、闯将各有众7万（一说闯将有众七八万），全系精骑劲旅，力量最强。闯将李自成，尤为官军所注目，被视为"特劲"人物。

八月初五日，李自成破咸阳；两日后退出，转往泾阳。他将大营驻扎在醴泉石鼓、赵村，命别部驻扎淳化、耀州交界之七里原，正考虑采取下一步军事行动，突然一件意外事情发生，竟使他陷于十分被动的地位。事情的原委是这样：

上年围攻陇州，翻山鹞高杰因有通敌嫌疑，被李自成从前线调回"老营"。农民军的"老营"，是供应前方各种军需物资的总后勤站。闯将"老营"的总负责人，是他的后妻邢氏。李自成何时与邢氏结婚，不得而知。邢氏年轻、貌美，深通武艺，颇有掌家才能。高杰回"老营"后，每天支领粮饷、器仗，分合符验，都要与邢氏直接打交道；因此，久而久之，两人竟发生了暧昧关系。高杰惧怕奸情败露，终于在八月二十四日这天，拐骗邢氏私自潜逃，投降了那位一年前还是参将而这时已升任为副总兵的陇州败将——贺人龙。[24]

高杰的叛降，助长了官军的气焰。洪承畴为了考察他，命他打先锋，进攻农民军,以"立效为信";果然,从此以后,这个叛徒就死心塌地为明统治阶级效忠。

这年冬天,闯王高迎祥冲破官军重重堵剿,由乾州、武功、盩厔等地,东走华阴,越过华山㉕,夜突朱阳关,打回河南。

闯王出关后一月,八大王张献忠与一字王、撞天王等拥众37万,打出潼关,又返河南。队伍东行,络绎长达百里,两翼阔达40里,老弱居中,精骑居外,蹄声动地,飞尘涨天,总兵左良玉、祖宽两部东西相隔70里,山头遥望,不敢拦截。㉖

前此出关的老回回等部,经过几个月战斗,活跃于河南、湖广、南直隶江北地区,捷报频传。九月十五日,蝎子块在颍州西北沈邱县瓦店集,大败官军,总兵张全昌投降。㉗十月十四日夜二更,整齐王一度攻占河南陕州。㉘扫地王纵横驰骋于江北潜山、宿松、太湖、英山、霍山、舒城等县,所向无阻。老回回雄踞河南南阳、邓州(今邓县),虎视湖广郧阳、襄阳,官军无可如何。

高迎祥、张献忠出关后,更是把胜利的形势向前推进一步。十一月二十日,八大王、闯王、整齐王、闯塌天、扫地王、一字王、顺天王等,连营60里,大会于河南龙门、白沙。㉙农民军和官军祖宽部在这里进行过一场恶战。随后,闯王高迎祥、曹操、罗汝才联军攻克光州(今河南潢川县)。张献忠再次入江北,围攻庐州,连破巢县、含山、和州等处。㉚

这年冬天,李自成一直留在陕西,并未随同他部出关。㉛闯王出关时,闯将李自成在淳化一带活动;过天星、满天星率兵攻打潼关,受阻。㉜张献忠出关时,李自成正在宜川、洛川一带活动,此刻满天星已北上与闯将合兵;另外还有老张飞、争功王、混天星也和李自成在一起,合计十三营,共有精骑数万。自这年十一月二十八日至次年正月十四日,李自成等驻师韩城县境。起初农民军打算由禹门口东渡黄河,进入山西,因晋省有备,不得渡,徘徊河干甚久;后决定攻打县城,发兵围城数匝,屡攻不克。十二月二十五日,农民军想乘雪夜暗袭县南咽喉重地芝川镇,为官军发觉,用大炮轰击,偷袭未成功。次日,李自成下令起营,由县城周围东西两路往北复驻西原、马庄等处,离县三四十里。洪承畴发来援剿副总兵曹变蛟(原为参将)同铁骑营副将马有才、游击崔重亨、孙守法及都司齐勖等率兵5000,与韩部营参将王永祥领本营兵马俱到县。二十八日黎明,两军在

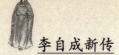
西原、马庄、柳儿村、昝村开战，农民军为避免损失，退入山中，驻杨家岭、崖岔镇等处。不久，曹变蛟被调回西安，只留崔重亨、齐勋领兵500在韩城防守。经过40余日大大小小无数次战斗，李自成等争取主动，拔营向西南郃阳、澄城等县开去。③

当李自成等转战陕西各地时，洪承畴采取"坚壁清野"的恶毒手段，命令各州、县地方官及本地士绅把粮食、衣物等严密窖藏，不许一丝一粟落入农民军之手，妄图借此将农民军陷入饥寒困顿绝境。但是，李自成紧紧依靠当地老百姓，充向导，作内应，攻打豪绅巨富堡寨，搜掘山谷窖粮，把夺获的粮食、衣物，部分留给军用，部分分给贫民；就这样，农民军既度过了难关，又赢得了民心，士气也为之大大鼓舞。

闯将李自成在广大人民心目中，威望日益增高，声名日益远播，愈来愈受到千千万万穷苦百姓的衷心爱戴和拥护。

注：

①见《明史纪事本末》卷七十五及《平寇志》卷二。

②《剿贼图记》说崇祯八年元旦后不数日，"荥、氾二县城池尽失"。《明史》卷二十三说正月乙卯（初四日），农民军"连陷氾水、荥阳、固始"，《国榷》卷九十四、《明史纪事本末》卷七十五均说农民军攻占氾水、荥阳为正月丁巳（初六日），《豫变纪略》卷一则说破荥阳为正月初八。《绥寇纪略》卷二载：八年正月壬子（初一日）"十三家会荥阳"，"杀牛马祭天誓师"。上列材料，以《剿贼图记》所说日期最可信，因该书作者玄默系当时河南巡抚，当然他对自己管辖下的州县失守日期肯定要比别人清楚。遗憾的是，他没有明确指出具体在元旦后哪天。《绥寇纪略》所记正月壬子大会于荥阳这个日期，与《剿贼图记》所说矛盾。

③关于荥阳大会的最早记载，见《绥寇纪略》卷二。

《怀陵流寇始终录》卷八对此采怀疑态度，认为李自成根本未出陕西，《绥寇纪略》所载闯将在会上调解老回回、张献忠意见分歧事"不亦诬乎？故不取"。从表面看，有关此一重要史实，较早史书虽只《绥寇纪略》有记载，似属孤证；但该书曾明确指出，消息来源系"有亡自贼中来告状"者。既然事实是根据当时亲见亲闻者所口述，其价值绝不下于一般塘报、邸报等官方文献报道，故其记载可信。《怀陵流寇始终录》说崇祯七年冬"自成不出关"，但据《国榷》及其他有关材料，知李自成这年冬由秦入豫之时间及入豫后之大致行军路线，均斑斑可考；所谓"不出关"之说并不实。即使退一步说，李自成"不出关"，也只能说他未参加荥阳大会，却不能就据此断定这次大会根本未召开。农民军"十三家"首领,《绥寇纪略》和《明史》均把李自成算作闯王高迎祥部下,未把他算作一家。乾隆十一年重修《荥阳县志》卷六《事实》所列大会"十三家"首领,其中一人因印刷字迹模糊,不知为谁,如参证上二书,估计当是老回回,这就是说,也未把李自成算作"十三家"之一。《小腆纪年附考》与李文治《晚明民变》也都沿袭旧说,没有计算李自成在内。

④据《绥寇纪略》卷二及《明史》卷三百九。

⑤农民军攻占颍州时间:

《明史》卷二十三谓为崇祯八年正月初十日。《明史纪事本末》卷七十五、《国榷》卷九十四、《平寇志》卷二、《绥寇纪略》卷三谓为该年正月十一日。《北略》卷十一《流贼陷颍州》、《皇明四朝成仁录》卷二《颍州死事传》都说在正月十二日。乾隆十七年刻本《颍州府志》卷十《杂志·兵革》载:"八年正月,闯贼围颍州。"同书卷九《艺文志》载林正亨《详奏颍城忠节疏》云:"(八年正月)贼以数万骑于十一日薄城下。"道光九年重修《阜阳县志》卷二十三《杂志·摭史》亦云:"陕西流贼李自成于崇祯八年正月十日突至围城……十二日午,贼穴城人。"关于闯王、闯将、八大王等分兵两支的问题,各书均未有明确记载,此处系根据下列史料推测得知。《明史》卷二十三说"张献忠陷颍州",《颍州府志》说"闯贼围颍州",《阜阳县志》说"(李自成)突至围城"。三书均未提高迎祥围颍州事。"府志"中提到之"闯贼"虽可解释为闯王,但参看"县志",知此"闯贼"系指闯将,非指闯王。农民军由汝宁往东,下一步攻打的城市即颍州,既然打颍州没有高迎祥,那么,他到哪里去了?据乾隆六十年重修《新蔡县志》卷十《杂述》讲,崇祯乙亥年(八年)正月初七日扫地王、穿王等"掠蔡","至蔡西四十里破李庄桥"。这里所说的"穿王",疑即"闯王"之音讹;另据其他记载讲,扫地王打新蔡后,接着攻下霍丘,打到寿州,估计"穿王"(即"闯王")当和扫地王在一起。乾隆三十二年修《寿州志》卷六《兵防》载:"崇祯八年贼既陷颍州,屠其民;其别部即以是月由寿州犯凤阳。"这里明显指出,农民军一部攻占颍州,别部攻打寿州。故根据上述材料提供之线索,可以看出:农民军打到汝宁后,即分兵两支,一趋颍州,一趋寿州。掌握了这条脉络,回头再看《明史》卷三百九一段记载就容易理解,否则将会使人摸不着头脑。该记载这样说:"及迎祥、献忠东下,江北兵单,固始、霍丘俱失守,贼燔寿州,陷颍州。"所谓"贼燔寿州",是指扫地王火烧寿州西南正阳镇事,时间为崇祯八年正月十一日,十二日天将破晓攻打寿州;所谓"陷颍州",是指张献忠等攻克颍州事,时间为崇祯八年正月十二日午时。很清楚,如果高迎祥和张献忠不是在分兵的情况下,如何能在同一天上午既打寿州又破颍州(两地相距约数百里)?此处未提李自成,究竟闯将分兵和谁在一起?从《颍州府志》和《阜阳县志》的记载看,打颍州的是闯将,《明史》卷二十三说打颍州的是张献忠,

故知这次分兵闯将是和八大王在一起，不是和闯王在一起。

⑥参看光绪庚寅（十六年）刊《寿州志》卷十一《武备志·兵事》及卷三十三《艺文志》载明刘锺英《守寿春纪事》。

《绥寇记略》卷三谓农民军八年正月"初十日焚寿州之正阳镇"。

⑦乾隆《颍州府志》说李自成等在颍州"盘踞三昼夜"。按李自成军正月十一日直薄城下，十二日占领颍州，十五日打到凤阳，估计在颍州停留"三昼夜"，当从十一日算起；从十二日算起，则前往寿州再往攻凤阳，"元夕"到达，时间来不及。

⑧《绥寇纪略》卷三讲，驻守凤阳之官军包括"班军"、"高墙军"（看守囚禁皇家犯罪宗室之军）、"操军"、"护陵新军"等，"无虑六千人"。《明清史料》乙编、第五本《核饷必先清兵残稿》（此为崇祯十五年残稿）载："凤阳巡抚标下所辖各营官兵一万七千名员。"

⑨杨士聪撰《玉堂荟记》卷上载："皇陵之变，烧毁明楼，此见于邸报者也。有自彼来者云：'宝顶'被穿一穴，不知深浅，地方官多讳言之。"

⑩攻占凤阳的日期：《明史·朱大典传》、《烈皇小识》谓在八年二月；《野史无文》谓在八年正月十八日；《北略》、《绥寇纪略》、《国榷》、《明史纪事本末》、《平寇志》以及《明史·庄烈帝一》，均谓在八年正月十五日。光绪三十四年冬印《凤阳府志》卷四下《纪事表下》载崇祯七年《祥异》条引《旧府志》云："八月，李树结实如王瓜形，童谣云：'李树结如瓜，百里无人家。'至八年正月十五日遂有流贼之变。"《小腆纪年附考》卷一亦认为八年正月可信。攻占凤阳的部队：《明史纪事本末》卷七十五、《北略》卷十一、《国榷》卷九十四、《平寇志》卷二，谓为扫地王、太平王部，均缺记闯王、闯将、八大王三部。《绥寇纪略》卷九说"凤阳之陷也，张献忠与（李）自成皆在焉"。《豫变纪略》卷一说有闯天王、扫地王、太平王、八大王。《纪事略》、《野史无文》只说有张献忠。未提李自成。《明史》卷三百九、《小腆纪年附考》卷一均说有张献忠、李自成。《皇明四朝成仁录》卷二说有张献忠、老回回、满天星、扫地王、太平王、金翅鹏等。按老回回实未参与凤阳之役，此点《四朝成仁录》所记有误。

⑪参阅国家图书馆藏康熙间刻本《合肥县志》（残存本）卷十六《杂志》及《流贼陷庐州府纪》（上）。

⑫《国榷》卷九十四说崇祯八年三月"癸丑（初三日），贼陷麻城"。夏燮《明通鉴》卷八十四则明确地说"张献忠陷麻城"。但据康熙九年《麻城县志》卷三讲，崇祯八年麻城从未被攻占过，自这年二月张献忠"驻麻城"（县志未指名）后，"贼分枝蹂躏，往来如织，然未尝攻城，止肆野掠"。所谓"陷麻城"，当是记载失实；然而却说明该年三月张献忠又由河南打回湖广这一事实。《明史纪事本末》卷七十七、《国榷》卷九十四说张献忠等返回陕西为崇祯八年二月，《绥寇纪略》卷三及《洪文襄公

年谱》谓为这年三月。《纪事本末》等书所说，是从张献忠等自河南拔营回陕西的时间这一角度而言，《纪略》等书所说，则是从张献忠等抵达陕西的时间这一角度而言。二说并不矛盾。另据乾隆十一年增修《罗山县志》卷八《外纪志·戡乱》，知张献忠等二月中旬还在河南罗山；《绥寇纪略》卷三说张等三月上半月还在湖广麻、黄一带，估计他们回到陕西最早当在这年三月二十日以后。

⑬关于李自成等由凤阳返回河南、打回陕西这段历史，《明末农民起义史料》一书有关崇祯八年的材料竟一篇也没有，《明史纪事本末》卷七十八《李自成之乱》有关这段史实根本缺记，《北略》卷十一也找不到这方面的记载；其他一些重要史书如《国榷》等，情况也差不多。因此只能根据一些零星片断记述，把这段历史空白大致描述出一个轮廓。《明史》卷三十三："八年春正月……徐州援兵至凤阳……李自成走归德，与罗汝才复入陕西。"卷三百九："（李自成）偕迎祥西趋归德，与曹操、过天星合，复入陕西。"

《绥寇纪略》卷三："其西犯者，游骑掠萧、砀，窥曹、单，知有备亦遁。……贼之初破颍州也，分其一军自太和以正月入豫之鹿邑、柘城、宁陵、杞县、通许，左良玉兵在许州，不能救。（贼一自杞东西奔，一自许、襄北犯，聚于新、密山中——原小字注）又分其军自亳州以二月入豫之永城、虞城（原作卢氏，按卢氏在河南西部，与永城相隔甚远，此必排印之误）、商邱，以及于归德。归德士民修完致死（此句文意不明，疑有脱漏），贼溃土堤入，弗克入城。由宁陵阳驿铺以犯睢州，睢州新城几陷，会救至，走太康。……其豫贼之先留者，驰蹂鲁山、伊阳，退屯新、密山中、西返归、睢之贼与之合，蔓延南阳、汝宁。既而逼于诸镇，以南阳则走应、随，以汝宁则趋麻、黄，皆入楚。……（小字注：疏曰……前在南阳各贼，俱由淅川、内乡、上津等奔入汉西、商雒，臣发贺人龙、邓玘、左良玉、尤翟文视贼所在追击）……（曹）文诏于三月二十八日冒雨逐贼于随州，斩级三百有八十，贼自随奔泌阳……"上段材料虽始终未指李自成之名，但若参证其他记载，知其中所举事实绝大部分都是有关李自成的活动。嘉庆十九年重修《萧县志》卷十八《纪事》引《（徐州）府志》："八年，江北贼入萧境，参议徐标守徐，不敢犯，遂引而南。"此处所记未有月份，不知与《绥寇纪略》所说"游骑掠萧、砀"是否一事？查乾隆三十二年《砀山县志》也未有这方面的记载。乾隆十年修《虞城县志》卷十《杂记》："崇祯八年乙亥正月二十三日，流贼自颍州初犯境，攻城一昼夜。"此处所述肯定与《绥寇纪略》所述"正月分军入豫"为一事。虽然《纪略》未提入豫之军曾进攻虞城，但根据"县志"所说，显见该书漏记无疑。攻下颍州，是李自成和张献忠的部队，李自成由凤阳重返河南，入豫所走的路线就是虞城、宁陵一带，由此可见当初提出分军入豫以牵制官军之主张者当是李自成。光绪《亳州志》卷八《武备志·兵事》："崇祯八年春正月，流贼李自成破亳北关

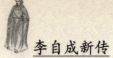

……"根据这条明确记载李自成活动的材科,可以证明《绥寇纪略》所说"西返归、睢之贼",不会是别人,一定是李自成。这时李自成和高迎祥在一起,有李自成当然有高迎祥。光绪十八年《续修睢州志》卷十二《存遗志·兵寇》:"八年乙亥正月二十二日,流贼过尹店,寇杞县,杀掠最惨。二月初六日,流贼攻睢州……城几陷……巡抚元(玄)公督兵至,贼遁去。"乾隆五十三年修《杞县志》卷十三《人物志一·忠烈》:"袁文明……崇祯八年正月二十二日,流寇围杞,时土墉耳!攻北门甚急,文明沥薪灌油……城赖以全。"康熙四十四年修《商邱县志》卷三《兵燹》:"崇祯八年春三月,流贼攻陷大堤,死者万人。"从以上几段有具体月日的县志材料中,可以看出李自成等进军所经之地,若按时间先后,应是亳州、杞县、睢州、归德,此点与《纪略》记载由归德"犯睢州"、"走太康"之说微异。《纪略》说"退屯新、密山中"的农民军与"西返归、睢"之农民军合,"蔓延南阳、汝宁","以南阳则走应、随","以汝宁则趋麻、黄"。按由凤阳返回河南的农民军分两路,一路为闯王、闯将,一路为八大王,上一注已指出由汝宁"趋麻、黄"者是张献忠的队伍,不言而喻,由南阳"走应、随"者当是闯王,闯将的队伍。同治十一年修湖北《应山县志》卷二十一《兵荒》:"八年三月二十六日,寇印台山,掠南关而西。次日,都督曹文诏统大兵经县,追至随州万家店,大破之,高明葵战死于杨林河。"据《绥寇纪略》讲,前往南阳的农民军,"走应、随"为官军所败,折回河南泌阳,"俱由淅川、内乡、上津"等地入陕。康熙五十一年修《内乡县志》卷十《兵事志》载:"崇祯八年,河南巡抚都御史玄默,率廉、李二总兵会剿至内乡。"光绪十九年修《卢氏县志》卷八《人物》载:"李锺昆……崇祯八年改名生直……李自成三次陷卢,公纵酒狂歌,视贼如儿戏,卒亦无能伤之……"据此记载看来,李自成等系由淅川、内乡经卢氏入陕西,并非由淅川、内乡经湖广上津入陕西。李自成何时回到陕西?《明清史料》乙编、第九本、814页讲:"(八年)四月之间,贼尽入秦。"民国《陕西横山县志》"八年夏,李自成复入陕西。"乾隆五十年修《盩厔县志》卷十二《纪兵》引《明纪会纂》:"八年夏四月,商雒之'寇'为官军所逐,欲走郿县,为张全昌所败,遁入终南山。"通过以上三段材料,可以肯定李自成于崇祯八年复入陕西是在夏四月。另据《明史》卷二百六十八《曹文诏传》载:"(八年)四月,承畴次汝州,以贼尽入关中,议还顾根本,分命诸将扼要害,檄文诏入关。"《绥寇纪略》卷三及《洪文襄公年谱》均记载崇祯八年四月十二日洪承畴在汝州军事会议上,对其僚佐讲话:"群帅咸集,西安望救当先定要策,吾意急入关。"从洪承畴的话中,可清楚地知道,所有在河南的农民军大股,最晚在四月十二日以前都已先后返回陕西。

　　⑭《平寇志》卷二、《明史纪事本末》卷七十五都说"(四月)乙酉(初六日),承畴次汝州"。《绥寇纪略》卷三、《明史》卷二十三、《洪文襄公年谱》均谓洪承畴于

四月十二日在汝州，召其僚佐大会。《明史·李自成传》徐来朝作"徐来臣"，卷二百六十九《尤世威传》作徐来朝。《绥寇纪略》、《洪文襄公年谱》皆作"徐来朝"。

⑮《明史纪事本末》:《平寇志》、《国榷》都说邓玘烧死于崇祯八年三月丙子（二十六日），玘死后其步营分别由副总兵贾一选、周继元率领;《绥寇纪略》卷三说邓玘死于八年四月二十六日，玘死后其步兵营由"副将周继先、贾一选统之"。参看崇祯八年九月《户科外抄湖广巡按余应桂题本》（《明清史料》乙编、第九本、814页），知《纪略》所云"周继先"之名不误。据《纪略》讲，邓玘是参加了四月十二日汝州会议的，故三月丙子邓死之说误。《明史》卷二百七十三《邓玘传》载:"（八年）四月，承畴至汝州，令玘戍樊城，防汉江。是月，部将王允成以克饷鼓噪，杀其二仆;玘惧，登楼越墙，堕地死。"同书卷二十三载:"（四月）乙巳（二十六日），川兵变于樊城，邓玘自杀。"

⑯《绥寇纪略》卷三:"（八年）五月初四日……（洪）承畴（由高陵南）折而西，夜渡渭赴西安，议讨商、雒大贼……其商、雒贼老回回等以是日（指五月初六日）直薄西安，距我大营五十里……前犯西安诸大贼闯王、八大王等围凤翔……"《明史·曹文诏传》:"已而，闯王、八大王诸贼犯凤翔，趋沔阳、陇州。"这两段材料记围西安、攻凤翔，均未提到闯将。另据《明史·李自成传》:"迎祥、自成从终南山出，大掠富平、宁州（今甘肃宁县）。"材料所说"大掠富平"之时间，正是老回回等直薄西安之时间（"大掠宁州"时间在后），既然李自成和高迎祥出终南山时在一起，高迎祥参加了围攻西安、凤翔之役，估计李自成不可能不参加，因闯王、闯将活动于富平、宁州间，在一段时期内，两人大都在一起。

⑰此为卢象升《立寨并村清野设伏增兵筹饷疏》中语，见《乡守编》。此"编"共收四篇文字，卢象升有两篇，另一篇为《剿寇三策疏》;该"编"并未装订成书，四篇放在一起，有一封套，原件系木版刻印，藏国家图书馆。此处所引之疏，时间不明确，但该疏中有"寇孽纵横七载"、"蒙皇上以郧疆付臣"等语，知此疏系卢象升在郧阳抚治任内所上。《明史》卷二百六十一《卢象升传》:"明年（指崇祯七年），贼人楚，陷郧阳六县，命象升以右金都御史，代蒋允仪抚治郧阳。"《卢忠肃公集》卷首引《邑志本传》:"七年正月，擢象升右金都御史，代蒋允仪巡抚郧阳。"又卷首《明大司马卢公年谱》:"七年甲戌……三月，进金都御史，抚治郧阳……四月，公至郧。……八年乙亥……五月（据《卢忠肃公集》卷三《到任谢恩疏》，知实际应为六月），天子以防守郧功，进右副都御史，巡抚湖广……"《年谱》记载卢象升擢升郧阳抚治与至郧年月与卢本人《抚郧奏议·到任谢恩疏》（见卷一）所记相合（《谢恩疏》中年、月、日十分明确），故知《年谱》此点可信，《邑志本传》所记有误。这就是说，卢象升任郧阳抚治之时间为崇祯七年三月至八年五月，若结合《增兵筹饷疏》中"寇孽纵

横七载"一语，故知上此疏之时间当在崇祯七年四月（到任后）至十二月（若"七载"一语系笼统而言，则上疏之时间可能在八年春、夏）。

⑱见《绥寇纪略》卷三。

⑲《国榷》卷九十四、高承埏《崇祯忠节录》卷二十六《陕西先后殉难》谓襄乐之役为崇祯八年六月二十七日，《忠节录》谓刘成功、王锡命"皆阵亡"；《绥寇纪略》卷三、《明史》卷二十三及卷二百六十九《艾万年传》谓襄乐之役为八年六月十四日，刘成功、王锡命俱重创。"柳国镇"乾隆二十六年赵本植撰《新修庆阳府志》卷三十八《拾遗》作"柳国祯"。

⑳曹文诏战死日期，《绥寇纪略》卷三、《明史》卷二十三、《明史纪事本末》卷七十五、《国榷》卷九十四、《平寇志》卷二、《明末忠烈烈纪实·殉秦传·曹文诏》所记均同；战死地点，《纪略》谓为真宁之湫头镇，《纪事本末》渭为"婆罗寨"，《平寇志》谓为"娑罗寨"。乾隆二十八年修《正宁县志》卷十三《轶事志》说"八年五月，（曹文诏）卒战死于真宁。"卷六《建置志·里甲》说"湫头镇在县东六十里。"乾隆二十六年《新修庆阳府志》卷三十八《拾遗》说"八年七月，公（指曹文诏——引者）以3000人与贼战于真宁之湫头……力屈搏斗，拔刀自刎死。"此处县志、府志所载曹文诏战死月份不足为据，但"湫头镇"之地名当以志书所说为准。

㉑《绥寇纪略》卷九、《国榷》卷九十四，均提到艾万年与李自成"同里"、"有夙嫌"，艾家为陷害李自成"曾诉之官"，根据这些记载来看，艾万年肯定和当年陷害李自成的艾老举人是一家，很可能他就是艾老举人的长子。

㉒玄默于崇祯八年六月初十日革任候代（一说六月初四日下狱），陈必谦以六月二十六日"拜豫抚命"，八月二十一日"始受事"（《平寇志》卷二谓九月"以陈必谦巡抚河南"，系笼统而言）。李乔免官为崇祯八年六月十九日。卢象升调升湖广巡抚为崇祯八年六月十四日，受命总理江北、河南等省军务为该年九月初九日，见《卢忠肃公集》卷三《抚楚奏议·到任谢恩疏》及《辞总理五省军务疏》。《明史·卢象升传》说八年五月"代唐晖巡抚湖广"，八月"命总理江北、河南、山东、湖广、四川军务，兼湖广巡抚"。二说应从《卢忠肃公集》为准。《平寇志》卷二说"罢湖广巡抚唐晖，以余应桂代之"，此记载误。据《明史》卷二百六十、卷二百六十一及《明末农民起义史料》十《兵部题为塘报"湖广等处"贼情事》，知湖广巡抚唐晖罢职后，继任者为卢象升，卢去职后继任者为王梦尹，不是余应桂，余应桂是湖广巡按。

㉓参看《明史·李自成传》、《尤世威传》及《绥寇纪略》卷四。

㉔攻克咸阳日期，见《绥寇纪略》卷四、《明史纪事本末》卷七十五、《平寇志》卷二。高杰系何时投降明军，向何人投降，各书记载不一。《小腆纪年附考》卷一对此有详细考证，此处即采《附考》之说。

㉕《绥寇纪略》卷四："是月（指八年十月）……秦贼闯王高迎祥自华阴南原绝大岭，夜出朱阳……"按华阴东南为华山，自华阴东出朱阳，中有华岳绵亘，所谓"绝大岭"，当是指越过华山。

㉖《绥寇纪略》卷四讲，农民军"凡三出朱阳关"：一为七月老回回等之出关，一为十月高迎祥之出关，一为十一月李自成最后之出关。张献忠何时出关未提及。《平寇志》卷二谓农民军出关有四次：一为六月"老回回等出潼关"，一为八月"商雒贼复入河南"，一为十月"闯王率大队自盩厔、武功分道渡河"，一为十一月"一字王、八大王即张献忠拥众二十万，撞天王众十七万出潼关"。《明史纪事本末》卷七十五所记大致与此相同，唯无六月老回回出潼关之记载，十一月一字王等出潼关未提及张献忠。据《兵部题为塘报"湖广等处"贼情事》（见《明末农民起义史料》）载，自崇祯八年七月十一日至二十日，老回回等在陕西东南部丰阳关、袁家坪一带与官军恶战十天，"旋入南阳"，由此可见老回回等出关入河南肯定是在七月，此点《纪略》所记不误，《平寇志》所记失实。所谓八月"商雒贼复入河南"，可能指的就是七月老回回入河南一事。因《纪略》卷四讲："用秦翼明为湖广总兵，郧抚以翼明之兵邀于丰阳关隘，贼不得过，又转出朱阳。"此处虽未指老回回之名，但所记之事与《"湖广等处"贼情事》所记之事一致。《纪略》在叙述这段史实时，有一段小字注，说："八月二十七日，贼在索峪河，系河南卢（氏）、灵（宝）交界。尤世威于二十六日带伤回卢……"这里所说的"八月二十七日"，细看前后文，知系"七月二十七日"之误。既然老回回等突破朱阳关是七月末，官军层层向上司汇报此事当在八月，《平寇志》等书记载致误可能由此。崇祯八年冬，李自成一直留在陕西，并未回河南（关于此问题，请参看后面注㉛），《纪略》有关李自成十一月最后出关之说不实。闯王高迎祥十月出关之记载，各书均同。张献忠出关之时间，《明史》卷二十三谓在七月。乾隆十二年重修《灵宝县志》卷六《外纪·纪事》谓在"八年七月十三日"。《平寇志》卷二、《纪事本末》卷七十七均谓在十一月。《国榷》卷九十四："（八年十一月）乙卯（初九日），秦贼犯河南……时贼部三十七万，行尘涨天，络绎百里。"此材料虽未记载人名，实际就是《平寇志》中所记张献忠等出关之史实。《纪略》谓十一月李自成最后出关固不可信，但这月必有一大股农民军出关，当是事实。《卢忠肃公集》卷四《总理奏议·援汝连捷并陈剿荡大局疏》载："（八年）十一月十八日，汝、雒告急。……旋据河南监军道臣戴东旻禀称：八大王一股被祖镇杀败，遂勾连西来大贼闯王等各家，盘据汝城西南，声言报仇，祖、左等兵俱已赴雒应援，汝城无兵，势甚危急，等因。"此材料虽显有祖宽等虚报战功之记载，但却有力地证明了张献忠等的确是十一月出关这一事实。

㉗明时，南直隶凤阳府颍州西北有沈邱镇巡检司，与河南开封府陈州沈邱县同名。

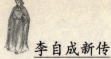

沈邱镇在沈邱县东南。沈邱县在颍河之北，沈邱镇在沙河之北，今二地均属河南省。关于张全昌事，各书记载不一：有说"战死"，有说"观绩"，有说"被执"，有说"降贼"；投降时间也有九月、十月之说。据《孙忠靖公全集》卷六《鉴劳录》讲，崇祯十年三月，蝎子块投降，后因见明政府要逮治张全昌"辱国"之罪（指张投降事），感到畏惧，于是复叛。这段材料是间接证明张全昌投降蝎子块的第一手史料。另据《卢忠肃公集》卷三《狡贼乞降疏》（崇祯八年十月初二日）载："途中忽接下江防道臣唐显悦禀帖内称：麻城县马夫袁龙，前往毛畈地方探贼，被贼掳去，有总兵张全昌带伤在流贼营内具有禀帖，代贼乞降。……内云：援剿总兵张全昌谨禀：本职于八月十五日奉总督五省洪部院宪文，统兵同监军道刘副使出潼关，应援河南……至颍州，闻大伙从蒙城欲渡河南下，职统兵追至沈邱县瓦店集，于九月十五日遇阵，众寡不敌，全军失利，职身中一箭，左手（中）一刀，头中一刀，力尽落马，昏迷不醒。有四队掌盘子蝎子块情愿招安，不肯杀害大将，以见彼真心……"这段记载是说明张全昌确实投降和确切投降时间的第一手直接史料。

㉘《平寇志》卷二、《明史纪事本末》卷七十五均谓崇祯八年十月壬辰（十五日），"老回回陷陕州"；《明史》卷二十三说八年十月辛卯（十四日），"李自成陷陕州"。民国二十五年修《陕县志》卷一《大事纪》："（八年）冬十月辛卯，李自成陷陕州；十一月，老回回袭陷陕州。"但据《兵部行"兵科抄出山西巡抚吴甡题"稿》（《明清史料》乙编·第九本），知崇祯八年十月攻破陕州的，不是老回回、李自成，而是整齐王。

㉙《平寇志》卷二记载张献忠等大会于龙门、白沙为崇祯八年十一月丙寅（二十日），《纪事本末》卷七十五、《国榷》卷九十四均作十一月"丙辰"（初十日），相差十天。《卢忠肃公集》卷四《塘报祖镇大捷疏》说，八年十一月十二日张献忠等和祖宽在汝州西南之九皋山（又称"鸣皋山"）打一仗，十四日又在汝州之圪料镇（又称"姑家庙"）打一仗；《绥寇纪略》卷四讲，张献忠等因"愤辽兵（指祖宽兵）之再胜"，"声攻雒阳，报圪料之役，以二十日与祖宽遇于龙门、白沙"。故据此知《平寇志》所记日期可信。此处所说之龙门，系指洛阳以南之龙门山。白沙在汝州之西北，在龙门之南。

㉚《明史纪事本末》、《平寇志》、《国榷》、《绥寇纪略》等书，都说闯王等攻占光州为崇祯八年十二月"乙酉"（初九日）。《北略》卷十一说为"十二月初十日乙酉"。按崇祯八年十二月"丁丑朔"，"乙酉"为初九日。《流贼陷庐州府纪》（上）："（八年）十二月十七日，流贼又到庐州府，攻城特甚，全不似春初……二十二日，贼流往滁州去。"此处所说"流贼"虽未指名，若联系"又到庐州"、"不似春初"二语，知实际是指张献忠。《北略》卷十一云："是岁（指崇祯八年）十二月十七日，李自成复

攻庐州，凡六日不破，解围去。"参看下一注，知《北略》所记错误。

㉛崇祯八年冬，李自成部是否仍留在陕西，各书记载甚有分歧。《平寇志》卷二谓李自成仍留秦中，并未出关。《绥寇纪略》卷四载："（八年）十一月朔，秦贼悉其众薄豫之阌乡。盖秦贼至是凡三出朱阳关，惟自成最后。"接着，该书便在后面叙述了该年十一月、十二月李自成在河南的活动。《国榷》和《明史》也都记载了这年冬李自成在河南的活动。许新堂鹿柴氏《乘余集》下卷《流寇始末》谓崇祯八年高迎祥屡败，"东逾华阴南原绝岭，偕（李）自成出朱阳关"。乾隆十二年《阌乡县志》卷十二《纪事》谓崇祯八年冬高迎祥、李自成"与张献忠合攻阌乡"。《明大司马卢公年谱》（以后简称《卢象升年谱》）谓崇祯八年十一月，高迎祥、李自成、闯塌天、顺天王等，"屯据汝城（指汝州）西南"。该"年谱"系卢象升孙卢安节编次，惠栋"填讳"。惠栋字定宇（一字松崖），"乾隆十五年，诏举经明行修之士"（见周予同选注《汉学师承记》），据此知此"年谱"编成于乾隆年间，其史料来源未必出于第一手。《明史纪事本末》卷七十五："（九年正月）给事中常自裕上言：流寇数十万，最强无过闯王……今秦贼在宜君、鄜州不过闯将……"（《平寇志》卷二将此奏系于九年二月）。《国榷》卷九十五："（九年正月）兵科给事中常自裕言……今秦贼在宜君、鄜州不过李自成……"《纪略》卷四录崇祯九年六月十一日洪承畴疏："臣以今年二月追闯将、混天星二贼……其过天星、满天星伏合水、真宁山中……四贼遂纠结西奔，谋犯兰州、河州……此未出关之贼……"常自裕之奏、洪承畴之疏，都清楚地说明崇祯九年正、二月，闯将李自成和官军一直在陕西作战；特别是洪疏中"此未出关之贼"一语，更是明确指出在此以前李自成并未随同闯王等出关入河南。常自裕、洪承畴都是当时与军事直接有关系的人，尤其是洪承畴，是当时的五省总督，专制关内，肯定地讲，他们的话当是证明崇祯八年冬李自成并未出陕西的第一手直接有力证据。再据《左忠贞公集》（左懋第著，收入《乾坤正气集》）卷五《申报贼情文》讲，自崇祯八年十一月二十八日至崇祯九年正月十四日，闯将、满天星、老张飞、争功王等数枝，共数万人，一直战斗在陕西东部韩城县境，前后40余日。该书明确指出，此"闯将"系"八队"，肯定是指李自成。左懋第撰《萝石山房文钞》卷二《申贼掠韩城防御文》与《申报贼情文》实为一文，但前者有删节。据《文钞》卷四载乙亥（崇祯八年）冬《祭李千夫长文》及丁丑（十年）《离韩城辞神文》，知左懋第自崇祯六年至十年在韩城县做了五年知县。据此可见《申报贼情文》是说明崇祯八年冬李自成仍留在陕西并未出关之第一手最有说服力的直接史料。

㉜《平寇志》卷二谓崇祯八年十月初一日，"闯将犯淳化"。康熙二十四年修《潼关志》卷下《兵略》谓崇祯八年十月，"过天星、满天星从蒲峪突出千骑……薄城下"。闯王出关为崇祯八年十月，闯将在淳化肯定是在闯王出关之前；过天星等打潼

关，因《潼关志》未载明具体日期，是在闯王出关前还是后，不得而知。

㉝据《左忠贞公集》卷五《申报贼情文》。该文说攻打韩城只有闯将、满天星等四部，未提混天星，但据洪承畴崇祯九年六月十一日疏，"臣以今年二月追闯将、混天星二贼，起澄城，历韩、郃，过宜、雒……"故知还有混天星在内。又《申报贼情文》讲，"闯将八队贼，素号凶残，纠合四枝十三营，共有数万精骑。"该文前面说连闯将一共四部人马，此处又说闯将"纠合四枝"，是否加上混天星一部？待考。

三 继承"闯王"名号

滁州（今安徽滁县），明时属南直隶，位于长江之北，东距南京 145 里，是明政府保卫南都的江防要地。[①]

崇祯九年（1636）正月初六日，闯王高迎祥、八大王张献忠、闯塌天刘国能、摇天动等七大部，约数十万人，合攻滁州。[②]

农民军环山为营，连营百余里（一说"数十里"）。先攻南门，继攻东门，后攻北门和西门。守军负隅顽抗，火器如雨一般向外发射，有恃无恐。农民军架云梯，开地道，填壕堑，连攻三昼夜。滁州知州刘大巩驰檄请救。总理卢象升遣总兵祖宽、游击罗岱赴援，自引杨世恩之兵分道救滁。初八日，凌晨，农民军空营出动，肉搏攻城，已破西、北两关羊马墙，就要突关而入，不料这时背后尘土飞扬，马声嘶叫，官军救兵赶到。闯王等挥兵迎击，在城东五里桥与官军鏖战。农民军失利，摇天动牺牲，所乘骏马为官军所夺。全营撤围退走。官军追至珠龙桥（一作"朱龙桥"），两军再战，从日出战至午后，农民军死伤甚众，向北败去。[③]

闯王的部队在这次战役中，损失颇重，精锐骑兵伤亡一两千。

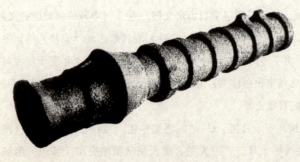

明代竹节铁火炮

闯王率部北走凤阳，攻徐州不克，折而往西，正月下旬攻克虞城，打回河南。④闯塌天、八大王等，也在这期间，先后返回河南。⑤农民军各支主力重新集结于河南，中州斗争形势又复高涨。正、二月间，闯王率部和官军一连打过好几场大仗，有胜也有负：

正月二十七日，闯王走汴梁，陈永福从归德府某地疾驰140里，迫到朱仙镇；这天刮大风，农民军未料到官军会突然追至，仓卒迎战，受挫。二月初二日，闯王攻密县，不利，走登封。初八日，再败于登封郜城镇，走石阳关（一作"石羊关"），入鲁召山中，与闯塌天合营。总兵左良玉由宜阳赴嵩县，前副总兵汤九州出伊阳，趋嵩南，妄图夹剿闯王；左良玉半途遁归，汤九州率3000人由嵩县轻进，农民军数万据险围攻。官军见势不佳，黑夜移营，闯王等奋勇进击，大胜。官军全军覆没，汤九州败殁于阵，尸骸被马踏成烂泥。左良玉为掩盖临阵脱逃之罪，反以捷报上闻。闯王乘胜率军走裕州（今河南方城县）。卢象升合祖宽、祖大乐、罗岱兵由叶县南趋裕州，与闯王高迎祥大战于七顶山。闯王遭到沉重失败，所部精锐铁骑几乎丧失殆尽。⑥

若与去冬攻克光州、挺进江北时相比，此时的闯王，强雄之势显已大不如前。尽管如此，但在明统治者心目中，仍然把闯王看作一支可怕的力量。兵科给事中常自裕上奏疏说："最强无过闯王，所部多番汉降丁，将卒亡命，其锐不可当也。皆明盔坚甲，铁骑利刃，其锋不可当也。行兵有部伍，纪律肃然不乱，其悍不可当也。对敌有冲锋、埋伏，奇正合法，其狡不可当也。攻城无不破，对垒无不摧。"因此他建议采取"四面合围"、"弥天张网"之策，险关要隘处"皆置重兵以防"，让总督洪承畴、总理卢

铁佛郎机子铳

象升协力专图闯王，"大张挞伐，悬重赏以购闯王之首。"⑦

二月间，河南的农民军陆续向湖广转移。二十二日，闯王高迎祥、闯塌天等部在距光化县城60里的羊皮滩渡过汉江，深入郧阳、襄阳等府所属各州县。⑧3月中、下旬，闯王同蝎子块经郧阳、竹山、平利、白河，重返陕西。闯塌天未随闯王返秦，仍留在湖广，把老营安置在房、竹山中，经常派遣出击部队沿着汉水往东出没于均州、谷城、南漳、宜城一带。⑨八大王张献忠自滁州回河南后，带着队伍由光化走湖广，西入郧阳山区。这年夏天，当闯王在陕西商州地区积极展开活动时，张献忠也发起猛烈攻势，兵临郧阳城下，与闯王之师遥相呼应。⑩老回回马守应，从上年冬开始一直雄踞于河南西南部，活跃于卢氏、永宁、阌乡、灵宝诸地，五月间则和混十万等由楚、豫边境进入陕西商南、雒南大岭。⑪

秦、楚、豫三省交界地区，是一片山岳地带，峰峦重叠，涧谷交错，地形极为复杂。郧阳，位于湖广西北边境，处于万山环抱之中，正当三省接壤冲要之地，从军事的角度看，是一个重要的战略据点。明政府郧阳抚治就驻在这里。淅川，位于河南西南边境，东北有淅水，东有丹水，俱南流入汉江⑫，舟楫往来，交通颇称方便。淅川距郧阳，山路不过一百数十余里。农民军占据郧阳深山，驻扎老营⑬；以淅川为转运站，通过荆州、襄阳等地商贩，把粮食、食盐以及各种日用物品，由水路运至淅川，再由淅川转运到郧阳。⑭农民军出没于三省交界的山岳地带，凭借着有利地形，依靠当地人民的支持，进可战，退可守，把战争的主动权牢牢掌握在自己手中。

官军个个害怕入山追剿。入山作战，困难重重：到处崇岗峻岭，林密草深，车不能进，马不能行，人很难走，营难安插，粮难裹运。千兵入山，须千人运粮；万兵入山，须万人运粮。一人负米二斗，随兵往来，日食一升，兵吃一升，运粮人吃一升，二斗粮10天就吃光。粮一吃光，接济不上，不败也得败。既然如此，谁还敢入山冒这个危险？即使把防守山海关、宁远等地素称强悍的关、宁铁骑调来，也一点办法没有。为此，不能不使五省总理卢象升垂头丧气，深感"入山搜捕之难"。⑮

官军在军事上的失败，使明政府非常恼火，又下令撤换了一批高级地方官员；陕西巡抚甘学阔以"不能讨贼"，削籍听勘，遗缺由孙传庭⑯继任。郧阳抚治宋祖舜以"纵贼渡江，一筹莫展"的罪名，"革职为民，回籍听勘"⑰，遗缺由苗胙土继任。

开春以来，留在陕西未曾出关的闯将李自成，率部活动于华州（今陕西华县）、宜君、鄜州（今鄜县）一带，又取得了一连串新的胜利。⑱二月，宁夏发生兵变⑲，杀巡抚王楫，洪承畴闻讯赶回固原，会同兵备副使丁启睿进行镇压。李自成利用这个机会，补充给养，整顿兵马，做好作战准备。洪承畴平息兵变后，回过头又把矛头转向李自成。李自成采取以走制敌的运动战战术，联合混天星部，共约五六万人，在干旱苦寒的陕甘高原，和洪承畴展开了一场历时数十日、辗转数千里的"围歼"与"反围歼"之战。战斗一开始，农民军就紧紧咬住洪承畴的军队不放，拖住它，不让它得到片刻喘息功夫，一日作战数合，边走边打，边打边走，起自澄城，经韩城、郃阳、宜川、雒川、鄜州、延安，由陕北折而往西，挺进甘肃环县、庆阳，打到固原、宁夏；中途有过天星、满天星两部率众三万人来会，四部人马合计将近十万，计划攻打兰州、河州（今甘肃临夏）。洪承畴被拖得焦头烂额，无可奈何，战又不胜，舍又不甘，进难有得，退难自保，狼狈到了极点。多数官军都不愿和农民军打仗，也不敢和农民军打仗。每到开仗时，两军阵前各使眼色答话。农民军问："打真仗？打活仗（或"和仗"）？"官军答："打活仗！"有时两边甚至"卷旗答话，放声对哭"。⑳哭罢，官军假装摇旗呐喊，于是农民军就故意遗弃一些衣物器械在地，好让官军拣回去报功。就这样，洪承畴等天天虚报大捷，而农民军不仅未见减少，反而声势越来越壮，人数越来越多。

为了接应闯王等入秦之师，李自成一面派遣别部进入河南，抵挡官兵，一面亲率所部，东走汉南，循秦山岭间险道，进入商、雒山区，与闯王等会师于商南。随后，闯王、满天星入武关，图攻商州，与守城参将王锡命暗通，准备里应外合袭占州城；不意前一日游击马献图统援兵500赶到，邀击于爬楼山下，闯王兵败，他去。闯将李自成与蝎子块拓养坤入武关，北上，遵洛河而行，进入陕北。㉑

这年初夏，闯将、过天星、蝎子块等打算进入山西。山西巡抚吴甡下令沿河设防，指示各要隘渡口，多备火炮，昼夜巡警。农民军原想从清涧、绥德过河，未能过去；随即沿黄河往南，欲从朝邑强渡，也未能过去。大军又折而北返。

五月初一日，二更时候，过天星部约三四万人，驻扎在绥德田庄、五

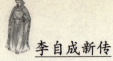

里湾，暗中加紧备战，本来要打绥德，却声称要过河打山西。第三天，大量农民军从绥德向东抵吴堡县虎儿墕、宋家川等处，隔河与山西永宁相对。初八日，闯将、蝎子块率领主力部队迅速由安塞向清涧、绥德靠拢，故意传出口风，说要从解家沟、花押寺、西河驿一带夺船渡河，进攻山西；其实，农民军早在绥德以西安定一带设下了埋伏。初九日，双方接火。绥德与吴堡之间的义合镇，炮声终日隆隆不绝。这天，过天星突然率部往西退走，奔向安定。榆林总兵俞翀（一作"冲"）霄在后紧追不舍，14日果在安定中伏，全军被歼，俞本人亦被俘杀。[22]消息传出，引起陕西"三边"诸武将极大震恐。农民军一鼓作气，乘胜攻克延安府、绥德州、米脂县（一说攻克绥德、米脂、延长）。李自成回到了久别的故乡。他离开故乡已经8年，8年中他从来没有忘记过家乡受苦难的父老，时刻都在关怀着他们。亲邻们、父老们都以极大的热情来欢迎他。人们笑逐颜开，奔走传告闯将回乡的喜讯。年轻的小伙子们更是高兴，都趁这个大好时机，纷纷前来参加农民军。李自成命人把米脂县的知县叫来，对他说："这里是我的家乡，不要虐待这里的父老！"并拨出款项，要他请工修理文庙。这年，李自成虚岁31岁。

九年正月，整齐王张胖子等率众逼颍州，攻蒙城，知县王化澄拒守。张胖子率军转攻颍上，围城数匝，连攻13昼夜，县令廖维义百般苦撑，坚守未下。[23]3月，张胖子、九条龙拥众入湖广，师次南漳，破谷城官山，逼保康，知县弃城逃走；农民军知城空不入，连下房县、竹溪，奔向陕西商雒深山。[24]5月末，顺天王、曹操、闯塌天、扫地王等营，骑兵四五万，步兵不计其数，由郧、房山区杀出，乘胜长驱，计划联合张胖子等约期攻打荆门，夺取荆州。到期，张胖子因在陕西为官军罗尚文部纠缠住，未能如约参战，他部先发动进攻，数千前锋一直打到荆州以南的沙市、草市。但由于农民军屡胜轻敌，麻痹大意，主力部队在荆门中伏受挫，原定计划失败，被迫收兵，退回襄阳府属汉江以南各州县深山老林休整。[25]

自春至夏，闯王高迎祥一直在商南、商州、兴安、石泉、汉阴、汉中一带活动。[26]这年秋天，他率部由石泉向西安进军。军行至盩屋，遭到新上任不久的陕西巡抚[27]孙传庭所率领的官军拦截。闯王驻营于芒谷（读"峪"）。芒谷傍芒水，在盩屋县城南25里。芒水发黑色，故芒谷又称黑水峪。七月十五日，闯王将大营移至黑水峪南3里仙游潭附近的仙游寺。十七日，两军正式开战。一交手，参将李遇春即被农民军击伤，带着残卒仓惶退却。农民军虽然打了胜仗，却也感到疲惫不堪，主要原因是：军中许久缺粮，战士们许多在患病，连闯王也患了病；加上天气恶劣，连日大雨，露宿野地，缺乏遮盖，饥寒困迫难以支持。二十日，双方恶战。战场离仙游寺不远。孙传庭先一日在附近树起两面大旗，一面白旗，一面红旗：白旗表示投降，红旗表示抵抗。这天，下大雨，溪涧满溢，山水横流，到处一片汪洋。农民军个个奋勇争先朝着树红旗的地方猛冲。只有极少数人往树白旗的地方跑。尽管大家全身都淋得透湿，又冷又饿；但是，战鼓声、喊杀声，却仍一阵紧似一阵，始终未停。战士们虽然饿了好几天，而且正在病中，还是什么也不顾，只管往前冲。他们受了伤，倒在地下，仍在挣扎，有的就再也站不起来了……

闯王骑着马，往来指挥。他也浑身淋得透湿。他的病情实在不轻，胸部、腹部好像有什么东西堵塞住，不舒服，难受。㉘敌人已经发现了他，迅速包围过来。他下了马，拿出弓箭，朝着敌人猛射。敌人一个个在弓弦声中毙命，没有一个官兵敢于冒险逼近他一步。闯王骑的战马不知什么时候惊跑了，左右跟随的人也渐渐稀少了……许多战友、部下，躺在血泊中，牺牲了。闯王感到十分难过，怒火在他胸中燃烧……

雨停了，满山、满谷生起大雾，四周白茫茫，无边无际。闯王趁着弥漫的浓雾，翻岗越岭，穿过茂密的荒林，藏到一个长满着杂草覆盖的石洞中，他不禁发起高烧来，四肢无力，陷入半昏迷状态。

孙传庭的向导张驴子，是当地人，熟悉路径；他带着搜山的官兵，遍山搜寻，寻着了这个石洞。闯王不幸被俘了。他的部将领哨黄龙、总管刘哲，也被俘了。㉙两月后，高迎祥、黄龙、刘哲被孙传庭用槛车解送京师，为明政府残酷杀害。㉚

闯王是继紫金梁王自用之后各路农民军名义上的领袖，他的被俘和牺牲，对农民军来说，无疑是一个很大损失。闯王被俘时，李自成正在徽州（今甘肃徽县）、阶州（今甘肃武都县）一带作战。当消息传来时，大家都很悲痛。闯王系统下各家农民军首领遂公推闯将李自成承袭"闯王"名号，继续领导大伙，总掌各家之"盘"。㉛高迎祥亲领的队伍则由他的兄弟中斗星高迎恩暂且统率。㉜从此，闯将李自成继承了各部农民军名义上的最高领袖地位，不过此刻他对外还是自称"闯将"，并没有称"闯王"，直到

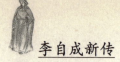

数年后才正式打出"闯王"旗号。③

明崇祯九年（1636），在东北，满洲贵族的首领皇太极改国号"后金"为"大清"，自称"皇帝"，改元"崇德"，以这年为崇德元年。改国号的用意是为了冲淡历史上宋、金对峙的回忆，缓和汉族人民对后金统治者的敌对情绪。同时又因"清"字寓有"廓清天下"的含义，此点也正符合皇太极想要入关称帝的心理。劝皇太极登极的表文，是用满、蒙、汉三种文字写成，分别由满、蒙、汉官代表捧献。这些事实，清楚地反映出清统治者这时已经公开表明了自己要推翻明朝取而代之的政治目的。所以，自此以后，清对明的战争就更加频繁而剧烈。就在皇太极登极的这年秋天，清对明发动了大规模试探性进攻，派兵大举入塞，进喜峰口，攻居庸关，陷昌平、宝坻，连下定兴、房山、文安、永清、顺义等州县，北京戒严。八月中、下旬，清兵始由建昌、冷口出关，饱掠而去，一入一出，历时40余日。㉞

北京戒严期间，总理卢象升正在郧阳地区督剿农民军，明政府命他率师入援京师，总督宣大、山西军务。以兵部左侍郎王家祯代卢象升，总理河南、湖广等省军务；适逢河南巡抚陈必谦罢职，即命王家祯兼任河南巡抚。卢象升带兵北上，在某种程度上，对正在河南、湖广积极开展活动的农民军来说，多少减轻了一些压力。

混十万、老回回入秦不久，便由商雒山出击，返回湖广，直逼淅川。整齐王张胖子、扫地王张一川等分别在商雒、荆门战败，各率所部前来与混十万等合营，屯兵汉江之南，依山为势，据水作险，同官军周旋、争战于内、淅、郧、均等地。八月间，各营农民军深入河南腹地。老回回一度打到开封，火烧西关；后至扶沟、鄢陵等县，为左良玉所败，退往郑州，设伏夹山，痛歼左军，势复大振。九月，农民军在郏县神垕为官军所败；陈永福由神垕野猪峪进击，大战高家坡，扫地王战败牺牲。各营又先后退回内、淅。

这年，张献忠一度养兵息马于均州，到十月，自均州来，老回回自新野来，蝎子块（不是拓养坤）自唐县来，三股共七营，约七万人，合力攻打襄阳。㉟襄阳总兵秦翼明无法抵挡，湖广官兵震恐。王家祯遣兵救襄阳，大战牌楼阁，农民军退往汉江北岸。

秦翼明在襄阳以西汉江水浅处的庙滩设防，派兵500驻守，严防曹操罗汝才、闯塌天刘国能从水浅处偷渡，与北岸的农民军会合。十一月某日，曹操、闯塌天等部以迅雷不及掩耳之势，从汉江水深处罗汉滩填土过江，与驻扎在北岸的八大王张献忠、老回回马守应等部顺利会师。各部农民军合计约二十余万，沿汉江而下，循长江而东，把革命战争胜利的烽火引向到更加广阔的地区。

由于接连吃败仗，郧阳抚治苗胙土被撤职，遗缺由陈良训接替。秦翼明受到了严责，不久也被罢官。

李自成这年五月回到故乡米脂，稍事停留，即率师往攻榆林。不巧，正值无定河水骤涨，来不及预备舟楫，士卒淹死甚多。他于是下令改道向南，从韩城往西，渡泾河，过渭水，深入汉中。当高迎祥正准备攻取汉中府沔县、略阳时，李自成带着队伍打到了汉中府凤县，并由凤县经两当入徽州，进军至略阳县。就当时的军事情势判断，闯将似打算和闯王会合。㊱洪承畴闻警，一面遣总兵柳绍宗从徽州往略阳，堵截闯将去路，一面遣兵往徽州，扼住闯将后路。堵截闯王高迎祥，则由陕西巡抚孙传庭带兵亲自出马。七月，李自成忽挥兵回击，进攻徽州；破两当，杀知县王鼎铉。继而乘胜长驱，向西南挺进，往攻阶州。㊲这月，高迎祥在盩厔被俘。李自成承袭"闯王"名号后，出击更为频繁：九月，攻打凤翔；十月初旬，与蝎子块拓养坤、过天星张五合营，驻扎在汧阳、陇州。寻移军向东，屯兵于泾河之滨，转战于泾阳、三原地区，达数月之久。西安大震，官军龟缩省城，噤若寒蝉，不敢越境外出。㊳

注：

①参阅《史忠正公集》卷一《议设四藩疏》。

②《明史纪事本末》卷七十五："（九年正月）闯王、闯塌天、八大王、摇天动七贼，连营数十万攻滁州。"这里只列举了四人，还有三人未指名。该书同卷又谓："闯王合扫地王、紫金梁（这是王自用死后另一紫金梁）等二十四营攻徐州。"攻徐州是闯王等攻滁州失败后所采取的下一步军事行动，既然扫地王、紫金梁和闯王一道攻徐州，又一道返回河南，合攻滁州的7人中，应当也有扫地王和紫金梁。《寄园寄所寄》卷九《裂眦寄·琐闻》就认为有这两人。剩下的一人是谁？上一年冬天曹操和闯王一起攻打光州，一起进军江北，很可能曹操也会参加攻滁之役。

③农民军围攻滁州及围解日期，《平寇志》卷二、《纪事本末》卷七十五、《国榷》

卷九十五，所记皆同。康熙十二年修《滁州志》卷二十一《名宦·李觉斯》载，农民军围攻滁州为九年正月初五、初六、初七，初八日围解。初五日到城者可能是侦察骑兵，实际战斗当发生在初六。《北略》卷十一《卢象升战功》谓："乙亥岁杪，滁州攻围甚急。"乙亥为崇祯八年，"岁杪"当为十二月末。《明史》卷二十三谓："（八年）十二月……癸巳（十七日），贼犯江北，围滁州。"又谓："九年春正月甲寅（初八日），总理侍郎卢象升、祖宽援滁，大败贼于朱龙桥。"这就是说，农民军从八年十二月十七日围滁州到九年正月初八日败走，共围滁州22天，此记载肯定不实。又《绥寇纪略》有段记述，更与以上诸说大异："九年丙子正月……十七日，李自成攻庐州……二十四日围解。李自成连陷含山、和州……李自成围滁州，连营百余里……"上述史实，从上节注㉛所引材料，已清楚证明崇祯九年正月滁州之役，李自成绝不可能参加，此点姑置勿论；即使从《纪略》本身叙述的矛盾，亦可证明其所记日期失实。该书谓，李自成围攻滁州是在正月二十四日庐州解围和连陷含山、和州之后，若按照这个日程，显然攻打滁州最早也应在该年正月末或二月初。果真如此，则此处所述事实又与同书另一处记事抵触。该记载说："二月初二日，贼攻密县不利，走登封。"这里所说之"贼"指的就是李自成。如果李自成等真在正月底或二月初围攻了滁州，那么，密县距滁州大约一千多里，他怎么可能会于二月初二日去攻打密县？《流贼陷庐州府记》说，张献忠于崇祯八年十二月十七日围攻庐州，二十二日解围"往滁州去"。《野史无文》卷三说张献忠十二月十七日围庐州，二十一日"往滁州去"。康熙十二年修《巢县志》卷四《祥异》所记围"郡城"（指庐州）之日期与上举二书同，《纪事本末》卷七十七谓："（八年）十二月，（张）献忠合诸贼围庐州，分道陷巢县、含山，遂陷和州，沿江下犯江浦。九年正月，张献忠合群贼围滁州，总理卢象升大败之。"参证《北略》、《巢县志》等书，知上引《纪事本末》这段叙事可信。如上所述，可以看出，《纪略》所载，显然是把崇祯八年十二月发生的事情错记成九年正月发生的事情，而且是"张冠李戴"，把本来是张献忠的事情错记到了李自成的名下。

④《平寇志》卷二记闯王克虞城入河南事于崇祯九年正月"己巳"（二十三日）之后，"辛未"（二十五日）之前；《纪事本末》卷七十五记其事于"壬申"（二十六日）之后，"乙亥"（二十九日）之前。

⑤《卢忠肃公集》卷四《剿荡愆期疏》："闯王大夥，滁州俘斩之役，亦窜之不遑。二月间，旋遁登封鲁召山中，与闯塌天合营。"参看《绥寇纪略》卷四及景日畛《说嵩》卷二十二《摭异》，知闯王与闯塌天合营为二月初八日。既然闯王、闯塌天于二月初八日合营，说明闯塌天必定在这日之前已经返回河南。

康熙五十一年修《内乡县志》卷十《兵事志》："崇祯九年正月十四日夜，流贼张献忠谋来劫内乡城，自陕西商南县衔枚疾驰一日夜而至。"此处所说之"流贼"，未必是张献忠？因滁州撤围为正月初八日，以滁州到内乡，6天绝不可能赶到，而且"县志"说得很清楚，"流贼"系自商南县来，方向是由西往东；若从滁州来内乡，方向应是由东往西。尽管此股农民军不一定是八大王，可能此刻他已返回河南，否则绝不会误传为他。闯王自滁州北上，攻徐州不克，然后由虞城回河南；八大王自滁州北上，回河南行经的路线以及在途中耽误的时间，估计和闯王差不多。闯王回到河南是正月下旬，八大王可能也大致是在这个期间或早十来天。

⑥《明史·李自成传》谓崇祯九年春，高迎祥、李自成在滁州战败，"北攻寿州，故御史方震孺坚守，折而西，入归德。"此处记李自成事，全误（因这年春，闯将在陕西，根本未打过滁州）；即所记高迎祥事，亦多误。《明通鉴》"考异"引证《孩未集·史可法报功疏》指出，所谓"攻寿州"、"方震孺坚守"乃去年正月间事，而"是年（指九年）并无攻寿州事，特经过其地耳"。《绥寇纪略》说九年正月二十七日，"陈永福从归德秣马驰一百四十里及朱仙镇"。据《明史·地理志》云：归德府治"西距布政司（开封）三百五十里"。国家图书馆藏钞本《河南通省程途里数》云：商邱"至省二百八十里"。而朱仙镇又在开封西南40里，《纪略》所说"驰一百四十里及朱仙镇"，恐不是指从归德府治出发，当是指从府属某地出发。《纪略》说"故总兵汤九州从军自效，以千二百人，由嵩县深入，败殁。"《明史》卷三百九、卷二百七十三均作"故总兵汤九州"，卷二十三则作"前副将汤九州"，卷二百六十九《汤九州传》说汤九州"崇祯时，为昌平副总兵。……（七年）以河南剿贼功，加署都督金事。八年春，被劫褫官，从军自效……九年二月……遂战殁。"《明史》前后各传记事矛盾。乾隆时修《嵩县志》卷二十一《兵防·历代兵事》引《（嵩）县旧志》说"副总兵汤九州……以三千人与李自成战九皋山下，全军覆没"。县志说"与李自成战"不实，但说汤九州是"副总兵"，与《明史》本传合。道光十八年修《伊阳县志》卷末《杂记》说崇祯九年二月汤九州"为援剿副总兵"，"以三千人陷阵力战而死，贼挥骑踏尸而过"。按汤九州曾被褫官，系"从军自效"，不是现任副总兵，更不是所谓"援剿副总兵"；《纪略》等书作"故总兵"、"副总兵"，不确切。《国榷》卷九十五谓"故副总兵汤九州击贼嵩县，败没"，时间为崇祯九年五月，与以上诸说均异。《平寇志》卷二所记陈永福与农民军朱仙镇之战，与《纪略》等书所记均大异。此处不赘录。关于七顶山之战，《纪略》、《卢象升年谱》、《小腆纪年附考》、《明通鉴》等书都说歼李自成精锐几尽。据前引崇祯九年六月十一日洪承畴疏，知九年二月李自成正驰骋于陕甘高原和洪承畴周旋，绝不可能分身参加"七顶山之役"，故各书所记均误，实应指高迎祥。

⑦《平寇志》卷二。

⑧据《兵部为飞报"荆门"大捷事》（见《明末农民起义史料》）及《平寇志》

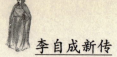

卷二讲，闯塌天、闯王于崇祯九年二月已在房、竹一带活动，二地均在汉水之南，可见他们渡过汉江最晚也应在二月末，绝不会晚至三月；可是《绥寇纪略》卷四却说农民军羊皮滩之渡为崇祯九年三月，显然有误。《国榷》卷九十五载九年二月十七日，"罗岱等于裕州、南阳连败贼（指七顶山等战役）"；二月二十一日，农民军"溃入楚之襄、郧，亦间走内乡、淅川"。另据《兵部为塘报"房竹等县"贼情事》（《明末农民起义史料》）：崇祯九年二月十二日、十三日，已有大星农民军兵临竹山城下；二月二十二日，农民军在光化羊皮滩渡过汉江；二月二十六日、七、八、九四日，南樟县赶集口等地农民军不计其数。这里所说农民军渡过汉江之日期与《国榷》所说"溃入襄、郧"之日期，前后正相衔接；所说南樟县境内农民军"不计其数"，与上举《兵部为飞报"荆门"大捷事》及《平寇志》中所载内容，亦基本相符。

⑨《明史》卷二十三说崇祯九年三月"高边祥、李自成分部入陕西"。此处说李自成入陕西，误。《平寇志》卷二、《明史纪事本末》卷七十五，都说崇祯九年三月乙丑（二十日）"闯王、蝎子块自兴安入汉中"。《绥寇纪略》卷四引洪承畴九年六月十一日疏，谓"闯王、闯塌天、蝎子块等，自江北、河南败后，经郧、襄以趋兴安、汉中"。疏中谓随闯王入秦者有闯塌天。《国榷》卷九十五："（九年三月）甲寅（初九日），大寇自郧阳、竹山、平利、白河、洵阳，西犯兴安。"此处所说之"大寇"，虽未指名，实际是指闯王、蝎子块、闯塌天等人。这里需要弄清楚的是：闯塌天是否随同闯王回到陕西，闯王入秦究在何时？据《兵部尚书张为狡寇遁踞深山等事》（《明清内阁大库史料》第一集、上册）所载总理卢象升"题称"及《兵部为飞报"荆门"大捷事》所载湖广巡按余应桂五月十八日得抚臣王梦尹手札"内称"，知闯塌天九年二月至五月一直留在湖广，并未随闯王入秦，此点洪疏所说不实，应以总理卢象升及湖广巡抚、巡按之说为准。另据《兵部题行"湖广巡抚王梦尹塘报"稿》（《明清史料》乙编、第九本）："看得大寇闯塌天等方聚郧、襄，正当设奇奋击，一挫其狂奔之势，据总兵秦翼明青石铺之报，盛有夸诩……"按秦翼明青石铺夸捷之报为九年三月十七日，据秦自己说和农民军打仗为三月十六日。所谓"大寇闯塌天"，当然不止闯塌天一人，还有其他"大寇"；与闯塌天一同入湖广而又能称得上"大寇"的还有谁？岂不就是闯王、蝎子块等人。既然三月十六日闯塌天等还在郧、襄一带打仗，估计闯王此时也不会离开湖广。《国榷》所说三月甲寅"大寇自郧阳……西犯兴安"，时间不确，也可能是指先行部队而言。

⑩《明史》卷二十三谓崇祯九年三月高迎祥等入陕西，"余贼自光化走湖广"。另据《兵部为狡寇遁踞"宛襄"深山等事》（见《明末农民起义史料》）："（九年）正、二两月，屡奏大捷，今江北、河南渐底宁宇，其功不可诬也。"所谓"渐底宁宇"，意思是说农民军几支主力部队已在正、二两月离开了江北和河南。闯王、闯塌天等部二

月下旬由河南向湖广转移，三月二十日已由湖广返回陕西；估计张献忠可能也就在同年二月下旬由河南进入湖广。据《湖广巡按林铭球为狡贼图郧滇兵连战获捷等事》（《明清内阁大库史料》第一辑、下册）载"遵旨确查速奏"崇祯十年六月所谓"连战获捷"事云："看得郧阳去夏（指崇祯九年——引者）被伪八大柱（王）拥众图郧，逼近城下人心惊惧……"这里虽未明言八大王之攻郧系与闯王"呼应"，但若结合乾隆九年修《商州志》卷十四《纪事》所载材料，就可大致看出这一点。"州志"云："（九年）四月，流寇闯王、满天星等由商南来。时参将王锡命率兵二千驻屯城内，刘青麦饲马，暗与贼通，将卖城。前一日游击马献图统精兵五百突至，击贼于爬楼山下，贼败。王锡命阴谋遂泄。"乾隆十三年修《商南县志》卷十一《纪事》亦云："九年四月，流寇闯贼李自成及满天星等由商南入武关。"武关在商南西北，是往商州应经之路。"州志"、"县志"所记实系一回事。可是一说为闯王，一说为闯将，到底是谁？根据这年闯将的活动来看，知既有闯王，也有闯将（请参看注㉑），不过二书各只记了一人。商南距郧阳骑兵只一日路程（两地直线距离不到200里），既然这年夏天闯王等在商州地区作战，张献忠这年夏天一直驻扎在郧阳，而且对该地发动了进攻，不管他们各自的主观意图如何，如就客观效果而论，实际彼此均收"遥相呼应"之效。

⑪《明史纪事本末》卷七十五、《平寇志》卷二、《国榷》卷九十五等书所记老回回、混十万等进入商南、雒南之时间均同。《纪事本末》、《国榷》还提到有李自成，此不确。

⑫《明史》卷四十二谓淅川"西南有淅水，北有丹水"，此处系以《中国历史地图集》第七册分省所绘明代河南省图为准。

⑬《明清史料》乙编、第九本载崇祯九年四月二十二日《兵部行"户科外抄户部尚书侯等题"稿》及崇祯九年七月十九日《兵部题行"兵科抄出郧阳抚治苗胙土题"稿》云："今群寇多遁秦、郧大山"、"郧（阳）遂为四省（秦、楚、豫、川）藏贼受敌之冲"。所谓"藏贼受敌之冲"，实际就是农民军老营所在之地。

⑭《明史纪事本末》卷七十五："（九年三月）兵部奏：贼在秦豫山中，闻其向来粮饷多由淅川水运，以通荆、襄贾贩，可艘而致之；宜遣将往淅水断寇，报可。"根据这段材料，可以看出，淅川实际早已成为农民军的物质转运站，后来明政府虽然觉察到这个情况，并且决定派兵卡断这条运输线，但是没有收到预期效果。据《兵部为塘报狡贼复窥郧襄等事》（见《明末农民起义史料》）载："本月（九年六月）十五日据打探民壮袁思魁、孙令功报称：探得死贼分为二哨，一哨住郧阳地方梅家铺，一哨住淅川地名白厅街，发哨马百十余匹，在（均）州地名曹家店、岩屋沟、连三坡、火龙关等处搬粮，止离州五十里。"兵部奏请"遣将往淅川断寇"是在三月，可是就在同年六月，农民军仍然源源不断地从淅川运粮往郧阳，而且一次就发出了百十余匹哨马

运粮，可见前此兵部之奏，不过是一纸空文。

⑮《绥寇纪略》卷四。

⑯余昌祾撰《商征小记》、魏大中著《藏密斋集》卷三《循例举劾有司官员疏》、《兵科抄出陕西巡抚孙传庭题本》（《明清史料》，乙编，第九本）等书，均作"孙传庭"。余昌祾为孙传庭幕僚，崇祯十年在孙传庭军中负责管理军饷，《商征小记》即写于"崇祯丁丑（十年）除夕"，他记孙传庭的名字当不会有错。魏大中疏，系天启三年十二月有关完纳钱粮考核顺天七府暨山东、河南二省官员殿最向皇帝所作之报告，这时孙传庭是河南商邱县知县，疏中肯定不会把孙的名字写错。尤其是《孙传庭题本》乃当时官方正式文献，当然更不会把孙的名字弄错。但是《壮悔堂文集》卷五《贾生传》及《甲申传信录》等书则作"孙傅庭"，也不是由于误记。《贾生传》云："贾生，名开宗，商丘人也。少落拓不羁……会太原孙傅庭调商丘令，知贾生，下车引见……"编辑陕西《三原县志》的作者张象魏，乾隆二十九年任三原知县，他在该县志卷十九《轶事》中引《孙氏家乘》及《西安总督题名记》为证，指出一般"俗本"所载孙传（傅）庭名字错误。遗憾的是：我所见到的张著《三原县志》系重钞本（国家图书馆藏），不巧在"传"与"傅"这两个关键字上抄得不清楚，看起来都像"传"字，分不清《孙氏家乘》与"俗本"所载究竟怎样不同。夏燮的《明通鉴》也注意到了这个问题，他在该书《考异》中说："（孙）传庭，《三编》'传'作'傅'；《三垣笔记》亦作'傅'。不过这里须要指出：我所见到的李清著《三垣笔记》（"吴兴刘氏嘉业堂刊本"）中之"孙传庭"，不作"傅"仍作"传"，不知是否所见版本不同？《三编》'传'是否作'傅'，未去覆查。1959年我到"北京明清档案馆"（即中国第一历史档案馆）查阅有关明清档案，竟发现两份有"孙传（傅）庭"名字的原档，一作"孙传庭"，一作"孙傅庭"，说明这两种叫法原来就有，既不是后世传闻之误，也不是"俗本"排印之失。

⑰见《兵部行"上传郧抚宋祖舜纵贼渡江一案"稿》（《明清史料》，乙编，第九本）。宋祖舜革职命令为崇祯九年三月二十六日发出。

⑱李自成部在华州一带活动事，见燕京大学图书馆编印之《乡土志丛编》第一集《华州乡土志·兵事》；在宜君、郿州一带活动事，见兵科给事中常自裕奏。此奏《明史纪事本末》、《国榷》均谓在崇祯九年正月，《平寇志》则谓在该年二月。

⑲宁夏兵变，《平寇志》卷二谓在九年"二月丙子朔（初一日）"；《明史》卷二十三则谓在九年二月"乙酉"（初十日）。

⑳见《平寇志》卷二及《兵部为恭陈六要等事》（见《明末农民起义史料》）。

㉑乾隆《商州志》卷十四《纪事》："九年三月，李自成入商雒，据三水。先是李自成由潼关而南，与诸贼会，都司陈永福败之。自成奔汉南，循南山遵洛水而行，至

武功，渡渭河，走泾阳、三原……"三水即今陕西旬邑县。李自成"遵洛水而行"、"据三水"当在这年四月。崇祯九年三月中、下旬，闯王等率师由湖广入秦，李自成于是月一面命"别部人河南，当官军"，一面自率所部入商雒"与诸贼会"；四月，闯王"由商南来"攻商州，闯将"由商南入武关"（参看《纪事本末》、《平寇志》及注⑩所引《商州志》与《商南县志》），由此可见，闯将人商雒之目的，是为接应闯王，此处所谓"与诸贼会"，虽未指名，实际是指与闯王诸部会。

㉒见《兵部行"兵科抄出山西巡抚吴甡题"稿》（《明清史料》乙编、第九本）。该"题稿"记载这次战役，自崇祯九年五月初一至五月初九。俞冲霄中伏被杀日期，系根据《绥寇纪略》卷四。《国榷》卷九十五、《明史》卷二十三都说被杀为五月"丙辰"（十三日）。《延安府志》卷六《大事表二》谓俞败死为五月。民国十八年修《横山县志》卷二《纪事志》说俞被执死为四月。《明史纪事本末》卷七十五谓俞"败没"为五月，同书卷七十八谓俞"被执"为四月，前后矛盾。

㉓见乾隆十七年刻本《颍州府志》卷十《杂志·兵革》、卷九《艺文志·兵备谢公邑令廖公合传》及顺治十二年刻本《颍上县志》卷十一《灾祥》。

㉔《明史纪事本末》卷七十五："（九年三月）丁未（初二日），贼九条龙、张胖子从南漳柳池陷谷城官山，逼保康，二千里焚掠靡遗。庚戌（初五日），陷竹溪、房县，知保康城空不入。……丁巳（十二日），贼走郧阳（原为"郧州"）……奔山……"所谓"奔山"，未说明具体奔向何山？据《孙忠靖公全集》卷六《鉴劳录》载："崇祯九年六月，时大寇整齐王等屯聚商雒数月矣。"这里所说的"数月"，当然最少也有两、三个月。故从这段材料可看出：整齐王张胖子三月中旬"走郧阳"、"奔山"，并非奔向郧阳深山，而是奔向商雒深山。

㉕参阅《兵部为飞报"荆门"大捷事》、《鉴劳录》、《兵部题"兵科抄出惠王常润奏"稿》（《明清史料》乙编、第九本）。《续修江陵县志》卷六十二《外志二·纪兵》："丙子（九年）六月初二日，贼长驱至龙陂桥，荆卫指挥秦启不能御而逃，贼遂冲突（荆州）北门，趋沙市。民溺江死者无算。时诸生刘楷率义勇杀贼渠魁（详《忠烈》——此系原注，引者）。会毛、容二土司兵亦至奋击，贼众披靡。"同书卷二十八《人物二·忠烈》："楷率义勇杨、黄、毛等数十人，伏东关杉桥门，扼其归路；贼大至，楷突呼而起，奋勇直前，斩一贼，头大如斗，其剑甲上有金嵌'八大王'字。……全军皆缟素发丧，荆州之围以解。"按八大王有西营、南营、北营之分，此被杀者绝非西营八大王张献忠无疑。

㉖《兵部为飞报"荆门"大捷事》说进攻荆门之农民军诸营中有闯王，但该材料后面提到进攻荆门之十大营时并无闯王，到底以何者为准？按后面所提到十大营首领之名，系从被俘农民军战士口中传出，当属可信；材料前后矛盾，应以后面所说为准。

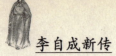

《卢忠肃公集》卷四《剿荡愆期疏》："目今（九年五月）闯王……等俱奔汉、兴，以窥沔、略……"《绥寇纪略》卷四："闯王高迎祥荡析汉南，自春（原为"冬"，连看上下文，知为刻印之误——引者）徂夏。"据此可证闯王确实并未参加攻打荆门之役。

㉗《孙忠靖公全集》卷六《鉴劳录》讲，孙传庭于崇祯九年三月奉命接替甘学阔为陕西巡抚，四月六日为崇祯皇帝召见，五月十六日始入关受事。

㉘《绥寇纪略》卷五说高迎祥被俘时，正"病瘅，卧石穴中"。

㉙以上叙述，主要根据见乾隆五十年杨仪重修《盩厔县志》卷一《地理·山川》、卷十二《纪兵》及《鉴劳录》。闯王被俘日期，《绥寇纪略》、《明史纪事本末》、《平寇志》、《国榷》、《明史》（卷二十三）等书，都说在崇祯九年七月二十日，这个日期与《鉴劳录》所记相合，故可信。《盩厔县志》谓闯王被俘为七月二十一日，有误。《史外》卷三《孙尚书传》说，高迎祥在黑水峪被俘时，有"兵十余万，号百万"，《记略》也说闯王有"十万余众"。按：自九年正月滁州之役以来，闯王在军事上接连打过好几次败仗，正如某些记载所说，"精锐几尽"，肯定此刻他绝不会有"十余万众"。关于高迎祥被俘事，《卢忠肃公集》卷首引《邑志本传》却与上举诸书所记大异。该传认为：闯王系卢象升麾下祖宽所杀，卢将功让与洪承畴。许德士著《荆溪卢司马殉忠实录·卢公遗事》、任源祥撰《卢督师传》、储欣撰《明卢忠烈公传》，也有同样记载。但邵长蘅撰《明大司马卢忠烈公传》及《卢象升年谱》，均未载"让功"之事。特别是《年谱》，乃卢象升曾孙卢安节编次，如真有此"让功"事，不会不载入；今《年谱》不载，说明此事纯属乌有。闯王被俘后，明政府有"献俘京师"之旨，孙传庭有"押献闯俘"之奏，所谓"一战斩闯王头"之说，显然绝非事实。

㉚《鉴劳录》载孙传庭"遵旨选役押献闯俘"为崇祯九年九月十九日。

㉛《平寇志》卷二："野史氏曰：贼莫狡于献忠，莫崛强于闯将。"《绥寇纪略》卷九："贼党以自成枭雄也，共推为闯王。然自成在关中自斗，别为一军，黑水峪败，自成不在，固非迎祥死起而暴领其众也。"据此，可见各家农民军之所以在闯王死后共推李自成为领袖，不仅因为他是闯王的得力部下，手头有实力，而且还因为他在敌人面前表现得最"崛强"，最为官军所畏惧。

㉜《孙忠靖公全集》卷一《报宝郿剿抚捷功疏》："中斗星则代闯王统其党众，以称老掌盘子者也。"《绥寇纪略》卷五"当阵生得迎祥……余党复推其弟迎恩为长。"据此故知闯王高迎祥之弟即中斗星高迎恩。

㉝《明史纪事本末》卷七十八、《国榷》卷九十七、《烈皇小识》卷四，均谓崇祯十四年李自成始自称"闯王"。另据《孙忠靖公全集》卷一崇祯十年九月初四日《报宝郿剿抚捷功疏》、卷二崇祯十一年四月初七日《报合水捷功疏》卷三、崇祯十一年五月十七日《报官兵迎剿获捷疏》凡提到李自成，均仍称"闯将"，并未称"闯王"，

由此可证李自成自称"闯王"的确还是比较晚的。

㉞《北略》卷十二说九月初一，"大清兵从建昌、冷口还"。《明史》卷二十三谓八月"大清兵出塞"，同书卷二百五十七《梁廷栋传》谓八月十九日"大清兵出塞"。《张凤翼传》谓"至八月末，都城解严"。

㉟吴庆焘《襄阳兵事略》卷六载张献忠等"并犯襄阳，众二十余万"；但后面又说"贼人襄阳郛者七营，营万人"。估计攻打襄阳的张献忠、马守应等部，总人数当如《兵事略》后面所说，不过"七营"。

㊱光绪壬辰（十八年）修《凤县志》卷九《纪事》："九年五月，闯贼李自成窜凤入徽，过两当。"乾隆间修《秦州新志》卷五《武备下·历代戎事附》："九年五月，洪承畴遣总兵柳绍宗从徽州往略阳剿李自成，又遣兵往徽州扼之。"以上材料虽只载明五月，未指出具体日期，但若联系这月李自成其他活动一并考察，可以断言，此处所说之"五月"，当是指五月下旬。因俞冲霄被杀是在五月十四日，李自成歼灭俞部后，率兵回到米脂，往攻榆林，改道韩城向西征伐，由凤县至略阳，仅就行军路程而言，最少也得10天左右。另据卢象升《剿荡愆期疏》及《绥寇纪略》卷四之材料，知崇祯九年五月高迎祥"奔汉、兴，以窥沔、略"，而且是"荡析汉南，自春徂夏"，说明这年五月高迎祥一直是在汉中地区活动。汉中府略阳县在徽州东南，沔县在略阳正东稍南，李自成由徽州往略阳，高迎祥既有"窥沔、略"之心，如果没有官军堵截，很有可能两人是会合兵一起的。

㊲据《秦州新志》卷五、秦武域修《两当县志》（国家图书馆藏重钞乾隆三十二年刻本）《志事第二·祥灾》、乾隆元年刻本《直隶阶州志》卷上《扼要三》。

㊳参看《鄠县乡土志》（《乡土志丛编》第一集）上卷《兵事录》、《凤县志》卷九及兵部为贼氛内外并剧等事》（《明清内阁大库史料》第一辑、下册）。乾隆己亥（四十《四年）《西安府志》卷五十三《大事志》引《延绥镇志》："（崇祯九年）李自成、过天星等出寇泾阳、三原，西安大震；蝎子块复来会之，驻兵于泾河之滨者八阅月，省城兵不敢出。会曹变蛟与副将白广恩兵至。自成走秦州。"这里所说的"八阅月"不知从哪月算起？光绪丁丑（三年）《三原县志》卷十九《轶事》："十年正月，李自成同过天星、蝎子块寇三原，官军不敢出，相持。值孙传庭统曹变蛟至，连战七日，贼败。蝎子块降。自成与过天星奔秦州。"此处"府志"与"县志"所记实系一回事。既然李自成等"奔秦州"之具体时间为崇祯十年正月，那么，"府志"中所说之"八阅月"，当是从崇祯九年五月算起。驻兵泾河"八阅月"之说，其实并不确切，因在此期间李自成一度还在徽州、阶州、汉中等地以及终南山区一带活动过；但是有一点可以肯定，即崇祯九年这一年，李自成自始至终战斗在陕西（包括今甘肃），并未出陕西境。据上引《兵部为贼氛内外并剧等事》讲，崇祯九年十月初十日，蝎子块、

过天星和李自成屯扎在汧阳、陇州等地。另据《明史》卷二十三及《襄阳兵事略》卷六讲，崇祯九年十月十三日蝎子块、张献忠等联兵进攻襄阳。康熙元年修《汝宁府志》卷十讲，崇祯九年冬十月初九日，"贼过天星掠官庄"。几乎是在同一时间，一种史料说蝎子块、过天星在陕西汧、陇地区，而另一种史料则说蝎子块在湖广、过天星在河南，这究竟是怎么回事？按明末农民军首领均以浑名著称，而且有时好几个人同用一个浑名；上举材料，可能说明各书所记并非同一人，当是使用同一浑名的两个蝎子块、两个过天星。

第四章 "剿"与"抚"之间

一 杨嗣昌的"十面张网"

崇祯十年（1637）正月中、下旬间，李自成在陕西宝鸡大败官军，趁胜向东，往攻泾阳、三原。蝎子块拓养坤、过天星张五亦统兵来。[①]陕西巡抚孙传庭督率曹变蛟等领兵赴救，与农民军连战 7 日。李自成偕过天星往西退走，入秦州（今甘肃天水）、阶州境，出没于陇东深山穷谷之间。蝎子块未随李自成西去，三月中旬，率领亲信至西安，投降了孙传庭。[②]洪承畴遣曹变蛟、左光先、祖大弼、孙显祖等继续入山合击李自成。四月十五日，两军相遇于郭家坝（今名郭家镇，在甘肃秦安西北），恰逢大雨，官军苦战，不敢深入，借口粮尽引还。[③]五月十一日，李自成由秦州打进四川，连克川北南江、通江等县；川军援兵渐集，农民军遭到拦阻，返回陕西。[④]

这年开春，张献忠、马守应等九营，罗汝才、刘国能等十营（一作老回回等十余股、闯塌天等九股），共 20 余万人，由湖广襄阳、应城、云梦、孝感、黄陂、黄梅入南直隶英山、霍山、潜山、太湖，与江北左金王贺锦、革里眼贺一龙等合兵，围六安，攻桐城，逼安庆[⑤]。另一股农民军由河南光山、固始南下，入定远、滁州，逼江浦（今属江苏省），破六合（今属江苏省）。六合知县郑同玄闻农民军来，箭衣小帽，从役五人，舍轿乘骑而逃。[⑥]农民军分作数十股，转攻江北诸州县，烽火达于淮、扬，南京大震。

南京兵部尚书范景文、操江都御史黄道直、总兵官杨御蕃，分汛固守。应天巡抚张国维告急请兵，下令沿江戒严。安池道副使史可法率兵救太湖，援桐城，保安庆，东奔西驰，疲于奔命。山西总兵王忠奉命援河南，称病数月，"坚卧不起"，"频檄不应"，一军皆哗。张国维檄调总兵左良玉入山搜捕，左惮山险，"徘徊舒（城）、六（安）之间，拥妇女、稚儿千余，坐食匝月"不进，部下壮丁，公然假扮农民军，焚掠四乡。凡左兵所过之地，毁墙拆屋，鸡犬不留；"扎营之处，方圆数十里，妇女悉被奸污"，"匍匐伏愬者踵相接"，有司"概置弗问"。⑦

崇祯八年（1635）当高迎祥、李自成等攻克凤阳时，远在千里之外的乌程县（今浙江吴兴县），很快就传遍了农民军的胜利消息。各地贫民，闻听闯王、闯将等大名，莫不"延颈跂足"，望其早来。农民军的密探布满大江南、北各地，"凡江南诸郡，可攻、可屯、可入、可出之路径，一一打算不漏"。崇祯九年，农民军打到仪真（今江苏仪征）、六合，当地百姓俱倚担而立，等候在路旁。明统治阶级内部某些人士见到这种情况，不禁发出惊惶呼声："寇祸至今日，如病之深入膝理"，"是贼果无忘江南，而江南诸郡之忧，有更剧于他省者!"⑧

崇祯皇帝不断接到各省报告战讯的奏疏，焦躁、烦闷、心情不安，披阅章奏，深夜难眠⑨，有时甚至变得暴怒无常。他害怕武将养兵称雄，跋扈难制，也疑心文臣结党营私，欺君罔上。他认为唯一可信赖的只有身边一群太监。他派遣内监任"监军"、"监视"，到各大帅和诸边镇军中，监督一切。可是"诸监多侵克军资，临敌辄拥精兵先遁，诸将亦耻为之下"⑩，结果使他弄得很被动；不得已，只好尽数撤回诸镇内臣，唯高起潜以所谓"知兵"虚名，仍"监视"宁、锦诸军如故。但没过多久，朱由检又复遣各太监分守紫荆、倒马诸关，并特命高起潜为"总监"，总揽长城东线全军指挥大权。其实，高起潜并不懂军事，清兵打来，不敢决战，却割取死人首级向皇帝冒功请赏。

广东道监察御史金光辰愤极上疏，指出朝廷任用内臣不当，是"羞士类而误封疆"。崇祯皇帝见疏大怒，厉声责问："难道贼、虏入犯，陷我名城，震汗陵园，都不可耻? 你每（们）可耻的也尚多! 怎么遣内臣出去就是耻了? 就是羞了? 你说这些话是何肺肠!"

金光辰吓得连忙解释："近日将官拥多兵于外，一个也不肯杀贼，得混的就混，得躲的就躲，全无真心报效朝廷。又见州、县失事特甚，果然力穷智竭，呼援不至，犹或可解；乃只数骑冲突，贼至辄陷，如人无人之境。文武将吏均是可耻，所以臣提出一耻字。求皇上饬谕，激发他们各相竞奋，在行间者尽职行间，司守土者尽职守土，是要人人各尽职掌。况内遣既撤，皇上即以封疆之事，责成封疆之臣，今一味玩泄，塘报更多欺饰，焉得不羞？微臣一念，不过为封疆、为朝廷。"

崇祯帝仍怒犹未息地说："原撤（内臣）的时节，你每就说道：举朝欢忭了！又说：欢声雷动了！……今日内臣出去，都是极苦的，有什么好差，他们要去？……"⑪

不顾群臣的反对，朱由检甚而让"总监"高起潜行部视师，令监司以下各官，悉用军礼参见。永平道刘景耀、关内道杨于国，俱耻行属礼，上疏力争。崇祯帝震怒，将杨于国撤职，刘景耀降二级。此后，监司各官俱默不作声，不敢再争。

自上年秋天清兵入塞，兵部尚书张凤翼兵败服毒自杀后，兵部尚书遗缺一直未有人补，崇祯皇帝考虑甚久，要让杨嗣昌来担任这一职务。

杨嗣昌，湖广常德府武陵县（今湖南常德县）人，出身大地主家庭。武陵、桃源、龙阳（今湖南汉寿县）、沅江四县，均有他家大量田地、房产。⑫他的父亲杨鹤，崇祯二年（1629）任兵部右侍郎，总督陕西三边军务；从叔杨鹗，崇祯四年进士，官御史，擢顺天巡抚。他本人，崇祯七年秋任兵部右侍郎兼右佥都御史，总督宣、大、山西军务；后以父死成所丁忧辞官，复遭继母丧，在家守制。崇祯帝认为他"知兵"、有才，特降旨令他"夺情起复"，"墨衰从事"。⑬

崇祯十年（1637）春三月，杨嗣昌奉命抵京，召对称旨，拜兵部尚书。他颇有口才，每有奏对，应答如流，皇帝"益以为能"，大加信爱，恨用之太晚。为了报答皇上知遇之恩，他一上任，即"议大举平贼"，制订了一项屠剿农民军的血腥计划，名之曰"四正、六隅、十面之网"，其具体措施如下：

以陕西、河南、湖广、江北（凤阳）为"四正"，四巡抚分剿而专防；以延绥、山西、山东、江南（应天）、江西、四川为"六隅"，六巡抚分防而协剿。总督、总理二臣，则随农民军所向"专征讨"。如农民军在陕西，则陕西、四川、湖广、河南、延绥、山西六巡抚张"六面"，而总理入关

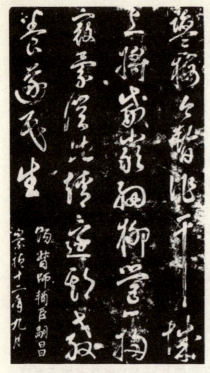

崇祯帝赐杨嗣昌御制诗拓片

与总督会剿；农民军在河南，则河南、湖广、凤阳、应天、山西、山东六巡抚张"六面"，而总督出关与总理合剿；农民军在湖广，则湖广、河南、陕西、四川、应天、凤阳、江西七巡抚张"七面"，而总督、总理俱入楚会剿；农民军在江北，则凤阳、应天、山东、河南、湖广、江西六巡抚张"六面"，而总督、总理俱入江北会剿。[14]

在杨嗣昌的推荐下，崇祯帝下令，以熊文灿代王家祯，总理南畿、河南、山西、陕西、湖广、四川军务。尽管王家祯接替卢象升担任此职务，为时还不及一年；但是杨嗣昌为了安插自己亲信，却说他"庸材"、"不足任"，非将他排挤去位不可。[15]

为镇压农民军早建大功，杨嗣昌还特地向皇帝建议：增兵12万，增饷280万。[16]

崇祯皇帝很快就批准了这个建议，并且杀气腾腾地传谕说："不集兵无以平寇，不增赋无以饷兵，勉从廷议，暂累吾民一年，除此腹心大患。"[17]

这次"加派"，称为"剿饷"，原定只征一年，实际各地勒征皆不止一年。地方官都借此填饱了自己的私囊。应天巡抚张国维即以此搜刮致富，连他手下一个姓朱的旗鼓也借此发了大财。当时有人嘲讽说：从来应抚之富，以张国维为第一；从来旗鼓之富，以朱某为第一。[18]

杨嗣昌所推荐的熊文灿，是个贪鄙而又好大言的庸人。他做过福建巡抚、两广总督兼广东巡抚。他在任职闽、广期间，镇压过广东九连山的农民起义，平定过福建的所谓"海寇"。熊文灿平定"海寇"的经验，主要靠"招抚"，通过"招抚"，他既索诈了大量财物，又捞得了说大话的资本。当他接到朝廷命令、登程赴任、路过庐山时，他去看望了他的好朋友空隐和尚。

空隐问："公自度所将之兵能足制流寇死命么？"他答："不能。"又问："诸将中，有可属以大事、独当一面、不烦指挥而定之人否？"答："尚未可知。"空隐说："既然二者一无足恃，而皇上责望甚厚，一有差错，会掉脑袋啊！"熊文灿闻言，伫立半晌，又问："招抚如何？"空隐道："我料公必抚，须当慎重！"⑲

熊文灿拜别空隐，过鄱阳湖，沿长江东下，至安庆。果然一到，就胸有成竹地大力推行他的"招抚"计划，刊刻大量"招安"文告，遍贴各城乡通衢路口，并派人直接找各部农民军首领接洽，许赏封官，诱其来降。可是，事情并不如他想象的那么顺利：遣使招降贺一龙，使者被杀；遣使招降李万庆，所赍金帛被夺。⑳

从现象上看，熊文灿主抚，杨嗣昌主战，两人的主张似乎矛盾，其实不然，彼此的目的都一样，都想刈草除根，彻底消灭农民军。正因为如此，所以熊文灿的"招抚"活动，不但未受到杨嗣昌批驳，反而还得到他暗中支持。

按照杨嗣昌"十面张网"的要求：围剿用兵的重点地区为河南、陕西两省，在陕西围剿的重点对象是闯将李自成。杨嗣昌叫嚣，要在三个月内尽数消灭农民军，以这年冬十二月至来年春二月为"灭贼"之期。在此期间，如巡抚不用命，立解其兵柄；总兵不用命，立夺其帅印；监司、副将以下不用命，悉以上方剑从事。㉑

为提高自己的威信，杨嗣昌疏请究治一批"失事"将帅，"以肃军令"。经皇帝批准：那位"称病不进"的总兵官王忠被逮；前年在沈邱瓦店集战败投降蝎子块的总兵官张全昌以"辱国"之罪按问；总兵官左良玉也以援剿不赴之罪落职，戴罪自赎（不久又官复原职）。

进入江北地区的老回回等部，从春到夏，活动于英、霍、潜、太等地。他们曾多次攻打天宁营，一度还大败官军于酆家店。这年夏、秋，老回回等大股部队又分别返回湖广、河南。㉒

在战争紧张时刻，巡抚张国维见南京岌岌可危，江防吃紧，为减轻肩头重担，特向朝廷建议，割安庆、庐州、池州、太平四府，别设一巡抚，专负责上游防务。经崇祯帝认可，明廷擢史可法为右佥都御史，巡抚安、庐、池、太四府，下设额兵万余人。㉓

张献忠在江北并未停留多久，大约半个多月后，就返回河南。他曾与

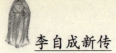

当地起义军首领张三崇、张显吾等联合，攻破邓州。这年夏天，他率兵攻克淅川，旋移师往攻内乡。接着又进入湖广，攻郧阳，破上津，在上津避暑月余。这年秋天，张献忠复回江北，逼近仪真，扬州告急。没多久，他又率部打回湖广。倏来倏去，倏东倏西，若飚发电举，令人莫可窥测。这年冬，官兵集结重兵于襄阳，农民军大部队俱走郧西，张献忠、罗汝才部进入郧阳房、竹深山之中。㉔

这时，在河南的农民军，大致可分为两股：一股扎营于陕州、灵宝、宜阳，破渑池，迫阌乡，有西闯潼关入陕西之势；另一股往来登封、汝州之间，转攻鲁山、宝丰、叶县，烧毁襄城关厢，进军至杞县，有北渡黄河攻畿辅之意。

每到河冰将合的季节，防河官军就分外感到危惧。平日，数千里长河，急流奔腾，骇浪拍天，农民军纵然英勇，也难凌空飞渡，一旦岁晚冰坚，千里河身，处处可渡，无异康壮，农民军蜂拥而来，万马疾驰，防不胜防。防河难，防冻更难，官军普遍皆有此感。有鉴于此，兵部尚书杨嗣昌奏请提早加强河防："敕调将领暂镇河干，以壮声援，以保畿辅"，并"着刘光祚率马步各兵往来巡阅，无事沿河打冰，有事相机应援，春融回信叙劳。"㉕

正当江北、湖广、河南地区烽烟障天、鼙鼓动地之时，在陕西，以李自成为主力的农民军，也发起了猛烈攻势。八月间，李自成同过天星张五、中斗星高迎恩、混天星郭汝磐、奎木狼刘应封、一练（一作"连"、"联"）鹰（一作"莺"）、番山鹞（不是高杰，此为另一人）、黄巢、猛虎、关索（一作"锁"）等部，由秦陇栈道，打到宝鸡以东，欲循渭水南岸，由西往东，经郿县、盩厔、鄠县、渭南、华县东出潼关，与河南诸部农民军会合。陕西巡抚孙传庭闻报，急帅官军追击，循渭水北岸，由西往东，自岐山至扶风、武功，企图赶到李自成前面，迎头堵截。同时孙传庭还移咨三边总督洪承畴，请发兵由凤翔、宝鸡东下，以便东西夹击。另外，还把一名被俘叛降的小头目——来山虎放回，令他作眼线，代官军传言、劝降。中斗星部下的步兵哨头草上飞杨威，夜至岐山投敌。蝎子块的部下几个头目也具禀帖派入至扶风乞降。连闯王高迎祥的舅子番山鹞，也亲率精健丁壮并亲信男女60余口，到孙传庭营中就抚。继番山鹞之后，又有书写岑彭约同精壮数十人投降了官军。蝎子块的勇将孟绝海，也率其家属向官军投降。甚而关索、一练鹰等也有动摇表示。起初,李自成对番山鹞等的投降尚未引起足够重视,十八日还率众在宝鸡、郿县之间的高店等处,围攻堡寨甚急;至二十八日,才觉察到形势不妙,公开投敌的事件不断发生,方知内部已呈现出严重不稳迹象。面对这一紧迫情况,李自成表现出了极大的勇气;他当机立断,决定改变原来计划,把队伍迅速向西撤走。二十七日二鼓,孙传庭接到洪承畴密函,谓已亲提左光先、曹变蛟等兵将于二十八日清晨赶到宝鸡。猛虎、中斗星、大天王三营农民军仍驻扎在宝鸡以东的杨家店,似乎未有任何动静。二十八日辰刻,洪承畴按时率兵赶到,官军即将难备东西合击,然而扑了空!所有农民军却早在这之前不声不响尽数向西而去,不知何往。㉖

九月二十六日,闯将、过天星等围攻汉中府城(今南郑县)。李自成亲冒矢石,临阵指挥;战斗很激烈,他的马被飞矢射毙,人差一点受伤。洪承畴亲督左光先、曹变蛟率兵援救,农民军撤围向西南而去。十月初三日,李自成等部攻克宁羌州(今陕西宁强)。㉗

宁羌州西北为阳平关,西南为七盘关。七盘关之南为朝天岭,上有朝天关(一作"朝天阁"),有鸟道可通广元。阳平关和七盘关是陕西、四川两省交界的险关要隘。㉘

攻克宁羌后,闯将、过天星、混天星、中斗星、大天王、混天王、争管王等九股㉙,分军三路,进入四川:一路由黄坝攻七盘关,一路由梨树口、麦坪至广元,一路由阳平关过青冈(一作"杠")坪、土门塔向白水。初四日,农民军结营于广元乌龙山下,分兵守二郎关。总兵官侯良柱伏兵各隘口,农民军避广元不攻,涉浅滩过嘉陵江。初八日,攻克昭化。次日,往攻剑门关,守关官吏塞石于道,大军不得过,回屯江口。初十日,破剑州(今剑阁),知州徐尚卿自缢死。侯良柱在百顷坝中伏溃败,阵亡。农民军随破梓潼,继而又三分其军:一往绵州(今绵阳),一往盐亭,一往江油。绵州一路,所向克捷,彰明、安县、罗江、德阳、汉州(今广汉县)等地,官军皆闻风先逃。盐亭一路,围苍溪,三日不下,转走西充;旁攻射洪、遂宁等县,越潼川(今三台),克金堂。江油一路,下江油,破绵竹,火烧彭县、郫县,进逼温江。三路大军先后会集成都城下。十一月初二日,李自成下令围攻成都。㉚

成都附近诸州县,各小股农民军纷起响应。重庆以下,官军戒严。成

都城内，所有文官武将，莫不忧形于色。四川巡抚王维章避往保宁府（今阆中县）。巡按陈廷谟负责成都城防，飞章告急求救。③

成都被围近二十日，李自成见久攻不下，又闻各地救兵将至，主动收兵撤围退走。②

蝎子块自投降孙传庭后，由于一直未受到重视，不免有些后悔；又见明政府以"辱国"之罪逮问了张全昌，心中越发产生疑惧；特别是李自成等入川的胜利消息，更是使他感到鼓舞，加上未随大军入川的黄巢一再劝说他脱离官军，重新归队，也为他增添了勇气。由于这许多因素的凑合，蝎子块终于觉醒过来。十月间，他在华阴反明，率众西奔，要去寻找旧部。孙传庭正在潼关布防，得到情报，如闻晴天霹雳，惊骇万分，连夜派人火速追击。第二天夜间，蝎子块即被官军追及杀掉；黄巢也不幸被俘，解回潼关为孙传庭所杀。③

李自成等破宁羌时，官军误信传闻，说农民军将以一半入蜀，一半由汉中、商雒入豫。兵部尚书杨嗣昌一心以"先清中原为主"，把全部注意力都集中在河南，唯恐农民军东出潼关打乱"十面张网"剿局，因此开始没有把四川的战事放在意中，及至四川西部烽火连天，成都被围的告急表章雪片飞来，这才发觉自己在军事上已经完全处于左支右绌的被动地位。

崇祯帝闻知四川败耗，极为震怒。降旨革巡抚王维章、总兵侯良柱职（此时尚未收到侯战死奏报），陈廷谟罚降三级，戴罪自赎。起傅宗龙为右佥都御史，巡抚四川。令孙传庭移镇商州。严责洪承畴，催其迅速领兵入蜀救援。

在朝廷一再严旨催逼之下，洪承畴只好硬着头皮，亲督固原总兵左光先、临洮总兵曹变蛟及副将马科、贺人龙、赵光远等劲兵万余人，兼程"入蜀远讨"。③

崇祯十年除夕前一日（1638 年 2 月 12 日），官军救兵抵达四川广元县。这时，各处川兵共有六七万人，俱在绵州、潼川、射洪、遂宁、西充、南部、阆中驻守，与农民军各隔二三百里或四五百里路程，西北梓潼、剑州一带，则未有川兵驻扎。农民军自成都起营，分为两支：一支由汉州、中江、潼川地方过涪江至乾姜坝，苗头向梓潼；一支由金堂、潼川、射洪、遂宁，苗头向顺庆（今南充市），原想从顺庆过嘉陵江出夔府（今奉节县），因见东路兵多，即折回梓潼。崇祯十一年（1638）正月初

三、初四等日，农民军尽奔梓潼、剑州，抢据了各处险要山头。左光先、曹变蛟分兵两支，两路堵击。初九日，洪承畴亲至保宁府，会见原任四川巡抚王维章，计议会同川兵合剿事宜。十三日、十五日，在剑州、梓潼，农民军与官军先后打了两仗，随即由山间歧路经龙安府（今平武县）、阳平关等处，分头返回陕西。㉟

此次李自成等入川，转战驰驱，共历时3个多月，攻破州县38处，给明统治者以沉重打击。㊱

农民军返回陕西后，分为三股，分别展开活动。㊲

大天王、混天王、六队为一股，由阳平关走略阳，历西和、礼县，入秦州，越平凉、固原、镇原，至庆阳。这股队伍行军迅速，分合无常，转瞬间尚在邠州、乾州、淳化、三原一带，转瞬间忽而又到了鄜州、延安、延川、清涧等地。十一年夏天，大天王、六队等在合水、固原两次被官军打败，伤亡颇重。大天王的两个儿子在合水战败被俘，大天王不久即投降。六队等在固原战败，遂由平凉、华亭退往陇州、清水山中。㊳

过天星张五、混天星郭汝磐率领精强队伍与一条龙、一条蛇、邢家、米闯将等为一股，由蜀返秦，经凤县、宝鸡、凤翔，东越泾阳、三原、富平，入同州（今大荔县）、郃阳、澄城，打算固守黄龙山，未果。这年夏天，官军大败过天星、混天星于澄城，过天星亲姊张氏在奔逃中被俘，过、混北走延安与六队合；旋又由延安折回中部（在鄜县之南，今改名黄陵）、宜君，为官军败于三水，邢家、米闯将、混天星等俱先后投降。残部逃往秦陇山中。过天星的姐夫二虎、外甥大星宿逼迫过天星接受"招安"，如不依从，便要将他杀死。六月初九日，过天星的亲侄大黄鹰至宝鸡投降，初十日，过天星的亲兄张二等也至宝鸡投降。十一日，过天星张五本人亦至宝鸡投降。㊴

闯将李自成、中斗星高迎恩为一股，由四川白水打回陕西文县、阶州。其他两股农民军返秦后都是向东进攻，唯有李自成一股返秦后未向东去，而是向西发展。㊵

这年春，李自成部与总兵曹变蛟、副将贺人龙部在巩昌（今甘肃陇西）、临洮、洮州（在今甘肃临潭县城西数十里）等地，激战甚久。李自成北走，出长城，进入羌族居住区；曹变蛟等亦跟踪追至。羌族人民见官军入境，恨入骨髓，到处设伏袭击官军。农民军和官军在羌族地区，人不解甲、马不离鞍地鏖战了 27 昼夜。农民军久战乏食，处境困难，李自成复率部入塞，强渡洮河，向宁远县（今甘肃武山县）挺进。总兵祖大弼驻兵洮州，慑于农民军声势，不敢拦截。[41]

洪承畴闻报李自成已渡洮河，急催总兵左光先于四月初七日自景古城起行，率副将马科等官兵，由北路临洮、巩昌疾趋截杀；又催总兵曹变蛟亦于这月初七日自新洮州（今临潭县）起行，率副将贺人龙等，由南路岷州（今甘肃岷县）入山追剿。洪承畴本人则亲督总兵祖大弼、原任总兵王洪，由临洮趋秦州以东，入山搜剿。初八、初九两日，左光先统各官兵从临洮、渭源冒大雨直走巩昌，抵宁远，未及进城，径入马坞山中追剿，其行甚速，其气甚锐。初十日，李自成率领 300 亲信部队，内有妇女、幼小五六十，所乘马骡甚为瘦弱，近晚过马坞镇（在礼县西北），夜里在马坞南 20 里一个村庄住歇；而左光先等所统之兵这日酉时自宁远入山，行一夜，十一日黎明始至马坞，但李自成等已于本日早四五更拔营起行，两军已垃开了四五十里距离。十一日，左光先在马坞歇兵一日。十二日辰时，官兵转回宁远挑选精兵、马赢。这日深夜，左兵起行，由晒经寺、黄渚关山路走成县、徽州，意欲抄到李自成前路截杀。不知李自成原不走成、徽，官兵行愈疾，则两军相隔亦愈远。十四日早，左光先至离成县 20 里之宜阳川，据报李自成已率部奔向略阳，两军相距已有 200 里之远。左光先无可奈何，只好垂头丧气收兵红川、徽州，具禀请示。洪承畴接到禀报，异常恼怒：认为李自成"仅领三百丧败之众，诚数年未有之机会"，理应"穷日夜之力，身先士卒，不顾性命"，以擒闯将，不料左光先"计算不到，追赶不紧"，使强敌"脱然远逝目前"，既不能收一股完功，将来必会费更多周折。为此，洪承畴具实纠参，请求"皇上敕部议处，惩其玩泄，用责后效。"

李自成自出羌族地区后，由于到处遭到官军堵截，部队伤亡失散颇重。渡洮河时，耑家（疑为"掌家"之音讹）薛仁贵——焦得名部，被官军击溃，与闯将失去联系。薛仁贵带领老管队九条龙——刘进福、亢金龙——康荣、上天龙——任月才等，投降了官军。六队里人马，原分为两部分，一部分随同大天王等出征，一部分随同闯将出征。随同闯将出征的六队首领，如黑煞神、新天王、搜山虎、闯事王等，过洮河后也都先后投降了官军。原蝎子块余部，素称骁雄的小闯将（后改号金龙）赵云飞和奎木狼刘应封、黄巢（此为另一黄巢）王黄锁，战败后亦投降。连闯王的兄弟中斗星高迎恩也坚持不住，投降明军。甚至闯将的直属部队，有好几名领哨、管队，包括他的贴身老管队，一向以能征惯战而著称的伶俐虫高四，也各带着家口、马骡向官军束身请降。很清楚，形势对李自成是十分不利的；但是，尽管如此，他仍始终保持着沉静，紧密地团结一练鹰、关索所部千余人及争管王、祁总管等部，自领300骑精健并家口，同侄儿一只虎李过、战将刘二虎刘体纯领所部千余人，英勇机智地避开官军主力，昼夜兼程，走山间小道，先后经马坞、略阳，奔向阳平关、宁羌州一带。[42]

这年四五月间，在秦、蜀错壤地界的阳平、青川、白水、广元等地，有大量农民军集结，随时有入川之意。四月初三日，陕西西乡县为大量农民军围困。农民军营盘扎至离四川边界不远处；又一股约数万人，出没于紫阳县附近，哨马往南撤到川界各隘口。新任四川巡抚傅宗龙驰檄各地，"在在申严，日日修备，厚赏哨卒，安塘远侦"，无时无刻不在提心吊胆之中。五月初九日，李自成率部自汉中走西乡，与活动在该地区的农民军合营，共十余万人，声称要再攻四川。[43]

六月，李自成在西和、礼县、成县山区。曹变蛟一面率领官兵冒暑深入阶州山中搜剿，一面派遣降人打入农民军内部，进行策反、刺杀活动。这月中旬，争管王为自己部下一名被官军收买的小头目飞天龙所杀。接着，农民军中又有不少人叛降离去。李自成鉴于局势险恶，率众南走。洪承畴派重兵加强阳平关防务。这月下旬，闯将率众主动展开进攻，以疾风迅雷之势，出人不意，突破官军防线，由阳平、白水一带再次打进四川。[44]

这次农民军入川，实际人数并不多，闯将的人马加上六队祁总管的人马，只有三千有余。陕西监军道樊一蘅奉洪承畴之命，督率副将马科（不久即升宁夏总兵）、贺人龙及游击、都司崔重亨、杨明、尤现、范百胜等大小将领，跟踪入川"剿杀"；四川总兵罗尚文奉傅宗龙之命，催发副将张奏凯、镇营副将王之纶、坐营都司李正开等官兵，与秦军采取一致行动，互相配合。自七月上旬至八月中旬，闯将李自成等在秦、蜀官军合击之下，从白水江往东打到广元，打到南江，与马科、罗尚文等辗转周旋于川北崇峰邃谷之间，说战就战，说停就停，说走就走，说住就住，把官军拖得人困马乏、饥疲交困。从七月中旬起，山中阴雨连绵半月余，到处山谷成溪，道险路滑，兵马难于移动。官军最怕入山，怕断粮，怕爬山，怕

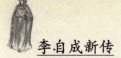

突然遭到伏击；暑雨奔驰，水土不服，病者十之六七，贺人龙患病稍愈，马科又患痢疾甚重，连樊一蘅亦"日持药饵为命"；所以只要一提入山搜剿，全军上下，无不人人愁眉。当然农民军也遇到了头痛焦心的困难：山中久雨，运输不便，粮食和军用物资供应不足，战士们枵腹作战，病者日多，既缺乏医药，又得不到休息，战斗力显著削弱。

八月初二日，洪承畴统督总兵曹变蛟、王洪等带兵驰至西乡县，并先檄行"临巩汉兴"监军道张兆曾及副将赵光远等，各领兵驻西乡南山，不使农民军奔往太平、紫阳等处；复檄催副将贾承芳、盛略等官兵，严守阶州、文县、徽州、略阳诸处，以防农民军北走。另外，还行调总兵左光先统本营官兵由徽州南行至汉中府暂驻，严加哨探，以备堵剿。左光先于这月初一日赶到府城，一到就派出哨丁，日夜侦探农民军行动。

七月二十八日，樊一蘅率军至南江县，探知李自成等屯住于平河大山中。八月初四日，久雨稍霁，秦军会合川中诸将驱兵入山进剿。初五日平明，官军开始疯狂搜山。李自成因见不少战士正在生病，下令暂时退入深山老林中。但是，他十分清楚：坐困乏食，这是一条自缚待毙的道路。只有打出山去，与他部农民军会合，才有胜利的希望。首先是应向何方突围，才可保住自己的队伍不被敌人歼灭。巴州（今四川巴中县）、通州已有川中将兵扼守，西乡已驻有重兵，阶、文、徽、略防守亦很严密，想进军川东，想突走商雒，想重返阶、徽，都不太容易。往南，深入四川腹地，更是不容易。唯一可乘之隙，是向北突破，从左光先防守的汉中府地区打开缺口。数日后，李自成果然循着这条路线成功地打出了四川，又打回了陕西。他和祁总管商议，打算由城固渡过汉江，东走石泉、兴安，转往湖广、河南。

八月十四日早，李自成等已出川进至陕西汉中府南境，次日夜，由南山透出五郎口，欲渡汉江。左光先闻报，慌忙亲统官兵开出府城，从宽滩过江，沿江岸东行追击。十六日黎明，农民军越渡江北，离城固县只15里。农民军的队伍，由于长期挨饿和长途跋涉，损失很大，骡马病毙，人员锐减，此刻包括家口在内，马步合计，实际只剩一千四五百人。李自成率部疾行，沿途尽量减少停留。争管王的被刺，使他提高了警惕，白天行军，夜则藏身山林，不入"窝铺"歇宿，行踪极为隐秘。左兵过江，紧追60余里，至城固县升仙口，被农民军甩脱。李自成部迅速进入山中，转瞬即逝，使敌人不明农民军踪迹。左光先续统兵至升仙口，大肆屠戮。十八日未时，祁总管亲率所部及争管王余众与杀尽王等男妇约 600 余人，俱骑马骡，赴左光先营请降。至此，农民军中的"六队"一股，除少数人仍跟着李自成外，全队都完了；争管王一营，也不复存在了；后不久一练鹰乞抚投降，所部亦亡散。唯有闯将的部队始终坚持战斗，未被消灭。洪承畴督催各镇将官，加紧围剿李自成，在他们看来，也许这次李自成也必将"擒斩于官军之手，不则亦困毙山林之间"。因此，他们感到很高兴，还未等到陕西战事全部结束，洪承畴就迫不及待地向崇祯皇帝报功说："秦中各股大贼，节次剿降将尽，可以渐见廓清。"[45]

上一年，杨嗣昌以三个月为"灭贼"限期，结果大言破产，"十面张网"计划落空。这年夏天，洪承畴、左光先、曹变蛟皆以"灭贼"逾期分别受到降爵、夺级处分，皇帝限令他们五个月内"尽贼"，可是还不满五个月，洪承畴就以"渐见廓清"奏闻，真是"上以速期，而下即以速应"[46]。其实这只不过是官场中一种自欺欺人的"掩耳盗铃"手法而已。

十月，李自成在陕西东部潼关南原为孙传庭所败。据说败得很惨，部众尽失，家口冲散，李自成仅与刘宗敏、田见秀等十八骑突出重围，躲避在崤函山中（一说隐避商雒山中）。[47]

崇祯十一年冬十二月廿一日（1639 年 1 月 24 日），有一个年轻的农民军战士，名叫木七子，在离白水关 60 里的石瓮子地方被官军塘兵捉住。白水关（即今白水街）在四川昭化县城西北 120 里，北连陕西文县，是秦蜀交界处一个重要的关隘。[48]官军从木七子口中得知，在离白水关 70 里的八海河、盐茶关、王家坝等地，驻扎有六哨农民军队伍，这六哨是："罐家"一哨，"邢家"一哨；又"八队"一哨，"六队"一哨，由阳平关新来；又混天星一哨，抄将一哨，由徽州而来。六哨共约三五千人，不时攻打四川边界各地。官军得到确报后，随即派兵出动，分路进剿。农民军为保全实力，分别退入陕西境内深山中。[49]

"罐家"薛仁贵、混天星郭汝磐以及"邢家"，均早已投降官军，这里所说的"罐家一哨"、"混天星一哨"、"邢家一哨"，当是指他们的余部而言。"八队"是李自成的部队，"六队"有一部分人是跟随李自成的，这里所说的"八队一哨"、"六队一哨"，是否包括李自成本人在内？如果当时李自成确在军中，那么，这就说明，潼关南原战后，李自成不仅未避入崤

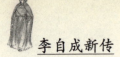

函山中或商雒山中，恰恰相反，他已由陕西东部折而往西，进军至四川白水关一带，仍在继续战斗。也许李自成在城固县升仙口甩开左兵后，就回到阳平关一带，并辗转而至白水关一带。如果是这样，那么，这就证明，有些史书中所记载的潼关南原之战，是值得怀疑的。

四川巡抚傅宗龙把崇祯十一年入冬以来农民军进攻川边的情况，向朝廷作了一个汇报，最后有这样几句话："秦中大贼，业已渐次芟除，胁从投诚者亦已安插过半，而剿□□□之余孽及无食垂死之穷民，仍伏窜入深山，时窥蜀界。"⑤

如上所述，尽管陕西境内烽烟暂告平息，大小各股农民军似乎已被"渐次芟除"，不再能有力量立即发动一场大规模的攻势，然而这绝不是洪承畴所吹嘘的"廓清"，这只不过是"万木无声待雨来"的前刻所呈现出的一种暂时沉寂！

注：

①明末农民军首领，混名"过天星"者有张五、惠登相等多人；此处所提到之"过天星"，据《孙忠靖公全集》卷二《报澄城捷功疏》及卷三《恭报过贼投降疏》讲，其亲姊姓张，亲兄名张二，故知他为张五无疑。

②《鉴劳录》："（十年）三月，大寇蝎子块自张妙手归降之后，屡有禀至，望臣抚甚切；至是遵臣檄示，遣散夥党，亲率头目十二人至会城乞降，臣收抚安插。十三日具题。"

③见《明史·曹变蛟传）。

④彭遵泗《蜀碧》卷一、《明史》卷二十三。

⑤吴庆焘《襄阳兵事略》卷六、《绥寇纪略》卷五、《国榷》卷九十六均谓老回回、罗汝才等由湖广下江北，系崇祯十年正月间事；但《明史纪事本末》卷七十五及《平寇志》卷二则谓老回回合曹操、闯塌天诸兵沿江而下系崇祯九年九月间事。《明史》卷二百七十四《史可法传》却谓："（九年）十二月，贼马守应合罗汝才、李万庆（射塌天），自郧阳东下；可法驰驻太湖，扼其冲。"按大股农民军由湖广沿江东下，系在崇祯九年十月张献忠、马守应进攻襄阳及同年十一月罗汝才、刘国能由汉水罗汉滩渡江与八大王、老回回会之后（请参看上节），可见《纪事本末》等书所说"九月"老回回等合兵沿江下的时间不确。农民军系自襄阳合兵东下，非"自郧阳东下"，此点《史可法传》误。至于老回回等沿江东下究竟是在崇祯九年十二月还是在崇祯十年正月？据凌义渠：《凌忠介公奏疏》卷三《楚寇毒焰愈张疏》："贼于今年（指崇祯九

年）二月内渫羊皮滩南渡入楚，盘踞不散，自春历夏，背秋涉冬，阅时不为不久矣！夫且倚襄、漳为嵎窟，假随、枣诸旁邑为行馆……掠地不为不广矣？"此奏乃崇祯九年十二月初四日具题。该奏说明直到崇祯九年十二月初四日以前，老回回、张献忠、罗汝才、闯塌天等大股一直在襄阳、南漳一带，"盘踞不散"，尚未有东下模样。另外参阅康熙《安庆府志》卷十四《兵氛》、康熙十四年修《潜山县志》卷一《星野·兵氛》、雍正七年修《六安州志》卷九《祀典·左公祠》、同治十一年刻本《六安州志》卷十六《武备志·兵事上》及同书卷二十八《人物志三·忠节·鲍暹明》条，知张献忠、老回回、闯塌天等自襄阳沿江东下，当在崇祯九年十二月末，崇祯十年正月初旬已进入南直隶潜、太地区。最后附带指出一点：《明史·史可法传》谓当时桐城知县为陈尔铭，《纪略》亦作陈尔铭。《北略》卷十二谓桐城知县为杨尔铭，系根据桐城人口述。戴田有《孑遗录》亦作杨尔铭。民国二十五年修《桐城志略》二十二《历任县长·历代县官表》谓："杨尔铭，四川筠连人，崇祯七年任（桐城知县）。"据此知"陈尔铭"误。

　　⑥《绥寇纪略》卷五、《明史纪事本末》卷七十五，都说崇祯十年进入江北的农民军有两股，一股来自河南，一股来自湖广；至于来自河南的一股究系何部队，此点二书均未指明。六合知县"郑同玄"，《北略》、《纪略》均作"郑同元"，《平寇志》"玄"字缺笔，知均为避康熙皇帝玄烨之讳而改。

　　⑦《凌忠介公奏疏》卷四《大帅纵兵肆毒疏》，此疏崇祯十年四月初四日具题。

　　⑧同上书卷二《里居见闻日异疏》及《剿抚之结局无期疏》；前一疏崇祯八年六月十六日具题，后一疏崇祯九年四月十八日具题。

　　⑨毛奇龄《彤史拾遗记》及《明史》卷一百十四《后妃二·刘昭妃》。

　　⑩《明史》卷三百五《宦官二·高起潜传》。

　　⑪以上对话见《金双严中丞集·召对纪》。金光辰字居垣，号天枢，晚号双严，滁州全椒人。此《召对纪》为其"曾孙男荐校"。召对时间为崇祯九年八月十六日。

　　⑫杨山松撰《被难纪略》讲，他的五世祖、六世祖之墓埋在武陵县下阳坪，高、曾、祖父之墓埋在桃源县田坪，父亲杨嗣昌及母亲尹氏之墓埋在龙阳县，既然这三县都有杨家的先人坟墓，说明这三县必有他家的土地房屋。又顾炎武辑《明季实录》卷四《附录苍舒兄〈酉阳杂笔〉》（国家图书馆藏钞本）说，杨嗣昌之墓"独葬沅江县，在天星湖之滨"，与杨山松所说稍异。杨嗣昌墓在哪里，当然应以他儿子所说为准。但这段材料反映沅江县亦有杨家田地，此点应可信。

　　⑬《明史》卷二百五十二《杨嗣昌传》、《烈皇小识》卷三。

　　⑭见《明史·杨嗣昌传》及杨山松撰《孤儿吁天录》卷二《筹贼筹饷之论》。

　　⑮参看《明史》卷二百六十一《卢象升传》、卷二百六十四《王家祯传》及卷二

百六十《熊文灿传》、《杨嗣昌传》。

⑯《明史·杨嗣昌传》、《绥寇纪略》卷五。

⑰《明史·杨嗣昌传》。

⑱《烈皇小识》卷三。

⑲见《绥寇纪略》卷六及《明史·熊文灿传》、《明亡述略》（上）。

⑳《明亡述略》（上）。

㉑《明史·杨嗣昌传》。

㉒康熙十四年《潜山县志》卷一《星野·兵氛》、道光《太湖县志》卷十五《武备志·兵事》、民国九年重修《英山县志》卷五《兵防志·兵事》，都记载了崇祯十年春、夏之际农民军在英、霍、潜、太地区作战的情况，但均未具体说明是哪些部队。《明史·陈于王传》谓十年三月鄟家店之战，"罗汝才、刘国能等七营数万众齐至"。《平寇志》卷三谓"（十年四月）老回回八营谋避暑六安山谷，扼于大兵，散入潜山、太湖诸山，时出抄掠"。《明史纪事本末》卷七十五亦有此记载，但时间谓在该年闰四月。《绥寇纪略》卷五："时（指崇祯十年四月下旬）老回回已病死，众推其妻掌管"。此处说老回回病死，显系传闻之误。关于鄟家店之战，各书所记时间不一：一说为崇祯十年三月，一说为该年四月，一说为该年五月。

㉓《明史》卷二百七十四《史可法传》谓：崇祯十年七月擢史可法右签都御史，巡抚安庆、庐州、太平、池州四府，及河南之光州、光山、固始、罗田，湖广之蕲州、广济、黄梅，江西之德化、湖口诸县，提督军务，设额兵万人。"据《明史·地理五》，知罗田明时不属河南省，而与蕲州、广济、黄梅均属湖广省黄州府。又《明史》卷七十三《职官二》："巡抚安庐地方，赞理军务一员，崇祯十年设，以史可法为之。十六年，又增设安、太、池、庐四府巡抚。按这个说法，似乎崇祯十年史可法为"安庐"巡抚，不是"安、庐、池、太"四府巡抚；而"安、庐、池、太"巡抚之设，乃崇祯十六年事。《明末农民起义史料》收有崇祯十二年《巡抚安庐池太四府金都御史郑二阳敕稿》一件，说明"安、庐、池、太四府巡抚早在十二年就有，并非崇祯十六年"增设"。据《史可法传》讲："十二年夏，（可法）丁外艰去。"《桐城事纪》讲："己卯（十二年）春，史可法以父丧归，继可法者为郑二阳。"既然郑二阳是继史可法之后任"安、庐、池、太四府巡抚"，当然史可法在十二年春、夏丁外艰之前必亦任此职。又《郑二阳敕稿》有这样一段话："今特命尔（指郑二阳）协理剿寇军务，巡抚安、庐、池、太四府，兼辖光州、固始、蕲州、广济、黄梅、德化、湖口、彭泽等州县地方，驻扎安庆。"不言而喻，郑二阳所主管、兼辖的地区，当然也就是他的前任史可法所主管、兼辖的地区。李维樾《直纠庸抚疏》（见《谏垣奏议补遗》，国家图书馆藏）劾奏郑二阳"养寇误漕"，就称他为"安庐巡抚"。由此可见，《明史·职官二》

把"安庐巡抚"（省称）和"安庐池太"巡抚（全称）当作两回事，并且说一设于崇祯十年，一"增设"于崇祯十六年，实误。

㉔从乾隆二十年刻《邓州志》卷二十四《杂纪·兵变》、《豫变纪略》卷一、康熙《内乡县志》卷十《兵事志》、《兵部题为塘报"湖广等处"贼情事》（见《明末农民起义史料》）以及《国榷》卷九十六、《明史纪事本末》卷七十七、《平寇志》卷三等有关记载，可看出崇祯十年张献忠的大致活动：由湖广入江北，返回河南又入湖广，复入江北，重返湖广。但《明史·张献忠传》所载，却与此不同。该传只说张献忠在崇祯十年一入江北，并未复入江北，而且明确记载张由江北返回湖广是在鄩家店之战以后；按崇祯十年鄩家店之战有三月、四月等数种说法，如果张献忠是在鄩家店之战以后始离开江北，那么这二月他怎么能攻克邓州？可是攻克邓州一事，《豫变纪略》以及有关地方志书均有确凿记载，并且所记时间均相同，当无可疑。此点《张献忠传》显然有误。

㉕见《兵部为流寇窥渡甚急等事》（《明末农民起义史料》）。

㉖根据《孙忠靖公全集》卷一《报宝郿剿抚捷功疏》。所谓"剿抚捷功"，除番山鹞等人投降外，官军实际并未和农民军接仗。

㉗围攻汉中府之时间，见《陕西三边总督洪承畴奏为仰遵明旨据实回奏事》（《明末农民起义史料》）。攻克宁羌州之时间，《绥寇纪略》卷五、《平寇志》卷三、《明史纪事本末》卷七十八、《蜀龟鉴》卷一、《蜀碧》卷一，均谓为崇祯十年十月初三日；但《明史》卷二十三则说为该年九月二十八日。《国榷》卷九十六，一面说"十年九月癸巳（二十八日），李自成陷宁羌州"；一面又说'十年十月丙申（初二日），李自成破宁羌州"，前后自相矛盾。

㉘《绥寇纪略》、《国榷》、《小腆纪年附考》都说宁羌州之北为阳平关，西北为七盘关；此处所说之方位，系参看《中华人民共和国分省地图集》"陕西省图"。

㉙《明史纪事本末》、《平寇志》谓李自成、过天星等九股"陷宁羌"，分道入蜀，但未具体指出哪九股。此处列举七股，系据《孙忠靖公全集》卷二《报合水捷功疏》。《纪事本末》卷七十五、《平寇志》卷三都说入川九股中有蝎子块；按蝎子块已于崇祯十年三月投降，同年十月为孙传庭所杀，肯定九股之内绝不会有他。《烈皇小识》说还有革里眼，按革里眼此时还在江北一带，九股之中肯定也不会有他。另据《北略》卷十二讲，混天王已于崇祯九年正月战败为官军所杀，此处所说之混天王，当系另一人，否则即《北略》所记有误。

㉚闯将入川后攻略各地日期，《绥寇纪略》卷五、《平寇志》卷三、《明史纪事本末》卷七十八、《蜀碧》卷一、《蜀龟鉴》卷一、《烈皇小识》卷三、民国十六年《剑阁县续志》卷十《丛谈》所记，除个别外，基本上相同。这次农民军的进军路线，惟

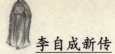

《纪略》、《蜀碧》、《蜀龟鉴》及《滟滪囊》卷一《李自成、张献忠寇巴蜀》记载较详，但四书所记眉目俱不甚清晰，此处系参看各书材料并结合四川当地地理情况综合叙述。侯良柱之死，说法互异，此处所记系据《滟滪囊》、《蜀龟鉴》之材料，未采《明史》之说。闯将围攻成都日期，系据崇祯十一年三月初三日《陕西巡抚孙传庭为遵旨东截农民军等事》，见中国第一历史档案馆编《明清档案史料丛编》（以后简称《档案丛编》）。该"丛编"目前尚未发表，经原编者同意，允许本书先行引用，在此谨向该书编者致以诚挚谢意。

㉛《滟滪囊》卷一说，李自成围成都，"巡抚王维章悉力拒守"。但《绥寇纪略》、《国榷》、《蜀碧》、《烈皇小识》、《客滇述》等书均明确记载此时王维章不在成都，而在保宁。另据《陕西三边总督洪承畴奏为仰遵明旨据实回奏事》讲，崇祯十一年正月初九日王维章还在保宁（这时他已革巡抚职），可见成都被围时他不在省城。

㉜《明史·李自成传》："进攻成都，七日不克。"《滟滪囊》卷一谓农民军集成都城下，"攻围间四昼夜"。《明通鉴》卷八十五谓李自成"自（十月）庚戌（十六日）围成都，至丙辰（二十二日）凡七日"。《国榷》卷九十六、《明史》卷二十三都说李自成逼成都为十月庚戌，何时解围，未明确记载。《蜀龟鉴》卷一、《蜀碧》卷一、《绥寇纪略》卷六、《客滇述》等书，均谓围成都二十日（《客滇述》说围成都为张献忠，误）。《陕西巡抚孙传庭为遵旨东截农民军等事》（《档案丛编》11）："据本道舍人金承盛自成都府来口报：大贼入川于去年（指崇祯十年）十一月初二日围省城……于本月二十日起营……"这是当时人从成都传出的口报，消息最可信。实际成都被围至围解凡十九日。

㉝材料出自《鉴劳录》。

㉞《陕西巡抚孙传庭为遵旨东截农民军等事》，谓洪承畴所统"入蜀"之兵"盈万"；《陕西三边总督洪承畴奏为仰遵明旨据实回奏事》（以下简称《据实回奏事》）讲，入蜀之兵，"总兵左光先、曹变蛟彼时所统官兵□□马步共九千五百"。孙传庭所说之数，除指左、曹之兵外，还包括副将马科、贺人龙等所统之兵；洪承畴所说之数，仅提曹、左，未提马科等人。按洪承畴作为总督，手下应有一支直接归他指挥的部队，谓之"督标"；若加上这支"督标"兵数，估计当是孙传庭所说"盈万"之数。

㉟上述日期，见《据实回奏事》。《绥寇纪略》卷九、《蜀龟鉴》卷一都说李自成等由四川返回陕西为崇祯十一年正月，此点与《据实回奏事》所记相合。《明史纪事本末》卷七十八、《国榷》卷九十六、《怀陵流寇始终录》卷十一都说李自成等梓潼之败为十一年二月。另据崇祯十一年三月二十八日"科抄"《陕西巡按谢秉谦题农民军由川返陕自巩犯平事》（《档案丛编》16）云："（十一年）二月初十日，本道（指西庆平凤监军道）塘丁屈奉先报称：四川各股大贼，尽数折回秦中。"又云："又探得大

天王、混天王及六队、闯将遗下零贼，合成一股，由阳平关奔金竹、二郎坝，透出西和、礼县、秦州、伏羌地方，自（二月）初一至初八、九等日犯抢，至十一日已至通渭。"既然农民军的部队二初一已在陕西巩昌一带，说明农民军由蜀返秦必定是在这年正月，《纪事本末》等书巩昌府、西和、礼县谓梓潼之败为二月，不可信。

③⑥据崇祯十一年三月十三日"科抄"《工科右给事中吴宇英题奏秦督洪承畴一筹莫展事》（《档案丛编》12）。

③⑦参阅崇祯十一年三月二十八日"科抄"《陕西巡按谢秉谦再报平固农民军情形》（《档案丛编》）、《孙忠靖公全集》卷二《报合水捷功疏》、《报澄城捷功疏》、卷三《报官兵迎剿获捷疏》以及《明史》等书，知崇祯十一年正月农民军自蜀入秦，实际分为三股，分别展开活动；并非攻打同一目标，分作三起先后到达。谢秉谦疏作"争国王"，孙传庭疏作"争管王"。据《陕甘巡按周一敬题农民军遍布巩属各地》（《档案丛编》25）讲，"一斗谷"系和八队闯将李自成一路，不是如谢疏所说和混天星一路；又据《孙忠靖公全集》卷三《报三水捷功疏》讲，混天星、过天星、米闯将为一路，过天星不是如谢疏所说和闯将一路。按农民军中邢家掌盘子和米闯将小头目，二人常在一起活动，加上"闯将"又是农民军中赫赫有名的人物，所以有些史书往往把"邢家米闯将"误断成"邢家米"、"闯将"二人。如《明史纪事本末》卷七十五所云"邢家米及闯贼部"即是。实际上，"邢家"和"米闯将"这两个名字在当时还是分得很清楚的，并没有像后来那样弄错。如《恭报过贼投降疏》（《孙忠靖公全集》卷三）："（六月）初八日，有邢家掌盘子勇将等先赴宝鸡，于军门军前投降。"《报三水捷功疏》（同上书，卷三）："照得混天星、过天星、米闯将等各股大寇，縻延安折犯中（部）、宜（君）。……比有贼头大掌盘子混天星的名郭汝磐，邢家、米闯将的名米进善，被各兵追杀，窘迫欲赴军前投抚……"《报澄城捷功疏》："看得过、混两寇，众盛精强，并称雄于诸大寇之中……今复掠蜀饱还，声势益横；又有邢家、米闯将等诸小股为之羽翼……"

③⑧大天王二子被俘事，见《陕西巡抚孙传庭为甘兵归还陕督事》（《档案丛编》21）。"合水大战"时间，据孙传庭《报合水捷功疏》（崇祯十一年四月初七日具题），知为这年四月初。六队等固原之败，据《陕西总督洪承畴报驰剿农民军事》（《档案丛编》20），知为这年五月下旬。

③⑨据崇祯十一年八月二十九日"科抄"《陕西巡按王焵飞报大捷》（《档案丛编》27）及《兵科抄出陕西巡抚孙传庭题本》（《明清史料》乙编、第九本）。

④⓪《明史纪事本末》卷七十八、《平寇志》卷三载李自成于崇祯十一年在四川梓潼战败后，"入楚依献忠，不许"；"至淅川老回回营，卧疾半年余（或"数月"）。"据孙传庭、洪承畴有关奏疏，知李自成自崇祯十一年正月至八月这段时间，不仅从未如

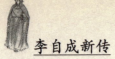

《纪事本末》等书所说东走商雒、在淅川卧病半年余或数月，而且一直是在陕西西部羌中地区以及秦蜀交界处坚持斗争。《怀陵流寇始终录》卷十一曾对《纪事本末》的记载提出怀疑，说："谷氏曰：'自成卧病半年'则洪公逐至羌中者谁耶？"

㊶《明史》卷二十四、卷二百七十二《曹变蛟传》、《怀陵流寇始终录》卷十一。

㊷以上两段文字，主要根据《兵科抄出陕西三边总督洪承畴题本》（《明清史料》乙编、第九本）。

㊸见《兵科抄出四川巡抚傅宗龙题本》（《明清史料》乙编、第九本）。

㊹各书对崇祯十一年六月这段期间有关李自成的活动，或根本缺记，或虽有所记亦甚简略，唯《怀陵流寇始终录》卷十一记载比较具体、详细。

㊺以上数段文字，材料主要据《陕西总督洪承畴题农民军出川近况》（《档案丛编》29）。有关李自成出川前后涉及的一些具体日期，均以该"题本"为准。

㊻《明季北略》卷十四《陕贼剿降略尽》。

㊼关于崇祯十一年十月潼关南原之战，《明史纪事本末》、《平寇志》、《国榷》、《明季北略》、康熙二十四年修《潼关卫志》卷下《兵略第八》、光结二十四年《潼关乡土志稿》（国家图书馆藏钞本）、民国二十年重刊《潼关县志》卷下《兵略第八》，均无记载。《绥寇纪略》卷六、卷九，《蜀龟鉴》卷一，《罪惟录》卷三十一《李自成传》、《怀陵流寇始终录》卷十一、《史外》卷三《孙传庭传》以及《明史》卷二十四、卷二百六十二、卷二百七十二、卷三百九，均有记载。各书记载这次大战发生的时间不一：一说在"十一年春"（《明史》卷二百六十二）；一说在这年"秋九月"（《蜀龟鉴》）；一说在这年十月（《明史》卷二十四）。《明史》卷三百九叙事，更是把崇祯十一年正月梓潼之战与该年潼关南原之战混到了一起。《绥寇纪略》记载，前后亦有矛盾。据《纪略》记述，此次战争的规模甚大：孙传庭每五十里立一营，设三伏以待，战线延长一百五十里；官军"骁雄跳荡，无一不当百"；"村坞山民，又预奉督、抚教令，用白棓遮险，遇贼辄棒杀"，因此"秦贼遂尽，降者犹数十万，委杖如邱陵"。就此记载看，说明潼关南原战役之前，陕西尚有"数十万"农民军并未"弃戈投顺"。可是洪承畴在向皇帝报告"农民军出川近况"的题奏中，却说得很明确：崇祯十一年八月李自成等出川时只有一千四五百人。祁总管等六百多人投降后，李自成部最多不过八、九百人；据左光先禀报，"闯将同散贼无多"，而且"遁入密林，向往未定"。正是根据这个情况，洪承畴才踌躇满志地奏报："秦中各股大贼节次剿降将尽，可以渐见廓清。"同年九月二十五日，崇祯帝还对该"题奏"批示道："据报：秦贼剿降将尽，洪承畴具见调度，乃著穷搜闯孽，速奏廓清。"（此即注㊺所引之奏）即使洪承畴对皇帝的报告有欺饰之处，如秦中尚有"数十万"农民军他怎敢斗胆向皇帝奏报"剿降将尽"？故《纪略》愈是着力描绘这次大战的赫赫战功，愈是使人对这次战争的发

生产生怀疑。《孙忠靖公全集》卷七《省罪录》：崇祯十一年十月，"臣甫平秦寇，又出潼关，逾秦岭……即于十月初八日接兵部咨文并手书，固（因？）敌入墙路……调臣入援……于二十二日启行……"孙传庭所说的"甫平秦寇"，可以解释为即洪承畴题奏中所说"剿降将尽"之意，也可解释为潼关南原大战奏捷之意，究竟哪种解释符合孙传庭的本意呢？《怀陵流寇始终录》卷十一记述这次大战，是在崇祯十一年十月戊申日之后，戊申为十九日；如果大战真发生在这日，三日后即二十二日，孙传庭即奉调启行，这与"甫平秦寇，又出潼关"在时间上固然前后衔接，然而孙传庭作为一个统帅，奉调入援要办理交待，要向将士们传达命令，要筹划、布置许多有关入援的事宜，哪里还有时间能在行前的两三天里发动一次像《纪略》等书所描绘的那样规模的大战役？这是很难令人想象的。

㊽《龙安府志》（国家图书馆藏重钞本）《山川·关梁附》、道光乙巳年（二十五年《重修昭化县志》卷六《舆地志五·山川》及同书卷八《舆地志七·关隘》。

㊾见《四川巡抚傅宗龙题为塘报残寇犯边等事》（《明末农民起义史料》）。

㊿同上。

二 养精蓄锐，俟机再起

崇祯十一年元旦（1638年2月14日），八大王张献忠打着官军旗帜，谋袭取南阳，屯驻在南关，守兵正要开城，不料左良玉随后领兵赶到；张献忠一见不妙，立即撤兵，卷旗而走。左良玉同副将罗岱快马疾追。八大王中箭，受重伤，血流满甲，几被擒，赖部将孙可望死救得脱。正月初八日，合摇天动、顺天王、紫微星三营，往北至郏县、襄城；初九、十二两日，在白果园、柏灵冈两地，遇官军，连遭两次败仗。随往东打到虞城，突至山东曹县刘家口，再折回南，奔往湖广麻城，旋趋谷城。①

南阳战败后，张献忠所面临的局势是：总兵左良玉、陈洪范在湖广郧西疯狂进行扫荡。总理熊文灿与诸监军、巡抚集议于裕州，力主招抚。二月中旬，农民军中马士秀、杜应金二股，在河南信阳投降。②闯塌天、老回回、扫地王、兴世王四大营屯聚裕州、唐县、泌阳一带，也在接洽就抚。③他自己感到部队经过几次挫折，需要补充整顿；加上个人伤势未愈，还急需调治。因此，他希望能争取一段缓冲时间，以便休养生息，恢复元气。

陈洪范早年曾经救过张献忠，正好借报答为名送给他一份厚礼，作为人情；并托他从中转圜，贿通熊文灿，双方进行议和谈判。条件是：（一）

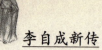

官军不先挑衅，农民军也不先动手，彼此维持相安局面；（二）只要明政府允许农民军屯驻在谷城，并支发一定粮饷，农民军即可保证郧阳、襄阳、荆州、承天四府境内太平无事。

张献忠派孙可望携带尺余长的无价碧玉两块，直径一寸大的稀世罕见珍珠两颗，以及黄金、白银、锦绣绸缎、奇珍古玩等物，托陈洪范转送熊文灿。另外，还派部将薛某，携带巨量财物，入京打点门路。薛某系首辅薛国观族侄，至京后，出入首辅官邸，遍谒朝中权贵，自薛以下大小各官无不私受其贿。

谷城举人王秉真（一作"贞"）、诸生徐以显皆愿以全家百口身家性命具结，力保张献忠确系真诚解甲休战，实心受抚。

熊文灿上疏请旨，谓张献忠"正切输诚，终无异志"。经皇帝御批认可，命监军道佥事张大经至谷城代表官方受降。

四月初八日，张献忠在距离谷城县城十里的王家河，与张大经谈判达成协议，宣布驻兵谷城。张献忠改王家河名为"太平镇"，表示愿与谷城百姓同享太平。④

对于这一重大历史事件，官修《明史》卷二十四说"张献忠伪降于谷城"，他书或说"请降"，或说"乞降"，或说"释甲归朝"。究竟张献忠乞降过没有？

南京兵部尚书范景文《抚贼未可轻信疏》说："今楚贼张献忠据理臣（指熊文灿）初疏，以为正切输诚，终无异志矣。果如所言，便宜解散徒党，卖剑卖刀，安意耕耘；即使随营效力，亦宜卷甲韬戈，静听调遣。乃人不散队，械不去身；分食于地，资货于商；据陆而复问水，市马而复造舟。道路流传，更有不堪言者。此其逆萌叵测，伺机狂逞，岂独智者知乎？"⑤

六月十八日，崇祯皇帝在中极殿召见群臣，自六部至詹事府、翰林院等部门主管官员共40人。诸臣先在殿外，排班站定，叩头毕，以次入殿。皇帝先开口，说道："灾异不断，近年为多。……今民贫已极，流寇未平；蠲留数多，征输不给。剿贼已过限期，宽假又恐法令不行。而且人少担当，事多推诿；纷争易起，直枉难分。……今日要与诸卿商量。诸卿忠能体国，才足济时，务望悉心以对。"诸臣听完宣谕再叩头，礼毕，排班站在左边柱下，然后每5人一起，先由吏部尚书奏报职名，各按顺序奏答，奏毕退下。兵部尚书杨嗣昌应对说："近日陕西督抚连报剿杀解散，必须有司得人，加意抚绥收拾。若有司不为照管，不能糊口安生，依旧还去做贼，这个收拾就难了！"詹事府少詹事黄道周应对说："救时之实，只在知人，今日舍知人外，更无救时之法！"他说话带着忿激情绪，声音很大，显有所指。崇祯帝顿时怒形于色，未发作。

六月二十四日，兵部尚书杨嗣昌、户部尚书程国祥、礼部侍郎方逢年等，奉旨俱为礼部尚书，并兼东阁大学士，参预机务。杨嗣昌仍掌兵权如故。七月初四日，崇祯帝再次召见内阁及诸大臣于平台。这次，黄道周遭到皇帝严厉斥责，几乎丢掉脑袋。因在这之前，他曾连上三疏，一劾兵部尚书杨嗣昌，一劾兵部右侍郎陈新甲，一劾辽抚方一藻。尤其劾杨一疏，言语激烈，深触时讳。崇祯帝责问他目的何在？他一再反覆辩说，激起皇上雷霆大怒，受到降级处分，连贬五级，由少詹事降为江西按察司照磨。从此，杨嗣昌在皇帝面前，宠信益固，权力日重；可是在一般朝臣心目中，威信反越来越下，"日益不理于人口"。⑥

后金皇太极改国号、称皇帝后，清与明的矛盾，更加激化。明政府感到处于两面作战的困境——既要对付农民军，又要对付清军，实在难以招架。兵部尚书杨嗣昌为了全力贯彻"十面张网"计划，改变两面挨打的狼狈处境，经崇祯皇帝授意，暗地派人向清进行各种和议试探。但乞和遭到皇太极严厉拒绝，连试探和议的代表也险些被清方杀掉。⑦

九月二十二日，清兵大举向明进攻，入墙子岭，营城、石匣、阳山各处明军皆望风溃败。二十三日，清军进驻顺义牛栏山。二十四日，北京戒严，下令召各督抚入援。⑧

十月初三日，宣大总督卢象升率援师至昌平，当夜二鼓奉召入京。初四日平明朝见，说："皇上命臣督师，

清太宗皇太极吉服像

臣意主战。"崇祯帝一听，脸色陡变。有顷，方说："朝廷原未言抚，这都是外人议论。"接着又说："剿房与剿寇不同，卿宜慎重。"晚上，卢象升在安定门城楼召集会议，除各统兵大帅及有关军政人员到会外，还有一些大太监出席。会上，卢象升发表主战议论，慷慨激昂，但满座尽皆默然，没有一人附和。司礼监曹化淳只说了一句："毕竟卢老先生是正论！"会议至夜分，不得要领而散。初五日，皇帝发下帑金一万两，犒劳卢象升勤王之师。这日，卢谢恩辞朝。在朝房，碰见大学士杨嗣昌及各大臣，诸臣俱神情消沮，似乎每人都想说话又难以出口的样子。杨亦无多言，半晌，方一再强调说："勿浪战！"、"勿浪战！"卢心中不快，起身作别还昌平。

两年前，清兵逼北京，卢象升由湖广率援师北上，奉命总督宣、大、山西军务。5个月前，他父亲去世，10次上疏请求回籍守制，本已蒙批准，正在办理交代，不料又有新命下达。崇祯皇帝根据杨嗣昌的建议，令他督师入卫，夺情理事，并特赐以上方宝剑。他抱着满腔主战热忱入京朝见，可是皇上却要他"慎重"，枢臣也要他"勿浪战"，这真使他摸不透朝廷的意向。他刚返回昌平，皇上即遣内侍送来白银 30000 两，大小银牌 3000 面，缎 5000 匹，作为犒赏有功之用；更赐御马百骑，镶银铁鞭 500 枝，以资挞伐。如此看来，和议之说，确系外人议论；皇上这么亲口告诉他，他怎么能不相信？卢象升对皇上一次、再次遣使犒劳，不禁感激万分，格外受到鼓舞。①

崇祯帝朱由检是个猜忌多疑而又好自以为"圣"的人，在所谓"流贼既大炽，朝廷又有东顾忧"的情况下，他一再叫嚷，要对农民军伸"九伐之法"，"除此腹心大患"；可是在对待清军的问题上，他却态度暧昧不明，令臣下难以捉摸。一方面，明知打不赢，还要色厉内荏地装出一副作战姿态；另一方面，明知和不成，而却仍诚惶诚恐地暗中百般向清乞和。而且不说"讲和"，竟称"议抚"。他害怕消息走漏，群臣议论阻挠，因此对"东事"始终采取秘密做法。

卢象升遵照皇帝旨意，穿上孝服，"夺情"视事；他误以为皇上真要主战，认真做好应战准备，鼓励士兵说："刀必见血，人必带伤，马必喘汗！"立誓要和清兵决一死战。但是，他的作战计划和兵力调动布置，却处处遭到杨嗣昌和高起潜等人的掣肘。

十一月初八日，崇祯帝特地召见群臣，征询对清方略。给事中范淑泰直率地问道："今兵临城下，尚无定议，不知是要款？要战？"崇祯帝正色道："哪个要款？"范淑泰答："外边皆有此议论。……凡涉边事，邸报一概不敢抄传，满城人皆以谈边事为忌讳。"崇祯帝说："凡关系机密的，不许抄传。若行间塘报，如何一概不许抄传？"明政府直到此时还在举棋不定。[⑩]

陕西巡抚孙传庭、三边总督洪承畴奉调入京勤王，于十月、十一月率曹变蛟、左光先、马科、贺人龙、白广恩诸将合兵50000，先后出潼关北上。[⑪]孙、洪入援后，陕西巡抚由丁启睿接替，三边总督由郑崇俭接替。

还未等孙、洪援兵开到，十一月初五日清兵已由北京起营往南，是日抵良乡、涿州（今河北涿县），然后分为三路，长驱南下：一从涞水突易州（今河北易县），一从新城犯雄县，一从定兴攻安肃（今河北徐水县），三路约定俱在保定取齐。

卢象升闻报，于初六日五鼓兼程前进，追往固安、涿州，寻由涿州戴星起程，于十一日师次保定，与高起潜会师。卢象升召集诸将，歃血矢誓，同高起潜商定，各派精兵分路掩击。十三日，清兵破高阳，致仕大学士孙承宗督众守城，被俘不屈，为清兵绞杀，英勇殉国。同日，容城、任邱、雄县、新城，俱为清兵攻占。[⑫]

卢象升领兵驱驰，处处受牵制。编修杨廷麟愤极上疏，痛诋杨嗣昌，因疏中有"南仲在内，李纲无功，潜善秉成，宗泽陨恨"等语，为嗣昌所怒，改为兵部职方主事，发往卢象升军前赞画。卢亦为此事遭受牵连处分。清苑县令左某，馈饷不前，卢象升宪牌手谕："再复迟延，致三军枵腹，当以军法！"左某恐惧，巴结太监方总监，借为后援。方某移书责问卢象升："顿兵坚城之下，不进不退，后之大事将何以济？"从此，谤言四起，对卢进行无情攻击。"顿兵坚城"四字即其"罪状"之一。卢象升军中缺粮5日，真定巡抚闭关绝饷；派人往催，许先给一日粮，领粮官自未刻候至申刻，自东门转自南门，城门已上锁，还未领到粮，自内传出话说："天色已晚，只有银子！"正当军饷告竭、军心动摇时刻，大同总兵王朴忽奉枢臣杨嗣昌檄，谓山西告警，引兵而去。卢象升麾下原只有人马20000，分援各地后，本来员已减，今又去此一军，所余饥疲之卒更是区区不满7000。[⑬]临战前，卢象升派遣杨廷麟往真定催督粮饷，有意让他脱离战地。十二月十一日，卢象升进军至钜鹿（今巨鹿）县贾庄。总监高起潜率关宁劲兵驻鸡泽，与贾庄相距50里，不予接应。明军前行10里，次蒿水桥，哨探报告，已与清营逼近；卢跃马前驱，下令迎头对垒，决战拼杀。清军骑兵约5000余，正面摆开。卢象升亲将督标营居中，虎大威张左翼，杨国柱张右翼，各拔刀在手，弓箭引满对敌。一交锋，两军皆奋勇，万弓齐张，万骑驰逐，立时陷入鏖战中。清军忽从右翼扑上，右翼兵马不支，向后引退。卢象升舞刀大呼，与左翼兵一齐捍杀，全军奋战，将阵脚稳住。明军浴血苦斗，清兵受挫，大半落马丢帽而逃；村民持白梃沿途邀击，斩获颇众。明军收兵回贾庄。这夜三更，忽闻礮礟声四起，清兵数万合围贾庄。十二日卯刻，另有一部清兵自正南来，约万余骑，将贾庄里外围困三重。卢象升周视营地，令虎大威挡正面，杨国柱挡东面，南、北两面由副将等官抵挡，自己负责指挥全面。中央架大炮，吩咐炮不许乱发，号令某人发炮，某人即点放。清兵用大炮攻营。双方开炮恶战。这天，刮大风，拔树发屋，天色阴沉昏霾，硝烟弥漫战场，营地弹落如雨，对面不见人，惟闻喊杀声震动天地。明军开炮自辰刻战至巳刻，战至午刻，战至未刻，炮穷矢尽，仍坚持战斗。清兵攻打不停，虎大威见势危急，力劝卢象升突围，遭到峻拒。清军突破阵地，双方短兵相接。卢左乳中一箭，抽矢去镞，挥刀再战；后腰又中一箭，左右股各中一箭，犹扶伤强力支持。清兵蜂涌而上，卢象升左脑中一刀，右腮中一刀，面门中一刀，血尽倒地，壮烈牺牲。掌牧杨陆凯恐卢尸遭清军骑兵践踏，伏卢尸上，以自己身躯掩护，背中二十四箭而死。明军一军尽没，惟虎大威、杨国柱等死战溃围得脱。高超潜闻败，仓皇而遁，对卢象升英勇战死消息故意隐瞒不言。

3日后，副将刘钦从战场积尸中寻获一血污赤体，穿一麻布裤，上有"督兵朱篆纹"，知为卢象升尸，抬至新乐县。赞画杨廷麟闻知，痛哭迎入真定东关，盥面刮发，拭抹尘垢，药殓停放。崇祯十二年二月二十八日始克大殓，距其阵亡之日已七十五日。

京中蜚语流传，谓卢酒醉高楼，失火自焚而死。朝中遣一别驾追踪按验，至某旅店，见一破席，烧焦一孔，于是抵掌大喜道："其事果真！"店家答道："火发高楼，烧死大帅，岂能只区区烧焦一席孔？"别驾无言可对，废然而返，谎报卢或已降清，或已他遁。当日，卢行师之时，杨嗣昌曾暗遣东厂总旗官俞振龙随军侦察。卢战死，俞归报，备言卢忠勇殉节事实，杨极为恼怒，谓俞祖护渲染，苔楚3日，逼令改词。俞说："反正都是死，实言亦死，诳言亦死。"杨诘问其故，答道："实言，公杀龙；诳言，则鬼神杀龙。"俞虽经严刑鞫讯，所言仍如前，始终不改一词，直到杖毙，犹昂首而呼："天道昭昭，不要枉害忠良！"⑭

贾庄战役后的第八天，孙传庭入卫之师始抵晋州（今河北晋县）。明政府提升孙为兵部右侍郎兼右佥都御史，代卢象升总督诸镇援军，赐上方宝剑行事。崇祯十二年（1639）正月初十日，文渊阁大学士刘宇亮奉命督师出京南下，与孙传庭会师于晋州；两部共18万人，云集一地，慑于贾庄之败，畏缩不敢主动出战。孙率师北上，抵京师近郊，因与杨嗣昌、高起潜不合，受到严旨批评，责其来迟，不许入京。洪承畴后至，有旨郊劳，且命陛见。孙深感愤懑。正月十九日，明廷命改洪承畴为蓟辽总督，孙传庭为保定、山东、河北总督。⑮

正月初二日，清兵破济南。德王朱由枢被俘，山东左布政使张秉文战死，巡按御史宋学朱或云亦战死。⑯高起潜拥重兵驻临清，不发一兵救援。大将祖宽、倪宠等亦观望坐视不救。十二年三月初九日，清军始出青山口，满掠而归。此次清军入犯，凡深入内地2000里，历时5月余，攻下畿内、山东70余城，俘获人口25万余（一说20万余）。

京师解严，孙传庭上疏，请求陛见。他认为"年来疆事决裂"，实由于"计划差谬"。他希望能见皇帝，"当面请决大计"。杨嗣昌大惊，斥来人将孙原疏赍还。孙甚愠恼，以耳聋为理由，引疾乞休。杨劾其托疾，并非真聋。崇祯帝发怒，将孙贬斥为民，下巡抚杨一儁核实真伪；一儁奏言孙实真聋，并非托疾，皇帝不信，有旨两人一并下狱。

上一年夏天，射塌天李万庆、革里眼贺一龙、顺天王、顺义王、老回回等五大股农民军，马步共约10余万，由湖广德安府西奔平坝、宋河、罗家店等处，逼近京山县城，连营数十里，分5路出击京山西南乡。曹操罗汝才、过天星惠登相、混十万、一斗粟、紫微星、混世王、整世王、夺天王8大股自六安往西，经云梦迤逦直奔京山，与射塌天等5股合营。另有一丈青、满天星、摇天动3股亦来合营。前后相合共16股，总计人马二十余万，由京山往西至钟祥，扎营于承天"显陵"附近20余日，南、北离陵仅10里，截断上下塘报达10日之久。

"显陵"系世宗嘉靖皇帝的父亲兴献王（后追尊为献皇帝）朱祐杬之墓，位于承天府钟祥县东10里之松林山（后号"纯德山"）。明政府派有

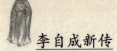

5000守陵兵防守。农民军雄踞承天，各地方官如芒刺在背，日夜不安。湖广巡抚、巡按调发兵马两起，共8000人，分扎四营，横截农民军来路，又故意缺其一角，透出奔逃之路，埋伏兵马，妄图进行邀击。两军虽一连有过数次接触，但规模都不大。在几次零星战斗中，射塌天被箭射伤，顺天王也受箭伤，紫微星被射伤目，所骑之马被炮打死。农民军损失甚微。尽管官军吹嘘"以少击众"、"松楸晏如"，各统兵大帅又往往杀良冒功，或以"零级夸诩"上闻，实际上农民军却"愈剿而愈炽"，反屡将官军打败，不久即望随州、枣阳一带而去。曹操等部则由枣阳打回河南泌阳。⑰

上年秋天，曹操罗汝才、过天星惠登相、托天王常国安、十反王杨友贤、整齐王张胖子、小秦王白贵、整十万黑云祥、革里眼贺一龙、混世王等，大会于河南陕州，商讨下一步作战方略，随即南走内乡、淅川，往攻襄阳。⑱

总理熊文灿移驻襄阳。曹操、惠登相、革里眼、射塌天、老回回等与官军左良玉、陈洪范、龙在田部大战于襄阳东北双沟营。农民军遭受挫败，损失牛、马、骡甚多。射塌天等退往河南光山、固始，老回回等东奔枣阳。罗汝才、惠登相等退往均州，往北打到河南淅川，东突内乡，并趁胜向前挺进，数日之内打到郑州、中牟、祥符界上，离开封不过数十里。十数天后，罗汝才等又率众折而往西，突至嵩县等处；随又折而往南，退入内乡、淅川深山，守险自保。⑲

双沟之役后，熊文灿一面命令左良玉、陈洪范进兵淅川，残酷实行军事围攻；一面又刊刻榜文，到处张贴，妄图进行诱骗"招安"。

上年冬天，孙传庭等率师勤王，东出潼关，路经河南；罗汝才正息马内、淅山中，见官军源源而出，误以为前来剿己，因而率众南走，向湖广转移，从郧阳浅渚乱流处涉汉水，经均州突至房县，屯兵于房县城外的商贾闹市西关。

罗汝才进军房县，其目的是想和张献忠的部队靠拢；但是他很清楚，此刻自己的队伍元气受到损伤，急需休整、补充，与张合兵的时机还不够成熟。他希望能和明政府签订一项"无相侵害"的"盟约"，争取一段必要的时间，以便作好一切准备。他一方面利用总理熊文灿"招抚"心切的有利时机，派人与驻扎在太和山（武当山脉的主峰）的提督太监李维（一作"继"）政接洽，表示愿和官军休战谈判；另一方面则针对房县"兵微将寡"的实际情况，以及知县郝景春既"不敢言剿"又"不敢信抚"的两难心理，对该县采取"坐困之计"，率众环据县城郊关，控扼城中樵采要路，搜掘城乡大户窖粮，"昼攻夜袭"，"以饱困饥"，"以多困寡"，令"援兵、塘报，声息不通"，借此施加压力，使熊文灿不敢不俯首就范。

李维政请示熊文灿。熊文灿闻报，立遣差官至房县直接与罗汝才交涉；同时指示地方，严申"不许挑衅打仗"之禁，并将擅自开衅、阻扰抚局之"暗懦县官"郝景春题参议处。

在整个谈判过程中，罗汝才始终掌握住会谈的主动权。官方每次差官来房县，行至中途，即被曹操邀请到营中，酒筵招待，宴后，各差官即满载馈赠礼物，醉饱而归，直接回襄阳。郝景春多次向熊文灿哭诉差官受贿事实，而且一再"密禀贼情"，痛陈房县空虚、危急情状，熊文灿概不相信，仍据差官报告行事，和谈照样继续进行。经过多次磋商，"商议数日，而'无相侵害'之盟约始定"。双方最后达成协议，签订了"条约十二款"。十二款条约内容现已无法尽知。根据郝景春给熊文灿的历次禀报推测，大致可能有这样几条：农民军在驻屯地区和官军休战，相互遵守盟约，无相侵害；罗汝才退出房县西关，扎营于离县城三四十里处；从订约后第三日起，农民军不得自行在乡下"打粮"；官方开集贸易，允许农民军和商贩自由交易，不得从中阻拦，等等。[20]

条约签订后，罗汝才、惠登相、白贵、黑云祥、常国安、王光恩等九营人马，分别屯驻于房县、竹山、郧县、均州等地。罗汝才、白贵、黑云祥驻兵房县境，称为"曹操营"、"小秦王营"、"整十万营"。曹操营先驻西关，后移扎北关，距县城不过半里。[21]

熊文灿仍采取过去那套欺上瞒下的手法，以罗汝才等九营"俱就抚"诳饰奏闻，还装模作样地向皇帝求情"请贷其罪"，授罗汝才"游击将军"衔，并命诸将设筵"迎恩"官署，宴请罗汝才等，以示朝廷恩礼。但罗汝才对熊文灿这套诡诈伎俩，早洞若观火，毫不迁就。他始终保持独立自主的坚定立场：绝不解散军队，不做明政府的官，不食明政府的饷。

李自成于这年（崇祯十一年）年末，由陕西南部山间小道，骑着一匹日行数百里的健骡，带着少数随从，来到谷城，与张献忠会晤。罗汝才从房县赶来，参加了这次会晤。张对李、罗的莅临，非常高兴，盛情款待。酒至半酣，张献忠抚着李自成的背，意味深长地说："李兄！何不同我一

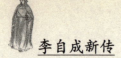

起，暂住于此，以待时机。何苦仆仆风尘，到处奔走！"李自成徐徐抬起头，仰望着屋顶，平静地微笑道："不可以！"罗汝才趁机敬酒一杯，张献忠笑了。

李自成在谷城停留了多久，与张献忠等商量了些什么，不得而知。临行时，张献忠送给他骡50，马50，还有衣甲等物。李自成道谢告别。㉒

李来谷城，当地许多人都曾亲眼目睹。这次会晤，引起了明统治集团内部极大惊恐。一些地方士绅，纷纷谴责熊文灿，怪他事先调度失宜，未能使张献忠趁李自成来谷城之机，"缚闯以自效"。这真是无异于痴人说梦。熊文灿怎么能够调动张献忠？如果张真能听熊指挥，李自成也绝不会甘冒危险来自投罗网！

谷城会后，李自成是回商雒山中，还是崤函山中？很难判断。自崇祯十二年（1639）正月至八月这段时期，许多重要史书对有关李自成的活动情况，记载几乎都是空白。明政府的侦探打听不到他的下落，就造谣说他已经死掉。可是数月后，又忽发现他活动在湖广西北一带山区。根据这个线索推测，估计这段时期他可能一直就驻扎在秦、楚、豫三省交界的深山密林之中。㉓

大约有半年多时间，李自成究竟在山中做了些什么？他须要收集散亡，整顿队伍；须要为战士医治伤病，休养生息；须要总结过去的经验和教训，以便考虑今后进一步的行动。据说他白天常带着战士打猎，夜晚或挑灯读书、或观察星象，有时则给部下讲述汉高祖刘邦百战百败、最后一战成功而得天下的历史。总之，李自成并没有与世隔绝。官军不知道他的行踪，并不说明他没有活动，只是表明他是在一种极端隐秘的条件下进行活动。他依靠当地山区居民的掩护和支持，隐蔽了自己，麻痹了敌人，赢得了时间，度过了难关。㉔

有的书记载，李自成在这之前的最后一次作战中败得很惨，"尽亡其卒""妻女俱失"，独与刘宗敏、田见秀、李过、高一功、张鼐等十八骑突围得脱。李自成的前妻邢氏，崇祯八年为高杰拐骗潜逃，这里提到"妻女俱失"，说明他后来又续了弦，有了一女。继妻姓高，就是明清之际鼎鼎大名的高夫人。高一功是高氏的弟弟，李自成的妻舅。李自成发妻韩氏，未闻生女；前妻邢氏，也未闻生女，此次失散之女，当是高氏所生。高氏与李自成结婚前是否另结过婚？不得而知。其女是否为与李自成结婚后所生？亦不得而知。高氏母女同李自成在战争中被冲散，时间并不太长，不久之后3人又复团聚。

崇祯十二年二月，闯塌天刘国能在河南许州战败，投降了左良玉。㉕同年四月，射塌天李万庆也因屡败，在内乡投降了左良玉。㉖明政府为了树立投降受赏的样板，很快就提拔这两个叛徒做了副总兵官。这样做的目的是要给那些尚未投降的农民军首领看，尤其是要给张献忠、罗汝才看，如果他们也能对明"无二心"，"从征立效"，"率众图功"，照样也能封官邀赏。

刘国能、李万庆叛降后，许多小股农民军头目，在他们的影响下，也纷纷向官军投降。一度澎湃汹涌的农民革命战争，至此变得冷冷清清，偃旗息鼓，由高潮走向了低潮。

熊文灿为此得意忘形地向崇祯皇帝上疏表功："臣兵威震慑，降者接踵。十三家之贼，惟革（里眼）、左（金王）及马光玉（老回回）三部，未服厥辜，可岁月破也。"㉗

不过，话说回来，此刻农民军虽然处于低潮，但是并未被完全消灭。不仅革里眼、左金王、马光玉三部还在坚持战斗，就连养兵息马于谷、房地区的张献忠、罗汝才部，也从来没有一天停止过备战活动。

熊文灿的招抚政策是失败了。

注：

①《兵部为汇叙巩固营前后战功等事》（《明末农民起义史料》）、《平寇志》卷三、康熙五十五年修《曹县志》卷十八《杂稽志·兵燹》。附带指出，光绪十年续纂《曹县志》卷十八《杂稽志·兵燹》有这样一段记载："（嘉靖）二十六年丁未春，妖贼谢汉起自单县浮堨集，官军追至曹县榆林集南李家楼，剿灭者无算。都司徐启等渡河，斩首数十颗，贼从丁家道口南通。至丁丑、戊寅间，复自睢阳北濒河而西，知县霍达用炮对岸击死一穿红贼首，仓皇西南去，所过焚掠甚惨。"这段材料，从"都司徐启等渡河"句起，直到最末一句止，与上述康熙《曹县志》所记有关崇祯十一年八大王自虞城至刘家口一段史实的后面一段文字全同。康熙《曹县志》谓都司徐启渡河是去打张献忠，时间为崇祯十一年；而光绪《曹县志》却说徐启渡河去打"妖贼谢汉"，时间则在嘉靖二十六年，两者前后相差九十一年。这是怎么回事呢？查嘉靖共45年，在这45年中，无丁丑、戊寅年；又据康熙、光绪两种版本的《曹县志》卷九《官职志》讲，霍达是崇祯时曹县知县，崇祯八年任，他的后任为郭万象，崇祯十二年四月

任，丁丑、戊寅为崇祯十年、十一年，正是霍达任曹县知县期间，据此故知光绪《曹县志》所述"徐启渡河"、"霍达用炮轰击"事，是把崇祯十一年的材料混记到嘉靖二十六年的材料一起了。错误究竟是怎么造成的？若把两种县志的文字互相核对，就可发现这一致误原因。按光绪《曹县志》中《兵燹》所记材料，全抄自康熙《曹县志》。嘉靖二十六年谢汉起自单县，康熙《曹县志》亦有记载，文字与光绪《曹县志》全同；但康熙《曹县志》只记到"官军追至曹县榆林集南李家楼剿灭"而止，以后接着是记天启二年徐鸿儒起义事，然后才是记崇祯十一年有关八大王的事。显然，光绪《曹县志》在抄录康熙《曹县志》时，由于编纂者粗枝大叶，在抄完谢汉起义事后，竟把天启二年徐鸿儒起义与崇祯十一年张献忠自虞城至刘家口一大段史实全抄漏了；结果把谢汉起义与徐启、霍达等镇压张献忠事直接连到了一起，这样就把相隔九十多年的两件史实混为一谈，造成混乱。

②据《绥寇纪略》，马、杜投降为崇祯十一年二月十二日。

③《孙忠靖公全集》卷二《报流寇自蜀返秦疏》，该疏崇祯十一年二月十三日具题。

④《绥寇纪略》卷六、卷十，以及《平寇志》卷三、《明史纪事本末》卷七十七、《明季北略》卷十五、《烈皇小识》卷三、《明史》卷二十四、卷二百六十、卷三百九。

⑤《范文忠集》，卷四。

⑥崇祯帝两次召见群臣，见杨嗣昌著《召对纪实》。《明史》卷二百五十五《黄道周传》未提六月十八日第一次召见，只提到第二次召见；但黄著《黄石斋先生集》卷十三《烈皇召对记》却详细记载了第一次召对的情况。《明史》谓第二次召见为十一年七月初五日，孙承泽《春明梦余录》卷三十三亦谓为此日，此处系依《召对纪实》。

⑦见许德士著《荆溪卢司马殉忠实录》。

⑧《三垣笔记》（上）谓"北兵（指清兵）以二十三日破墙子岭，进据牛栏山……"证以《明清史料》乙编、第三本、267页记载，知《明史》卷二十四所记清军入墙子岭日期可信。京师戒严日期，各书记载颇不同，《明史》卷二十四谓为九月二十四日。《平寇志》卷三谓为十月初一日。《北略》卷十四谓为十月十五日。据《荆溪卢司马殉忠实录·戎车日记》载："先是（十一年九月）二十五日申时，接枢部插翎毛文书，谓东情紧急……"按《殉忠实录》著者许德士，系卢象升同乡；该书"又订"者为卢象观，乃卢象升胞弟。既然九月二十五日北京已经发出调兵入援的"翎毛文书"，当然在这之前京师一定已宣布戒严，由此可证九月二十四日京师戒严之说可信，同时亦可反证《平寇志》及《北略》所记之日期不可信。

⑨据《荆溪卢司马殉忠实录》、《明史·卢象升传》及杨廷麟辑录《宫保大司马忠烈卢公事实侯传》。《殉忠实录·戎车日记》、《孤儿吁天录》卷六、杨廷麟《卢公事实

侯传》，所记卢象升入京、陛见日期均同。

⑩《烈皇小识》卷三。

⑪孙传庭出潼关，《鉴劳录》记为十一年十月二十二日；洪承畴出潼关，《绥寇纪略》卷六、《怀陵流寇始终录》卷十一、《明史》卷二百七十二《曹变蛟传》都说为该年十一月，但《明史》卷二十四却说十二月"征洪承畴入卫"。

⑫《明史·孙承宗传》说孙承宗于十一月十日高阳城陷被执，"投环而死"。《孙恺阳先生殉城论》（以下简称《殉城论》）载："王少司寇虞石公之哭高阳也，曰：崇祯十一年十一月十二日丑□（空缺字当为"虏"字）数万南下，薄高阳城……十三日一战……力不能支。……城既陷，□以多部落掠之去。……先生望阙敏（即"叩"字）头，以绳系颈，呼令多夷奴绞之死。"《殉城论》未著撰者姓名，但该记载屡有"鼎曰"二字，似应为一名"鼎"之人所著。另据《荆驼逸史》所收蔡鼎撰《孙高阳前后督师略跋》，知蔡鼎系孙承宗亲密幕僚。孙承宗死后，蔡鼎"痛哭数日，眼为之烂"，可见两人交情之深厚。跋中所提到之"廷尉王公虞石"，即《殉城论》中哭高阳之"王少司寇虞石公"，可见《殉城论》中"鼎曰"之"鼎"，必系蔡鼎无疑。《殉城论》之作者既为蔡鼎，说明该材料所记孙承宗死难日期及死难情节当属可信。据此，知《明史》所记高阳城破日期不确，孙承宗"投环而死"亦系曲笔。

⑬《明史·卢象升传》说卢象升仅有"疲卒五千"，此处依《殉忠实录·戎车日记》。

⑭贾庄之战日期以及当时具体作战情况，以《殉忠实录·戎车日记》及《宫保大司马忠烈卢公事实侯传》为准。

⑮见《报敌情塘报》及《明史》卷二十四。

⑯《明史》卷二百九十一《张秉文传》谓："（宋）学朱死不得尸，疑未实。"《皇明四朝成仁录》卷二《济南死事传》说宋学朱"力屈死之"；又说"中朝党人忌学朱者，遂诬学朱不死。"《明季北略》卷十四《宋学朱济南被围》："学朱……被执不屈，乃悬城楼之竿杀之。须臾，纵火焚楼，尸遂烬之。"但该书后面又有一条附记："或云：己卯岁（崇祯十二年），学朱曾归。族人欲见之，夜即缒城遁去为僧。实未死也。"

⑰据《兵部题为塘报"湖广等处"贼情事》（《明末农民起义史料》）记载，农民军望随州、枣阳移营而去，时间为崇祯十一年五月二十六日，但是否十六股全向该处移营，不得而知。据《兵部为汇叙巩固营前后战功等事》："（崇祯十一年）六月初八日，死贼曹操等十大营犯泌阳，战于尧梁川……"

⑱罗汝才等会于陕州之时间，《明史纪事本末》卷七十五、《平寇志》卷三均记其事于崇祯十一年八月癸卯（十三日）之后；民国二十五年修《陕县志》卷一《大事

纪》则明确记为崇祯十一年八月戊午（二十八日）。

⑲双沟营之战，《国榷》等书谓为崇祯十一年九月初五日。康熙五十一年增修《内乡县志》卷十《兵事志》载："崇祯十一年九月，九营贼兵自西来，近城焚杀。"双沟战后，罗汝才等走均州、淅川、内乡，时间肯定不会超出九月；"县志"说"九营兵来"为这年九月，此点与罗等走内、淅之实际时间相合。淅川在均州之北，内乡在淅川之东偏北，罗部由均州走淅川，系由南往北，由淅川走内乡，系由西往东，此点与"县志"所说"自西来"之方向亦正相合。故由此可看出"县志"中所说之"九营贼"，实际就是指罗汝才等部农民军。另据《兵部为汇叙巩固营前后战功等事》讲，"（十一年）十月初一日，死贼曹操、整世枉（王）等折犯嵩县等处"。估计罗汝才等由嵩县南走内乡、淅川，最晚不会超过十月中旬。因孙传庭率师东出潼关是在十月二十二日，据一般史籍记载，孙出潼关时罗正屯兵于内、淅深山。

⑳郝景春撰《郝太仆遗集》。罗汝才和明政府签订条约之时间，有说为崇祯十一年十月，有说为该年十一月。据郝景春"密禀"讲：十二月十六日安官吕鸣瑞等三员到县，经数日谈判，十八日始订约；同月二十四日开集贸易，盟约告成。

㉑《明史》卷二百六十《熊文灿传》说处罗汝才、小秦王于郧县，误。还有，该传所提到的九营，未包括整十万黑云祥，若加上这一营，则九营之数便成了十营——而整十万肯定是在九营之内。《孤儿吁天录》卷十五提到九营中7个人名：罗汝才、惠登相、王光恩、白贵、黑云祥、武自强、苗时化。《熊文灿传》所提九营人名中有3人说的是混名，其中除小秦王知为白贵外，还有"一丈青"、"一条龙"2人是谁？是否即武自强、苗时化？但《吁天录》卷十二说武自强为混世王，那么，是否苗时化即一丈青或一条龙？何况《吁天录》所说还缺2人，而《熊文灿传》所说之王国宁、常国安、杨友贤3人又均未包括在《吁天录》所提7人之内。所有这些，目前一时还很难弄清楚。曹操等九营安插之地，各书记载不一。《平寇志》、《纪事本末》同引郧阳抚治戴东旻同一奏疏，所说亦不同。前者说"曹操就抚，分插其众于房、竹诸邑"；后者说"曹操就抚，分插其众于郧、均诸邑"。

㉒李自成来谷城，材料见《绥寇纪略》卷十、《寄园寄所寄》卷九《裂眦寄·琐闻》、孙之騄辑《二申野录》卷八、同治六年刊《谷城县志》卷八《杂识》。罗汝才来谷城会晤，材料见《后鉴录》卷五、卷六。

㉓《春明梦余录》卷四十二："戊寅（崇祯十一年）……闯奔往楚山。时献、曹等九股俱在房、竹山中，闯求附献、曹，献忠不许，且欲加以鞭扑。又在竹溪欲谋杀闯，闯乃遁去。"所谓"楚山"，系泛指湖广诸山。"闯乃遁去"，未说明遁往何处。但该书后面紧接着说："庚辰（十三年），献、曹奔蜀，大兵西追，闯又召集亡命百余人，潜渡入豫……"这就是说，李自成自戊寅在竹溪逃脱后至庚辰潜渡入豫前，一直留在

湖广。

㉔据乾隆九年修《商州志》卷十四《纪事》、《后鉴录》卷五。

㉕刘国能投降时间，有崇祯十一年正月与十二年二月两种相差一年的不同说法。对此，《北略》卷十四说："（十一年正月）豫抚常道立招抚闯塌天等。"同书卷十五说："（十二年二月）……国能降。"《孤儿吁天录》卷十二说刘国能投降为"戊寅（十一年）二月初五日"，并且还说《平寇志》等书把刘投降日期"改易"于他父亲"督师之后"；按杨嗣昌"督师"为崇祯十二年九月，《平寇志》等书记刘投降为十二年二月，并非在他父亲"督师"之后。

㉖李万庆投降日期，《平寇志》、《烈皇小识》等书都说为崇祯十二年四月二十三日庚戌。《怀陵流寇始终录》卷十二谓为十二年四月十一日戊戌。《国榷》卷九十七记载李万庆3次投降：十二年三月辛巳（二十四日）、十二年四月辛卯（初四日）、十二年四月甲戌。前两次可能都是乞降未成，后一次姑真"解甲"而降。第三次所记日期——"甲戌"，当系戊戌（十一日）或"庚戌"（二十三日）之误；因崇祯十二年四月"戊子"朔，该月无"甲戌"。

㉗马光玉之混名，《绥寇纪略》卷六说叫老回回。他书谓马守应混名老回回。马光玉、马守应都姓马，都称老回回，说明他们都是回族。

三　再次起兵

当初，熊文灿主张"招抚"张献忠时，在明廷内部曾引起过不少人反对。张鼎延在《与抚台论御流贼书》中说："当议抚时"，即多次"条上情形，曾以十书达熊（文灿），十七书达常（自裕）"，指出"抚局"绝不可靠。①范景文在《抚贼未可轻信疏》中，也曾指出这点。川贵等省经略李若星上《固本宁邦疏》说："如张献忠之聚于谷城，跋扈飞扬，百般要挟，乘衅而动。一渡襄江，楚、蜀、江、浙无宁宇矣，南都、闽、广皆震邻矣，区区滇、黔、百粤之乡，又岂得安枕而卧哉！"②

总兵左良玉根据自己多年镇压农民军的经验，预感到战事终不可免，请求熊文灿早日发兵征讨，先下手为强。熊反复考虑：如先发动，万一不胜，激成巨变，将会破坏整个"抚局"。他拿不定注意，想不出办法，更不同意左良玉的鲁莽行事。③

崇祯十二年五月初六日（1639年6月6日），张献忠在谷城宣布重新起义。④

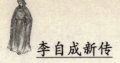

明代银锭

他命人在通衢当道处白粉墙上，用浓墨楷书的大字，开列了一份明政府官员受贿清单。首列总理熊文灿姓名，次列其他大小各官，下注受贿年月及受贿多寡，一人不缺，一笔不漏，开注得明明白白。最后附笔：襄阳道王瑞旃，不受献忠贿者，仅此一人！⑤

知县阮之钿闻变，服毒自杀，未即时死，勒令他交出县印，他摇手拒绝。张献忠怒喝道："抓他头来！"⑥农民军将他杀掉，放火烧掉县衙门，将阮尸投入火中，烧成灰烬。湖广巡按御史林铭球亦被杀。一年多来，张献忠在谷城除杀此二官外，从未杀过一个百姓。

举人王秉真、诸生潘独鳌、监军道张大经等，都归顺了农民军。陈洪范派遣助防谷城的两名将官马廷宝（一作"实"）、徐起（一作"启"）祚，也率众归降农民军。

张献忠下令，开仓济贫，开狱释囚，平毁谷城城墙。他亲自坐镇城头，指挥战士和居民，一齐动手拆城。

谷城发难的消息传到郧阳均州，引起各地一连串剧烈反应。原来安插在这一带的九营受抚农民军，除王光恩外，其余八营俱先后起兵响应（王光恩不久也随之而反，但后又投降）。在这八营中，尤以驻扎在房县的曹操罗汝才、小秦王白贵、整十万黑云祥三营的复反，影响最大。

谷城事变爆发的前夕，熊文灿得到情报，非常恐慌。他致书四川巡抚傅宗龙，说"张献忠旦夕且叛"，叮嘱他"严备夔门"。傅宗龙得到通知，立即挑选标下精兵2000有奇，联络东下，同时檄令各处守将，严加戒备。⑦谷城警报传来，熊文灿紧急传谕房县知县郝景春，迅速采取措施，对罗汝才等进行安抚，防止献、曹合兵。

其实，在此之前，斗大的房县已被曹营数万人马包围，由县城至郧阳府城的道路——一条官道、一条小径，俱被切断。农民军采取"昼攻夜袭"之计，日日攻打，县城之破，只在指顾之间。郝景春一次又一次地向熊文灿泣涕哀诉，请兵乞援，"一请"、"二请"、以至"八请"，然而却一次又一次地落空，始终未见派来一兵一卒。

五月十二日，张献忠前锋部队打到房县境，离县城30里扎营，骑兵斥堠四出侦寻合适"窝铺"地点，以备大军歇宿。郝景春奉熊文灿指示，轻骑减从，亲往罗汝才、白贵、黑云祥三营窥察动静，"宣谕"总理"宪意"，劝他们不要误听传言，疑畏不安。罗汝才等口头答应，实则早已和张献忠暗中取得联系。

郝景春从罗汝才闪烁不定的目光中，看出了事态发展的严重性。一回到城中，就同他的儿子郝鸣鸾加紧布置防务，驱迫全城军民登陴死守，同时火速向襄阳发出第六次呼救告警请兵文书。二十三日，张献忠大队开到县城东门外。二十五日，守兵从城上窥见张、罗正式合兵一起。八大王的部队旗帜白色，曹操的部队旗帜红色，两军交马相语，红、白旗色混杂。一会，两军各自分开，红归红队，白归白队，一从北面绕而向西攻西城，一从东面绕而向南攻南城。城上发炮轰击。农民军顶着门板、空棺，挖洞穴城，日以继夜环攻。守军投掷燃薪，浇灌滚油，拼死抵御。张献忠在城边督战，左足受伤，所骑战马被击毙。激战数日，相持不下。夜间，郝景春派人缒城而出，第七次、第八次向襄阳发出紧急乞援请兵文书。郧阳卫指挥张三锡守北门，私通罗汝才。二十九日，农民军至北城摇旗喊道："南城已破！快开城！"守军惊溃四散。张三锡趁机打开北门，迎农民军入城。郝景春、郝鸣鸾父子被执，均为农民军所杀。⑧

张、罗驻兵房县约两月。七月下旬，两军向西开拔。数日后，左良玉率追兵赶到。农民军在离房县以西75里的罗猴（一作"猴"、"睺"、"堠"）山设伏。追兵以罗岱为前锋，左良玉统兵为后队，向西追击，二十六日，追至设伏处，遭到突然袭击，被打得大败而归。罗岱阵亡，左良玉军符印信尽失，遗弃军资十余万，士卒死者万人。⑨

当张献忠、罗汝才起兵谷、房时，李自成正活动在湖广西北郧属山

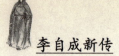

区。张、罗在罗猴山打败左良玉，率部西进，打到竹山县境，与李自成部会合。张、罗、李会师，农民军声威大振。三部联合，以疾风振箨之势，一举拿下竹山县城。八月初七日，联军移师围攻竹溪县城，左良玉驻兵白土关，不敢发兵来救，竹溪知县李孔效同秦兵三百据城死守，十九日城破，李被杀。⑩

"二竹"之捷以后，农民军打算西入关中，秦督郑崇俭督率部将张应元、汪云凤、贺人龙、李国奇等领兵扼守兴安。张献忠、罗汝才暂不入秦，转旆而东，打到楚、蜀交界之地。李自成则由兴安向北，打到武关，进入陕西东南部商雒山区。⑪

谷城之变的奏报传到北京，引起崇祯皇帝雷霆大怒。下令削熊文灿官，令其戴罪视事，命陕西三边总督郑崇俭、四川巡抚傅宗龙各统精锐之卒3000，速赴郧、襄，与熊文灿合谋协剿，命令兵部，再选调劲旅，"务期扫荡功成"，如"观望逗遛，责有攸归"。⑫

傅宗龙提兵赴郧、襄，途中接到明廷擢升兵部尚书的任命，遵旨入京履任，杨嗣昌解除部务。

在一次召见中，傅宗龙当面向皇帝奏请撤换总理熊文灿。罗猴山败报传来，他又上疏推荐湖广巡抚方孔炤为总理，并建议缩小"新推总理"权限，"只令辖楚、豫二省，而四川则令三边总督兼辖，安庆则令凤阳督臣兼辖。"他还主张，如农民军在汉、蜀交界，则"责成秦督提调秦、蜀二抚、二镇合力剿之"，如农民军在楚、豫交界，则"责成楚督提调楚、豫、郧三抚、各镇合力剿之"，如农民军在江北，则"责成凤督提调皖抚及凤阳总兵官剿之"。"通限崇祯十二年之冬，报成功于阙下，功成一体优叙，过限坐以严条。"建议将左良玉"再降三级，责令擒献忠自赎。如得献忠，则前罪尽与涮除，仍照例升赏；如不得献忠，则两罪并论。"⑬

以上意见，除推荐方孔炤一项另有考虑外，其余各项朱由检皆予以采纳。左良玉暂委署事，再降三级，图功自赎。熊文灿逮捕至京问罪。总理员缺，速推堪任的来用。理臣辖楚、豫，陕督兼辖四川，凤督兼辖安庆，俱依议行。

熊文灿出任总理，系兵部尚书杨嗣昌推荐，如今熊败事，杨深恐见责，颇不自安。为平息物议，他主动向皇上请求，愿亲自领兵出征。崇祯帝很高兴，特旨批准，赐上方宝剑及大量赏功银两、银牌、纻丝、绯绢等物，许便宜诛赏。明令佩以"督师辅臣"银印，专任责成，并拨"剿饷"银50万两，充作军饷。

九月初一日、初四日及初六日，朱由检先后3次召见诸大臣，询问"督师辅臣"出征有关事宜。杨嗣昌请将"剿饷"与"练饷"合为一用，以缓急为期，何者需用急迫，即先用于何者。杨提出"剿"、"练"二饷合为一用，是想打破专款专用的限制，以便在军费开支上，机动性更大。朱由检认为，"剿饷"归"剿饷"，"练饷"归"练饷"，各有专用，若合为一用，恐变更旧制，反而误事。故对此意见未采纳。

崇祯皇帝对杨嗣昌这次出征，特别重视，亲自赋诗送行。诗道："盐梅今暂作干城，上将威严细柳营；一扫寇氛从此靖，还期教养遂民生。"御笔勒石，藏诸文庙。

九月初六日，杨嗣昌陛辞领敕，皇帝又特意吩咐："与他酒饭吃！"吃罢酒饭，谢恩出朝，随即登程启行。[14]

十月初一日，"督师辅臣"杨嗣昌到达襄阳。[15]楚抚方孔炤自当阳来会，总兵陈洪范自郧阳来会。熊文灿、左良玉此刻均在襄阳。杨嗣昌即大誓三军，当众严申训诫："誓必灭贼，诛赏所必行！"

经杨嗣昌荐举，左良玉拜为"平贼将军"。总理熊文灿奉诏被逮入京，次年冬弃市。副将刁明忠违犯军令，受鞭责。监军殷太（一作"大"）白会剿失期，问斩。副将以下各官，见"督师"如此行事，莫不震恐失色。

杨嗣昌对襄阳进一步加强防御设施，城周挖掘濠沟三道，上设机桥，可随时启闭，出城、入城舍此外别无路可通。每门设一副将，文移出入，查验放行。城中甲仗、粮草，储备充足，堆积如山。新立"上将营"，直属"督师"麾下，以副将猛如虎统领。荆门设立"大剿营"，配备2000名新募湖南杀手。

朱由检曾密谕杨嗣昌："张献忠曾惊祖陵，必不可赦；其余剿、抚机宜，朕不中制。"正因皇帝有"注意首渠"、"先擒献忠"之指示，为此杨不得不首先把注意力集中来对付张献忠，必须张"已断命根，而后剿献之兵一齐大卷"，次第对付其他各支，方可刻期收致全功。[16]

崇祯十二年（1639）冬十月，正当杨嗣昌调兵遣将准备以全力来对付张献忠的时候，李自成忽在陕西商州军岭川发动了一次猛烈的攻势。这时，李自成只有上千人马，力量还不甚强；他被官军打败，旋即转往商南，后由商南返回湖广，走山间小道，昼伏夜行，不声不响进入夷陵州。李自成何时进入夷陵，连杨嗣昌也搞不清楚。估计大概在这年一月。依杨嗣昌看来，李自成只不过是"零股"，"歼之不难"。他命湖广巡抚方孔炤派遣部将杨世恩、罗安邦合兵自当阳趋兴山、远安，侦察李自成所在，出其不意，突奏奇功。还命偏沅巡抚派遣部将闵一麒、尹先民等赶往夷陵，堵截侦杀。可是李自成的行动极为机敏，近乎神出鬼没，简直把杨嗣昌弄得迷离恍惚。还没等官军布置就绪，腊月初，他又率部由夷陵不声不响向西挺进到巴东，而且有继续西向进入四川的模样。[17]

杨嗣昌根据屡次确切情报，断定这年冬活跃于湖广郧阳、襄阳、荆州、承天四府之农民军，大致可分为三股：一股驻扎保康，以张献忠为首，辅之者三小营，哨马撒至南漳出口之处；一股驻扎歇马大池，以曹操罗汝才为首，辅之者二小营，哨马撒至兴山、远安、归州、当阳之间；一股留在竹山，以惠登相为首，辅之者二小营，哨马由关渡、泥湾、上龛转金斗、寿阳坪。各股明里虽分，而暗里实合。[18]

曹、过活动在兴山、远安一带，把官军的注意力吸引往南，以掩护张献忠。张献忠活动在保康一带，把官军的注意力吸引往北，以掩护曹、过。一南一北，彼此互为声援。

十一、十二月间，张献忠由保康打回房县，在房县驻兵10天，又率兵西走竹溪，进至陕西平利、兴安，一路上，故意放出口风，声称是与曹操、过天星等联营一起。其实曹、过仍在兴、远，正准备发动一场大战，张放出口风的目的，是为了迷惑官军。

崇祯十二年十二月初十日（1640年1月2日），曹操、过天星大败官军杨世恩、罗安邦于香油坪。杨、罗二将扎营于无水绝地，中伏被围，全军被歼。依照杨嗣昌的军事部署，这次杨、罗出兵目的是为侦剿李自成，但没想到在这之前李早已进入巴东。杨为推卸战败之责，奏劾方孔炤。方被革职，为锦衣卫拿解至京究问。湖广巡抚一职，由残狠、厚颜的郧阳兵备副使宋一鹤接任。[19]

遵照崇祯皇帝"剿、抚机宜不中制"的密谕，在对付农民军的策略上，杨嗣昌一直在玩弄两手：公开一手，大喊大叫要坚决使用武力镇压；隐蔽一手，偷偷摸摸派人打入农民军内部，实行挖心战术，大搞"招抚"活动。香油坪大战后，越发加强了后一手。他直接派遣"安抚官"冷水道人姚宗中携带着"招安谕贴"，钻入曹操、过天星等营，伺机散发。

崇祯十三年（1640）正月初二日，曹操营中的一名管队，名叫李常茂，同冷水道人一道前来拜见杨嗣昌，口称"来讨招安"。㉑事实说明姚宗中确已钻进了农民军的腹心，并已打开了缺口。

闰正月中旬，张献忠出兵陕西紫阳瓦房沟，击败左良玉于高头坝；闯塌天刘国能自郧阳引兵来救，左军气焰嚣张。张献忠南走，入四川太平县境；二十四日，与官军战于枸坪（一作"平"）关，失利。二月初一日，左良玉驻兵秦、蜀交界之渔渡溪（一名"渔渡坝"，在今陕西境）；两天后，郑崇俭领兵来与左兵相会。张侦知两路兵至，由太平县城北 90 里之皮窝铺（一名"皮货铺"），向南移军至玛瑙山（离县城 70 里），先抢夺山巅巉峻之处，筑好工事，守险以待。㉒

二月初七日，两军在玛瑙山展开一场恶战。㉒官军投入战场的兵力计有：秦将贺人龙、李国奇部，川将张令、罗尚文部，楚将张应元、汪云凤部。左良玉为右翼，郑崇俭为左翼；张、罗当其前，贺、李、张、汪踵其后。副将贾登联、莫宗文领往来游兵，随时策应。在雷鸣般的鼓声中，官军由山下往山上猛扑。农民军据高地呐喊，坚守阵地不动。双方鏖战自巳时至酉时，共历 4 个时辰。由于众寡悬殊，农民军支持不住，放弃阵地，翻山越岭退走。官军蜂拥上山。张献忠全军溃散，损失严重，扫地王曹威、白马邓天王等 16 位首领战死，谷城起义监军张大经为官军所杀，谋士潘独鳌被俘，张的妻妾高氏，李氏及养子惠儿等 7 名家属亦被俘，士卒死

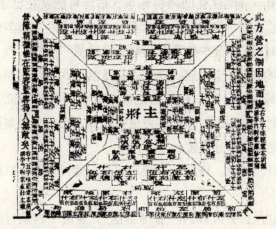

"后劲方阵图"

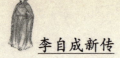

伤数千人。阵失金印一，令旗、令箭各8，自用"天赐飞刀"一把，马赢千余头，甲仗、军资遗弃几尽。㉓

张献忠率残部退往岔溪、千江河（二地均在今四川城口县境），张令与副将方国安在后紧追不舍。一路上，农民军边走边战，由千江河十二湾，转至柯家坪（今城口县）。这里地形复杂，乱峰错峙，箐深道险，农民军利用这一有利地势，设下埋伏。张令率众先到，鼓勇争利，冒险深入，陷入伏中。方国安为后路，见前军中伏，急撤军回，由他道而逃。张令所部5000人，被困绝阪之中，水源断绝，干渴难耐，砍野葡萄藤滴汁而饮，势甚危急，幸赖天雨得活。他派人向农民军求情，送去大量马骡，作为乞和条件。张献忠不予理会，加紧围攻，必欲将他困于死地。张令是川中名将，以善射闻名，号称"神弩手"，眼看即将全军覆没，郑崇俭闻报，疾遣张应元、汪云凤、贺人龙引兵来援。张、汪从八台山（一作"八叠山"）进，贺从满月嶂（一作"礚"）进，与张令里外呼应，合力拼死冲杀，围始得解。张令被围13日，侥幸得脱，出围后，反恬不知耻说是"借围牵制"，强争"要叙首功"。㉔

张献忠几次受到挫折，部队伤亡很大，只剩千余人马。他由秦、蜀边界折回湖广兴山、归州，随后又由兴、归一带进至川、楚交界。在当地山民的支持下，他养兵息马，逐渐恢复元气。官军不知他藏伏何处，也听不到一点有关他的消息。曹操、过天星自香油坪大捷后，仍驻兵兴山、远安，活动范围远及于归州、巴东。李自成去年腊月由夷陵突入巴东，几个月来，官军也摸不清他驻扎的确切地点，估计可能就在巴东、巫山之间。杨嗣昌在兴、远、归、巴地区散发大量"招安谕贴"，除李常茂及托天王常国安、金翅鹏刘希厚等少数几个一般头目接受"招抚"外，农民军中的三大著名人物张献忠、李自成、罗汝才却依然拥兵自雄，坚持战斗，而且都集兵在楚、蜀边界，时刻有入川之意，这对杨嗣昌来说，真像虎卧于侧，不能不感到格外焦虑。为了有力地控制归、巴，驻在襄阳未免有点鞭长莫及，因此他决定移驻夷陵。

三月十二日，清晨，杨嗣昌自襄阳出发，途经荆门、江陵，于二十四日抵达夷陵。

在夷陵，这位自命风雅的"督师辅臣"，带着一群从官游览当地名胜三游洞，饮酒赋诗，故示镇静。他写了这样一首七律：

青鞋踏破旧因缘，欲话游踪恰悄然；

家近半千身半百，酒醒中夜月中天。

俱看草草劳人梦，独讶星星圣主怜；

安得功成棹归去？前溪忽逗武陵烟！㉕

这首诗，情不自禁地流露出了一种彷徨凄苦的心情。他初离京时，皇帝亲口叮嘱，望早饮"劳旋之宴"；最近，皇帝又颁降"手敕"，慰勉有加，敕中有"劳苦倍尝，须发尽白"等语，还特赐御厩名马、金鞍，以示关怀。对这些，杨嗣昌感激天恩，涕零莫名。然而他心中明白，要想扑灭一场延烧了十数年之久的漫天烽火，绝不像久居深宫的皇帝所想象的那么容易！

大将左良玉，自挂"平贼将军"印后，骄横跋扈更胜于前，公然不听命令，不服从调遣。玛瑙山之战，他违反调度、自行主张赢得了一次胜仗，这就越发使得他骄傲自满、狂逞难制，根本不把"督师辅臣"放在眼里。杨嗣昌一度想扶植另一员大将贺人龙，将"平贼将军"之印，夺归让与，以分左之权，终于因考虑到后果，恐局面更难收拾，没有这样做。可是这件事，已为贺人龙所知，又为左良玉所知，既引起了左的不满，也引起了贺的不满。后来杨嗣昌在军事上遭到彻底惨败，固然主要原因是由于农民军力量的强大，但是无可否认，左、贺二将拥兵自恣、不听指挥，也是促使他迅速败亡的一个很重要原因。

杨嗣昌在夷陵，曾提出一项所谓"点滴不漏"的"圆盘计划"，妄想把农民军剿灭于川、楚边界。按照这个计划：放弃四川大宁、大昌与湖广竹溪、房县连界的32处隘口，诱使农民军入川，然后利用当地山川险阻，四面环攻以决胜。蜀军厚集兵力专守夔门，若农民军西入夔关，由四川巡抚邵捷春负责抵挡。

邵捷春坚决反对这个计划，认为若弃两县隘口不守，无异开门揖敌，一旦农民军入川，自己将会以失守封疆而获罪。他气愤地说："按军律，失一城池，巡抚坐罪，今以蜀地委贼，是督师要存心杀我！"他不肯按照杨嗣昌的布置专守夔门，而是分兵把守各隘口。

杨嗣昌是个好谀恶直、心胸偏狭的人。他很主观，从不接受别人意

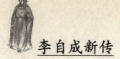

见。连左右的重要参谋人员评事万元吉有所建议，也很难被采纳。军中米盐琐事，他都要亲自过问。军行进止，自行裁决，千里待报，往往坐失机宜。

曹操、过天星见杨嗣昌移驻夷陵、迫临兴、归，看出官军有进攻意图，为争取主动，于四月十三日杀"安抚官"冷水道人姚宗中，率众西走巴东、巫山。五月初一日，打进四川，破大昌巴雾口，进逼巫山，一度还攻打过夔州。㉖此后，二部有分有合，流动作战于夔州、大宁、云阳、开县、新宁（今开江县）、达州等地，屡败官军。

当这年春天杨嗣昌散发"招安谕帖"时，曾特别申明："闯将李自成在内则不抚"。㉗四月初，杨嗣昌根据所得情报，大致得出如下推断：张献忠可能在四川开县、太平、大宁与湖广竹山、竹溪之间；李自成可能也在大宁附近。㉘曹操、过天星这时在兴、归一带。他害怕张、李、罗三人合兵，为此改变过去"不许抚闯"的策略，一面向李自成发出檄文，诱他出山接受"招抚"，一面派冷水道人到曹、过诸营进行活动，挑拨拉拢，目的是想孤立张献忠。谁知事与愿违，姚宗中为曹、过所杀。李自成接到檄文，嗤之以鼻，以谩语回答。

在这种情况下，杨嗣昌只好拿出明的一手，发兵运粮，准备战争。他集中兵力，将他所认为的"零股"、"歼之不难"的李自成，围困在湖广巴东以西与古称"鱼腹"的四川奉节以东一带诸山中，也就是一般史书上所说的"巴西鱼腹诸山中"。时间大约在四月中旬，即冷水道人被杀后数日内。

李自成的辎重一度被阻隔在奉节县的赤甲山和巫山县的寒山之间，部队好几天给养供应不上，战士断粮绝援，情况非常危急。他的心情甚为沉重。有时甚至感到绝望。侄儿李过、亲密战友刘宗敏和心爱的小将张鼐，时刻不离他左右，保卫他，给了他很大安慰。刘宗敏还特意向他表示，不管局势怎么不利，处境怎么险恶，生死都愿跟随，彼此团结一起，坚持斗争到底。

四月下旬，某日，李自成趁官军稍懈，全军奋起，鼓勇突围，杀开血路，北走大宁。在大宁，遭到该县知县朱贤侯训练的乡勇堵截，为避免损失，不敢恋战，率众向东北方向突走，又重新打回湖广。㉙

五月中旬，官方探报得知：李自成部在大宁、竹山、竹溪；张献忠部在房县、兴山；曹操、过天星部在大昌、夔州；小秦王等营在兴山、归州。各部出击频繁，彼此支援。官军东截西堵，被拖得狼狈不堪。

五月中、下旬，李自成、张献忠活动在湖广西北上龛、长荒等地。两部人马不多，分合不过千人。六月初七日，李自成攻打上龛甚急。上龛距房县县城西南180里，是个小村镇，在军事上有一定重要价值。起初，杨嗣昌以为张献忠和李自成一道联合攻上龛，偏檄行间督、抚、诸将说："主上注意首渠，御批先擒献忠，此吾辈报恩之时而将士徼赏之日也。恰好献逆在吾掌中，容易探取。所望同盟尽心、尽力，将中选将，兵中选兵，鼓舞乐从者用之，不能者姑勿之强。连日此贼东一头，西一头，乱窜不定，但使我兵迎探，东来东杀之，西来西杀之，自然撞到手里。不问是何一路得功，是何一人擒贼，本阁部通行大赏，一体分给，以报同舟。二十万裁驿，尽用之以擒渠告庙，所不惜也。"

其实，攻打上龛只有李自成部，张献忠并未参加。杨嗣昌写信给左良玉，要他发兵2000，派将出征。左因"平贼将军"印事，耿耿于怀，驻兵竹山，声称有病，迟不出师；后经一再督催，才勉强派遣两名受抚降将刘士杰、马进忠领兵前往。李自成攻打上龛多日，未能得手，旋向东南方向之紫竹林、袁渡（一作"度"）坪退去。刘、马二将紧跟在后追击。六月下旬，李自成在胡其里和刘、马接仗，大败，颇有损失，军中大印也被官军夺获。杨嗣昌得报，喜跃欲狂，吹嘘说：李自成部擒斩几尽，业已"灰飞烟灭"！并再次写信给左良玉，告诉他："今闯贼已破，献贼东奔兴、巴"，"不拘是何渠首，缚斩一二，以报主上"，"一举成功，总收全局，正在斯时"。左良玉始终怀恨不释，借口病得厉害，不管杨嗣昌好说歹说，依然按兵不动。

胡其里之战，并不像杨嗣昌所渲染的那样，使李自成"灰飞烟灭"，相反，他仍在不屈不挠地继续坚持斗争，自七月末起，他的部队零星向陕西转移，由平利奔往洵阳。九月下旬，全部队伍到达洵阳。不久，李自成率部渡过汉水，重返旧日根据地商雒山区。㉚

六月中、下旬，张献忠由房县南走兴山，继而西走归州、巴东。他帅众突入四川巫山隘口，先以二十骑打前哨，测量巴雾河深浅；大军继后而发，悄悄行军，进至巫山深险处，愈入愈深，使人不知所往。㉛官军遣都司曹世功、白显等领200骑兵入山侦察，凭高四望，并无烟火，只有山民自

刈燕麦，未见农民军一骑踪影。过天星、关索此刻在大昌，曹操、小秦王、上天王、混世王、一连鸳（即"一练鹰"）五营此刻在大宁。

七月上旬，曹操、小秦王等由大宁东走房县。小秦王白贵、混世王武自强、胖子张自秀因作战失败，率领4000人在羊角寨向官军投降，俱往夷陵拜谒杨嗣昌。曹操罗汝才势孤力单，西走巫山，约七月中旬，在巫山深险处湖广界内之木瓜溪，再次与张献忠会师。八月初二日，过天星、关索由蜀入楚。过、关入楚的同天或稍后一二日，张献忠、罗汝才由楚入蜀。张、罗扎营于巫山县境蓦旗、白水诸山。过天星惠登相往日与张献忠有隙，闻知张、罗合兵，怕不利于己，心怀忿恼，加之入楚后连打败仗，斗志丧失，动摇变节，于这月初五日率领7000部众在竹山投降了左良玉。左安插其家小于郧西，接着命他入山搜剿张献忠。㊷

八月十九日，张、罗抢渡巴雾河，攻打夔州土地岭。张应元、汪云凤以楚师3000、新募川兵2000（一说"五千皆新募"），防守该地。贺人龙驻兵开县，也因过去杨嗣昌许诺"平贼将军"印未果，心怀不满，调他来夔州，每以饷乏为借口，三檄不至。张献忠侦知官军无援，悉锐来攻。战事自晨至午，胜负未决。农民军分兵绕后山而下，突入官军营中。守营皆新兵，阵脚先乱，大溃。张应元中流矢，突围而逃。汪云凤苦战得脱，负重伤，逃入山中，血流过多而死。其部将潘应奎、白显败死，5000官军散亡殆尽。㊸

官军云集川东，战火渐向西移，大本营在夷陵指挥不便，杨嗣昌决计入川。他从夷陵动身这天，正值土地岭之战发生。在途中，他接到汪云凤等战死败耗，万分震骇。他向皇上上《乞恩请罪以速剿功事》疏，哀诉道：

"奉命出都，将及十二月矣！时时屈指，刻刻焦心，无非办寇一事，冀得早奏廓清，不意迟至今日。虽将献、闯、曹、过凶残大贼，人人杀得败残，布就楚、蜀、秦、豫网罗，个个未能跳出，总算剿、抚、散十分者五六分；而无奈四五分贼，怕死心轻，跑山路熟，见我强兵，必走脱而已。故诸大凶渠，犹未能一日到手，此臣之所大恨也。"

杨嗣昌一路迟迟而行，九月十四日方抵夔门。㊹

入蜀的目的，在于"早奏廓清"。这是杨嗣昌的幻想。当时明统治集团内已有很多人，还在他未入川之前，已早看出官军即将失败的前景，而

134

且直接了当地指出："文弱（杨嗣昌字）其将败乎?"⑤只不过杨嗣昌本人不肯正视这一点罢了。

杨的行营开始设在夔门，没过多久，移驻万县，后又移驻梁山（今梁平县），移驻云阳，移驻顺庆。总是跟在农民军屁股后面转。有时农民军在前，官军在后，仅隔一条小河。官军隔河而望，也不敢交锋，直等农民军移营去远，才敢过河追击，装装样子。⑯

土地岭之捷后，献、曹一度屯兵于木瓜溪、秦罗坪等处。随后，二人合兵攻克大昌。至开县，停留数日，西走达州。旋移军向北，欲从间道入汉中，为秦兵扼于阳平、百丈二关，入秦受阻，折而往南，过广元，逾昭化，破剑州、梓潼。转战至绵州，进围成都。⑰不甚顺利，撤军而去，过金堂河，夺船下简州（今简阳县）、资阳，东攻乐至，南走内江，破荣昌、永川。十二月初五日，攻克泸州，杀知州苏琼。大军寻由永川北上，走汉州（今广汉县）、德阳，折而往东，突入巴州，又打回达州，渡河而东至新宁、开县。总兵官猛如虎，两个多月前被提升为"总统"，亲自统领诸将，自泸州起，一直跟在后面紧追。崇祯十四年正月十三日（1641年2月22日）他追至开县黄陵城，被农民军回戈一击，打得惨败，部将刘士杰、郭关、李世忠等战死，儿子猛先捷、侄儿猛忠拔刀自刎死，人马亡失过半，甲仗、关防尽失。猛如虎率残卒数十血战溃围而逃。⑱张献忠、罗汝才部向夔、巫，作出川之行。

自土地岭之役至黄陵城之役，4个多月内，官军损兵折将，士气一蹶不振。汪云凤等败死，猛如虎全军伤亡殆尽。"神弩手"张令一军亦溃败，本人为农民军射死。石砫宣抚司女总兵秦良玉所部3万"白杆兵"，也折损略尽。观音岩守将邵仲光、净堡守将张奏凯，均以"弃隘不守"问斩。郑崇俭为杨嗣昌所劾，以"撤兵太早，致贼猖獗"之罪削籍而去，次年被逮下狱，不俟秋后弃市。总督陕西三边军务由丁启睿代。邵捷春亦为杨嗣昌奏劾，逮送京师，下狱论死，次年秋，服毒自杀于狱中。四川巡抚由廖大亨接任。

杨嗣昌见农民军即将出川，立即从顺庆取道大竹、梁山大道，且行、且哨、且战、且防，皇遽赶回云阳；到云阳，接获开县败报，不禁顿足痛哭道："悔不用万元吉之谋，不料一败于此!"随即由云阳赶至夔门。就在他到达夔门的这一天，张、罗大军也到达了夔门，而且比他先到一步。万

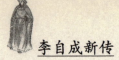

元吉登白帝城，望见农民军在山谷中行进，往东向大昌、巫山而去，从容列队而过，历历在目，官军竟无一人敢荷戈邀击。

杨嗣昌的"圆盘计划"遭到彻底破产。张献忠等在营中庆祝胜利，饮酒鼓掌而歌："前有邵（捷春）巡抚，常来团团舞！后有廖（大亨）参军，不战随我行！好个杨（嗣昌）阁部，离我三天路！"

杨嗣昌"安得功成棹归去"的渺茫希望，化成了泡影！崇祯皇帝"一扫寇氛从此靖"的如意算盘，也被铁一般的事实无情地粉碎！

注：

①见乾隆四十四年《河南府志》，卷八十《艺文志·书》。

②见嘉庆四年《重修息县志》卷七《艺文上》。此疏虽未载明时间，但疏中有"总兵左良玉、张任学统兵渡河入卫"一语，故可推出上疏年月。《明史·左良玉传》谓左"入援京师"在十二年二月；而张献忠在谷城起兵为十二年五月初旬。疏中说张将"乘衅而动"，又提到左入卫后三月二十七日及其后数日农民军在河南活动的情况，因而据此推断此疏入奏当在崇祯十二年四月张献忠在谷城将动、未动之时。

③《二申野录》卷八注文云："张献忠之在谷城，良玉请击。熊文灿曰：彼虽不贰，衅未成也；君虽敢斗，众未集也；骤而击之，他寇必动，脱不能胜，所失实多，不如徐之。"

④《绥寇纪略》、《怀陵流寇始终录》及《襄阳四略·襄阳兵事略》卷六，均谓张献忠反于谷城为崇祯十二年五月初六日。《国榷》卷九十七、《明史》卷二十四，谓为十二年五月初九日。《平寇志》卷三谓为十二年六月。《明史纪事本末》卷七十五谓十二年"六月，张献忠复叛于谷城"，卷七十七谓"十二年五月，张献忠叛于谷城"。《明史》卷三百九谓十二年五月"献忠叛"，卷二百七十三《左良玉传》则说十二年"七月，献忠叛去，良玉与罗岱追之"。据《郝太仆遗集·房县乞援》载，五月十二日房县知县郝景春已获知张献忠在谷城发难消息，可见记载张献忠六月或七月反于谷城之说不确。《房县乞援七请》讲："盖自房至郧，止有官路一条，小径路一条，皆被贼徒四野掠粮，人烟竟已断绝……乞援无路。近觅得南漳一间道可达襄者，令县役夜行暗渡，请乞援师……"由这段材料可看出，公文由房县至襄阳，系先送到郧阳，再转往襄阳。房县北距郧阳府城"三百六十里"（见乾隆五十三年《房县志钞》卷一《疆里》，国家图书馆藏钞本）。郧阳府至襄阳府，大致沿汉水东南行，或由水道，或由官道，有好几百里。当日官差由房县至襄阳，或由襄阳至房县，走的就是这么一条绕弯的途径，走完全程最快也得5天多。从房县往东到南漳、到襄阳，这是一条间道，路程要近得多，可是官差从来不走这条路。郝景春接到熊文灿"宪谕"是五月十二日。

若张献忠五月初六日在谷城起兵，情报传到襄阳，然后由襄阳给郝景春发出指示，公文到达房县，路上约需五六天时间。此点正好与郝景春所说五月十二日"奉理院宪谕"之日期符合。如果认为谷城起兵日期为五月九日，那么，自五月九日至十二日只隔三天；三天之内，熊文灿的"宪谕"无论如何送达不到房县。

⑤《绥寇纪略》卷十。

⑥《绥寇纪略》卷六、《明末忠烈纪实·殉楚传·阮之钿》及《明史·阮之钿传》均有此记载。《北略》卷十五所记，与此稍异，谓张献忠"复驰入县"，数其欺诳之罪（未提索印事），命人将他斩首，该记谓此事系曾任崇祯十一年黄冈县令之徐调元亲口所谈。

⑦《兵部行"御前发下四川巡抚傅奏"稿》（《明清史料》、乙编、第九本）。

⑧《绥寇纪略》、《明末忠烈纪实》等书谓往罗汝才营劝说的是郝景春之子郝鸣鸾，与《郝太仆遗集》所说不同，应以《遗集》为准。张、曹攻克房县日期，采《纪略》、《明末忠烈纪实》及《史外》之说。

⑨张、罗离开房县及左兵中伏日期，据《绥寇纪略》卷六、《怀陵流寇始终录》卷十二。同治丙寅（五年）刊《房县志》卷六《事纪》载："（十二年）五月十三日，（张献忠）攻陷房城……七月二十五日……始西去。平贼将军左良玉追至罗睺山，入贼伏中，全军尽殁。"这段材料，明显有两处错误：五月十三日破房县日期不确；左良玉挂"平贼将军"印为这年十月十一日甲午（见《明史》卷二十四），《纪事本末》卷七十五谓为十月丙子（这月"甲申"朔，无"丙子"），"七月"尚未挂此印。但若将该材料所说张献忠西去之时间——七月二十五日与他书所载左兵中伏日期——七月二十六日两者结合考察，"二十五日"这个日期似应可信。《房县志》卷二《山川》，只有"罗家山"，并无"罗猴"（或"猴"、"睺"、"堠"）山。"罗家山"在房县西75里。他书所载之"罗猴山"，可能即指"罗家山"而言。

⑩同治四年《竹山县志》卷十八《兵防》说：崇祯十二年张、罗"合李自成等陷房，复破竹山、竹溪等县。"李自成"陷房"之说，不实，因当时许多第一手史料以及《房县志》，均未有记载；但3人合破"二竹"之说，必有据，应可信。张、罗、李攻克竹溪之材料，见同治六年《竹溪县志》卷三《建置》及卷七《秩官传》。竹溪被围及其攻克日期，以陨阳抚治王鳌永《抚郧疏稿》所记为准。根据竹溪被围日期，可往上大致推出竹山被围日期。竹山在房县之西，竹溪之东，农民军由房县往西，理应先攻竹山，后攻竹溪；张、罗在罗猴山大捷为十二年七月二十六日，张、罗、李围攻竹溪为这年八月初七日，以这两个日期作为上、下限推测，围攻竹山当在这年七月末、八月初。

⑪据《蜀龟鉴》卷一、民国二十一年修《万源县志》（万源县即明时之太平县）

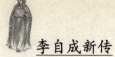

卷十《大事门·大事》、《蜀碧》卷一、光绪十一年重修《大宁县志》卷五《武备·武事》等材料，只说献、曹二人"谋入秦"，未提李自成，是否闯亦有"入秦"之谋？另据《明史纪事本末》卷七十八、《蜀龟鉴》卷一、《豫变纪略》卷二、乾隆九年修《商州志》卷十四《纪事》等书记载，知李自成在崇祯十二年八月同张、罗攻克竹溪后，即进入陕西。可见"谋入秦"不只是张、罗两人，也有李自成在内。大概3人入秦后，在兴安受阻，才彼此分开。

⑫见《兵部行"御前发下四川巡抚傅奏"稿》。

⑬引自《兵部题行"房县剿贼不利等情"稿》（《明清史料》乙编、第九本）。

⑭朱由检三次接见杨嗣昌，《明史·杨嗣昌传》与《孤儿吁天录》所记日期相同。《绥寇纪略》缺记初四日之接见。杨嗣昌陛辞日期，据《孤儿吁天录》。此点《平寇志》、《北略》所记日期均误。

⑮《孤儿吁天录》卷十二、《豫变纪略》卷二、《平寇志》卷三所记杨嗣昌至襄阳之日期均同。《绥寇纪略》卷七及《明史·杨嗣昌传》谓杨至襄阳为九月二十九日，误。

⑯引语出自《豫变纪略》卷三及《孤儿吁天录》卷十三。

⑰有关李自成在商州的活动，根据见注⑪所引《商州志》。进入夷陵之材料，见《杨文弱先生集》卷四十八《与监纪邵同知起》。李自成何时至夷陵？据《孤儿吁天录》卷十二的记载讲，崇祯十二年十二月初十日香油坪之战以前，李自成已经进入巴东，据此可推知这年腊月初旬李部已进驻该地。另参看杨嗣昌《楚兵大挫具实上闻疏》，知李自成由陕西进入湖广至夷陵，当在这年十一月。

⑱《孤儿吁天录》卷十二。

⑲康熙九年修《当阳县志》卷一《事纪第四》记杨、罗两将战死之时间为崇祯十一年，战死之地点为黄莲坪，与《孤儿吁天录》所记不符。该志只提杨、罗之姓，未指名，参阅同治丙寅（五年）重刊《当阳县志》卷六《武备志·兵事》，知所指即杨世恩、罗安邦二将。但重刊"县志"已将杨、罗战死时间改正为十二年。《绥寇纪略》卷七、《平寇志》卷三谓湖广巡抚方孔炤之被逮，系由于崇祯十三年正月"楚师败绩于麻黄"事，《孤儿吁天录》卷十二谓系由于崇祯十二年十二月香油坪之败；方以智《浮山文集前编》卷四《曼寓草上·请代父罪疏》谓："臣父孔炤抚楚，以香油坪一败，督师奏闻，遂蒙逮问。"证明《吁天录》所记不诬。

⑳《孤儿吁天录》卷十二。

㉑以上所记日期，据《滟滪囊》卷一、《孤儿吁天录》卷十二、《绥寇纪略》卷七。光绪十九年修《太平县志》卷十《杂类志·纪事》谓张献忠枸坪关之败，系败于张令。他书谓系败于左良玉。《纪略》说"渔渡溪"属四川界。民国二十一年修《万

李自成新传

源县志》卷十《史事门·大事》谓"渔渡溪"（原作"渔溪渡"）在"今万源与陕交界处，名渔渡坝"。参阅《中华人民共和国分省地图集》陕西省、四川省图，知渔渡坝仍在陕西境。皮货铺（皮窝铺）、玛瑙山之位置，见《万源县志》卷二《营建门·乡镇》及卷一《舆地门·山脉》。

㉒玛瑙山之战，《明史》卷二十四谓为十三年二月"丙辰"（初五日），卷二百五十二《杨嗣昌传》谓为"二月七日"。《明通鉴》卷八十七《考异》指出："玛瑙山之捷，《史稿》书之'戊午'（初七日），与《绥寇纪略》及《明史·杨嗣昌传》所云'初七日'者合；《明史·本纪》系之'丙辰'，盖会秦师也。"

㉓此段叙述，主要参看《滟滪囊》、《蜀龟鉴》、《孤儿吁天录》、《绥寇纪略》、《明史·左良玉传》、《小腆纪年附考》、《太平县志》等书。但《怀陵流寇始终录》卷十三、《北略》卷十六、《平寇志》卷三、《烈皇小识》卷四等书所记，却与上举各书大异。其歧异处此处不赘列。"汪云凤"、"莫宗文"之名，有的书作"汪之凤"、"岳宗文"，此处以《吁天录》所说为准。

㉔《纪略》卷七谓张令于十三年二月二十七日被围，三月八日围解，"相持十三日"；若按照这个日期计算，实际被围只12天。《吁天录》卷十三谓张令得救为三月初九日，自二月二十七日被围至是日围解，方为13天。《滟滪囊》卷一《李自成张献忠寇巴蜀》说柯家坪之役为十三年六月，张令脱围为六月十一日；《蜀龟鉴》卷一说柯家坪之役为这年"秋七月"。这两个说法均不可信。

㉕诗见《吁天录》卷十三。

㉖杀冷水道人的时间，据《吁天录》卷十三。曹、过等入蜀时间，各书记载不一致，共分三说：崇祯十二年冬，十三年三月，十三年五月。按自崇祯十二年十月至十四年三月，有关农民军在楚、蜀活动的情况，杨山松所撰《孤儿吁天录》是一部具有头等史料价值的书。尽管该书是为他父亲杨嗣昌辩谤而作，难免有护短之处，但因书中取材多为当时政府公文和当事人的书信、文稿，所记系亲见亲闻之事，其可信程度自然较之他书为高。据该书讲："考之《流寇志》（即《平寇志》），（十三年）五六两月所记大约不诬，可与先人疏、牍互相发明。"既然《平寇志》十三年五六两月所记"不诬"，故罗汝才等入蜀之时间当以该书所载十三年五月为实。

㉗《吁天录》卷十二、卷十五。

㉘据《杨文弱先生集》卷四十《略陈驻彝调度疏》。此疏未有具题日期，末尾说"五月初一日奉圣旨"。《吁天录》卷十五："（十三年）四月，图剿曹、过等疏有云：竹、宁之尾，密迩开、太，又是献贼之头，其间尚有闯将、川柱等贼。"此处所说"图剿曹、过等疏"，对照文字来看，与《略陈驻彝调度疏》全同，说明二者必是同一奏疏。据此故知《略陈驻彝调度疏》之具题时间当为十三年四月初旬。

㉙《绥寇纪略》卷九:"阁部在彝陵,闻而以檄谕之;自成出谩语,倔强。时贺、左二将再大捷,献忠破胆。自成为我师困于巴西鱼腹诸山中,其辎重在赤甲、寒山不能进,困厄……"《明史·李自成传》:"杨嗣昌督师夷陵,檄令降,自成出谩语。官军围自成于巴西鱼腹诸山中。自成大困,欲自经,养子双喜劝而止。"所谓"贺、左二将再大捷",当是指崇祯十三年二月左良玉大败张献忠于玛瑙山及同年三月贺人龙解张令之围于柯家坪而言。杨嗣昌"督师"夷陵为十三年三月二十四日,在夷陵停留将近5个月,究竟是哪月发出的"檄谕"?《纪略》提到贺、左之捷,意思是这两捷与杨嗣昌发出"檄谕"之时间相隔不会太久;杨到夷陵已近三月末,若再做些调查准备工作,然后发出"檄谕",时间当在这年四月初。上引《略陈驻彝调度疏》谓十三年四月初李自成在大宁附近,说明这时杨嗣昌已侦察到李自成的活动地点,发出"檄谕"可能就在这个时候。曹操、过天星杀冷水道人,西走巴东、巫山,为十三年四月十三日。杨嗣昌见到局势急转直下,曹、闯可能合兵,于是采取紧急措施,发兵运粮;围李自成于"鱼腹诸山中",理应是在这之后不久。《崇祯实录》卷十三、《明史》卷二十四谓围李自成于"巴西鱼腹诸山中"为崇祯十三年九月,时间有误。曹、过于崇祯十三年五月初一日入蜀,初二日破大昌巴雾口,犯夔州,而这时李自成已不在夔州。据《吁天录》卷十五讲,十三年五月十三日,"闯将在宁、竹"。由此可见,李自成突围必在这年四月下旬。1978年《历史研究》第五期发表姚雪垠《李自成何处入豫》一文,从历史地理的角度和当时战争形势的角度两个方面,论证李自成被困"鱼腹诸山"之说纯属《绥寇纪略》的作者所虚构,"是攻击杨嗣昌的人们编造出来的",是"荒谬可笑的"。姚文认为:《读史方舆纪要》、《明史·地理志》在"夔州"、"奉节"条下,都没有提到"鱼腹山"一名。既然"鱼腹山"名不见于史籍记载,而巴西其地又与之相距遥远,两者且搭配不上,可见所谓"巴西鱼腹诸山"的说法不通,说明李自成被困于"鱼腹诸山"的故事压根儿都是"士大夫们的凭空捏造"。按奉节县属古鱼腹县地。"鱼腹诸山",意即"鱼腹"境内所属诸,并非指以"鱼腹山"为代表之诸山。在这里,"鱼腹"是指县名,不是指山名。巴西"作何解释?若指古巴西郡名,从历史地理上讲,的确与"鱼腹诸山"搭配不上。历来研究这段历史的人,看到了这个问题,怀疑"巴西"二字有讹误,试图用订正错字的办法来解决矛盾。这种校勘学的方法,并不能解决这个难题,反而把问题弄得更复杂。姚文还认为:《绥寇纪略》、《怀陵流寇始终录》、《明史》等官私史书,都没有写明李自成被困"鱼腹诸山"的时间。既是明末的重要军事事件,何以没有具体时间?这就暴露了出于虚构的马脚。按《绥寇纪略》和《明史》有关李自成被困这段史实,虽未明确记载年月,但因材料中提到"杨嗣昌督师夷陵"这一有确切年月日可查的事件,故李自成被围之时间亦可由此考证得知。此点已如上述,不再重复。《怀陵流寇始终录》记载这段历史于卷十二,按照该书

记事体例，每一卷记一年的事（唯崇祯十七年分两卷记载），卷十二即记载崇祯十二年的事；该书谓李自成被围为十二年，时间虽误，但绝不能说没有具体时间。以上已引材料证明：李自成被困"鱼腹诸山"为十三年四月中旬，突围为四月下旬，五月已进入湖广。据《吁天录》卷十三、卷十五讲：十三年六月、七月，李自成在湖广房县一带；七月三十日，"零奔洵阳"，八月以后，"闯逆入秦"。这说明13年整个秋天，李自成根本不在川东，这年夏天五六两月也不在川东，只有四月在川东。《吁天录》卷十五又说："总之以庚辰（十三年）一年言之，正月至七月，闯在川、楚之间。"既然五、六、七三月李自成在楚，当然正、二、三、四月必在川。这就是说，十三年的春天和夏四月，李自成是在川东。总之，无论是从历史地理的角度，还是从当时战争形势的角度，论证《绥寇纪略》等书有关李自成被困"鱼腹诸山"之记载为虚构，理由终嫌薄弱。相反，《吁天录》所提供之材料，反能证实《绥寇纪略》之记载为可信。由此可见，所谓"李自成被围困于鱼腹诸山说，就是攻击杨嗣昌的人们编造出来的"这一论断，该是多么经不起反驳！最后，须要讨论的是：究竟"巴西"二字什么意思？"巴"，乃巴东之简称，"巴西"，实指巴东以西。或问：有这样简称吗？答曰：有。《吁天录》卷十三："献贼奔兴、巴间"，"献贼在巴、巫之间"。这里所说的"巴"，就是巴东之简称。既然巴东可以简称"巴"，"巴西"当然是指巴东之西。李自成被困"巴西鱼腹诸山中"，意即李自成被困于巴东以西之古"鱼腹"县境"诸山中"。

㉚攻打上龛日期，见《吁天录》卷十三、卷十五。回返陕西日期，该书卷十五说："七月三十日，闯将李自成自胡其里败后（卷十三、卷十五均记胡其里之战为六月二十七日），零奔洵阳。"又说："八月以后……闯逆入秦。""十一月，闯将李自成在商雒。"卷十四说："（九月）十四日，先人进至夔门……闯贼李自成自胡其里败后，零奔洵阳，先人恐其入秦，煽惑新起之寇，檄秦中抚、按谨备之。……闯将时（指九月二十三日之后）窜洵阳……（十月）二十七日，闯将遁秦山中。……（十一月）十七日，闯将李自成在商雒。"上龛之位置，《房县志抄》（国家图书馆藏钞本）卷一《疆里》图，谓在房县县城之西南；卷二《津梁》有"上龛桥"，谓在县城西180里。同治丙寅刊《房县志》卷三《村镇》，谓"上龛，城西百八十里。"参看1957年8月出版之《中华人民共和国地图集》，知上龛实在房县西南。

㉛据《吁天录》卷十三、《平寇志》卷三、《明史纪事本末》卷七十七。

㉜《平寇志》卷三记载曹操等东走房县之具体日期不明确，记事系于过、关"癸未"（七月初四日）战败之后，估计"走房县"当在七月上旬。小秦王、混世王投降，《吁天录》卷十三记载为十三年七月十三日。除小秦王、混世王外，该书说还有"判子张自秀"一同降，这里所说的"判子"，疑即农民军中著名的"张胖子"。张、罗于何时、何地合兵？从《吁天录》卷十四的材料看，合兵是在八月初一日以前七月之内；

小秦王等七月十三日投降，曹操势孤，走合献忠，估计这个走合时间当在七月中旬。合兵地点为木瓜溪，属湖广地界。

㉝土地岭之役爆发日期及潘应奎（《绥寇纪略》作"潘映奎"，《平寇志》作"潘映"）之死，据《吁天录》卷十四记载。

㉞杨嗣昌入蜀及抵夔门日期，见《吁天录》卷十一、卷十四。所引之疏，见吴应箕著《庚辛壬癸录》卷一。该疏无具体年月。但若从"奉命出都，将及十二月"这两句话所提供的线索推测，可以大致确定其时间。按杨嗣昌出都为崇祯十二年九月初六日，疏中说"将及十二月"，意思是快要满一年，故由此推知此疏必在入蜀途中、尚未到达夔门时所上。据《吁天录》卷十四讲，十三年八月十一日，杨嗣昌还"以诸渠相继而降，为具官兵战胜收降之奏"；说明他在入蜀前数日，还很趾高气扬，还在向皇帝夸功报喜。不料十数日后，忽然来了个大转弯，向皇帝"乞恩请罪"，想必是收到了土地岭战败消息，才使他的气焰顿挫，上疏请罪。

㉟《蜀碧》，卷一。

㊱据《吁天录》卷十四。《蜀碧》、《明史·张献忠传》说杨嗣昌到过重庆，其实未到。

㊲张、罗何时围攻成都？《明史·邵捷春传》谓为十三年十月，《蜀碧》卷一谓为这年九月。《吁天录》虽未明确指出出围时间，但据卷十四所记农民军在成都附近各县活动之日期，略可推断出围攻成都大概在十一月十四日至十九日之间，九月、十月围成都之说都不可靠。

㊳开县黄陵城之役，《蜀龟鉴》卷一、《蜀碧》卷一、《平寇志》卷四、《纪事本末》卷七十七、《国榷》卷九十七、《明史》卷二十四等书，所记日期均同。游击郭关，《蜀碧》、《绥寇纪略》、《皇明四朝成仁录》均作郭开，误；应以《吁天录》、《平寇志》、《纪事本末》、《国榷》所记郭关为准。《北略》卷十七《自成陷南阳》说刘士杰、郭关、猛先捷等俱在崇祯十四年十一月战死于南阳；但《吁天录》记三人战死黄陵城甚确，无可怀疑。《吁天录》卷十四说，杨嗣昌由顺庆赶回云阳为崇祯十四年正月初六日；"（正月）十九日，贼过夔门，望三巴而去，确于向楚。……躬（指杨嗣昌）至夔门。"由此知杨嗣昌和张献忠等系同日到达夔门。

第五章　民心所向

一　此消彼长

崇祯十四年（1641），两京、山东、河南、浙江旱蝗。是年，上而江北，下而苏、杭，饥民相枕于道。①

自古号称中原腹心之地的河南是中华民族文化的摇篮，自崇祯改元以来，几乎没有一年不闹灾荒。其灾区之广，灾情之重，实在惨不忍闻。

南京兵部尚书吕维棋于崇祯六年上《中原生灵疏》，历述自崇祯三年至六年该地区灾荒情状及官吏贪剥事实，声声血泪，令人有难以卒读之感。该疏说："盖数年来，臣乡无岁不苦荒，无月不苦兵，无日不苦输挽……旧征未完，新饷已催；新征甫毕，旧逋又下；额内难缓，额外复急。村无吠犬，尚敲催呼之门；树有啼鹃，尽洒鞭扑之血。黄埃赤地，乡乡几断人烟；白骨青燐，夜夜常闻鬼哭。"②

崇祯七年至十三年，河南地区旱、蝗连年不断，尤以崇祯十三年（1640）最为严重，不但是明朝开国以来所未有，即使查考历代文献亦属罕见。这年，河井尽竭，草木皆髡，斗米千钱，民多饿死。河内（今沁阳县）知县王汉命画工画《灾伤图》十六幅，加上说明，进呈皇帝御览。画前有序，云："磋乎！磋乎！图之所能及者，得而见之；图之所不能及者，不得而见之也。工能尽画其形，而不能画其啼饥号寒之声。可奈何哉！"③

崇祯皇帝每次接到各省告灾奏疏，除了求神问佛、乞灵于斋醮外，别无他法。起初，设斋建醮，只在内廷，犹恐外界得知；后来，竟下旨召请

江西龙虎山"张真人"张应京入京章醮于南城。朱由检还亲自带着周皇后及田、袁二贵妃，乘坐小辇，由文华殿西夹道出宫，密往行礼。④

正在湖广前线督剿农民军的"督师辅臣"杨嗣昌，看到各地报灾文书，更是束手无策，唯有上疏请求皇上谕令天下遍诵《华严经》，并荒唐地宣称诵经可以"驱蝗"、"灭寇"、"消灾"、"祈年"。杨嗣昌的奏疏，在政府邸报上刊布，引起举朝讥评，嗤之曰："笑破天下之口！"不少人上疏声讨，请皇上对他明正典刑。⑤

处于水深火热之中的广大人民，处境越来越艰难，日子越来越不好过。深州（今河北深县）地方，一次捕捉到一起"盗贼"，都是些垂死待毙的饥民，只因"窃祖父之糠三升，姑之谷二升"，就依律定之为"盗"，尽加炮烙，"人犯"尚未押解到衙门，半数以上就倒毙途中。宁晋地方，一次擒获到数百"土贼"，搜其身，不过糠皮、榆屑三四升，且皆瘦饿得无复人形，随地僵仆，欲诉无声，欲哭无泪，连押解的人看到这种惨状，也有所不忍，不得不把他们放掉。⑥

崇祯十二年（1639）冬，钦定《保民四事全书》编成，颁行天下。此后，明政府即命各地方督、抚等官，以"修（壁垒）、练（兵勇）、储（粮草）、备（"盗贼"）"四事"课属邑"，以四事高下"定官评"。在这种功令驱迫下，各地地方官皆畏以"四事"参罚，为保住自己的前程，无不"惟力是视，竭泽焚林以求自全"。⑦崇祯十四年秋，浙江德清、崇德两县，以"迟兑误漕"，为该省巡抚参奏，缇骑奉旨拿解两县印官。崇德县知县赵爔，被逼自缢而死；德清县知县朱子洁被逮至京下狱，后因漕事报竣，朱具疏详陈地方荒苦情状，方得释罪调用。⑧

在这种情况下，大江南北、黄河两岸，各种反抗斗争和武装起义，有如风起云涌，到处都是一片天翻地覆的动荡景象。旧的统治权力的崩溃和旧的社会秩序的瓦解，显示了革命高潮即将来临。

素称鱼米之乡的江南苏州、常州等府，普遍发生抢米风潮。各城乡饥民，手执器械，逐镇逐乡，抢米店，吃大户，杀死恶官恶吏，严惩土豪劣绅，势如雷霆，不可阻挡。太仓州饥民，千百成群，涌进巡抚陆文献家，开仓放粮，分财分物，放火烧毁他家住宅。无锡乡官马世奇，侵吞官粜米银200两，被饥民一顿乱拳，打得头破血流，住屋也被烧毁。⑨

四川彭县征收钱粮，知县给衙役工食，令他们下乡催索，听其任意敲诈逼勒，每到除夕，催逼尤急，民皆怨苦。彭县平民王纲、王纪，倡议除"衙蠹"，鸣锣集众，尽毁各衙役家。其他州、县闻风而起，发展为"除五蠹"风潮。所谓"五蠹"，指的是：一、"衙蠹"——为非作恶的吏胥、皂快；二、"府蠹"——投靠王府、武断乡曲的帮闲、帮凶；三、"豪蠹"——强悍不法的恶霸、地头蛇；四、"宦蠹"——缙绅家仗势欺人的豪奴、恶仆；五、"学蠹"——包揽词讼、生事害人的生员、士子。凡在"五蠹"之列，或被捶击而死，或被烧死、烫死、活埋而死。新繁、彭山等县，由"除五蠹"风潮发展为武装民变；成都四乡亦揭竿拥众，呼噪城下。明政府惊慌万状，紧急发兵征讨，直到流血成渠，才勉强将风潮平息。⑩北直隶、河南、山东三省交界地区，大大小小的武装起义，此呼彼应，声势分外壮阔。有的打着"替天行道、杀富济贫"旗号，屯粮聚众；有的以"威行天下都招讨"名义，遍贴告示，招兵买马。起义军恃有大炮、三眼枪、火药、铅铁子、弓箭、长枪等器械，临阵对敌，奋勇上前，全不把官军放在眼里。若山东官兵进剿，农民军接仗不利，则转入直隶、河南境内；若直隶、河南官兵进剿，接仗不利，又退回山东地界。起义首领，不少是以古代名将、谋臣之名为名，自称伍子胥、张良、韩信、张飞、关平、焦赞……，或竟以"梁山泊"的英雄之名为名，自称宋江、柴进、燕青……。起义队伍，究有多少支，共有多少人，现已无法弄清楚。⑪

大名府开州（今河南濮阳县）一带，有黄小槐起义，称"顺天仁义王"，聚众12000人，与山东省东阿县李沄率领的起义军互相呼应，势力发展到临清、沂州（今临沂）地区。黄小槐被俘牺牲，李廷实、李鼎铉继起于鲁西，一度攻占高唐州（今高唐县）。东平州（今东平县）也一度为起义军攻占。东阿、张秋、肥城等地，农民武装纷起响应，京畿道路梗塞，各省解往京师的饷银、粮食数百万，俱被阻于兖州（今山东滋阳）。泰安起义农民约有十余万，声势震撼宁阳、曲阜诸县，直接威胁兖州。起义军向南出击，家属妇女甲胄守营，青壮男子荷戈出征，打到扬州南沙河店，焚毁南归漕船30艘，旋折向西北，与徐州、丰县起义军配合，围攻丰县。⑫

山东省东平州寿张县梁山地区有李青山等起义，濮州范县地区有吴翰华等起义。李青山是当时山东各支起义军中最著名的首领。他的部队设有军师、当家大元帅、元帅、副元帅、千总、参谋等职称，各地不少起义首领都接受他的封号，听从他的调遣。他的名声远播京师。山东巡抚王公弼令总兵刘泽清、杨御蕃协力夹击，或分或合，相机应变，"务期剪渠散胁"；王公弼则亲自调度团练副总兵马岱之兵2000，驻扎省城，或战或守。在官军的疯狂剿杀下，李青山一度妥协、投降，甚而还帮助官军围剿吴翰华，迫使吴部也投降官军。但是，没过多久，他又重新反叛。官军对他加以无情痛剿。他战败被围，突围而走。官军悬重赏捉拿。崇祯十五年正月初五日，他只剩下数十人，被官军数百包围于费县东南的箕山迤东某地，因所骑战马中箭倒地而被俘。官军献俘京师，地方文武吹嘘胜利，彼此抢夺头功，向朝廷邀赏。同年二月二十五日，李青山与其战友王邻臣、赵一资、余成印等24人在北京为明政府分别处以凌迟、杀头极刑，壮烈就义。⑬

明代铁盔

"梁山"地区是《水浒传》上的英雄造反的地方，而《水浒传》一书又在广大人民群众中流传甚广，不仅一般"隶、佣、瞽、工"喜欢阅读它，就连一些文化很高的读书人士也对它倍加称赏。著名思想家李贽曾对《水浒》加以圈点、推奖，著名文史学家张岱曾给《水浒》一百单八位好汉中的48人写过"赞"。⑭民间街谈巷议，人人乐听《水浒》故事；宋江等《水浒》英雄，家喻户晓。甚至"街市小民"，将宋江等人之像，"画为纸牌，以赌财物，其来尤久"。在明统治者看来，后世之所以敢于犯上作乱，敢于反抗官府，"皆《水浒传》一书为之祟也"。"此书盛行，遂为世害"。李青山等人虽被擒斩，而郓城、巨野、寿张、范县诸处"梁山"一带，"恐尚有伏莽未尽解散者"，"《水浒传》一书，贻害人心，岂不可恨哉！"刑科右给事中左懋第上本，主张严禁《水浒》，并请将"梁山"改名为"灭寇山"或"荡寇山"，以肃清影响。

两月后，兵部尚书陈新甲又具题请严禁《水浒》。经皇帝御批，兵部奉旨，咨都察院转行山东巡按严饬道、府有司，实心清核："务令降丁各归里甲，勿使仍前占聚。一面大张榜示，凡坊间家藏《水浒传》并原板，尽令速行烧毁，不许隐匿。仍勒石山巅，垂为厉禁。清丈其地，归之版籍。并通行各省直巡按及五城御史，一体钦遵，禁毁施行。"⑮当日官府查禁《水浒》，雷声大雨点小，此书民间仍广泛流行，仍为农民起义军所重视。

老回回、革里眼、左金王、南营八大王四股，合马兵万骑，于崇祯十二年十月，自湖广蕲州（今湖北蕲春县）、黄梅走江北，分屯英山、霍山、潜山、太湖所属诸山，队伍壮大至2万，分兵进攻安庆、桐城。回、革诸营设有许多专责侦探，分布江、皖诸境，以觇官军虚实。若官兵势盛则转移，兵少则迎敌。官兵搜山清野，则突出郊关，及列阵平原，又负险深箐。农民军时时处于主动地位，官军却处处被动挨打。崇祯十三年秋，革里眼、左金王转战于霍山、太湖间，为太监刘元斌所率6000禁军及皖、豫兵所败，西入湖广，克麻城、黄梅。不久，回、左、革诸营走英、霍，逼凤阳。这年冬，监军杨卓然入潜、太山中诱降，失败而还。

崇祯十三年（1640）夏，河南鲁山县练总詹思鸾叛据县城，同年冬失败，为该县知县密谋擒杀，余众尽遭屠戮。七月，伊阳县城为当地土著起义军占领，县令赴汝州途中为农民军所杀。⑯这年七八月间，渑池县张三星聚众七八千，新安县于士秀、刘得源、王之典等聚众数千，歃血结盟，约期攻打新安县城，城中早伏有内应，事泄被破获，故攻城未能得手。崇祯十三年八九月间，李际遇、申靖邦、任辰、张鼎聚众至5万，奋战于郏县、尉氏一带。⑰这年十月二十二日，一支打着李自成旗号的队伍——骑兵500，攻打内乡县城东北乡之薛家寨（一名天宁寨）甚猛，守寨兵勇拼死抵抗，激战数日，农民军退去。这年叶县土著起义军占据本县西南山为根据地，树旗反抗官府。在项城，一支700人的精锐骑兵队伍，也打着李自成的旗号，自颍州来夜袭县城，逾堞而入。该县知县率领衙兵据守城中鼓楼，负隅还击，农民军因无后继，攻打失利，退出城。汝宁府城，在农民军里应外合攻打下，几被攻破。郏县县城，为杨同锦占领，久住县城不去。⑱

崇祯十四年，滑县、开州（二地明时属京师大名府，今均属河南省，滑县今移治道口）、封邱、河阴（今无此县，故地为今荥阳、汜水、广武所属）一带，袁时中、艾一、侯二、侯四、孟三、一斗谷、瓦罐子等义军首领，分别聚众倔起，攻城夺地，声势震赫远近。诸人中，以袁时中的势力最大。

袁时中，滑县人（一说开州人）。一般史书都说他起兵于崇祯十三年，实际可能比这要早。他自称"小袁营",以区别于雄据河南东部的"袁老三营"。由于他在河南战斗的时间较长,所以有的记载干脆称他为"河南土寇"。和其他土著义军首领相比,袁时中的部队军纪最好,不杀人,不掳掠,连一些官绅人士也不得不承认这一点。他开始在滑县、开州等地率众反抗官府,队伍逐渐扩大,一度攻打开州失利(一说曾攻破开州),转攻浚县、滑县,在滑县海头村大败官军,杀死把总耿泰鸿。真定火攻营参将周尔敬统兵来援,与滑县知县李岩所领乡兵一道,追剿袁时中于青冈。袁战败,往南撤退。崇祯十四年(1641),他率部渡过黄河,围攻兰阳(今河南兰考县)、睢州、柘城,后由归德进入江北,攻克霍丘。他在凤阳、泗州(今安徽泗县)、颍州、亳州等地,坚持和官军战斗。大量饥民和大批失业矿徒加入了"小袁营"的队伍,他的人马迅速发展到20万,这是他的极盛时期。这年夏,总督朱大典率总兵刘良佐,先后在蒙城、义门(在今安徽涡阳县西北)围剿"小袁营"。袁时中多次遭到惨败,人马损失几尽,仅以数百骑力战突围,逃回河南。[19]

"大明江山,将失过半!"[20]明统治集团中的人物为此不觉哀叹,广大农民军战士,对此不禁欢呼。双方盛衰、消长之势显已发生深刻变化。

注:

①《北略》卷十六、卷十七。

②见《明德先生文集》卷五。乾隆《河南府志》卷七十八《艺文志·疏》收有吕维祺《请免河南粮疏》,实即《中原生灵疏》,惟《府志》所载字句有脱漏。

③有关灾荒情况,据《明德先生文集》卷十二《复劝倡义赈荒说》;上《灾荒图》事,据《豫变纪略》卷三。

④据《玉堂荟记》卷上及孙承泽《烈皇勤政记》。

⑤参阅《烈皇勤政记》、葛麟著《葛中翰集》卷一《请诛杨嗣昌疏》、《庚辛壬癸录》。据孙承泽《思陵典礼记》卷二讲:崇祯皇帝的宠纪田贵妃所生爱子皇五子朱慈焕夭折,田妃十分悲恸。杨嗣昌之起用,实由于走田妃内线的关系。杨上疏请天下遍诵《华严经》,是为了讨好田妃,表示对皇五子的哀悼。据此知杨此举并非完全出于愚昧。

⑥以上二例均崇祯十三年事,见《明末农民起义史料》十一《兵部为奏明保民四事等事》。

⑦见《明史》卷二十四及《兵部为奏明保民四事等事》。

⑧《三朝野记》，卷七。

⑨《研堂见闻杂记》及《北略》卷十六。

⑩顾山贞撰《客滇述》及欧阳公卫著《蜀乱》。

⑪参看《明末农民起义史料》所载崇祯十三年、十四年有关奏疏。

⑫焚毁漕船，《绥寇纪略》作30艘，《平寇志》、《纪事本末》、《北略》作16艘；焚漕船后，前一书谓"复向东平、张秋，围丰县"，后三书谓"复东北行"。按实际方位言，丰县在扬州西北，"东北行"恐为"西北行"之误。

⑬见《兵部题行"御前发下总理河道张国维题"稿》（《明清史料》乙编、第十本）、《兵部题"御前发下本部题山东巡抚王公弼揭"残稿》（见同上）。李青山被俘事，《北略》卷十八、《明史纪事本末》卷七十五、《平寇志》卷五，都说为给事中范淑泰、鲁府左相俞起蛟所擒。《平寇志》又说为太监刘元斌所擒。但据《绥寇纪略》"补遗下"及《兵部行"兵科抄出总理河道张国维题"稿》（《明清史料》乙编、第十本），知擒获李青山者，既不是给事中某某，也不是鲁府左相某某，连刘元斌也是冒功。又据《兵部行"处决山东俘犯李青山等情"稿》（见同上）载：李青山、王邻臣"俱依谋反律，凌迟处死"；赵一资等"俱依谋叛律，斩俱决不待时"。明统治者还将李青山等24颗首级差官送往山东，命山东巡抚"于作乱人烟稠密处所悬示"。《纪事本末》卷七十五、《流寇始终录》卷十五、《国榷》卷九十八均谓李青山被俘在崇祯十五年正月"丙子"（初六日），与《绥寇纪略》所记同。《北略》与孙之騄辑《二申野录》卷八只说为这年正月。《平寇志》则将此事系于这年六月。按李青山被俘日期实际应为崇祯十五年正月初五日，正月初六日守备杨衍将李被俘事塘报上闻。以上诸书系根据塘报日期谓李被俘为初六日，实误。《平寇志》尤误。

⑭张岱著《琅嬛文集》卷五《水浒牌四十八人赞》。

⑮见《明清史科》乙编、第十本《兵科抄出刑科右给事中左懋第题本》。左本具题日期不明，只知"奉圣旨"日期为崇祯十五年四月十六日，估计具题日期当为这年四月初旬。陈新甲之奏，见《明末农民起义史料》所收《兵部为梁山寇虽成擒仍严禁〈水浒传〉等事》。陈具题日期为崇祯十五年六月□日，"十五日奉圣旨"。

⑯嘉庆元年修《鲁山县志》卷二十六《循政记》、道光《伊阳县志》卷末《杂记》。

⑰张鼎延撰《新安定变全城记》、《明史纪事本末》卷七十五及《平寇志》卷三。

⑱崇祯十三年十月下旬李自成还在陕西，尚未进入河南，康熙《内乡县志》卷十《兵事志》谓自成"潜率"500骑攻打薛家寨，当系误认。叶县农民军事，见光绪重印《叶县志》卷一《舆地志·兵荒》。该志记载极简略，无具体月日，也无具体人名。夜袭项城事，见乾隆《项城县志》卷十《艺文志下·记类》录知县张应弘《保项记》；

该志谓"闯寇"自颍州夜至，亦系误认。攻汝宁府，见康熙《汝宁府志》卷十《武备·军功》。攻郏县，见同治年续修《郏县志》卷十《杂事志·兵燹》录仝轨《纪土贼事》。

⑲袁时中起义时间，一般都说为崇祯十三年。民国二十二年重修《淮阳县志》卷八《大事记》："（崇祯）十一年，开州贼袁时中率众万人掠陈（州），兵备道关永杰领官兵捕剿，遁去。"又《甲申朝事小纪》三编、卷三《桐城事纪》：崇祯十年，"小袁营、过天星等又谋袭六安。"据此看来，"小袁营"之起义，应早于崇祯十三年。但据康熙二十九年续修《陈州志》卷四《艺文志·兵宪传》讲，关永杰"崇祯十三年升睢陈兵备金事"。《明史》卷二百九十三《关永杰传》载："督师杨嗣昌荐其才，请用之军前，乃擢睢陈兵备金事，驻陈州。"《明史》虽未明确指出擢升睢州兵备金事之具体年代，因传中有"督师杨嗣昌"一语，查考杨嗣昌"督师"楚、蜀之时间，故知该传所指关永杰任兵备金事当亦在崇祯十三年。既然崇祯十三年关永杰始驻陈州，那么，《淮阳县志》所说崇祯十一年关"捕剿"袁时中一事，在时间上就有点值得怀疑了。《甲申朝事小纪》所收《桐城事纪》，从文字上核对，知实际就是戴田有的《孑遗录》。国家图书馆藏钞本《潜虚先生文集》卷十四收有《孑遗录》。该"文集"说，潜虚先生姓宋，桐城人；可是集中所收《孑遗录》明明是戴田有所著，怎么姓戴的著作会被编进姓宋的文集中去呢？若细加琢磨，就会明白，原来这位宋潜虚先生，不是别人，就是戴田有。按戴田有名戴名世，"田有"是他的字，安徽省桐城县人。他是一位留心明史的著名史学家，是文字狱"南山集案"的主要受害者。"潜虚"含有隐遁之意。"潜虚"与"名世"，是含意相反的两个概念。"戴"姓，据《姓纂》讲，本"宋戴穆公之后"，系以谥为氏。如上所述，很清楚，"宋潜虚"即"戴名世"之化名。将"名世"一名化为"潜虚"，取其相反之意；将"戴"姓化为"宋"姓，追溯其姓氏至古远之时。据姚觐光辑《清代禁毁书目四种》，知乾隆时被禁毁的戴名世著作，有《孑遗录》、《戴田有诗文》、《戴田有全集》、《戴田有集》。在这些禁毁书中，未有以"潜虚"作为集名者。《潜虚先生文集》当系文网稍弛时之晚清人所编，编者不敢用"戴田有"之名，而采取一种欺天瞒日的手法，化名"宋潜虚"，无非是为了逃避清代文字狱的株连。《潜虚先生文集》目录中有这样一段话："《孑遗录》者，纪桐城明末兵变之事，先生生平极意之文，莫过于是。向自别为一书，有北平王源、休宁汪灝、同里方玉正序。"既然强调指出《孑遗录》乃戴田有（宋潜虚）"生平极意之文"，这就是说，该书之史料价值，已为一般治史者所重视。可见上引《桐城事纪》（即《孑遗录》）有关崇祯十年"小袁营"、过天星等"谋袭六安"之记载，不能不值得注意。可是另据《野史无文》卷四讲，"小袁营"名张三贵；如果这个记载可信，这说明"小袁营"有两个。究竟《桐城事纪》所说之"小袁营"，是指袁时中？还是指张三贵？

俟考。《纪事本末》、《石匮书后集》等书讲，崇祯十三年"小袁营"在开州等地作战时，袁老山在寿州一带活动，但据道光戊子（八年）重修《太康县志》卷八《杂志·兵变》、《淮阳县志》卷八、顺治十六年修《商水县志》卷八《纪事志·灾变》、顺治庚子（十七年）修《临颍县志》卷七《杂稽·灾祥》（"变乱"附）、道光十三年修《扶沟县志》卷十二《灾祥志》、顺治十六年刻本《西华县志》卷七《兵火》、顺治十六年修《郾城县志》卷八《祥异志》，知此时袁老山不是在寿州，而是在河南。上举地志中有四种纂修于顺治年间，早于《明史》成书之前，距明末不远，有关袁老山在崇祯十二三年在河南活动情况，应可信。

⑳《北略》卷十五《王承恩哭梦》。

二 "迎闯王，不纳粮！"

崇祯十三年十一月十七日（1640 年 12 月 29 日），李自成由陕西商雒进入河南，先派骑兵哨探至淅川，大军随后而发。①

杨嗣昌一直在密切注视着李自成的活动。当李自成在湖广胡其里战败、陆续向陕西转移时，他檄示秦中抚、按严加戒备；当李自成由秦入豫，他一得报，就立即檄令兴安道张京统领刘洪起、王光恩、胡从耀之兵开入河南，与河南总兵协力合剿。杨嗣昌担心李自成由河南突走江北，与战斗在麻城、黄梅、英山、霍山、凤阳一带的革、左、回诸部会合，使江北的战火更加蔓延，无法扑灭。他还担心李自成会由淅川突至襄阳、南阳二府，使历年安插在这两府境内的大批降丁，闻风而起，局面将更加难以收拾。为了防止以上情况发生，他写信给郧阳地区各抚、道官员，说："闯贼若出中原，定奔革、左合股，而襄、南两府安降之处，抢夺勾引，二俱可忧。如能鼓舞使与贼敌而为我用，则勾不能去，附乃益坚。此不可檄宣者，惟公等留意！"②

但事实完全出乎杨嗣昌意料，李自成率军进入河南，由淅川向东，经内乡至南阳，打到南阳后，既未往江北，也未往襄阳，而是折而往北，直趋宜阳县。③

十二月二十一日，李自成破宜阳，杀知县唐启泰。大军进城，立即着手恢复秩序。李自成命新降举人楚璆署理县事，并拨发白银 3000 两，命他济贫安民。谁知等农民军一离开，楚璆就把这 3000 两白银送交给左良玉充兵饷，本人则带着家眷逃往怀宁府。④

二十四日，李自成移军攻永宁（今洛宁），猛攻三昼夜。二十七日二鼓，用大炮轰坍东城雉堞，放火烧东门，都司马有义见城将破，趁乱潜逃，一时城中喧声鼎沸。夜四鼓，东、西、南、北四门忽然大火，狱囚牛可敬、魏之明等破狱而出，为内应，引大军驾云梯登城。知县武大烈守北城，被执，劝降不从，被烧死。吏部郎中张鼎延守南城，黑夜受伤，见城破，慌忙跳进一口浅井躲藏逃脱。皇族万安王朱采铤城破亦被执，数日后被农民军杀死。⑤大军乘胜连破永宁县南熊耳山区四十八寨。河南土著义军首领一斗谷等闻风前来归附。李自成的队伍迅速发展到数十万人。

崇祯十四年（1641）正月初十左右，李自成率兵攻偃师，以泰山压卵之势一日而破，杀知县徐日泰。⑥

永宁位于河南府城洛阳之西稍偏南，距府城 190 里；偃师位于洛阳之东，距府城 70 里；宜阳位于洛阳之南略偏西，距府城 70 里。⑦洛阳的北面是黄河。李自成从东、南、西三面对洛阳采取半包围形势，离洛阳不过百数十里。

洛阳是历史上著名的古都，在军事上和政治上都占有十分重要的地位。

李自成攻打洛阳的目的虽无法正面得知，但从他打下洛阳后所采取的各项措施来看，很显然，他已明确地把"争天下"的政治要求提到了付诸行动的首要地位。

洛阳是福王朱常洵藩封之地。朱常洵是神宗朱翊钧的宠妃郑贵妃的爱子，是光宗朱常洛的同父异母弟，乃崇祯朱由检之叔。当年朱常洵就藩洛阳时，神宗及郑贵妃将宫中历年搜括的大量珍宝财物赐给他，又赐予庄田二万顷，他犹心不满足，还自奏乞请故大学士张居正的籍没家产和江都至太平沿江荻州杂税与四川盐井、榷茶银以自肥。又请淮盐 1300 引，在洛阳开设王店，中州百姓食盐，非王店盐不准买卖。这位福王，"性鄙啬而酷嗜货财"，"日闭阁饮醇酒，所好惟妇女倡乐"。河南连年旱蝗，百姓吃草根树皮不可得，而"王之粟红、贯朽自若"。凡军民人等，路过王府，无不对之切齿怒骂。⑧

淅川教谕樊梦斗劝他散财，收人心，不听。前南京兵部尚书吕维祺上书警劝他，说："三载奇荒，亘古未闻；村镇之饿死一空，城市皆杀人而食。处处土贼盘据，加以流贼数万，阴相结合，连破鲁山、郏县、伊阳三县，又 6 日之内连破宜阳、永宁二县，贼势汹涌，窥洛甚急，无坚不破，无攻不克。且饥民之思乱可虞，人心之瓦解堪虑……若夫师行粮从，尤为紧要，库藏如洗，捐助几穷，不能不仰望于贤主之概发德音也。"⑨吕维祺的多次进言，一点也打动不了他的心。

正月十六日，河南分守道王胤昌驱迫军民部署城防。总兵王绍禹、副将刘见（一作"有"）义、罗泰各引兵至。这天，黄雾四塞，日色昏暗，光景很惨淡。

王绍禹一向克扣士兵粮饷，部下军纪极坏，他既害怕农民军，也害怕自己的士兵。他不敢和农民军打仗，一闻战鼓声，就吓得心跳色变。他请求福王允许把军队开进城内。福王怕有他变，不肯答应，三次谕令阻止。刘、罗二将不遵谕令，十七日强行入城。十八日薄暮，城外忽有呼叫声，还可看到一片火光，刘、罗诈称出城"逐贼"，焚西关而走，抵七里河，投降农民军。十九日，李自成大部队开到，先作试探性进攻，用罗泰所献之炮轰击东城，继而转轰西北城。

二十日，农民军大举攻城，攻打一整天，胜败未分，黄昏时，战事忽停，大军渐向后撤。城中摸不清头脑，不知农民军为何忽向后撤？这天夜半，王绍禹的士兵哗变，骑兵手持长矛，沿街奔驰，大声呼喊："城破了！""城破了！"呼喊声传遍城上、城下。士兵抓住王胤昌，将刀放在他脖子上，威逼索饷。城上几名守兵早被砍翻在地。城楼忽冒烟起火，城门大敞洞开，守城兵笑语喧哗，高声向城外招呼，农民军像潮水一般涌进城来，或由城门而入，或缘城堞而上。雪亮的刀枪，通明的火炬，马腾人欢的嘈杂声，使这座死气沉沉的古城突然变得生气洋溢起来。洛阳终于被农民军胜利地占领了！

王绍禹在慌乱中跳城逃走。通判白尚文惊坠城下跌死，尸首寻不着。福王朱常洵同世子朱由崧黑夜缒城逃出，次日天明，附近百姓报信，农民军跟踪搜至迎恩寺，将朱常洵捉获。朱由崧自顾走脱，北渡黄河，途遇乱兵，衣物被洗劫一空，赤身裸体奔往孟县，不久，逃往怀庆府。吕维祺城破亦被俘。

朱常洵是个大胖子，体重 300 余斤，农民军战士将他押至西关周公庙。吕维祺也被押到这里。李自成端坐在殿上。朱常洵一见，面色如土，连忙跪下叩头乞命。李自成当众宣布朱常洵罪状。宣布毕，命人将他拖出杀

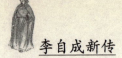

掉。接着对吕维祺说："你不是吕尚书吗？你今日请兵，明日请饷，要杀我们，今日何如？"吕维祺答道："惟有一死。"两旁战士强要他跪，吕不肯，亦被拖出杀掉。

李自成下令，散发王府、富室大米数万石、金钱数十万，大赈饥民。并对饥民说："王侯贵人，剥削穷民，不顾百姓死活冻馁，我杀他们，就是为了你们！"农民军放火烧毁福王府，大火三日不熄。饥民们扶老携幼，前来洛阳，人群日夜络绎不绝，数以百万计。

李自成举行盛大祝捷宴会，以福王之血与鹿血渗合酒中，名曰"福禄酒"，大飨将士。全营上下举杯祝贺，欢声雷动。河南地区一些土著归附义军首领也参加了这次盛会。李自成发表《九问》、《九劝》诸檄文，号召群雄为推翻明朝残暴统治而团结奋斗。这时，他正式打出了"闯王"旗号。⑩

李自成继承"闯王"名号是在5年前，但公开对外仍一直自称"闯将"。这时，形势发展迅速，已和过去明显不同。若从主观方面来讲，他部下的人马已骤增到数十万，而且还拥有一批足智多谋、能征惯战的文士和武将，如顾君恩、李岩、牛金星、宋献策、刘宗敏、李过、张鼐、袁宗第、任继荣、田虎等人，势力已非常雄厚。若就客观方面来讲，农民军经过十多年的艰苦奋战，已由分散的数百股逐渐形成为几大股，活动的范围也由局部地区扩大到全国，斗争双方已面临到具有决定意义的主力对主力的作战阶段；形势需要他以堂堂正正的"闯王"名义来发号施令，需要他作为一面号召、团结各革命力量的战斗旗帜。这是形势发展的需要，也是广大战士和老百姓对他的要求。所以，从这以后，人们便以"闯王"或"李闯王"来亲切地称呼他了。

农民起义高潮的来临，进一步引起了明朝统治阶级内部的分化。某些在政治上受到歧视、排挤，或在仕途上遭到失意、挫折的知识分子，由于各种原因，被当时汹涌澎湃的革命浪潮卷进到农民军的行列中来了。洛阳攻克的前后，就有不少官绅家庭出身的士子归顺了农民军，有些人还在闯王手下担当了重要的职务，并且起过相当重要的作用和影响，李岩、牛金星、宋献策3人就是例子。

李岩，原名信，河南杞县举人（一说"诸生"）。他为人慷慨，好助贫救乏，是个富有正义感的士人。自崇祯十一年至十四年，杞县年年旱蝗、大饥，死人无数。"黎民处处不聊生，草根木叶权充腹"，"官府征粮纵虎差，豪家索债如狼豺"，百姓们纷纷被逼上"梁山"。崇祯十一年秋，白莲教徒以白带约腰为记，暗结杞县城中穷民为内应，聚众攻城，攻打两昼夜。起义不幸为该县知县苏京击败，大批起义群众受牵连被杀。次年，一条龙（姓韦，不知名）、袁老山率领河南土著义军，攻打杞县，全县震动。十三年冬，一条龙再次率众打到杞县，其锋甚锐，后为副总兵陈永福所败；不久，一条龙病死，部众遂散。大概就在这几年当中，李信曾发放家中存粮赈济过饥民，并作《劝赈歌》劝说其他富户开仓济贫。饥民们感激他，称他为活命的"李公子"。但是他的义举却遭到地方官和当地富豪之家的嫉恨，诬说他发粟市恩，激众为乱。官府借故将他逮捕下狱。饥民们群起暴动，将他从狱中救出。李信无法在本县安身，投奔了李自成，改名为李岩。投奔的时间可能在崇祯十三年冬、十四年春。⑪

牛金星，河南宝丰县举人（一说贡生）。他的儿子牛佺是个秀才，娶祥符县（今开封县）进士王士俊的女儿为妻。王、牛两家结为姻亲，关系本很密切。但因为王士俊私生活很乱，家有闺门之丑，牛金星一次醉后乱说，当众将王家丑事宣扬，致使王士俊衔恨切骨。另一次，牛金星又喝醉酒，使酒性，笞责了宝丰县吏，致引起县令极大不满。后牛佺的妻子死去，王士俊趁机翻脸，串通宝丰知县，罗织牛金星父子罪状，告到上司，革去牛金星举人身份，把他父子俩一同投进监狱。李自成攻克洛阳，派兵攻破宝丰，将牛金星父子救出，从此他们父子二人就投归李闯王，受到了闯王的重用。⑫

宋献策，河南归德府永城县人。他是个饱经世故、具有丰富社会经验的江湖算卦先生。他身不满三尺（一说"三尺余"），面孔狭长，右足跛，走路支着拐杖，人皆呼之为"宋矮子"或"宋孩儿"。他是经牛金星推荐投奔闯王的。他向闯王李自成献图谶，说："十八子，主神器。"李自成大喜，拜他为军师。

在李岩等人的建议和帮助下，李自成加强了政治宣传工作，加强了军纪，提出了"均田免赋"的土地政策和"平买平卖"的商业政策。

李自成的"均田"，具体内容是什么，怎样实行，实行的程度如何，由于有关这方面的记载缺乏，现已无法弄清。目前只能根据一些零星、间接史料，了解一些极其有限的情况：

自从"均田"政策提出后，李自成所部农民军每到一个地方，该地的权贵、显宦和豪门富绅，或被杀掉，或被留作人质，其家所有田地、房宅、钱财、稻粟，皆被没收。⑬农民军将没收来的财物、粮食，部分赈济贫民，部分留作军用，将没收来的土地，或募民垦种，或直接分给农民，发给牛、种，令其耕种，收其籽粒。⑭

农民军每到一地，首先在通衢要道贴出告示，宣传"割富济贫"之说。凡过去为地主霸占的田土，不论久占、新占，允许原业主认耕夺回。地主们闻听农民军打来，或逃避外乡，或藏匿他处，或为农民军捉住处死。在农民军的支持下，许多失去土地的农民，又收回了自己的土地。许多村庄，被夺回土地的农民宣布为己有。长期被踩在脚下的乡下人，无不欢欣鼓舞拥护农民军政权。⑮

李自成的"免赋"政策，比起"均田"政策来，要具体得多。按照明政府的规定，"视地起粮"，"视赋起差"；"免赋"即免粮赋，不光是免钱粮，而且要免差徭。李自成曾公开指斥过明政府的"加派"，并针对此有过"免粮"、"不催科"的明确指示，同时还发布过"三年免征"，"五年免征"、"蠲免钱粮"等一系列正式文告。"免粮"、"免征"，究竟免多少？何处免"三年"、何处免"五年"？主要依各地具体情况而定。崇祯十六年（1643），李自成占领荆州，"出示安民，传檄取投粮册"⑯，说明农民军对征粮一事仍然很重视，并非一律全免。至于怎样征收，标准如何，可惜这方面现在已无法用具体材料说明。不过可以断言，在明政府"征敛重重"、"牌催差守"、"血流盈阶"的情况下，农民军的"免粮"、"免征"政策，肯定会受到广大贫苦农民的热烈拥护和支持。此点可从后来工科给事中彭琯的奏疏与南明政府礼部尚书高弘图的奏疏中，间接得到证明。彭琯奏："往者逆贼犯楚，实由人心惑于'三年免征、一民不杀'之伪示耳。"高弘图上疏弘光皇帝，陈"新政八事"，其中一条是"请蠲江北、河南、山东田租"，理由是"毋使贼徒借口"。⑰

李自成的"平买平卖"商业政策，收到了很好的效果。农民军每占一地，商贾不惊，市民安堵，绝无扰害现象。崇祯十五年（1642）春，大军攻打河南归德府，营地延亘60余里，用白布搭上幕篷，使百姓担挑百货入营中，进行公平交易，两不相欺，军民关系极为融洽。当时许多归德人都曾亲眼见到过这一动人场面，并且留下了极为深刻的印象。⑱

在明统治区内，"农怨于野，商叹于途"[19]，老百姓都感到活不下去。而李闯王的部队，不杀、不淫、不掠，所到之处，秋毫无犯，百姓归之如流水。两者形成了鲜明的对比。

"朝求升，暮求合，近来贫汉难存活。早早开门拜闯王，管教大小都欢悦！"

"杀牛羊，备酒浆，开了城门迎闯王，闯王来时不纳粮！"

"吃他娘，穿他娘，开了大门迎闯王，闯王来时不纳粮！"[20]

这些歌谣，生动地表达了当时的人心所向，民心所归。这是李自成迅速取得胜利的主要原因之一，民心向背是至关重要的。

注：

①据《孤儿吁天录》卷十四、卷十五记载，知崇祯十三年秋、冬之际，李自成是由湖广进入陕西，再由陕西进入河南。《豫变纪略》卷二也说李是由陕西进入河南。孙承泽《思陵典礼记》卷二说崇祯十四年二月崇祯皇帝召见群臣，问及李自成自何处入豫？兵部尚书陈新甲连说："贼自秦来。"（《北略》卷十七《李自成陷河南府》亦有此记载）《壮悔堂文集》卷四《代司徒公论流贼形势奏》亦云李系"由秦入豫"。李自成由陕西进入河南之时间，采《吁天录》卷十四、《豫变纪略》卷二之说；未采乾隆二十年刻《邓州志》卷二十四所记"七月"之说。

②《孤儿吁天录》卷十四、卷十五。

③崇祯十三年冬李自成由淅川打到宜阳，经过哪些地方，史书均缺乏记载。《绥寇纪略》卷九、《明史》卷三百九及卷三百九十三《武大烈传》，只说自南阳出攻宜阳，皆未提到中途经过何地。《国榷》、《怀陵流寇始终录》、《豫变纪略》、《小腆纪年附考》只说攻宜阳、永宁，连路过南阳也未提及。若就实际地理情况而论，由淅川至南阳，要经过内乡。既然李自成部十一月十七日"哨至淅川"，那么，打到内乡理应为十一月下旬；可是康熙五十一年修《内乡县志》卷十却说十月二十二日李自成"潜率五百骑"攻内乡薛家寨。这只能有两种解释：或"县志"将十一月下旬事误记为十月下旬；或十月下旬乃打着李自成旗号之别股部队。所谓"潜率"，也可能是李自成不声不响派出的一支先遣部队。嘉庆十二年孔传金重辑《南阳府志》、康熙三十年张光祖撰《南阳县志》及光绪三十年刊《南阳县志》，均无崇祯十三年李自成路过南阳之记载。

④攻克宜阳日期，据张鼎延著《异井记》、《绥寇纪略》卷九所记与此同。《国榷》卷九十七谓破宜阳为"十四年正月己卯（初三日）"，误。有关楚璿事，见光绪辛巳（七年）续修《宜阳县志》卷八《人物·义烈》。

⑤攻打永宁事，据《异井记》。民国六年续修《洛宁县志》卷六载张鼎延《邑令武公传》谓："（崇祯）十三年（原作"十二年"，显系刊误）十二月二十五日——贼，破宜阳，王府逋囚阴以我情输贼——注延之至。""二十四日"是指李自成部由宜阳来永宁，"二十五日"是指攻打永宁县城。关于万安王朱采铚之死，《明史》卷一百二《诸王世表》说"十四年，闯贼破（永宁）城，（万安王）遇害"；卷二十四《庄烈帝二》则说十三年十二月李自成"连陷宜阳、永宁，杀万安王采铚"。这两种说法，从时间上看好像矛盾，实际并不矛盾。《思陵典礼记》卷二："（崇祯帝）因问阁臣：世子（指福王世子）谕札内言，'杀王、僇官'，河南更有何王？阁臣云：不闻。上再三言之。（张）缙彦过，跪奏：正月初三日（指崇祯十四年），贼破永宁，内有万安王被杀。"这里所说的"正月初三日"不是指永宁城破，乃是指朱采铚被杀。据此，知《明史》卷二十四所记之着重点在"连陷宜阳、永宁"，"杀万安王采铚"只是交代之笔，故按宜阳、永宁实际攻破之时间记为"十三年十二月"；《世表》所记，着重点在"（王）遇害"，"破（永宁）城"乃是追叙之笔，故按万安王实际被杀之时间记为"十四年"。

⑥《明史·李自成传》谓李自成攻破偃师为崇祯十三年十二月，《豫变纪略》卷二、《平寇志》卷三所记亦同。这个时间肯定不可信。杀万安王是在崇祯十四年正月初三日，说明这天李自成尚未离开永宁。大军攻克永宁后，又连破熊耳山四十八寨，总需要几天时间。永宁距偃师约二百几十里，非一日所能赶到。故估计往攻偃师当在十四年正月上旬之末或中旬之初这几天内。

⑦参看《河商通省程途里数》（国家图书馆藏）及《中华人民共和国地图集》河南省图。

⑧《绥寇纪略》卷八、《豫变纪略》卷三、《明史》卷一百二十。

⑨《明德先生文集》，卷十五《上福藩启》。

⑩有关攻占洛阳之史实，各书所记许多地方有出入，今仅就其大者，举数例如下。甲、攻克洛阳之时间：乾隆四十四年修《河南府志》卷九十二载王铎《兵部尚书赠太傅忠节吕公墓志铭》讲，吕维祺被杀是在洛阳城破后第二天，即崇祯十四年正月二十一日，据此知洛阳城破当在正月二十日。《绥寇纪略》、《豫变纪略》、《怀陵流寇始终录》、《明史》卷二十四所记，即正月二十日。这个日期可信。《崇祯实录》卷十四、《国榷》卷九十七谓破河南洛阳、杀福王为十四年正月"辛丑"（二十五日）。《北略》卷十七谓正月二十六日壬寅"围河南府"。《野史无文》卷三《烈皇帝遗事（上）》、周在浚《大梁守城记》谓破洛阳为"正月二十二日"。《四朝成仁录》卷二谓吕被杀为"正月十九日"。以上日期均误。乙、有关吕之死：《明史·吕维祺传》说"不屈，延颈就刃而死"，孙承泽著《山书》卷十四《福藩之变》说为自成"杀之"。可是《平寇

志》卷四却说"缙绅兵部右侍郎吕维祺家居，闻变自经死"。吕为南京兵部尚书，此点《明史》、《山书》及王铎所撰《墓志铭》均言之甚确，此处作"兵部右侍郎"，误。又《明史》、《墓志铭》等材料都说吕参与了洛阳城守，负责守北门，而此处却说"家居"，亦不确。丙、《九问》、《九劝》诸文：《北略》卷十七："自成既入洛，撰《九问》、《九劝》诸伪词，号召群盗，勾引乱民，遂为闯王。"邹漪著《明季遗闻》卷一亦有此记载。《九问》、《九劝》诸文，各有关史书均未载原文，不知内容若何；既然撰文是为了"号召"、"勾引"，可见必为两篇声讨明统治阶级罪恶的政治檄文。丁、关于李自成称"闯王"事，《烈皇小识》卷四、《明史纪事本末》卷七十八谓称"闯王"乃崇祯十四年正月。《豫变纪略》卷二、《甲申传信录》卷六《李闯始末》谓称"闯王"为十三年十二月（后一书未说月份）。按李自成自继承"闯王"名号后，由于那时他的力量还不够强，加上番山鹞不服，所以一直没有公开对外称"闯王"。估计正式宣布"闯王"称号，当在崇祯十四年正月发表《九问》、《九劝》诸文告时（《北略》、《平寇志》谓发表《九问》、《九劝》及称"闯王"乃十四年九月事）。

⑪崇祯末年，人们都称李岩为"李公子"，不呼其名；由于"李公子"名气太大，所以有些人把"李公子"和李自成弄混，误以为"李公子"即李自成；或者"咸云李公子乱，而不知有李自成"（《北略》卷十三）。《北略》、《明史纪事本末》、《绥寇纪略》、《怀陵流寇始终录》、《国榷》、《罪惟录》、《后鉴录》及《彤史拾遗记》、《明亡述略》、《劫灰录》、《石匮书后集》、《爝火录》、《明季遗闻》、《明史·流贼传》、《平寇志》等书，均有关于李岩事迹的记载。但《豫变纪略》的作者郑廉，却认为李岩是个"乌有先生"。他讲："予家距杞仅百余里，知交甚夥，岂无见闻？即不幸而陷贼者，亦未闻贼中有李将军杞县人；不知《明季遗闻》何所据而为此也？而《流寇志》诸书皆载之，不知其为乌有先生也，为一粲。"个人的见闻总是有限的，亲见亲闻之事一般固然可信，然而却不可反过来说凡非亲见亲闻之事则绝不可信。何况《豫变纪略》一书开始写于康熙二十五年，成于康熙四十四年，去明末已有60多年，岂能保证见闻记忆一无差误？郑廉自号"柳下野人"，他的朋友田兰芳写有《柳下野人传》，说他"往往面斥人过而不随"，"复中于一偏之说者深，故于旁烛曲应为未尽"。看来，他确是个十分主观的人。既然如此，李岩是否为一"乌有先生"，就不能完全以他个人之见闻为准。尽管当时许多人把"李公子"误认为李自成，而不知为李岩，但却说明"李公子"这一称呼确已众所周知。李自成出身贫穷家庭，人们不会称他为"李公子"。各种记载明末农民革命的重要史书，没有一种在崇祯十四年以前提到过"李公子"。早期与李自成作过战的明军统帅，如洪承畴、玄默、孙传庭、杨嗣昌等人，在他们的文集中，也没有一处曾说李自成又称"李公子"。《纪事本末》成书于顺治十五年。《北略》成书于康熙十年。《绥寇纪略》虽刊行于康熙十三年（吴卒于康熙十年），但据朱彝尊

《曝书亭集》云，读书实辑成于"顺治壬辰（九年）"。《怀陵流寇始终录》系根据当时的邸报、传记等编纂而成；据刚主先生讲，"吴伟业根据这部书编著了《绥寇纪略》（见《学术月刊》1962年，第十一期刚主《红娘子和卦子陈四》）。"这就是说，《流寇始终录》成书时间比《绥寇纪略》还早（该书一直是钞本流传，直到1947年始影印出版）。以上诸书之写成，上距明末农民革命高潮来临及"李公子"这一称呼广泛传播之时间，不过十多年，当初与农民军直接打过交道可资询访的故老大有人在，诸书所记李岩其人及其有关事迹，岂能说全属虚造？《明史·流贼传》系毛奇龄就自己所写之《后鉴录》改写而成。毛生于明熹宗天启三年，明亡时22岁，正是青年时代；康熙十八年，清政府下令征"博学鸿儒"50人入翰林院纂修《明史》，他就是被征者之一。曹溶，是在毛奇龄后被征参修《明史》的另一批"鸿博"之一；崇祯十七年李自成进北京，曹曾被俘，还受过夹刑。曹溶和毛奇龄在一起同修《明史》，在撰写《流贼传》时，曾否向曹请教，虽不得而知，但不能说绝对没有这种可能。《流贼传》虽只一人执笔，但审核定稿绝不止一人。肯定地讲，史臣掌握的材料，要比郑廉个人所掌握的丰富得多；既然如此，李岩之有无，焉能仅凭郑廉一人之见闻即可断定其为"乌有先生"？左光先撰《左侍御公集·擒获假旨募兵奸细疏》说的是崇祯十六年秋、冬间发生在浙江的事情。这是目前所能见到的一份最早提到"李公子"的原始史料。在材料中，尽管擒获的"贼帅"金宣等人误把"李公子"当作了张献忠的上级，但是却并未说"李公子"就是李自成。左光先当时是浙江的巡按，刚离任，正在候代，绝不会不知道李自成其人；如果金宣等人所供认之"李公子"就是李自成，左在奏疏中一定会指出"李公子"之名。固然金宣等人亦未说"李公子"即李岩（信），这只能说明他们不知道"李公子"之名，却不能说并无"李公子"其人。赵士锦著《甲申纪事》，记李岩的事迹共有两处。赵为崇祯时工部员外郎，李自成打进北京，他是第一批被农民军选用的96名明官之一；因他辞不就职，被关押在刘宗敏营中。《甲申纪事》虽是他出京南下后的"追录"，然据他自己讲，"书其见闻，宁真而毋欺，故宁简而毋滥也。"赵是与李自成部直接打过交道的人，他以严肃认真的态度来记述李岩，可见其人其事绝非"乌有"、"子虚"。《谀闻续笔》是证实李岩实有其人的另一重要著作。该书收入《笔记小说大观》第八辑，上海进步书局印行。该书局对此书所作"提要"云："明遗民著，姓氏不可考。凡四卷。……书中述闯贼事綦详，颇有为《明史·流贼传》所未及者。"潘景郑著《著砚楼书跋》（古典文学出版让，1957年版218页）《旧钞本〈谀闻续笔〉》云："旧钞《谀闻续笔》四册，不分卷，无撰人姓名……此书谢氏撰《晚明史籍考》未据入录，当是罕传之帙……"按《谀闻续笔》著者并非"不可考"，《清代禁毁书目四种》谓：《谀闻续笔》，张怡撰；《玉光剑气》12本，张怡撰。张怡字瑶星，上元县（今江苏江宁县）人，以荫官锦衣卫千户。李自成攻占京师时被俘，后乘间逃脱，归故里，隐居于摄山。生平著述甚富。唐鉴《清学案小识》、《昭代名人尺牍小传》、顾公燮《消夏闲记》、王士禛《香祖笔记》、卓尔堪《明遗民诗集小传》、方苞《张白云先生传》以及《明亡述略》等书，都有他的传。或许问：上海进步书局印行（以后简称"上海印"）之《谀闻续笔》是否即张怡所撰之《谀闻续笔》？据上海印《谀闻续笔》作者在该书卷一、卷三中自言籍贯、出身、遭遇、著述，均与各家所撰《张怡传》之事实一一相合，由此故知上海印之《谀闻续笔》实即《清代禁毁书目四种》所说之《谀闻续笔》，作者就是张怡。李自成攻克北京时，赵士锦、陈济生、杨士聪、聋道人（名徐应芬，南昌府进贤县人）、刘尚友诸人均在北京，他们根据亲身耳闻目睹，分别在自己的著作《甲申纪事》、《再生纪略》、《甲申核真略》、《遇变纪略》（一名《燕都志》）、《定思小记》中，详细记载了农民军入京前后的一些活动，若将这些书中所记之事与张怡书中所记之事相互印证，可以看出《谀闻续笔》的记载多属忠实可信，该书虽收入《笔记小说大观》，却断不可以"笔记小说"视之。有关李岩的事，该书是这样记载："贼东西两伪将军，皆姓李。在西者性慈和，几所拘系各官，不苦加刑，所索银两或完或不完，皆善遣去。临行，取胡床坐道上，尽发军士而亲殿其后……相传即李公子岩也。其在东者，性最惨毒……"《甲申核真略》有这样一段记载："是日，刘宗敏进所追银若千万，有西伪李都督者，以己所追较之，不及宗敏之半，李恐得罪，又知诸人必无，派本营众将二百金，凑成一半。此亦贼中之不多得者。"上两段文字所记内容实际一致。《甲申核真略》提到两个姓李的"伪都督"一居东，一居西，虽都未提具体姓名，但若联系《谀闻续笔》的记载来看，所谓"贼中不多得者"之"西伪李都督"，显然就是指李岩。《甲申纪事》提到农民军中有两个姓李的重要将领，一为李大亮，住西城大宅；一为李岩，居东城。该书所说的李大亮、李岩，当然就是《谀闻续笔》和《甲申核真略》中所说之"东、西两李将军"、"东、西两李都督"。只不过《甲申纪事》说李岩居东城，与《甲申核真略》、《谀闻续笔》所说之"西"相反罢了。总之，概括以上所述，各书记载李岩事迹，尽管在某些情节上或有歧异、甚或传闻失实之处，但是可以肯定，所记李岩其人绝不会是"乌有先生"；否则，如其所记真是"乌有"、"子虚"，那么，赵士锦和张怡等人绝不可能在互不相谋的情况下，而能向壁虚造出一个同名、同姓而又同事迹的著名人物来。

⑫牛金星的籍贯、出身以及投归李自成的经过，各书记载出入很大。此处主要依据《甲申纪事》、《豫变纪略》。

⑬李永茂：《枢垣初刻》第六，崇祯十六年正月《襄阳再陷疏》讲：李自成部下刘希尧、贺锦二将"将南阳迤南并西北楼寨庄田俱已占完"。姜瓖《为恭报故宗遗产并议征租课以佐军需事》讲：崇祯十七年三月中旬，农民军在大同没收明藩代府宗室的房屋、田地和庄窝。《北略》卷二十二载："周奎……被贼擒去，送伪刑官，三夹不

死，坐赃七十万，府第、藏库、什物、田产，俱没入。"

⑭《石匮书后集》卷六十三："一岁间略定河南、南阳、汝宁四十余州县，兵不留行，海内震焉。时丧乱之余，白骨蔽野，荒榛弥望。自成抚流亡，通商贾，募民垦田，收其籽粒以饷军。"此处所说"募民垦田"，绝非垦无主荒地，因中州地区土地兼并极剧烈，所有田土均被霸占殆尽；其所垦之田，必系没收的大户之地。问题是：农民军对这些没收来的土地，除采取募民耕种这一形式外，是否还将一部分土地直接分配给农民所有？估计这两种形式可能都会有。《兵科抄出湖广郧阳府监纪推官朱翊辩奏本》（《明清史料》乙编、第十本）："今十六年正月初三日，贼又陷荆州矣……而贼且设伪官，造伪印，给伪札，百姓亦望尘投顺以为伪民。贼又给牛、种，赈贫困，畜孳（孳？）牲，务农桑，为久远之计。"此处所说之"贼"，说的就是李自成的部队。既然"务农桑，为久远之计"，不会不分给农民一些土地。

⑮丁耀亢撰《出劫纪略·保全残业示后人存纪》（国家图书馆藏钞本）："崇祯壬午（十五年）避乱时，积口各千余石，乱后焚毁如洗，粮犹半存。至甲申（十七年）入海，而闯官莅任，则土贼豪恶，投为胥役……以割富济贫之说明示通衢；产不论久近，许业主认耕。故有百年之宅，千金之产，忽有一、二穷棍认为祖业者。……一邑纷如沸釜，大家（指大地主）茫无恒产。……故前此所积，不可问矣。于是有楼子庄之占，草桥庄之占，草泊庄之占，东潘旺之占，石埠庄之占，北余留之占，石桥后济沟之占；其不为占据者，惟有焚掠后荒田耳！"这份材料比较具体地反映了崇祯十五年、十七年山东省诸城县农村在李自成部农民军打来后所发生的巨大变化。至于这个变化是否由于"均田"政策的实行而引起，因材料不足，不好肯定。

⑯见《明清史料》乙编、第十本，《兵科抄出湖广江南巡按刘熙祚题本》。参看注⑭所引《兵科抄出湖广郧阳府监纪推官朱翊辩奏本》，知《刘熙祚题本》所说崇祯十六年正月占领荆州"传檄取投粮册"之农民军，就是李闯王的队伍。

⑰《北略》卷二十《彭琯奏》、《明史》卷二百七十四《高弘图传》。

⑱见《北略》卷十七《李自成陷归德》。该书谓崇祯十四年三月十六日李自成至归德，按十四年系十五年之误。

⑲《明史》卷二百七十五《左懋第传》。

⑳《北略》卷二十三及《石匮书后集》卷六十三。

三　杨嗣昌的悲惨结局

崇祯十四年正月十九日（1641 年 2 月 28 日），杨嗣昌亲督舟师抵夔门。张献忠、罗汝才部农民军也在同天到夔门，并且还比他先到。农民军队伍浩浩荡荡过夔门往东，向湖广而去。两个月前，杨嗣昌飞檄总兵左良玉统兵来夔、巫，以堵截农民军东去之路。左良玉坚持己见，认为张、罗不会向东回湖广，将会往北入陕西，加上这时李自成部正在商雒活动，因此他借口陕西军情紧急，不肯来夔、巫，一意要西往兴安。杨嗣昌对左良玉这种"坚执西行，调之不转"的抗命行为，无可奈何，对左毫无办法。正月初二日、初五日、十二日、十三日、十六日、二十六日、二十八日、二月初二、初六，先后差官役九人飞檄往调左良玉，"九调而九不至"。①连这九次在内，前后往调"凡十九次"。而左良玉"径从襄阳西上郧、均、兴安而去"，19 次皆"调之不转"。②

张献忠、罗汝才出川所选择的路线是：由开县走云阳，过夔门，下瞿塘。正月二十一日攻巫山，不克，东走巴东入湖广；军行甚速，白天行军，晚上也行军，一昼夜行二三百里。大军出川时，焚毁沿途驿道、驿舍，杀死塘卒，使东西塘报中断。数日之间，农民军由川入楚，如狂飙突至，湖广地方官因未见塘报，竟一点不知蜀中官军惨败消息。

正月二十五日，张、罗联军打到兴山县，杀守将吴国懋。二月初三日，打到当阳县；都司杨治与降将白贵等死守县城，因救兵赶到，未能攻下。张献忠留罗汝才继续攻打，自帅轻骑于初四日疾驰往荆门，过而不攻，北趋宜城，兵不停留，当晚抵襄阳近郊。自当阳至襄阳，一日之间驰走 300 余里。③从巫山到襄阳，历时仅 13 天。④

襄阳，位于汉水中下游，濒临汉江（又称襄江）南岸，与樊城隔江相对，地控豫、楚南北要冲，是湖广西北的军事重镇。襄王朱翊铭的王府就在这里。杨嗣昌储备粮饷和军用物资的大本营也设在这里。上年玛瑙山之役，张献忠的家属和谋士潘独鳌为官军所俘就被关在襄阳狱中。张献忠知道杨嗣昌目前正把全部注意力集中在四川，襄阳的防务比较疏忽，如果出其不意，攻其不备，采取迅雷不及掩耳的手段袭取襄阳，杨嗣昌必会领兵来救而又会救之不及，这样将会使他因失陷藩封重地而获致死罪，整个战局必将会由此引起新的变化。这是一着在军事上具有战略思想的高招之棋！

张献忠的军师潘独鳌，是湖广随州应山县秀才，原是个富翁，由于该县知县垂涎他家的财富，被诬陷下狱。后来，他越狱逃走，无处可投，才投到了农民军队伍中。他被俘时，假称难生，名刘若愚，想骗取官军信

任，待机脱逃，但官军已从其他战俘口中得知他不叫刘若愚，并从他囊中搜出两张白纸，上面写有两首诗，一首五律《白土关阻雨》，一首七绝《过清禅寺》，根据诗的内容，证实他确是张献忠军中那位出谋划策的要人潘独鳌。二诗抄录如下：

> 秋风白雨声，战客听偏惊；
> 漠漠山云合，漫漫涧水平。
> 前筹频共画，借箸待专征；
> 为问彼苍者，明朝可是晴？

> 三过禅林未开禅，纷纷羽檄促征鞭；
> 劳臣岁月皆王路，历尽霜华又改年。⑤

前一诗肯定写于崇祯十二年秋天，后一诗可能写于崇祯十三年春初，即玛瑙山之战发生前两月（该年有闰正月）。前诗写作地点已标明白土关，白土关明时属潮广竹溪县，诗可能写于张献忠、罗汝才、李自成联军围攻竹溪县城时；后诗所说之清禅寺不知在何处，就时间而论，崇祯十二年冬末、十三年春初张献忠的部队可能在陕西兴安、平利一带。作者对起义的前景，充满了信心，虽然"征鞭"劳苦，"历尽霜华"，但却丝毫不减战斗的豪情，希望明朝"天晴"的思想，生动地表达了一个起义者对未来胜利的殷切向往。

潘独鳌关在狱中将近一年，狱卒们因他是张献忠的谋士都不敢得罪他，没有给他戴镣铐。张献忠的家眷也未加镣铐。潘独鳌经常设法把了解到的一些襄阳情况暗中报告张献忠；狱卒们也经常把农民军进展的消息暗中告诉潘独鳌。

襄阳知府王承曾自以为张献忠正在四川，离襄阳还远，万不会有失，因此毫不在意，放松了对狱中的戒备。尽管杨嗣昌曾移牒告诫他，要他加意留神，而他却自我解嘲地笑说道："难道张献忠真长了翅膀，能临空飞至？"⑥

就在二月初四日这天，张献忠派人手持杨嗣昌军符，冒充阁部差官，夜叩襄阳城门。守兵查验军符，无误，将差官放入，安置在城中公署歇宿。正巧，不先不后，防守吕堰一带的武弁吴国玺也随带家丁20余人，以领饷为名，进入城中。

平时，安插在樊城的大批降丁，往往千百成群过江来襄阳，一向习以为常，也分不清谁是降丁，谁是官兵。初四日，往来襄阳的兵丁似乎比哪天都多。一早，分巡道参议张克俭过江点兵，分派兵丁守樊城，至晚方回。一回，即分头传知命知府王承曾以下有关人员料理襄阳城守。入夜，有人报告"督师"派差官到，张克俭令守兵查验放进。深夜，刚交三更，城中忽然火光四起，火光之中有七八个穿着红箭衣的人驰马射箭，沿街奔驰，背后又有十数骑飞奔而过，直扑府衙门前。清军厅东夹道，理刑厅西夹道，早有人事先埋伏，一见火光，立即呼啸接应。监军道的家丁首先内变，四处放火。城中防军约三四百人，全副盔甲，反戈哗变。监狱门被打破，张献忠的家属高氏、李氏和军师潘独鳌等人被救出狱。预先潜伏城中的农民军战士，在潘独鳌的指挥下，立即投入战斗。吴国玺的家丁响应。城内到处一片大火，一片喊杀声，烟火熏灼之中数不清的人群来回奔驰呐喊。城中秩序大乱。

六个城门楼，或在当夜，或在次日，俱被焚毁。城垛被推倒1523垛。府、厅、县及察院等大小衙门，都在大火中化成灰烬。襄王府烧成一片火海，大量建筑物均被烧为平地。

襄阳卫管操指挥汤世调、护卫左所百户徐辅等被杀死。推官邝日广中刀死。署襄阳县知县李大觉，置县印于案，自缢署中死。张克俭正在城上巡视，闻变，惊走下城，不知去向，亦无尸可寻，数日后，方据他家家丁说，从烧毁的残尸中认出香色袄片一方与靴底一块，推测他可能在城破时被大火烧死。

初五日巳时，农民军大队人马陆续开到。午后，张献忠亲率精骑2000从南郊入城，沿途无阻。入城部队俱穿红、蓝色箭衣，佩白色号带为记，背上插有小红旗，个个精神抖擞，步伐雄健。襄王朱翊铭被执，押至西城楼，听候发落。朱翊铭战栗失色，跪地向八大王叩头，哀告道："求千岁爷爷饶命！"

张献忠冷笑道："你是千岁，倒叫我千岁？我不要你别的，只借你的头用！"

朱翊铭哭道："宫中金银宝玩，任凭千岁爷搬用，只求……"

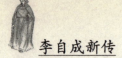

张献忠怒道；"你有何法禁我不搬哩？只一件事，你不给我头，那杨嗣昌不得死……"说时，亲手一连三刀，将他杀死在西门城楼上。随即下令放火烧掉城楼，将朱翊铭的尸体投入火中，烧得干干净净，只剩颅骨数寸。朱翊铭的宫眷妃妾及其第三子贵阳王朱常法等，也在同天被杀在西城门外。次子福清王朱常澄、第四子进贤王朱常淴，城破时随知府王承曾一道微服乘小舟潜逃。

襄阳府积存的军用物资铳炮、旗帜、器械、火药等物，无论尚贮存库中或已分发各城门，统为农民军缴获。巨资库一应库贮段布、钱粮，以及襄阳县库一应库贮钱粮，也尽为农民军所获。

张献忠发银15万两，赈济饥民。全城人心大快。

襄阳攻克，是在洛阳攻克后第13天。襄王被杀，是在福王被杀后第13天。不到半个月时间，南北两个重要府城先后被农民军攻占，两个著名的藩王先后被农民军杀死，这是明末农民起义以来所取得的空前伟大胜利。

张献忠驻兵数日，初八日渡江破樊城，旋弃樊城而去。初十日师次新店；十一日卯时，师次新野；十三日过南阳，折往唐县（今河南唐河县）而去。[⑦]

当张献忠、罗汝才节节胜利的时候，"督师辅臣"杨嗣昌像被张、罗牵着鼻子一般，紧紧跟随，而又远远被抛在后面，一路惊恐倍尝，狼狈不堪地也赶回了湖广。

二月初二日，杨嗣昌先打发官役启程，檄调左良玉火速带兵东转，办完此事，即下令启碇出川。舟发夔门，由长江三峡东下，当天至巫山县。初三日，遇逆风，行仅70里，夜宿南木园。初四日，中午，船过巴东，下泄滩到归州。这天夜半，杨嗣昌正在舟中安寝，他万不会想到，此刻襄阳城中正是一片火海。初五日，船发归州，又遇逆风，下新滩，惊涛怒卷，犹如万马狂奔，风猛浪大，无法再行，船泊西陵峡。初六日，大风，黄雾塞峡，舟仍不能行，杨嗣昌在舟中打发差官由陆路启程，第19次，也是最后一次，檄调左良玉，火速带兵东转。初七日，绝早开船，出西陵峡，暮抵夷陵。在出川途中，他不断接到各处飞递而来的塘报：某日张献忠已过兴山，某日已至当阳，某日已到荆门。此后，消息突然中断，不知张献忠率兵何往。他一再督发诸部官兵跟踪追赶，总是沿途迟滞，越追越远，追赶不上。金事孔贞会以初七日、副将张应元以初八日方到当阳，评事万元吉、副中军李某初九日方到荆州，其余出川之兵，一路跋涉，心惊胆怕，疲惫沮丧，直到二月下旬犹未全到夷陵。⑧

张献忠等由川返楚，走的是陆路，为什么杨嗣昌偏要从水路追赶？据他自己讲："由陆路则追贼不及，不如顺流之为捷耳！"给事中孙承泽上疏驳斥说："贼既在陆，自宜从陆截剿，谓贼从陆己不得不从水，犹之贼向南己不得不往北也。"⑨孙承泽的批驳，其实并未击中他内心深处不可告人的诡秘。

房、竹山区原是张献忠、罗汝才等长期活动过的根据地。数月前，小秦王、混世王、过天星等投降，杨嗣昌命张克俭将他们安置在房、竹。这些降丁表面上虽说放下了武器，但人马并未解散，而且自择便地，连营数百里，官军根本把他们毫无办法。张克俭上书杨嗣昌，表示忧虑，并带讥刺地指出：安插这些人，无异是"放虎自卫"。⑩杨嗣昌骄横专断，接到信很不高兴，复书反笑他"胆怯"。

张、罗由川入楚，出夔门，经兴山，奔当阳，沿途崇山峻岭，人烟稀绝，所经之地，与房、竹山区毗连。杨嗣昌心中明白，如果从陆路追赶，除了要受翻山越岭之苦，另外还可能时时、处处会遭受到农民军的伏击和新旧降丁的围困。若从水路追赶，情况则不大一样，舟行所过之地，两岸峭壁插天，水疾滩险，纵有三峡风涛之惊，但坐卧舟中，不会遇到农民军，不必担心有意外袭击。

这年仲春二月，杨嗣昌从襄州回到夷陵，心情沉重，再也看不到他过去那种耀武扬威的神情了。据他儿子杨山松讲，入川数月，他无日不在病痛之中，张、罗出川，他是"扶病"追赶。⑪他是抱着一种忧愤、惭惧和身心交瘁的心情败归夷陵的。

二月十一日，打罢一更，一位襄阳府的差役，名叫王自成，步行背着塘报，满身尘土，面带惊惶困顿之色，送来了襄阳失守、襄王被杀的噩耗。杨嗣昌被人从梦中叫醒，接过塘报，读未及终，顿时号啕痛哭起来，还吐了好些鲜血。他上疏请罪、请死。从这以后，他开始绝食，病情渐加严重。十五日，杨嗣昌自夷陵东下，抵江陵县沙市。这天，他接到主事余爵的塘报：说张献忠已破樊城，过新野，向南阳大路而去。⑫不久，他又接到洛阳不守和福王被杀的迟到消息，得悉洛阳之失还早于襄阳，福王之死

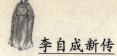

亦早于襄王。他深知连陷两藩，罪无可逃，不禁抚膺大恸，忧惧益深，因之病势转剧，卧床不起。⑬

二月三十日为杨嗣昌54岁生日，左良玉忽然派来一个差人，送来一封信，痛诋"督师辅臣"在军事上的种种举措乖张之处，一件一件历数其失，毫不留情。杨嗣昌看罢信，大为伤心。

第二天，三月初一日，天刚亮，杨嗣昌自杀于沙市徐家花园寓所。⑭其子杨山松及监军金事杨卓然以"病卒"上报。河南巡按高名衡、郧阳抚治袁继咸揭报杨嗣昌在荆"自裁"。评事万元吉即日将"督师辅臣"赐剑、敕、印、旗牌妥为封存，暂藏荆州府库，驰表奏闻。

杨嗣昌的死讯传到京师，满朝文武纷纷议论。户科给事中左懋第劾杨嗣昌"受事以来，虚恢欺饰"。刑部主事雷缜祚论杨嗣昌"六罪可斩"。群臣交章论劾：其人虽死，其罪可诛，"非一死可宽"，应依律治罪。⑮崇祯皇帝命五府、九卿、科道等官会勘杨嗣昌功罪。礼部右侍郎蒋德璟"请用嘉靖中仇鸾例，斫棺戮尸"。⑯

杨嗣昌之恶，与仇鸾本不尽同，但因当时不满意他的人很多，坚持要按仇鸾之例追论。直到崇祯十五年（1642），左都御史刘宗周还向崇祯提出："旌卢象升，戮杨嗣昌！"⑰

崇祯帝朱由检好"自以为圣"。⑱正如刘宗周所说："陛下所擘画，动出诸臣意表，不免有自用之心。"⑲杨嗣昌是朱由检所宠信的大臣，当初命他带兵出征，还为他赋诗送行，把他比作"干城"、"盐梅"，如今，由于他丧师糜饷，身死名裂，果真将他按仇鸾例剖棺戮尸，岂不有损皇帝"知人善任"之明？

当然朱由检不会同意这样做。他传下旨意，说："故辅嗣昌，奉令督剿，无城守专责。乃诈城夜袭之檄，严饬再三，地方若罔闻知。及违制陷城，专罪督辅，非通论。且临戎二载，屡著捷功，尽瘁殒身，勤劳难泯。"⑳

根据"勤劳难泯"这一旨意，杨嗣昌之罪立即得到"昭雪"，而且还要论功行赏，由太子少傅进为太子太傅。朝廷赐祭，许归葬武陵。御赐祭文道："惟卿志切匡时，心存许国，入参密谋，出典甲兵。方期奏凯还朝，图麟铭鼎；讵料谢世，赍志渊深！功未遂而劳可嘉，人云亡而瘁堪悯。爰颁谕祭，特沛彝章。英魂有知，尚其祗服！"㉑

张献忠闻知，不禁抚掌大笑。这是一篇自欺欺人的文字。所谓"方期奏凯"，"讵料谢世"，前一句是伪造历史，后一句是隐瞒真象。

以前，傅宗龙接替杨嗣昌为兵部尚书，履任只有几个月，即因事触怒皇帝，以"抗旨"罪，下狱论死。继任兵部尚书为陈新甲。洛阳、襄阳兵败，陈新甲上疏待罪，贬秩三级，仍视事。崇祯帝诏谕兵部："襄阳失陷，文武官员，罪无可逃。"他下令将左良玉削职，充为事官，戴罪自赎；革湖广巡抚宋一鹤、巡按汪承诏职，充为事官，立功自赎；逮郧阳抚治袁继咸入京问罪，郧阳道万言策被黜；以王永祚抚治郧阳，高斗枢迁郧道。调冒起宗为襄阳道，王期升为襄阳知府；革山东巡抚王国宾职。进丁启睿为兵部尚书兼右都御史，改称"督师"，代杨嗣昌，尽督陕西、湖广、河南、四川、郧阳、安庆、凤阳、应天诸军，仍兼总督陕西三边军务，赐剑、敕、印，如杨嗣昌。[22]原三边总督郑崇俭，以未能和杨嗣昌配合，"不犄角平贼"，被捕下狱论死，未等秋后即被处决。[23]

注：

①见《孤儿吁天录》卷十一、卷十四及侯方域《壮悔堂文集》卷五《宁南侯传》与《明史》有关各传。

②《明清史料》乙编、第十本《襄阳失陷残件》载："惟差官□□□总兵左良玉，凡十九次，皆令从襄、荆、夷、归、大□而来，该镇坚执贼必入秦……调之不转。即郧、襄各官，莫不以该镇西行为是，而无一人挽其东行。"关于左不听调遣事，《明史·杨嗣昌传》谓："嗣昌至夷陵，檄良玉兵，使十九返；良玉撤兴、房兵趋汉中，若相避然。"《明史纪事本末》卷七十七谓："嗣昌复檄良玉，自夷陵进剿。使者惮行，中道返命曰：'平贼已入汉中矣！'既虑其言不售也，更使人给良玉曰：'贼向汉中矣，良玉不至，嗣昌之使十九返。'"按照前者所说，左良玉是有意和杨嗣昌为难；按照后者所说，责任不在左良玉，而是由于使者从中捣鬼。但后一记载却有令人可疑之处。9次派遣使者，绝不会都是同一人，怎么可能9次都是采取同一手法，这面欺骗一个"督师"重臣，那面欺骗一个总兵大帅？一个普通传达命令的差官，怎敢有这个胆子！这是绝不可能的。19次檄调，除其中9次有确切时间可查外，其余10次已无法全知。

③《国榷》卷九十七、《怀陵流寇始终录》卷十四、《平寇志》卷四、《绥寇纪略》卷十都说张献忠等由四川至襄阳，中途曾经过房、竹。《四朝成仁录》卷一、《北略》卷十七只说袁继咸在房、竹一带布防，堵扼农民军，并未说张、罗已到房、竹。高斗枢《守郧纪略》："献贼遂从巴（东）、归（州），间道驰至襄（阳）。"《纪事略》：

"（张献忠）出夔州，下瞿塘，由巴东、当阳一路……直薄襄阳城下。"《明史·杨嗣昌传》："贼遂下夔门，抵兴山，攻当阳，犯荆门……郧阳抚治袁继咸闻贼至当阳，急谋发兵，献忠令汝才与相持，而自以轻骑一日夜驰三百里……抵襄阳近郊。"以上三书也均未说张、罗大军途经房、竹。特别是《明史》说得很明确，张献忠等到了当阳，袁继咸才急谋发兵防堵，并非张、罗已到房、竹，袁发兵抵御。康熙九年修《当阳县志》卷一《事纪第四》及同治丙寅（五年）重刊《当阳县志》卷六《武备志·兵事》，均有崇祯十四年二月张献忠抵达当阳之记载。前书云："献忠自蜀中败走当阳。"后书云："张献忠自蜀中东窜……届期果至（当阳）。"所谓"东窜"，说明张献忠由四川至当阳之行军方向系由西往东。按照实际地理方向，由夔门出川至当阳，如果取最短路程，理应直接往东，不应如《平寇志》等书所说先绕向东北经房、竹，然后再由房、竹折向东南至当阳。查同治丙寅刊《房县志》、同治六年重镌《竹溪县志》及同治四年纂《竹山县志》，均未见有崇祯十四年春张献忠等由房、竹走当阳之记载。有关张、罗联军由川入楚之行军路线，主要以《孤儿吁天录》卷十四所记为准。

④《滟滪囊》卷一《张献忠再寇巴蜀》云："献贼自开县起营，八日而破襄阳。"《晚明民变》第四章第二节亦谓张由开县经大昌、巫县、当阳以抵襄境，"仅走了八天"。按开县黄陵城之役为崇祯十四年正月十三日，张献忠抵襄阳近郊为同年二月初四日，"八日而破襄阳"之说不确。

⑤诗见《滟滪囊》卷一《李自成张献忠袭巴蜀》。

⑥据《绥寇纪略》卷十、《明史》卷二百九十二《张克俭传》、《小腆纪年附考》卷二。上三书均谓囚张献忠妻敖氏、高氏于襄阳狱中，但《襄阳失陷残件》讲，张献忠袭击襄阳，被救出之人为"潘独鳌、高氏、李氏、许氏、李氏、王氏、张氏、曹祥、刘正邦等"，其中并无敖氏。

⑦攻克襄阳，主要根据《襄阳失陷残件》、《兵部为"襄阳残破"恳乞圣恩垂怜等事》（见《明末农民起义史料》，以下简称《恳乞圣恩垂怜等事》）、《钦差总提京营戎政秉笔太监王裕民陈襄城失陷详情》（见《明清档案史料丛编》）、《孤儿吁天录》卷十五《襄雒两藩之谤》、《守郧纪略》、《山书》卷十五《襄藩之变》以及《绥寇纪略》、《明史》、《续修江陵县志》卷六十二《外志二·纪兵》等书。攻占襄阳之日期各书记载不一致。《守郧纪略》谓崇祯十四年，"二月初三日半夜，（襄阳）城中四面火起。"《烈皇小识》卷四谓该年二月初八日，张"遣贼伪充公差，夜叩襄阳城门。"《明史·杨嗣昌传》谓张"二月十一日抵襄阳近郊。"《襄阳兵事略》卷六谓十四年春二月张"以二十八骑于十一日迳入襄阳城"。以上诸书所言日期均误。《流贼陷庐州府记》（上）谓张于"十三年五月二十八日陷襄阳府"，尤误。袭取襄阳事，各书记载出入甚大。尤以《滟滪囊》、《平寇志》所记为异。其歧异之点此处不缕列。按《襄阳失陷残

件》为明政府察勘襄阳失守情况的一份正式报告，这是目前所能见到的记载有关张献忠攻袭襄阳的最原始文献，虽然该件上、下文残缺，但中间关于襄阳失守始末真象的一段内容，仍保存完整。调查时间是当年五月下旬，距襄阳失守只3个多月，而且有些事实介绍系出自目击者之口，其可靠性甚大。正文所述张献忠袭取襄阳之经过，系以《襄阳失陷残件》及《恳乞圣恩垂怜等事》两材料为准。《明史》卷一百十九谓襄王被杀于"南城楼"，《纪事略》谓"沉襄王于江"，《平寇志》卷四谓署襄阳县知县为"李天觉"，均误。《国榷》卷九十七谓："壬子（初七日），张献忠陷樊城。"《北略》卷十七谓："（二月）初九癸丑，贼渡江，破樊城。"《襄阳失陷残件》讲，初七日寅时农民军还在襄阳城中；"初八日，复请福清诸王宗室及禁止逃窜难民复保旧城。"据此，知张献忠退出襄阳过江破樊城乃二月初八日，不是初七日。《国榷》记壬子（初七日）"陷樊城"，微误。十四年二月"丙午"朔，"癸丑"为初八日，《北略》干支推算失误。《小腆纪年附考》卷二照抄"初九日癸丑渡江破樊城"，亦误。张献忠弃樊城由楚入豫所经之地及过该地之日期以《吁天录》卷十四、卷十五所记为准。附带指出：河南省有四个地方叫"新店"，还有一个地方叫"新店集"，另有一个地方叫"新店铺"。张献忠"初十过新店"，当是新野之南的"新店铺"。

⑧据《吁天录》卷十四、卷十五及《襄阳失陷残件》。《吁天录》卷十四谓杨嗣昌"随行之兵以（二月）初十日方到当阳，万评事（元吉）所监之兵以初八日方到荆州"，与《残件》所记略有出入。卷十四还说，杨嗣昌"（二月）初九日方至夷陵"，与卷十五所记"初七日暮抵夷陵公署"之说前后矛盾。此处采卷十五之说。

⑨《吁天录》卷十四及《思陵典礼记》卷二。

⑩《明史》卷二百九十二《张克俭传》。

⑪《吁天录》卷十四。

⑫同上书卷十五。

⑬《绥寇纪略》卷七："（杨嗣昌）闻襄阳破，遂不复食。乃李自成陷雒阳，福王先以正月遇害，报踵至，于是抚膺大恸……"他书亦有同样记载。俱谓杨嗣昌连接两藩之失的塘报，遂忧惧以死。《吁天录》则坚决否认杨嗣昌死前曾接到洛阳失守塘报，甚而进一步不承认洛阳是在崇祯十四年正月失守，而认为是在杨嗣昌死后失守。该书卷十五云："今移易年月，必谓洛阳之失在辛巳（崇祯十四年）正月者，盖当日献、曹入蜀，同事诸公谓先人宜舍献、曹责之川、秦督抚镇道，身至中原先靖革、左。为此说者十人而九。其心欲以壑邻故智陷先人于罪累耳。"不管杨山松怎样强词夺理，如根据夏允彝《幸存录》中"襄藩破后……李自成又破河南府"这两句话中的一个"后"字、一个"又"字，就断定破洛阳肯定是在破襄阳之后，论据是不足的。事实终归是事实，洛阳先于襄阳被攻破，这个日期先后绝不是任何人凭主观愿望所能颠倒的。洛

阳既然先于襄阳被攻克，杨嗣昌死前不可能不得到洛阳失守之报。当时李闯王声威远播，杀死福王，以"福禄酒"大合群雄，如此振奋人心的消息，杨嗣昌岂能毫无所闻？肯定地讲，杨嗣昌之死，与闻两藩之失明显有关。

⑭《明史·杨嗣昌传》："（袁）继咸及河南巡按高名衡以自裁闻，其子则以病卒报，莫能明也。"《平寇志》卷四："（二月）癸酉（二十八日），（万）元吉等复入视疾，嗣昌疾革，不能言……三月丙子朔，嗣昌卒。"（可是该书后面又说"惭愤绝食以卒"）《吁天录》卷十六《死后余波之谤》："三月初一日丙子，先人疾革矣。先是漏四下，朦胧昏梦中忽云：'左镇到在何处？可有人去催否？'又云：'……皇上！皇上！臣永辞去矣！'旋即气绝。"以上为病卒说。《绥寇纪略》卷七谓杨"伏（服）毒死焉"，卷八又说"嗣昌惭，乃缢"。《石匮书后集》卷一《烈帝本纪》谓杨系"自尽"，卷六十三谓为"惭惧自杀"。《纪事略》谓为"闻变自鸩"，《玉堂荟记》卷下谓"服毒自尽"。《甲申朝事小纪》初编卷三《襄蜀之役》谓"忧惧不食死"，同书二编卷四《丁丑后佚事摘纪》又谓"自缢而死"。《蜀碧》卷一谓"伏毒以死"。《怀陵流寇始终录》卷十四谓"仰药自杀"。《三垣笔记》附识中谓"有言其服酖死者"。《国榷》卷九十七谓"自经"。《烈皇小识》卷四谓"自缢死"。《北略》卷十七谓"自缢于军"。《明史纪事本末》卷七十七亦谓"自缢于军"，但卷七十八又说"饮药死"。《滟滪囊》卷一谓"自杀"。《明史》卷二百七十三《左良玉传》谓"不食卒"。《明亡述略》（上）谓"不食而死"。以上为自裁说。杨嗣昌死前曾患病，当是事实，否则其子绝不敢以"病卒报"；然其最终结局，当以"自裁"说为可信。因袁继咸是当时的郧阳抚治，高名衡是河南巡按，都是地方高级官员，若无事实根据，断不敢对一个"督师辅臣"之死冒昧以"自裁"上闻。

⑮见《崇祯实录》卷十四及《平寇志》卷四所载掌河南道御史叶初春等议。

⑯《北略》卷十七《杨嗣昌自经》、《明史》卷二百五十一《蒋德璟传》。

⑰见黄宗羲《明儒学案》卷六十二《蕺山学案·忠端刘念台先生宗周》、《明史》卷二百五十五《刘宗周传》。

⑱《玉堂荟记》卷下："癸未（崇祯十六年）九月，经筵进讲《君子有九思》一节，余先期撰讲章送阁，进规处有'圣不自圣'一语，井研（指首辅陈演）使中书来曰：'此语上所最厌，宜改之。'余即易以别语。因思尧兢舜业，古来帝王忧勤不已，无非'不自圣'之一念，何至以为厌也？此语可厌，则讲官亦可厌矣。区区小臣，不敢谬执己见，井研恐不得辞其责。"结合阁臣谢陞对崇祯帝的背后批评，"自用聪明，以察为明"（见《三朝野记》卷七），可看出朱由检不仅是个讨厌"圣不自圣"的人，而且是个好"自以为圣"的人。

⑲《明史·刘宗周传》。

⑳同上书，《杨嗣昌传》。

㉑《滟滪囊》卷一《张献忠再寇巴蜀》。

㉒见《平寇志》卷四及《守郧纪略》。《守郧纪略》："（襄阳）报闻，天子大怒，为逮抚臣袁公继咸。然袁公先奉阁部檄，驻竹山，去襄千里，实非其咎。"《北略》卷十七："逮郧抚袁继咸入京……继咸亦出嗣昌手书，明己无罪，寻察其枉，赦之。"《明史》卷二百七十七《袁继咸传》："明年（指崇祯十三年）四月，（袁继咸）擢右佥都御史，抚治郧阳。未一年，襄阳陷，被逮戍贵州。十五年，廷臣交荐，起故官。"《守郧纪略》谓调冒起宗为襄阳道，《平寇志》作襄阳兵备副使。《明史》卷二百六十《丁启睿传》谓丁启睿代杨嗣昌尽督诸军，其中有山西，无郧阳。

㉓《明史》卷二百六十《郑崇俭传》："明年春，献忠陷襄阳，嗣昌死，帝益恨崇俭不犄角平贼也，逮下狱，责以纵兵擅还，失误军律，不俟秋后，以五月弃市。……福王时，给事中李清言：'崇俭未失一城、丧一旅，因他人巧卸，遂服上刑。群臣微知其冤，无敢讼言者，臣甚痛之。'崇俭冤始白。"

四 三打开封坚城

李自成占领洛阳后，以原河南府书办邵时昌为总理，以新附生员张旋吉、梅鼎盛等协助，管理洛阳各项事务，并募兵500，列营城上，以资守御。随后即亲率大军前往攻打汝州。①

河南巡抚李仙风，侦知李自成部农民军去远，率游击高谦等带兵3000至洛阳城下。邵时昌初犹闭门拒守，后见官军势猛，开门迎降。李仙风入城，捕杀邵时昌及张旋吉等十数人，以"恢复"洛阳之功上闻。②

崇祯十四年（1641）正月二十八日，李自成兵临汝州。农民军对汝州展开强大攻势，一连五日，炮矢如雨，攻打不下。知州钱祚征拼死力拒。二月初四日，大风，城下用火箭猛射城上；城上发炮还击，炮炸，烈火延烧城楼，烟焰迷目，咫尺不见，守城兵惊溃而散，汝州城破。钱祚征被执，次日为农民军所杀。③

打下汝州后，李自成整军向东，往攻郏县。郏县在两月前为土寨首领杨同锦袭占。杨与原郏县知县邵子灼勾结，约为兄弟，日与其党"置酒高会"、"黄盖腰金，策骏马，出入城中"，坐等朝廷招安。李自成大军压境，杨同锦、邵子灼不得已开门郊迎，表面上归顺，实际上首鼠两端，心怀叵测。李自成察知其诈，把杨、邵二人杀掉，将其党羽尽数驱赶出城，另派

李自成新传

部将杨心赤守郏县。随后，大军往攻开封。④

开封是北宋的故都，古称大梁，位于河南东部黄河南岸，为一咽喉九州、四通八达、水陆都会之地。明河南承宣布政使司治所、开封府府治、祥符县县治都设在这里，周王朱恭枵的王府也在这里。这里位置十分重要，是明政府非常重视的地方。

开封守城文武官员，得知李自成大兵将到，人人震恐，周王更是胆战心惊。巡抚李仙风、副将陈永福这时领兵在外，城中无兵。巡按高名衡、左布政使梁炳、右布政使蔡懋德、开封府知府吴士讲、推官黄澍、祥符县知县王燮，以及城中举、监、生员张民表、李光壂等，仓皇商议守城办法。王燮出谋：将合城84坊每坊立一社，共立84社，每社出壮勇若干名，分为5所，把守5门，所需粮饷、器械，由各大户分摊。周王发出大量库藏银两，堆置城头，作为犒赏。王燮出示，督迫郊区百姓将城郊附近数十里内树木通统砍伐，井、泉尽行堵塞，家眷、牲畜、粮草等尽运入城，实行所谓"坚壁清野"。⑤

二月初九日，李自成合瓦罐子、一斗谷等部农民军，自郏县统精兵3000，锐卒30000，长驱东进。郏县距开封370里⑥，大军昼夜疾行，十二日即抵开封。⑦农民军骑兵300于这日辰、巳时刻先到，直冲西关，城内急关城门拒守，当天午、未时刻，步卒及大营陆续到达。

从这天起，一场惊天动地的攻坚战正式开始了。每天，农民军百计进攻，官军千方顽抗，战事极为激烈。起初农民军采取硬攻战术，强弓劲弩如雨般向城头猛射，终日不息，万箭穿空，呜呜作响，箭著城墙如猬毛。城上用一种特制的弦发短箭还射，可射三百余步⑧，射程要比一般箭射得远。农民军战士在弓箭手的掩护下，抬着数十、数百的云梯，齐树城下，健捷得像猿猴一般，冒着矢石，陆续攀梯而登。城上投掷乱砖、碎瓦，密下如雹，还用铳、炮轰击，铁弹飞舞，落地开花，如同山崩地裂。

战士们见用梯冲法不能得手，改用穴城法。数十人手持锤、凿，闻鼓声而进，冲至城下，举锤凿击，疾凿几下，迅即退走。第二批、第三批……跟着冲上前，照样举锤疾凿，疾凿数下又退走。等砖石凿松动后，再用鹰嘴镢，每人只镢几下，就赶快换后面的人镢。取下一块城砖，再取第二块，再取第三块……然后就从这里往里挖洞。洞越挖越大，越挖越深，越挖越曲。开始只能容一二人，以后渐能容十人、数十人，以至上百人、

174

数百人。藏在洞中，城上矢石失去效用，大炮也施展不了威力。这种攻城方法，使敌人感到极大威胁。

官军针对这种穴城法，采取了两种防御措施：一是估量农民军挖洞的位置，在城上用铁签往下通，将洞顶通穿，往下浇灌滚汤、沸汁，或投进燃烧的火药包和薪炭，使人无法在洞中藏身；一是在城墙垛外，用大木支上专门设计的"悬楼"⑨，像突出的碉堡，守兵从"悬楼"的疏棂中推落巨石，发射火炮，使凿城的农民军战士无法挨近城根。

战斗日以继夜，异常猛烈，尤以西关打得最厉害。双方互有胜负，伤亡均很大。

十六日，副将陈永福带领500援兵，兼程赶回开封，深夜到西关，衔枚疾行，企图偷过大营，被农民军杀得大败。哨官梁魏都、白亮彩战死，官兵伤亡惨重。陈永福突围至城下，城中不敢开门，怕农民军趁势冲进来，只好用绳子将他吊进城去。⑩

十七日，李自成亲临前线。他穿着和普通战士一样的服装，率领少数参谋人员直挨近城下，认真地察看着地形。飞蝗般的乱箭从他身旁、耳边"嘶、嘶"而过，十分危险，但他没有理会，始终镇静如常。他的部下劝他离开，他似乎没有听见，仍到各处察看。突然，一支二寸多长安装在弦槽中发射的短箭，迎面射过来，李自成躲闪不及，左目被射中，顿时，鲜血流满双颊，一阵剧烈的疼痛，几乎使他站立不住。左右的人大惊，立时将他救护回营，裹伤治疗。城中最初不知射伤的人是谁，后来才知道是闯王。于是官军把这次无意之中射伤闯王的事视为一件奇功。副将陈永福将这个功掠为己有，并把这功让给他的儿子守备陈德，因此许多史书都这样记载：陈永福射伤李自成目，或陈德射伤李自成目。其实射中闯王的人，既不是陈永福，也不是陈德，而是一个名叫谢三的小卒。⑪

李自成伤势很重，箭镞入目甚深，多方医治无效。从此，他左目失明，只剩了一只眼睛。农民军决定暂时撤围。十八日，黎明，前锋部队起营先撤，大营仍保持镇静，故意将队伍来回调动，以迷惑敌军，到夜晚，队伍全部撤尽。⑫

农民军去远，巡抚李仙风方率游击高谦拥兵回开封，周王怒恼，不许开城放入。高名衡讦奏李仙风，崇祯皇帝以"陷福藩"罪，下诏逮问。李仙风惶惧，自杀于郑州。⑬高名衡以守开封功擢右佥都御史巡抚河南。陈永

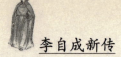

福亦以贪冒功由副将升实授总兵，镇守河南；其子陈德由守备升实授游击，领兵守开封。

李自成移兵西去，攻打密县。架大炮轰击3日，守兵粮尽溃散，百姓开城迎降，农民军占领密县。登封望风归附。三月十六日，大军攻克嵩县。⑭

登封、嵩县、密县一带的土寨首领李际遇、申靖邦、于（一作"余"）大忠（一作"中"）等人在李自成大军胜利的影响下，率领当地的饥民和矿徒，抗粮抗租，攻城夺地，乘机扩张势力。⑮

保定总督杨文岳率领总兵虎大威以2万援汴之师，尾随在李自成部队之后，在嵩县以北的鸣皋，与农民军打了一仗，没有讨到什么便宜，便匆匆收兵回开封。⑯李自成则由嵩县往南，深入伏牛山区，转战于豫西南诸州县，有叩关西入陕西的打算。⑰

张献忠、罗汝才自放弃襄、樊后，率军由湖广进入河南，经新野、南阳、唐县至信阳，过罗山南城，东破光州（今河南潢川县）、光山、商城3处。⑱稍后，又打回湖广，攻应城、应山皆不下，转克随州。⑲接着，又复折回河南，攻下信阳、泌阳等处。⑳数月之间，张献忠转战数省，行军数千里，其来也如风雨之骤至，其去也若雷电之莫测，"出其所不趋，趋其所不意"，避实击虚，令官军迷离恍惚，追之不及。

"督师"丁启睿见李闯王势力强大，不敢与之相较，处处避其军锋，以图自保。他错误地认为张献忠力量较弱，容易对付，为了搪塞圣旨，借口"此亦豫贼"㉒，引兵尾随于八大王之后。其实只不过是虚张声势，并不敢正面与农民军作战。崇祯皇帝忧惧局势不可收拾，特从死牢中将两年前因"抗旨"而获罪的原兵部尚书傅宗龙释放出狱，以兵部右侍郎兼右佥都御史代丁启睿总督陕西三边军务，专办李自成。

七月初三日，李自成由内乡走淅川，在淅川城外大败左良玉军。㉒同天，张献忠、罗汝才合兵攻打郧阳府城，攻打3日，不克（一说张献忠曾一度攻克），退走。此刻罗、张两人发生矛盾，关系闹翻，罗汝才带着自己队伍北走淅川、邓州与李闯王合营。㉓初五日，李自成乘胜进攻邓州，虽然失利，但因有罗汝才领兵来合，人马反增，声势益壮。㉔

闯、曹合兵后，由邓州往东至唐县，再折而商下入湖广。七月十三日，攻破刘家寨，当地义军首领陈金斗前来归附。农民军声称攻打承天府

（今湖北省锺祥县）。大军发出哨骑，哨至枣阳与随州之间的唐县镇，并且直哨至枣阳东关。另外，还选派精骑往西南一带哨探，发兵进攻枣阳。李自成、罗汝才、陈金斗连营 300 余里，上自枣阳，下至德安，准备进军承天。这一带百姓，都以极大的热情来支援农民军。军民相处，极为和睦。在各处营地，农民军和当地居民经常举行各种联欢活动，扮戏饮酒，亲如一家。从老百姓口中，得到了许多重要的军事情报：承天府驻有大量官兵，而且早有严密防备，若要攻打，一时恐难得手。在这种情况下，李自成等决定放弃原来计划，转旆他去，往攻别处。八月初五日，各队人马驮着大炮，往应山开拔。这月中旬，大军由应山北上重返河南，进入信阳、罗山地区，并在罗山以北的真阳和官军打过一仗。㉕

张献忠与罗汝才在郧阳分兵后，独自率众往西，于七月初九日围攻郧西，用大炮轰开南门栅栏，占领县城，将县官曹同申、典史张世赠、守备锺鸣晨杀死。㉖十七日，复攻郧阳，大败郧兵，又率兵往西再克郧西，夺获官军马骡、器甲无数，各地义军前来归附者甚众。张献忠率军西入陕西。㉗丁启睿、左良玉、猛如虎率领官兵跟在张献忠之后，追到郧阳。左兵二三万人马入城，城中无一处无兵，无一家无兵，奸淫掳掠的景象，惨不忍言。驻数日方启行，临行将全城洗劫一空，百姓无不痛哭流涕，切齿含恨。

没过多久，张献忠又由陕西打回湖广。八月十四日路过郧阳，往东而去。㉘张献忠屡胜而骄，产生轻敌思想，在河南信阳为左良玉追及，战败，身负重伤，不能奔驰，勉强保住家小日行数十里，退到商城、固始一带山中。他打算由此往南，与活动在江北英、霍、潜、太地区的老回回、革里眼、左金王诸营会合。这年九月，张献忠由商城牛市畈取道向英山，中途遭官军伏击，又一次被打得大败，部众溃散将尽，仅率数十（一说"数百"）从骑逃回河南东南部某地，求助于李自成。罗汝才不记旧恨，劝李自成帮助张献忠，资助 500 骑人马，鼓励他重整旗鼓，继续战斗。八大王得助后，率众走英、霍，与回、革、左诸营首领会晤，又在江北地区开辟了另一条新的战线。㉙

十二月下旬，李自成、罗汝才合兵第二次围攻开封。在这次围攻开封之前，闯、曹联军曾先后在项城、叶县、南阳等地，数次重创明军，取得辉煌胜利。有关这几次战斗经过，留待下一节系统介绍。

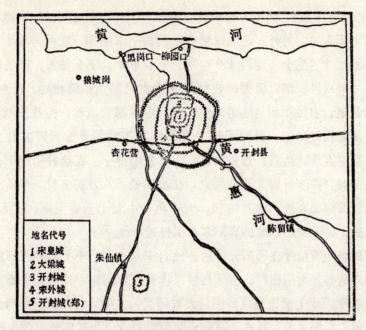

开封古城堡位置图

　　十二月二十三日，未时，七个勇敢的农民军战士骑着高头大马，飞奔至开封曹门外，不慌不忙把两张劝降安民告示贴在城门边。入夜，大队人马陆续开到，约有雄兵 50 万，刀枪如林，旌旗蔽空，声势远远超过第一次。㉚闯王李自成的大营扎在大堤（又称"土堤"、"汴堤"）外应城郡王花园内，大堤离城 10 里。曹操、罗汝才的大营扎在城外东南隅的繁塔寺，繁塔寺在土城以内，土城离大堤 5 里。㉛两处营地联络，长 20 里，宽 8 里。营地部伍严整，岗哨环列，金鼓之声日夜不绝。

　　官军分地防守：左布政使梁炳及都司谭国祯（一作"栋"）守东门，巡按御史任浚及开封府知府吴士讲、推官黄澍守曹门，同知桑开第及祥符县知县王燮守北门。数日前，"督师"丁启睿率兵 3000 余自许州逃至开封㉜，士兵要求进城，城中不敢接纳，周王命他们立营城外，靠近北门城壕边筑垒防守。

　　开封城东、北两面城墙较其他两面稍低薄，农民军就从这两面开始进攻。二十四日，正式开仗。丁启睿在城内，所率部下 3000 人马在城外，兵刃未接，一闻喊杀声，3000 乌合之众即返身飞奔而逃，溃不成军，争先恐后涌入北城。农民军紧追不舍，疾驰相随而入，北门月城顿时落入农民军手中。战士们冒着石矢炮火缘月城而上，眼看攀离城头仅数丈，官军乱成一团。王燮急命人加土塞城，疯狂向月城内投掷燃薪、炬火。月城里，数千人拥塞在一起，混在一起，既有农民军的骑兵、步卒，也有官军的溃兵、降丁，无法分开，也来不及散开，干柴烈火不断从大城上抛掷而下，整个月城立刻变得像一座烈焰腾腾的火山。所有拥进月城的人，不分官军、农民军，通统都被这场大火烧死。

但是，农民军并没有因此挫伤锐气，相反更是同仇敌忾、勇气倍增。一等火灭烟熄，又复猛攻。战士们坚决死保住月城，在城墙上安设窝铺，巡更守夜，大炮、火铳，直对大城城楼，昼夜不停地点放。城墙上被统炮轰击的大洞、小洞，密如筛孔。守陴官军终日龟缩墙后，不敢伸头，不敢露形，不敢高声笑语。

二十五日，农民军战士顶着千余块门板，挨近城根掘洞，城上投掷砖石，如雨而下，有的门板被击碎，战士们受伤、牺牲，殷红的鲜血洒遍城脚边，然而没有一个人退缩，没有一个人面有危惧之色。顷刻间，30 多个大洞宣告掘成，每个洞可容数 10 人。官军从城头往下穿穴，由穴中浇灌滚油、沸汁，投入火药、木柴等燃烧物品，用烧、烫、熏等残酷手段，来对付藏在洞中的农民军。夜里，城上到处燃着火，熏着烟，延伸 10 余里，远望就像一条喷射着毒液的火龙。城上官吏驱迫居民上城防守，贴出血腥告示，威胁说："民间有男子一人不上城者，斩！"

农民军战士用湿棉被蒙着头，穿着铁甲，戴着铁盔，坚守洞中，一边挖洞，一边战斗。高名衡等用重金犒赏的办法，诱骗士兵夺洞立功，夺一大洞赏银 2000 两。守洞、夺洞的争夺战，长期在激烈进行。每一个洞的得失，都需要付出许多生命和鲜血的代价。保卫曹门北心字楼下的巨洞，就是这场激烈的争夺战中最为惊心动魄的一例，官军死伤不可胜计，农民军伤亡也很惨重。

战争以城东北角为最烈。攻守双方皆以大炮轰击，每天对攻数十次，日以继夜，只有天亮时一段时间炮声稍歇。某日，曹门以北的城墙被击颓两丈宽一道缺口，农民军将 10 余尊大炮放置在缺口前面，一齐进放，步兵持枪先登，骑兵跟着冲上，喊杀声、战鼓声、疾驰而过的马鸣声和马蹄声，霹雳般的连珠炮吼声，使得大地都为之战栗。挺立在凛冽刺骨的寒风中雄劲飞卷的战旗，指挥着成千成万英勇无畏的战士前赴后继，奋勇向

前。城下的炮火终于压倒了城上的炮火，农民军像潮水似地眼看就快登上城头。官军无不人人惊恐。高名衡等急下令："谁能在缺口处立一土囊，赏元宝一锭！"就这样，在一锭元宝又一锭元宝的鼓励下，一个土囊接着一个土囊好不容易地堆集起来，费尽无数气力才勉强把缺口堵住。官军躲在土囊后面，以猛烈的炮火又开始向城外疯狂地反击。……

开封久攻不下，李自成将自己的营帐移到城北，离城仅3里许，每日亲临前线督战。守城兵丁望着闯王营帐，暗中安放红衣大炮一门，对直瞄准，点火开炮，"轰"的一声将营盘打中，打死不少侍卫，幸而闯王不在帐中，未被打伤，只不过略微受了些虚惊。闯王随即移营至离城5里的土城之外。㉝

崇祯十五年元旦（1642年1月30日），周王及城中高级文武官员，为了掩盖自己内心的恐惧，同时为了给城中军民打气，故意表示镇静，特以庆贺新年为名，命令守城兵勇这日在城上表演各种杂技取乐，居民也要出来捧场，连戏子、巫师、和尚也被迫装神扮鬼地来凑热闹。一时，城头上神鬼出没，驱符持咒，缓歌漫唱，光怪陆离，无奇不有。个个强打精神装出一副嬉笑欢乐的悠闲姿态，其实都是无可奈何。这天，农民军没有发动强大攻势，有意让城里欢度一个新年。战士们三三两两，聚集在城下，自由自在地观看城上的表演，有时或喝几声倒彩，有时或也以嬉笑怒骂的姿态来回答城上的嘲骂。㉞

元旦后，农民军伐柏木筑台，台高三丈，可容百余人，上放大炮攻城。城上也累木为台，高出柏台之上，置炮还击。

城中日夜盼望救兵解围，望眼欲穿，救兵迟迟不至。左良玉驻兵临颍，犹豫观望，不敢前来。高名衡、任浚致书云："大将军威镇海内，国家宠渥优隆，今大贼困汴，危在旦夕，雄师密迩，未见振旅；若复坐观，倘贼陷汴，将军何以谢朝廷乎？"城中屡发密书告急，左良玉方来杞县，然仍拥兵不进，心中害怕，回书答云："我兵单弱，兼程前来，若遽临城一战，恐有所失，则汴无恃矣。今暂屯兵杞县，相机剿贼，为牵制之计耳！"㉟

连日大雪，天气严寒，战事仍在继续。人立雪中，深雪埋住腿肚子；朔风裂肤，坚冰挂在胡须上。不管气候有多冷，但是农民军战士却始终保持着昂扬的斗志。正月十二日，再次发起猛烈进攻，官军百般顽抗，拼死抵御。一攻一守，两军对阵处，几无一线空隙。城墙被击破许多缺口，农民军在这些地方安设大炮百余座，齐轰并发。城中急取王府宫门、寺观大门及民间街门千余扇，挡补破处。补一层，被炮弹打透一层，再补一层，再次打透一层，一直添补到7层。炮弹横空而过，飞铁熔铅，如鸷鸟振翼凭凌劲风，呜呜而鸣，嘶嘶作响。

农民军早在城东僻静处掘好大洞一个，填满了火药，装好了引线，准备来一次大爆破。十三日清早，数千战士严阵以待，骑兵勒马濠上，步兵环甲持矛，只等火药引发，城墙崩塌，立即乘势冲入。巳时，是引发的时刻，只见一道浓烟冲天而起，紧接着天崩地裂似的霹雳巨响随之而来。城墙向外部分被轰坍，砖石、土块爆出二里开外，磨盘大的石块百余扇旋起空际如风吹落叶。城墙向里部分未被轰塌，残垣仅存尺余（一作"寻丈"），犹峭然壁立。农民军骇异万分，火药未把城墙炸坍，崩裂的砖石、土块反砸死、砸伤自己许多人马。这一意外的伤亡，使士气受到了意外的打击。

顿兵坚城之下，久攻不克，军粮日益告匮，接济颇感困难，数千名被误伤战士，急需医疗，又听说敌军已有增援，救兵不日将到。这一切说明，若继续围攻开封，是否有利？不能不是一个值得考虑的课题。李自成沉着冷静地分析了当前的局势，毅然地作出决定——撤围。十五日，五鼓，老营先撤，战斗部队守住原阵地，交相掩护而退，午时，全部队伍撤尽。一边撤，一边向开封开炮轰击，炮力远及10余里。城内官军哨见城外扬尘蔽天，不知何故，吓得不敢乱动，直等农民军去远，听不见炮声，才敢悄悄开城出外探视。㉘

李自成、罗汝才等率部向开封西南的朱仙镇撤退。老营撤离开封时，先把伤病员运走。由于四乡老百姓的大力支援，征借到大量方桌，把方桌翻过来，桌面向下，四腿朝天，绑上杠子，当作担架，这才解决了运送工具不足的困难。然后在全体医护人员的努力下，把2873名重伤号，趁大部队到达朱仙镇之前，赶快先抬送到安全地点。农民军在朱仙镇稍事休整，即向郾城开拔。左良玉自杞县随后启行，经西华至郾城，与农民军在白沙河畔结阵对垒，相持18天（一说17天），见无机可乘，遁回襄阳。㉙闯、曹合兵往攻襄城，歼灭官军主力汪乔年部，继而又攻克陈州（今河南淮阳）、睢州及归德等地。开封府所属34州县，在两个多月时间内被攻克了

29个。闯王李自成的威名，老幼传颂，威震遐迩。

这期间，"小袁营"袁时中也率领部众归附了李自成。

"小袁营"自上年在蒙城、义门一带打了败仗，回到河南，经过几个月整休，元气逐渐恢复，人马又聚集到数万。这年二月间，袁时中围攻河南柘城县，十余日攻打不下，解围北去，至宁陵县，哨马更往北远探至考城县（今河南兰考县）。防河官军害怕袁时中北渡黄河，一面飞檄各防守口昼夜严防，一面调动兵马、火器赴河巡援。"小袁营"见北渡困难，自东驰西，沿河而行，进迫仪封县（今已并入兰考县）。三月十六日，李自成攻克陈州，下一步准备攻打太康，主动派人和"小袁营"接头，希望两军联合。袁时中表示同意，并带领部众由仪封南下，迅速向太康靠拢。

三月十八日，闯王、曹操、"小袁营"合兵攻打太康。闯王负责攻东门、西门，曹操负责攻南门，"小袁营"负责攻北门。二十一日，攻克太康。[38]此后，李自成、罗汝才、袁时中联兵攻打宁陵、睢州、归德；袁时中皆为先锋，打仗很勇敢、很卖力气，立下了一定的战功。

四月十六日，闯王、曹操、"小袁营"合兵至杞县，计划围攻开封。[39]这次闯王仍命袁时中担任先锋，率兵打头阵。袁时中产生疑虑，害怕牺牲，不肯从命，夜半脱离闯王拔营东去。李自成出乎意料，闻报不禁大怒，亲自领兵追至亳州。"小袁营"的部众听说闯王追来，逃散很多，不战自溃。袁时中仅带着百余骑亲信逃脱。李自成收兵而回，继续与罗汝才商讨第三次围攻开封计划。

开封两次被围，明政府十分恐惧、焦虑。崇祯皇帝特下严谕：责令抚、按等地方官加意防备。城中防务比以前又有所加强，增建了云楼，储足了火药，添立了炮台，加多了飞石，部署确实愈来愈周密。"督师"丁启睿此刻不在开封，巡按任浚胳膊折断告假休养，知县王燮擢升御史不在开封。其他守城文武官员，情况没有变化。

五月初二日，闯、曹大军到达开封城外。[40]初三日，农民军的老营驻屯在城西大堤外阎家寨（一作"阎李寨"），离城约20里。李自成的营帐就扎在阎家寨，其他许多重要首领的营帐都围绕在闯王营帐四周，营地纵广约十五里。罗汝才的大营驻扎在横地铺，距阎家寨不远。[41]次日，后队俱到。

一度降而复反的汝宁府真阳县土寨首领沈万登，前不久，率众万余围攻汝宁府城未下，闻知闯王、曹操合兵攻打开封，远道来投，参加攻汴之役。⑫

这次围攻开封的农民军部队，数目大大超过前两次：计有精锐步兵 10 万，铁甲骑兵 3 万，每一骑兵有马 3 匹，骑、步总人数号称百万。⑬

李自成鉴于前两次硬攻受到损失，同时也鉴于城中防务比前有所加强，因此，这次主要采取长围困守的办法，使敌人援绝粮断，坐以待毙。大堤上，农民军骑兵往来巡逻，终日不息，不时有游骑下堤至城边侦察，全军时刻处在严密戒备的状态中。

当时，正是麦熟季节。极目远望，堤内、堤外，一片金黄的颜色，微风吹来，麦浪起伏，是麦子该收割的时候了。为了不使这些粮食落入敌人手中，李自成下令抓紧时刻，组织割麦队，昼夜抢收。立时，自大堤至城边十里以内的田野里，出现了一副极其动人心弦的夏收场面。成千成万的戎装健儿，低着头，弯着腰，一心一意抢着收割。路上，没有行人，只有武装巡逻的士兵。

城中官军见农民军刈麦，也派遣兵勇出城抢割。官军在东头，从城边由东往西割。农民军在西头，由大堤边从西往东割。双方互相回避，以免碰头，偶尔相遇，也不交手，如农民军刈麦人多，兵勇碰见即避走；反之，如官军刈麦人多，农民军碰见亦避走。

至十三日，靠近城边的麦子已被割尽，仅存大堤近旁之麦尚未割完。有消息传来，说敌人的援兵将到朱仙镇。朱仙镇距开封不过 40 里，骑兵片刻可到，很明显，抢收任务必须马上停止，要立刻准备迎战。未尽之麦来不及收割，只好放火烧掉。

李自成派出 3000 骑兵前往朱仙镇，进行威力侦察。

"督师"丁启睿、保定总督杨文岳及总兵左良玉、虎大威、杨德政、方国安等，在崇祯皇帝的严旨督责下，怀着恐惧心情，各率援兵先后从各地赶来，会师于朱仙镇。农民军的 3000 先遣部队，为左良玉等军出其不意地包围、消灭。闯王闻讯，极其震怒，亲率大军赶赴朱仙镇。接着，农民军和官军在朱仙镇展开了一场双方主力大决战。在这场决战中，李自成表现了优秀的军事指挥才能，取得了具有决定意义的伟大胜利。有关这次战役的详情，留到下一节叙述。朱仙镇之役后，李自成旋师复围开封。

开封城与大堤之间尚有一道土城，土城距开封城 5 里，距大堤 5 里。

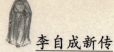

这道土城，是北宋开封外城的遗址，当初可能是砖城，因年代久远，坍圮而成土城。④农民军为缩小包围圈，将土城削得陡直，矗立如壁，使人不易攀登；并在城下挖掘深沟，使人无法跨越。城周各道路口除留一、二小路以通往来外，将其余各口尽都堵塞，安上荆棘，养着恶狗，严防出人。土城上设立窝铺，每夜发喊鸣更，火光照耀，大堤上骑兵来回巡察，不让一人越堤逃跑。

围城中粮食紧缺，奸商们高抬粮价，粮食很不好买。起初麦一斗，银二钱五分，转眼即飞涨至五钱。黄澍用借人头的办法来平抑粮价，杀大粮商李瞎虎——李遇春，但涨风仍难平息。全城闭户绝粜。高名衡发银买粮，定官价麦一石银四两，杂粮一石银三两，结果无粮可买。黄澍委派义勇总社买粮，不限价，依然买不到粮。周王下令发粜官粮，居民日夜守候在粜粮处，数十万人拥塞在街头，每天踩死、挤伤的人不下数百。不几日，官粮亦停粜。

高名衡等无法，允许定时打开城门，放百姓出城采青充饥。许多穷苦小民，趁此机会，偷过土城，投向农民军。有个姓霍的老婆子，知道周王府中的事，以采野菜为名，把有关王府的情报主动送到闯王老营。闯王赏给她一些银两，藏在菜筐底，回城被搜出，官军把她杀掉。有个铁匠叫孙忠，私造铁箭镞数百枚，打算送给农民军，出城为门军搜获，还搜出手摺一个，称农民军为"天兵老爷"，最后也惨遭杀害。尽管如此，还是有大量穷苦百姓逃出城去，往投农民军。甚而有的官兵也借口出城偷营，一去不回，投降了农民军。因此，城中加强了盘查，妇女出城严行禁止，兵民打柴、采青也受到严格限制。

巡按御史严云京率兵来救开封，得知战情紧急，逗留封邱，不敢渡河。山西总兵许定国率山西兵来援，至沁水，将渡河，兵哗溃散。宁武援兵亦溃于覃怀（泛指今河南省境黄河北岸沁阳县及其左右一带地方而言）。明政府闻朱仙镇援兵溃败，赦原任户部尚书侯恂罪，起为兵部右侍郎兼右佥都御史总督保定、山东、河南、河北军务，辖"平贼"、"援剿"等镇官兵，驰救开封。⑤并派3名新近提拔的御史——前祥符县知县王燮、前杞县知县苏京、前河内县知县王汉为监军，监督各镇兵马，协力援汴。但诸路军皆观望犹豫，有意稽延。

山东总兵刘泽清先到，屯兵柳园、陈桥间，歇马数日，畏怯不敢进。

王爕督催刘兵迅速渡河，又恐他兵力单弱，另外约调杞县党一龙统率民兵前来助战。党一龙失期未至。刘泽清不得已，提兵5000先渡河，立营于开封城北八里的朱家寨。官军营傍大河，引水环营，筑堤自卫。营刚立起，农民军的骑兵突然逼来，刘泽清全营溃乱，争先恐后，抢舟北渡，士兵溺死无数。⑯数日后，他路援兵虽陆续到达，却无一兵一卒敢于过河，惟有各自把守渡口，避锋河北，隔岸尽作壁上观罢了。

农民军移三营于曹门外，正东土城外扎一营，有兵3000人，名"新营"。东北土城外石牛角地方扎两营，首领一姓罗，一姓张。移营目的，是想监视、控制朱家寨。官军有时装模作样开城出外打仗，每次声称得胜而还，而每次均有许多挑野菜的饥民被杀。他们割下这些饥民的首级，唯恐家属识破，又在死者面上加砍几刀，使人认不出原貌，然后持着死人的头去向周王报功请赏。一颗头赏3000文，甚至索银三四两。

城中援绝、粮绝，日子越来越不好过。十两银买麦一升，犹不可得。巡抚下令，逼勒富室输粮，初犹自报，继而公劝，最后勒派。兵士手持令箭，挨家挨户搜粮，倾坛倒罐，掘地破柱，一搜再搜，一日六七搜，油、盐、酱、醋、糠、粃、饲料……无物不搜。连妇女藏在怀中一升、半升米，一张、半张饼，也被搜夺而去。没有粮，折金代粮，每石折银80两至120两。谁家有粮，有人告发，官府有赏，于是恶兵、刁吏，敲诈勒索，毒刑拷逼，惨不忍睹。

开封被围5个月，全城陷入饥饿的恐怖中。除周王府及少数高级文武官员外，一般士兵及普通百姓，早已断粮。士兵初犹杀马而食，不几日战马亦被杀光。穷苦小民，吃树皮、蔓草、瓦霜，吃臭水坑中的红虫，粪缸中的粪蛆，出现了十分悲惨的现象。

高名衡、黄澍等见到军心、民心瓦解，已到无可挽回的地步，他们心中清楚：开封早晚必将难支。黄澍已写好《绝命词》30章，对守城前途早已深感绝望。

开封，北枕黄河，地势低于黄河。据当时人测量，大河河身竟高出周王府殿檩一尺二寸。⑰六年前，黄河曾在开封城西北祥符县属的黑冈口上流决堤，水势一路而下，直冲城西大堤外的阎家寨。如今，农民军大营就扎在阎家寨，正当旧日决口水冲之处。数月前，有熟悉黄河水势的人，曾向高名衡等密献"决河灌敌"之计。⑱

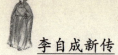
高名衡、黄澍等商量，虽然觉得这一建议绝非万全之策，但总还能解救眼前燃眉之急。尽管开封地处低下，可是城墙坚厚，周王又征集民夫新筑了一道"羊马城"，坚厚如高岸，大概能抵挡得住洪水。大水冲来，城外农民军大营可以尽被漂没，而城中或可仗此勉保安全。[49]如无大水，引来细流环绕开封，灌满城濠，农民军缺乏舟揖，无法挨近城边，亦可恃此自固、无恐。[50]

高名衡等怀着这种一箭双雕的目的，向周王请示，得到周王支持，又密奏朝廷，得到崇祯皇帝认可[51]，于是高、黄等人秘密差人潜渡河北，书约巡按严云京见机行事。严云京得书后，密派副将（一作"总兵"）卜从善率兵驾舟至南岸，偷掘黄河堤，掘一昼夜，为农民军发觉，领兵冲散。此为官军第一次掘堤，时间是这年夏天，地点一在黑冈口下流朱家寨，一在黑冈口上流马家口。[52]

当时，因黄河水还不大，二口不久即为沙碛闭塞，加上农民军发动万余战士担土填塞掘处，所以没有造成灾害。暮秋季节来临，大雨经旬不止，河水暴涨，官军趁这时机又驱迫兵丁、民夫第二次偷掘河堤。九月十四日，夜三更，朱家寨、马家口两口同时溃决。顷刻间河水横窜，波涛汹涌，声若山崩，震响百里，平陆顿时水深过头，水位继续上升，势不可挡。荷锸掘堤的民丁、乡勇来不及逃避，都被洪波漂没。农民军闻警，火速移营高处，幸免全军沉没，然而部分移避不及，也被淹没万人（一作"万余"、"数万"、"溺死无算"）。朱家寨、马家口两处相距30里，前一决口宽二里许，水势稍缓，后一决口宽一里许，水势猛急，两股洪水冲至"汴堤"（即城外"大堤"）外，合为一流，冲破黄金坝口，直冲开封城。次日黎明，水到城下。城中守兵担土塞门，水从墙隙涌进，堵塞不住。十六日，大水冲破曹门，北门接着也被冲破，街头巨浪高丈余，水流涌迫，如数万钟声齐鸣。浊浪穿东南门奔腾而出，倾泻入涡水，涡水骤涨二丈。十七日凌晨，全城一望汪洋，尽被水没，能够看得见的，只有钟楼、鼓楼、相国寺顶、上方寺铁塔和周王府的紫金城与各郡王府的屋脊而已。[53]

不数日，周王及其宫眷即为侯恂、王燮等人派来的船只接走，黄澍以护王驾为名随同周王搭船北渡逃命，高名衡、陈永福等文官武将也先后乘船逃离开这座水淹的危城。只有数万幸存的难民，栖息于屋顶、树梢之上，日夜遭受风吹雨淋，断粮待毙，无人过问。就在这个时刻，李闯王及时派人驾舟入城，前来抢救他们。农民军竭尽全力用船把全部难民尽快运走，使他们早日脱离险境。难民船在途中遭到了河北官军的炮击，有的船被打沉，其中有 5000 难民被劫走。官军这一暴行，激起了全体难民的无比愤怒。⑤

开封已成泽国，取之无用，等抢救、安排难民的工作结束后，农民军随即往西南方向转移。

水淹开封的消息传到了北京，崇祯皇帝首先关心的是周王及其宫眷的安全，其次是各郡王、宗室及其眷属的下落，又其次是开封文武各官及乡绅、举贡、生员等守城的辛劳，再其次是汴城守兵的存亡，最后才是那些所剩无几、死里逃生的受灾难民。

崇祯帝下令，给开封守城各官叙功、赐赏：高名衡加兵部右侍郎，病痊起用，赏银 40 两；王汉擢右佥都御史，代高名衡巡抚河南；黄澍以守汴护藩功授江西道御史，赏银 30 两；王燮已经考选，候俸满日优叙京堂，赏银 30 两；陈永福加职二级，赏银 30 两；陈德加职一级，予银 20 两；其他官员如任浚、梁炳、吴士讲等，皆分别有所升赏。⑤

崇祯皇帝还下令："发御前银十万两，即著御史黄澍押赍前去。内将三万两特赐周王，以备宫眷供亿之需。其余七万两，仍听澍与该抚、按酌量分派：首察郡王、宗室见存若干，分别周赍伤亡；的察其有无眷属，均行给予。次察现在汴城守兵并迁徙河北饥民若干，一体犒赈。"⑤

开封是一个有百万人口的繁华城市，这场人为的大灾难，使数十万人葬身鱼腹，残存者不足十万，仅及原有人口的十分之一⑤

注：

①《绥寇纪略》卷八："用洛阳掾邵时昌为伪总理，俾守城，实弃之去。"

②参看上书卷八及《平寇志》卷四。

③《崇祯尽忠录》卷二十一《河南文武先后殉难》、赵林成、白明义同纂《汝州全志》卷六《人物志·忠臣》。《北略》卷十七《钱祚征骂贼》、《皇明四朝成仁录》卷二《汝州死事传》所记大致亦同。《怀陵流寇始终录》卷十四谓钱祚征被杀为二月初六日，比《汝州全志》所记晚一日。

④同治续修《郏县志》卷十同轨撰《纪土贼事》、卷十一仝廷举撰《忠愍李先生（李贞佐）传》及同卷仝轨撰《高练总（高凌云）传》。《纪土贼事》谓杨同锦袭占郏

县为崇祯十三年十二月五日夜,《忠愍李先生传》谓为庚辰(十三年)十二月四日;前者谓"明年(十四年)二月十九日,流贼李自成西来,(邵)子灼、(杨)同锦与其党聂二、武三等开门郊迎";后者谓"辛巳(十四年)二月七日,李自成破洛阳攻汝州……急攻四日,城陷……进趋郏"。此处所说李自成二月中旬入郏县日期不确,实际应为二月初七或初八。据《明史·李贞佐传》,郏县知县作邵可灼,与"县志"微异。

⑤《甲申传信录》卷七《董狐剩荚》讲,李自成第一次围开封,"驰骑至汴西门,时抚镇兵远屯境外,城守未备"。但白愚《汴围湿襟录》则谓,李自成未打来时,城中已按坊立社,按社出丁,"而成劲旅","及贼薄城,得恃以无恐焉"。按白愚是当时亲身参加守城人之一,《湿襟录》成书于"崇祯甲申(十七年)春二月",据其"自叙"云:"从参戎张达宇募兵,事城守,躬冒矢石者几六阅月。"故以上二种说法,当以后一说较准确。开封围城期间,城中究竟征派了多少社勇?周在浚《大梁守城记》载:"每社兵五十","凡得兵四千二百名";《汴围湿襟录》载:"每社抽门兵三□□,统得精兵五万";光绪二十四年修《祥符县志》卷三《宦绩传》载:"每社抽民兵三千余,画汛而守"。据《守汴日志》讲,当时城中曾下令,"民间有男子一人不上城者,斩!"开封人口约有百万,既然所有男子都得上城,估计在民兵中挑选5万"精兵"之数,亦并非不可能。每社抽50,估计当是初创社时的规定;随着战事越来越紧,肯定被驱迫守城的人也必然会越来越多。

⑥据《河南通省程途里数》。

⑦3次围攻开封,《守汴日志》与《大梁守城记》均有逐日记载,本节提到有关开封战事日期,除特别注明者外,均以此二书为准。《守汴日志》载:"(十四年)二月初九日甲寅"李自成率众"疾走三昼夜,十二日丁巳直抵汴梁"。《汴围湿襟录》谓:李"于二月初六日率众数万东下,哨贼百骑假扮官兵飞驰西关。"二书所记日期微有不同。参看注③所引《汝州全志》,知李自成所部克汝州为二月初四日,杀钱祚征为初五日(《怀陵流寇始终录》谓钱被杀为初六日),这就是说,二月初五或初六李自成还在汝州,汝州距开封450里,绝非一日可到,而且中间还兵临过郏县;故据此知《汴围湿襟录》中"初六日……飞驰西关"之说,可能记误。

⑧《大梁守城记》载:"军中削竹为箭,其大如箸,略长一、二寸,铁镞如锥;刻木为槽,安放于中,引弦激槽,其箭可射三百余步。"

⑨"悬楼"的构造方法,见同上书:"楼用大木二根,更以十余木横比,如筏而疏。其内架二木,上宽可跨二垛,出垛外近丈。楼之上,容可十人,幕以湿牛革。贼来挖城,我兵悉乘悬楼上,从疏棂中掷炮石击贼,无弗中者。"

⑩《守汴日志》、《大梁守城记》谓陈永福回开封为二月十六日,《甲申传信录》卷七谓为二月十三日,《汴围湿襟录》谓为二月初九日。陈永福此时还只是副将,但前

三书均书为"总兵"，此处从《湿襟录》。陈至开封城下，《守汴日志》谓"开水门放入"，《湿襟录》谓"缒之登城"。

⑪《明史纪事本末》、《后鉴录》、《明史》等书，都说射中李自成目是在开封再围时。《守汴日志》、《大梁守城记》、《平寇志》卷四、《汴围湿襟录》均谓射中李左目是在开封第一次被围时。

⑫《明史》卷二百六十七《高名衡传》："（李）仙风驰还开封，副将陈永福背城而战，斩首二千，游击高谦夹击，斩首七百，贼解去。"《平寇志》卷四亦有此记载。据此，似乎李自成撤围，是由于被陈永福、高谦夹击战败。但据《汴围湿襟录》云："及贼围汴……仙风屯兵郑州，寇去方拥兵至，驻西关。周藩闭门不纳，不得已，又尾西去。"既然李仙风等在李自成撤围去后"方拥兵至"，可见《明史》所记"夹击"之事不实。

⑬《平寇志》卷四说李仙风"自缢"，《汴围湿襟录》说"忧死郑州"，《绥寇纪略》卷九说"绝吭死"。

⑭参看《绥寇纪略》卷九、嘉庆二十二年刻本《密县志》卷十五《杂录·祥异》及同卷《杂录·旧闻》、《说嵩》卷二十二《摭异》、乾隆时修《嵩县志》卷二十一《兵防·历代兵事》及卷二十五《列传·忠烈》。据《国榷》卷九十七、《明史纪事本末》卷七十八讲，崇祯十四年三月壬辰（十七日）李自成攻占归德；《北略》卷十七讲，十四年三月十六日李自成攻归德，十七日破归德新、旧城。按嵩县在河南西部，归德在河南东部，李自成自开封撤围，破密县，过登封，行军方向一直是往西，不可能到登封后，忽然在三月十六日占领嵩县的同一天，又率领大军折而往东去攻打距离嵩县数百里的归德。《明史》卷二十四载："（十五年三月）丙申（二十七日），李自成陷归德。"康熙四十四年修《商邱县志》卷三《兵燹》载："（崇祯）十五年春三月，闯贼陷（商邱）城。"《豫变纪略》在"凡例"中曾指出，壬午（十五年）三月农民军攻占归德，诸书皆误以为辛巳（十四年）。据此看来，《国榷》等书可能把崇祯十五年的事错记成了十四年。

⑮《绥寇纪略》"补遗下"、《密县志》卷十五、邱峨续纂《新安县志》卷十四《见闻志·兵燹》、《嵩县志》卷二十一、乾隆四十四年修《河南府志》卷八十《艺文·书》张鼎延撰《与抚台论御土贼书》。

⑯鸣皋之战，《明史》卷二百六十二《杨文岳传》及卷二百六十九《虎大威传》均有记载。《虎大威传》谓官军与李自成战，"大破之"。《说嵩》卷二十二亦载有此材料，但并未有"大破之"的字句。《绥寇纪略》卷九云："鸣皋之战，贼亦渐入山，汴、洛称休息焉。"故知所谓"大破之"一语，纯系有意为官军粉饰。

⑰《绥寇纪略》卷九。

⑱乾隆十一年增修《罗山县志》卷八《外纪志·戡乱》谓张献忠破光州、光山、商城3处为崇祯十四年四月。《绥寇纪略》卷十谓"三月二十一日，用飞梯入光州北城，明日又入南城"；高兆煌纂修《光州志》卷四十五《纪事志》谓"春二月，张献忠陷光州及邻县商城"，又引《光州旧志》谓"二月二十二日，献贼陷（光）州北城，次日再陷南城"。《国榷》、《平寇志》、《烈皇小识》、《明史纪事本末》，都说破光州为二月乙丑（二十日）。《明史》卷二百九十三《忠义五·盛以恒传》载："二月中，贼（指张献忠）奄至（商城）。"到底张献忠崇祯十四年攻克光州是在四月、三月、还是二月？我认为攻克光州日期应以《光州旧志》为准，行军路线当以《罗山县志》为准。理由是：该两县志所记之日期与路线，正好与《孤儿吁天录》卷十四《入川剿局之论》所叙述的张献忠放弃襄樊进入河南后之行军日程与方向，互相衔接、吻合。

⑲据《兵部题〈湖广随州缮城募兵等款〉稿》（《明清史料》乙编、第十本）及《兵部为恳怜忠烈特赐题恤事》（《明末农民起义史料》），知崇祯十四年随州一连破了两次，一在四月二十五日，一在七月；十四年之前随州也破过两次。

⑳《绥寇纪略》卷十、嘉庆十二年修《南阳府志》卷一《舆地志·祥异》、光绪三十年刊《南阳县志》卷八《兵防》、《明史纪事本末》卷七十七、《明季北略》卷十七、《国榷》卷九十七、《明通鉴》卷八十七以及《明史·左良玉传》、《颜日愉传》，有关崇祯十四年夏张、罗占信阳、泌阳事，虽所记月份有五月、六月之分歧，然而事实则大致相同；但所记攻打南阳事，歧异却很大：一云攻南阳是在"陷泌阳"之后，一云是在陷泌阳之前；一说"陷南阳"，一说"城获全"；一说攻者为张献忠，一说攻者为李自成。既然记载如此纷乱，故宁缺存疑。

㉑《绥寇纪略》卷九及《明史》卷二百六十《丁启睿传》等书。

㉒国家图书馆藏钞本《淅川直隶厅乡土志》卷二《兵事录》。

㉓归纳《明史纪事本末》卷七十五、卷七十七、卷七十八、《平寇志》卷四、淅川直隶厅乡土志》卷二、《怀陵流寇始终录》卷十四记载有关闯、曹合兵之时间、地点，大致有如下几种说法：合营之时间，崇祯十四年七月、八月、九月。据《兵部为塘报"邓宛枣随等处"贼情事》（《明末农民起义史料》）所载"督师"丁启睿于崇祯十四年七月内通行"楚、郧、秦、豫各抚严加扼防"之飞檄，其中就有"曹、闯东奔，已至唐县"二语，可见闯、曹合营肯定是在七月。合营之地点，在淅川、邓州间，淅川、邓州、南阳间，南阳、邓州、淅川间。后二说地点虽相同，但方向却相反，一是由西而东，一是由东而西。按李自成当时的进军路线是由淅川至邓州由西往东；罗汝才由郧阳"北走合自成"，就实际地理情况而论，也应由淅川至邓州，由西往东；再就上引丁启睿之"飞檄"内容分析，"曹、闯东奔"，虽未指明由何处"东奔"，但联系"已至唐县"一语所提供之线索及其他有关史料，知肯定系指由邓州"东奔"。据此，

可得出结论：闯、曹合营之地点当在淅川、邓州间。又据《绥寇纪略》卷九讲："左良玉大破张献忠于麻城。罗汝才……舍之去，投自成于邓州。"这里又生出了一个新问题，究竟罗汝才是由郧阳北走投自成，还是由麻城走邓州投自成？上书所谓的张献忠麻城之败是在什么时候？《北略》卷十七讲：崇祯十四年七月，"丁启睿大破贼于麻城，汝才走合自成"。此处所说之贼，系指张献忠。《国榷》卷九十七载：十四年七月"贺一龙陷潜山，遂围麻城，督师丁启睿大败之。"《平寇志》卷四亦有此同样记载。左良玉系受丁启睿指挥，所谓"左良玉大破张献忠于麻城"与"丁启睿大破贼于麻城"，实际是一回事。问题是：崇祯十四年七月丁启睿在湖广麻城打败的究竟是张献忠，还是贺一龙？据康熙九年修《麻城县志》卷三《民物志·变乱》记载，崇祯十四年七月，左良玉根本不在麻城，当时驻在麻城的官兵为王允成、刘良佐；直到这年九月，左才驻兵麻城。再据《兵部题行〈湖广巡抚宋一鹤咨〉稿》（《明清史料》乙编、第十本）讲，崇祯十四年九月张献忠在湖广麻城县境。总括以上所述，可明确如下几点：既然《绥寇纪略》所记败张献忠于麻城事与《北略》所记是一回事，《纪略》虽未说明月份，但《北略》说在七月，当然《纪略》所述之事也应在七月。可是崇祯十四年七月，张献忠并不在麻城，左良玉也不在麻城，直到这年九月，张、左才来麻城。显然，《纪略》与《北略》所说这年七月"左良玉大破张献忠于麻城"、"丁启睿大破贼于麻城"不确，既然七月无败张献忠于麻城之事，可见所谓罗汝才自麻城"投自成于邓州"之说也就失去了根据。《明史纪事本末》卷七十五载："（十四年）七月庚辰，革、左陷潜山，遂围麻城；督师丁启睿大破贼于麻城，斩千二百级，贼解围去。"这段材料，与上引《国榷》所记是一回事。说明崇祯十四年七月攻打麻城为官军战败的不是张献忠，而是革里眼贺一龙。原来《绥寇纪略》和《北略》是把贺一龙的事误记到了张献忠的名下。

㉔《明史》卷二百六十九《虎大威传》说崇祯十四年"七月，自成及张献忠、罗汝才攻邓州"。根据注㉓所引材料，知这年七月与李自成合营者只有罗汝才，并未有张献忠。七月初三日至初五日，罗汝才和张献忠还在一起攻打郧阳，而郧阳至淅川、邓州最少还有一二日路程，李自成进攻邓州为七月初五日，罗汝才怎么可能会在郧阳战事尚未结束的当天赶到邓州与李自成一起参战？再说，罗、李合兵是由于罗和张闹翻，张献忠更不可能会在七月初五这天与罗、李一起攻打邓州。因此《虎大威传》所记张、罗、李三人合兵攻邓州事绝不可信。

㉕根据《兵部为塘报"邓宛随枣等处"贼情事》、《兵部题行〈湖广巡抚宋一鹤咨〉稿》两篇材料，可大致看出李自成、罗汝才两军合营后之活动范围及其大体行军路线和日程。

㉖见《兵部题行〈兵科抄出郧阳抚治王永祚题〉稿》（《明清史料》乙编、第十

本）。

㉗《纪事本末》卷七十七："（十四年七月）辛卯（十七日），郧兵与张献忠战，败绩。……督师丁启睿与左良玉俱屯南阳，顿兵不进。献忠既拔郧西……群盗蚁附之，众至数十万。"《绥寇纪略》卷十："献忠又佚而之郧西。郧西守将兵变，陴障驰，贼因以入。"上举材料中所说"郧兵"之"郧"，当是指郧阳。张献忠攻克郧西，后一书未说具体日期；前一书谓七月十七日郧兵败绩，郧阳至郧西骑兵不到一日路程，估计拔郧西可能也就在这天。但《怀陵流寇始终录》卷十四却说七月二十七日张献忠破郧西。《守郧纪略》云："（十四年）七月间，献贼复由郧入秦，督师丁公与左镇尾之而至……数日启行……去十许日，而予（高斗枢自称）至。"按高斗枢于崇祯十四年六月进按察使，移守郧阳，八月初六日至郧阳府，初八日履任。叙事中所说的"数日"，假定为四五日，听说的"十许日"，假定为十一二日；这就是说，从八月初六日上数"十许日"，再上数"数日"，即左良玉进入郧阳府城之日，推算具体时间可能在七月二十日左右。丁、左是在张献忠过郧阳后"尾之而至"的，推测张献忠到郧阳当比左兵要早一二日。看来攻拔郧西之日期当以七月十七日之说为可信，《流寇始终录》说七月二十七日"破郧西"恐误。

㉘据《守郧纪略》。

㉙有关这段历史，主要根据《明史·张献忠传》及《绥寇纪略》卷十撰写。《怀陵流寇始终录》、《明史纪事本末》、《平寇志》，与《明史》等书所记颇有出入。《纪事本末》、《平寇志》、《流寇始终录》、《绥寇纪略》等书，都说张献忠投奔李自成之时间为十四年九月。至于求助之地点，各书记载颇含糊。若结合这年九月李自成的活动范围以及张献忠最后挫败之地点一并考察，估计张、李会见可能是在河南东南部某地。

㉚第二次围攻开封，《守汴日志》、《大梁守城记》与《明史》卷二十四谓为崇祯十四年十二月二十三日；《汴围湿襟录》谓"十二月二十四日薄城"，指的是正式攻城日期。《崇祯实录》卷十四谓十四年十二月"张献忠、李自成合攻开封"；所谓"合攻"，误。第二次围攻开封人数：《守汴日志》谓"精贼不过三万，胁从之众约四十余万"；《汴围湿襟录》谓"贼众五十万"；《明史·丁启睿传》说第一次围攻"有众七十万"，第二次有众多少未说。

㉛据开封市博物馆1978年10月5日描绘的《开封古城堡位置图》，知宋开封城之外还有一道外城，城之内另有一座皇城。又据开封市宋代文物展览馆绘制的《北宋东京图》（示意图），知繁塔寺在外城之内、里城之外，位于外城内之东南角。参看《大梁守城记》，知明末时繁塔寺已在城外，原来的宋外城已不存在。又参看《守汴日志》，知宋代之外城至明末已坍圮为土城，不复保存其旧观。另据康熙三十四年修《开封府志》卷一《开封境城总图》所绘之图，开封城外即大堤，说明经过50多年，连土

城的痕迹已不复存在。

㉜《明史·丁启睿传》："启睿之在许州也，畏贼逼，始赴开封。离（许州）城三十里而城即破。"崇祯十四年李自成攻克许州为十二月十三日（见《明末农民起义史料》十三《兵部题为塘报"南阳等处"贼情事》），许州距开封220里（一作"二百一十里"，见《明史·地理三》及《河南通省程途里数》）。既然丁启睿逃离许州30里该城即被占，估计他逃到开封当在十二月十四、十五日，较李自成大军开到不过早八九天。

㉝《守汴日志》、《大梁守城记》、《汴围湿襟录》）。

㉞据《汴围湿襟录》载，元旦这天，农民军曾对开封城发动过一次猛烈攻势。但据《大梁守城记》讲，这天虽有炮战，实际上如同做戏。据该书载，开封被围以来的所谓'第一战功'，并不是《湿襟录》所说的正月初一这场炮战，而是正月初八日巡按任浚出奇兵夜袭农民军营的一场夜战。

㉟《汴围湿襟录》讲，抚、按致书左良玉求救，时左驻师汝南；左得书后迟至十五年正月初五日方抵杞县。但据《兵部题为塘报"南阳等处"贼情事》讲，李自成第二次围攻开封时，左良玉驻兵在临颍，并不在汝南；十五年正月初五日午时塘兵吴友全探得的消息，正月初五这天左良玉仍然还在临颍，并未如《湿襟录》所说已去杞县。

㊱《兵部为塘报"豫楚"贼情事》（《明末农民起义史料》）载："又据提塘守备王加才塘报内称：探得闯贼营内逃出难民口称：闯贼于（十四年）十二月二十三日奔围困汴梁，至于（十五年）正月十五日屡因汴城紧守甚严……奔逬往归德府等处地方去讫。"

此塘报证实《守汴日志》所记李自成第二次围汴日期及撤围日期可信。李自成撤围之原因：《明史》卷二十四谓系由于"杨文岳援开封，贼解去"。《国榷》卷九十八谓系由于"平贼将军左良玉率兵援开封，寇退"。上举塘报探得李自成撤兵原因，是由于："攻打不开"、"无粮"、闻有"京兵救解"。这三条系出自闯营逃出"难民"之口，应可信。《大梁守城记》谓农民军撤走后，"遗粮深三尺许，遗妇女三千三百口、牛三万头"。按李自成是主动撤围而去，并非败溃而逃，而且撤围时十分镇静、从容，井井有序，怎么可能会遗弃那样多的粮食、妇女和牛？此点显然不实。究竟李自成撤走时有粮、无粮，此点应以塘报所说为准。

㊲《明史》卷二百六十二《汪乔年传》："先是临颍为贼守，左良玉破而屠之，尽获贼所掳；自成闻之怒，舍开封而攻良玉。良玉退保郾城。"《守抚日志》："左镇驻杞县二日，追（闯、曹）至郾城白沙河，与二贼连战十有八日（张永祺《偶然遂后纪》谓"共战一十七日"），屡胜之。"上述两种记载，一说李自成追左良玉至郾城，一说左良玉追李自成至郾城，到底谁追谁呢？根据有关记载：崇祯十四年十二月二十七日，

左良玉搜掠百姓财物，"屠临颍"城（见顺治十六年修《郾城县志》卷八《祥异志》）；十五年正月初五日左兵还在临颍（参看注㉟）；后为援救开封，左率兵到杞县（见《守汴日志》、《汴围湿襟录》）。李自成撤开封围为十五年正月十五日，上距左良玉"屠临颍"之日已有18天（崇祯十四年十二月小），并且李自成撤围时左良玉已不在临颍而在杞县，由此可见《汪乔年传》所载李自成闻左良玉屠临颍生怒"舍开封而攻良玉"之说，不确。李自成追左良玉至郾城之说既不可信，反过来，左良玉追李自成至郾城之说是否可信? 顺治《郾城县志》卷八讲，十五年正月左良玉到郾城，是由该县知县从西华县请来的，并非如《守汴日志》所说是因追李自成而来的。从表面现象看，左良玉跟在李自成之后，似乎是左在追李；但实质上，军事的主动权却掌握在李自成之手，与其说左在追李，不如说李是在牵着左的鼻子走。

㊳崇祯十四年五月（一说六月）袁时中在蒙城、义门等地战败后，据康熙元年修《汝宁府志》卷十《武备·军功》讲，这年秋七月他又回到了河南。袁回河南后的活动情况及其与李自成合营之时间与地点，可从乾隆三十八年重修《柘城县志》卷十八、《兵部题行〈保定巡抚杨咨〉稿》（《明清史料》乙编、第十本）、《兵部题行〈兵科抄出湖广巡按汪承诏题〉稿》（见同上）、《平寇志》卷五及《绥寇纪略》"补遗下"等材料中看出。

㊳见《守汴日志》。《平寇志》卷五谓四月十六日闯、曹合袁抵杞县。《大梁守城记》作"四月十二日，合贼袁老三抵杞县"，所说日期有误，"袁老三"不知是否指"袁老山"? 若果是，亦误。

㊵《绥寇纪略》卷九、《明史·左良玉传》说崇祯十五年三月李自成复围开封，《小腆纪年附考》卷一亦依此说。《兵部题行〈兵科抄出湖广巡按汪承诏题〉稿》称："镇标右营李好兵丁自归德逃出（按李好二月十五日在襄城投顺李自成），四月初一日到省（指开封），见抚院禀称：闯、曹等贼于三月二十五日到，攻围至二十七日午时，将城攻开。贼苗头上永城县去……"据此材料，知三月复围开封之说不确。《明史纪事本末》卷七十八、《平寇志》卷五、《北略》卷十八、《国榷》卷九十八、《明史》卷二十四、《明通鉴》卷八十八，都说第三次复围开封为十五年四月癸亥（二十四日）。《绥寇纪略》卷八说为"三月癸亥"（该书卷九只说三月复围开封，未说日期）。按崇祯十五年三月庚午朔，该月无"癸亥"；"三月癸亥"必系"四月癸亥"之误。《汴围湿襟录》谓第三次围汴为十五年"四月杪"。此处采《守汴日志》、《大梁守城记》之说。

㊶《守汴日志》作"阎李寨"，谓距城20里。《大梁守城记》作"阎家寨"，谓"去城二里"。《汴围湿襟录》谓李自成等"安营于城西大堤外，离城仅十里。"

㊷有关沈万登事，据《绥寇纪略》"补遗下"、康熙《汝宁府志》卷十《武备·军

功》、民国二十五年版《正阳县志》卷三《大事记》之材料。从《兵部题行〈兵科抄出湖广巡按汪承诏题〉稿》所提供之线索，推测沈万登率众与闯、曹合兵当在李自成追袁时中至亳州收兵回围开封不久。

㊸第三次围攻开封之兵力，《守汴日志》、《汴围湿襟录》、《甲申传信录》卷六，或谓"近百万"，或谓"号称百万"，或谓"百余万"。《代司徒公论流贼形势奏》（《壮悔堂文集》，卷四）谓"自贼中来者，皆言百万。"乾隆《郑州志》卷十《艺文志》载张柽撰《流土纪》说："李自成纠合大众约数百万围汴梁"，此数字显系张皇之辞，不足信。

㊹请参看注㉛。

㊺《纪事本末》卷七十八、《平寇志》卷五、《流寇始终录》卷十五、《明史》卷二十四，谓朱仙镇之役明援兵溃败乃崇祯十五年七月事；侯恂之被起用，《纪事本末》、《平寇志》及《明史·杨文岳传》谓在十五年六月。这就是说，明政府释侯恂出狱是在朱仙镇之役以前。此处说侯出狱是在朱仙镇之役以后，系以《守汴日志》、《大梁守城记》所记朱仙镇之役发生于十五年五月为准而言。

㊻刘泽清渡河，诸书所记，或作"七月"，或作"八月"；或谓与农民军连战"三昼夜"，或谓"三日"，或谓"二日"。

㊼《绥寇纪略》卷八。

㊽康熙三十四年修《开封府志》卷六《河防》："崇祯九年，河决祥符黑冈。"同书卷五："黑冈渡，府城西北三十里。"参阅解放后绘制的《开封市郊区图》，知黑冈口确在开封城西北方向靠近黄河边，是今开封市郊区灌溉系统总干渠的引水口。据《汴围湿襟录》讲："汴人熟知河势，见往岁黑罡上流遇决，即自贼营一路而下，适当其要。密禀巡抚高名衡，随差谍者潜渡河北，书约巡按严云京举事……"所谓"往岁"，当是指崇祯九年。李自成第三次围攻开封，大营就扎在开封城西大堤外之阎家寨（今《开封市郊区图》城西大堤外有"阎寨"，可能就是当年的"阎家寨"）；此处所谓"自贼营一路而下"，说明河水系自黑罡上流直冲阎家寨。此处所谓之"汴人"、"密禀"，虽语焉不详，但联系下文所纪之事，肯定"密禀"之内容乃"决河灌敌"之策。

㊾《明通鉴》、《明纪》称作"羊马墙"。不管是叫"羊马城"，还是叫"羊马墙"，既然"坚厚如高岸"，可见修筑的目的不是为了挡羊马，而是为了挡洪水。

㊿据《汴围湿襟录》及《纪事本末》卷七十八。

(51)《山书》卷十六《豫省之变》就明确指出：高、黄建议引黄河水灌城，曾"启周王，（周王）然之，乃使人掘堤"。另据康熙四年梁熙为《守汴日志》所写之"跋"说："天水郭给谏×，昔在垣中，曾见'决水灌寇'之议，因向予以诇其详。予谓：黄河之沉开封，天也。……至于决灌寇营，或有局外之条陈，非城守者所与闻也。"梁熙

是当时身处开封围城并参加守城的人之一，所以郭给谏要向他打听河决真象。既然"决水灌寇"之议已传到京师，而且已为一般给事中所知，肯定此事崇祯皇帝不会不知道。"决河灌城"这样的大事，最后批准权必然在皇帝，如果朱由检不认可，即使周王"然之"，高名衡等也还是不敢这么大胆冒险从事的。

㉒《大梁守城记》、《汴围湿襟录》均谓掘堤前后共两次。第一次掘堤时间：《大梁守城记》谓为崇祯十五年六月十四日（《守汴日志》同），"时未入秋"。《汴围湿襟录》谓为是年"七月终"。第一次掘堤地点：《大梁守城记》与《守汴日志》只说农民军"掘河口上流"，未说官军决何处。《大梁守城记》记载："先是贼老营在阎家寨，适当黄河旧决故道（参看注㊽，知"河决故道"系指黑罡口上流），故河北诸公议决之以解困城之急。而贼亦决马家口。"据此可看出，所谓"河口上流"，指的是"马家口"。官军所掘之堤，必然在"黄河旧决故道"——即黑罡口上流地方。《汴围湿襟录》说农民军见官军掘堤，"恨甚，亦于朱家寨顶冲河口直对北门挖掘小河一道，引水灌汴"。第二次掘堤时间：《大梁守城记》、《汴围湿襟录》谓为十五年秋天，前一书更明确地说是"暮秋"，即九月。第二次掘堤地点：二书均甚含糊。一说"贼复掘之"，一说"贼挖掘上流"，复掘何处不清楚。但都说是农民军复掘，根本未提及官军。《怀陵流寇始终录》卷十五、《绥寇纪略》卷九、《平寇志》卷五、《明史》卷三百九、《明末忠义录·豫抚高公传》（国家图书馆藏钞本），都只记了一次掘堤，都说官军掘朱家寨，农民军反掘马家口。《甲申传信录》卷六、卷七只载"河决，汴城水淹"既不说官军掘堤，也不说农民军掘堤，可能是弄不清楚河决的真象。也可能别有顾忌。《乘余录》下卷《流寇始末》对官军只轻描淡写地说是"议决"，而对农民军则明说"驱难民数万决河"。张永祺《偶然遂后纪》云："壬午乡试，以闯贼决黄河灌省城，贡院冲坏，改于是年（指崇祯十六年癸未年）二月，场在辉县。"张永祺是崇祯时河南襄城县孝廉，对明代的科举考试应该很熟悉，可是在这里他却不顾事实说瞎话。按照明朝的"选举"制度（见《明史·选举二》）：子、午、卯、酉年乡试，试期为八月。按河决灌汴为崇祯十五年壬午九月，时间是在规定的乡试日期之后——这就是说，在规定的考试日期，贡院根本尚未被水冲坏，怎么能说乡试之改期是由于"闯贼决黄河灌省城"呢？《平寇志》卷五讲，这年七月，"以开封围不解，停河南乡试。"（《北略》卷十八亦有此记载）可见乡试改期与河决无关。孙承泽《山书》卷十六与李逊之《三朝野记》卷七都明确记载：引黄河水环城自固，并企图借此淹没农民军以致造成河决灌城惨剧的主谋者和执行者，乃巡抚高名衡、推官黄澍等官吏和部分官军。二书还说：农民军因"移营不及，亦死（一作"沉"）其卒万人"。孙承泽，北直大兴人。崇祯五年至七年任河南陈留县知县（《崇祯存实疏钞》，卷一上，二十二页）；崇祯八年调任祥符县知县，"在任三载"（光绪二十四年修《祥符县志》卷三《职官表》、《宦绩

传》）。继他之后，崇祯十年任祥符县知县的是左懋泰。继左之后崇祯十三年任祥符县知县的就是王燮（见同上）。陈留县距开封只有 45 里。尽管水淹开封时，孙承泽早已离开祥符，但因他多年在祥符、陈留做官，开封城中必有他很多相识故交，有关河决的真象他一定比一般人知道得多，而且又因他不是祥符县现任知县，未参与开封守城防务，与掘堤事无利害关系牵扯，所以在他笔下所记载的水淹开封史实，是比较客观可信的。李逊之，南直江阴人。著名东林党人李应升之子。《三朝野记》写成时间，据作者本人讲，"岁在重光大渊献之南吕月十有八日"。我的朋友宁可同志代我考证"重光大渊献之南吕月十有八日"为清康熙十年（1671）辛亥八月十八日（考证过程略）。这就是说，《三朝野记》脱稿时，上距崇祯十五年开封河决只有 30 年，时隔不远，幸存余生可资佐证者必大有人在。何况李逊之是个写作态度很谨严的人，据他在该书"自序"中讲，其书系就"邸报抄传与耳目睹记，及诸家文集所载，摘其切要，据事直书"；"若夫传未确者，宁阙而不录"。作者并且还郑重地引录了韩愈论史书的一段文字作为炯戒，说："巧造语言，凿空构立，何所承受取信？""若无鬼神，岂可不自心惭愧？若有鬼神，将不福人！"（文见《韩昌黎集・外集》卷二《答刘秀才论史书》，李引此文时对原文略有变动）黄宗羲在其所著《思旧录》中，对该书有这样一段评价："肤公（李逊之字）无子，然所著《三朝野记》足以传矣！"既然如此，故知该书中有关河决开封之记载，一定会"据事直书"，足以"取信"。此外，如《国榷》卷九十八亦有河决开封之记载，亦同样肯定河决乃高名衡等所为，并不与农民军相干，可见事实自有公论。崇祯十六年正月十三日，李永茂《治河击奸疏》云："谁致此十万金钱轻掷洪涛？则严云京实为祸首。……今复按其自供《狡贼坐困》一揭及臣同官刘昌与总漕史可法各疏，始知周藩迁徙，汴民惨死……皆云京一决为之。"（《枢垣初刻》第四）崇祯十七年十一月丁亥（初三日），"参将张□上言黄澍决河事。有旨：'黄澍倡决河之议，使汴百万生灵皆殒，罪在万世。俟楚事勘结，再夺。'……已而，河决……开封化为泽国，先帝犹奖澍守汴之功，不知澍避逃□之名，使人私决之也。"（《弘光实录钞》，卷三）这是明政府内部的揭发，通过这一揭发，越发证实了官军决河灌汴的滔天罪行。下面再从决河前农民军和官军两方面的活动分析，来进一步戳穿所谓农民军"反决马家口"的谎言。第一次官军掘堤，为农民军发觉，"领兵冲散"。官军引水环濠自固，农民军发动万人担土填塞故道（见《守汴日志》、《大梁守城记》）。七月下旬，农民军移三营于曹门外，监视官军掘堤行动。《守汴日志》只载农民军移营事，未说明移营原因；参看《平寇志》卷五，七月中旬"卜从善以偏师南渡河，夜扰贼营（可能是偷堤），贼惊逐之"一段记载，估计农民军移营是为了护堤。农民军大营驻阎家寨，阎家寨距马家口较近，距朱家寨稍远；移三营于曹门外，当是为了守护朱家寨堤。官军事前早秘密作好一切防患准备。周王预征民夫新筑"羊马城"，目的就是为了

挡洪水。八月十九日，李光壂申文理刑厅，"请造船以防不测"；理刑厅批示："造船为今日第一急务，木料、人工本厅自备，借重门下督造可也。"（《守汴日志》）第二次掘堤，《大梁守城记》只说"贼复决之"，未说决何处。《明史》卷三百九说"名衡等议决朱家寨口河灌贼，贼亦决马家口河欲灌城"（该书只提掘堤一次，未说二次）。他书亦谓农民军"反决马家口"。据《平寇志》卷五载："马家口决口一里，接贼垒，汹涌驶疾；河流趋马家口者17，朱家寨者13，归故道者11（按此处百分比计算有误）。由于水至甚猛，农民军移营不及，"亦陆沉数营"。既然农民军的老营扎在阎家寨，掘马家口堤，大水首先就直冲阎家寨，仅就这一点就足以使人对各书记载农民军"反决马家口"这一史实产生严重怀疑。《甲申纪事》引农民军战士姚奇英的话，说："（开封）城将破，时官城中者，恐以破城议罪，将河水灌城，而己逃避之。非真河水决也。时巡按为王燮。"这是目前所能见到的从农民军方面得来有关开封河决真象的第一手直接史料，是十分确凿可信的。总括以上所述，不管是第一次掘堤，还是第二次掘堤，不论是掘朱家寨堤，还是掘马家口堤，都是官军所为，绝不与农民军相干。

㊾河决开封之日期，诸书所记，大致相同，略有参差。《开封府志》卷六《河防》云："十五年决黄金坝，省城沦没。"《豫乘识小录》卷上《黄河说》："崇祯十五年，流寇围汴不下，决黄金坝口灌省城，城沦没。"一般书都说开封决堤，一为朱家寨，一为马家口；所谓"黄金坝口"究竟在哪里？《汴围湿襟录》有这样一段文字："秋水大涨，贼挖掘上流，坚塞东、西、南三面堤口，不令水分四溢，止留北面，使全河入汴。"这里所说的"东、西、南三面堤口"之"堤"，指的是"汴堤"，即一般俗称的"大堤"，不是指黄河堤。《明史·河渠二·黄河下》载："河之决口有二：一为朱家寨……一为马家口……至汴堤之外，合成一流，决一大口，直冲汴城以去。"此处所说"决一大口"之"口"，当系《湿襟录》中所说"止留北面"一口之汴堤"口"。此"口"可能即《开封府志》等书中所说之"黄金坝口"。

㊿农民军抢救难民事，《平寇志》卷五、《纪事本末》卷七十八均有记载，虽然文字间带有污蔑性语气，但多少总反映出了一些事实真象。可是《大梁守城记》所记此事则纯属造谣诬陷，如说"贼复乘水进城，杀余民，搜财物，而汴城没"。试想，那些身无一物、处于绝境中的难民，还有何钱财可搜？农民军若不及时抢救他们，迟早难免一死，焉用费力去杀？河北诸军用大炮击沉抢救难民的船只，充分暴露了明统治者对人民的残暴凶狠嘴脸。

55《明史》卷二百六十七《高名衡传》、《纪事本末》卷七十八、《绥寇纪略》卷九、《平寇志》卷五。

56罗福颐校录《明季史料零拾》（崇祯十五年十一月初四日）。

57《汴围湿襟录》："汴为旧都……阖城八十四坊，王府、乡绅、士民概得一万余户，每户约十丁口，统计得百万余户（此处计算有误，"一万余户"恐为"十万余户"之误，"百万余户"恐为"百万余口"之误），除未围先徙以及被掳、被杀、饿死、涘毙者，共去十之九，所存者仅十之一焉。后奉旨赈济入册，领赈者不足十万。"《明史·李自成传》、《绥寇纪略》卷九等书，都说开封城中有"百万户"，"百万户"肯定是"百万口"之误。

五　歼官军主力

崇祯十四年五月初六日（1641年6月13日），傅宗龙被释出狱，拜兵部右侍郎，代丁启睿为陕西三边总督，奉旨专办李自成。①

六月，丁启睿到潼关向傅宗龙办完交代，驰往南阳，与左良玉合营。七月，傅宗龙驰往商、雒，同陕西巡抚汪乔年会商有关兵、饷问题。这时，汪乔年为防堵李自成叩关西入，正在商、雒布防，尚未就绪。傅与汪商议，本想搜罗全秦之兵，搜括全秦之饷，拼全力来对付李自成。可是十数年来，关中连年旱蝗，饥荒不断，哪里还有饷可征？可调的兵，除贺人龙、李国奇所统秦兵6000已在河南外，也别无兵可调。傅宗龙无可奈何，只好移咨丁启睿，请求由其他各省调兵入河南。

八月中旬，傅宗龙带着一种愁惨的心情师出武关，奔赴河南。汪乔年为他送行，心情也不好，深感前景暗淡。汪说："公破贼，乔年身率所领为后拒……"说到这里，哽塞难言。汪哭泣，傅也哭泣。两人最后抹泪握别。②

傅宗龙随带川军数千出关，到河南后，方陆续凑齐2万人马：贺、李之兵6000，早在河南。宁夏副将张洪焰、杜希伏所部之兵2000，由宁夏赶到。镇篁右营游击杨从义部1028人，滇营都司李本实部1693人，标左营游击李起部1778人，前探营游击郎启贵部699人，标中营六哨都司周晋部903人，均系由湖广调来。傅宗龙率兵过内乡，八月二十四日抵信阳，九月初四日抵新蔡。保定总督杨文岳率总兵虎大威统兵2万，也在九月初四日这天抵新蔡，两军在新蔡会师。③

闯王李自成第一次由开封撤围，率兵西克密县、登封、嵩县，折而往南，进入伏牛山区。这年夏天，屯兵于宝丰、永宁、卢氏境内。贺人龙部官兵，一度与李自成在灵、陕山中打过几仗。这年秋天，李自成率部由内

乡走淅川，大败左良玉军，随后转攻邓州，不克，由唐县南入湖广，在枣阳、随州、德安等地累战官军。本想攻打承天，因知有备未去。李自成、罗汝才又率众由应山返回河南，打到信阳、罗山，八月十四日扎营汝宁府真阳县境。当傅宗龙、杨文岳会师新蔡的时候，李自成与罗汝才正屯军在新蔡与汝宁之间。④

新蔡位于汝宁东南140里，在汝水之北。汝宁在汝水之南。

贺人龙、李国奇、虎大威等各将所部兵，搭浮桥渡汝水，将合兵北趋项城（此指旧项城县城）。九月初五日，官军尽渡汝水，开往龙口。这天，农民军在汝水上流搭浮桥，准备渡河往汝宁。李自成侦知官军开来，一面将精锐埋伏在孟家庄附近的松林内，一面仍伪装过河，继续督促部队自浮桥源源不绝而渡。初六日，傅、杨两督驱军前进，行至中道，一骑飞驰而来报告："敌军正渡河。"复前进，又一骑飞驰而来报告："已渡完一半！"再前进，另一骑又飞驰而来报告："三分已渡其二！"傅、杨下令"追击！"两军疾走30里，至孟家庄，日正当午，贺人龙、虎大威不愿再追，说："马力已乏，明朝再战！"止兵不进，安营而歇。官军见农民军尽都渡河，以为大部队确已向汝宁开去，于是解甲卸鞍，空手散行村落间，不料就在这时，一声信号，林中扬尘突起，伏甲齐出，农民军如闪电般向官军猛冲过来，打得官兵措手不及。

贺人龙的骑兵先自惊溃，不战而奔。李国奇仓猝应战，交手不利，随之而奔。虎大威见秦军皆逃，也继之而逃。傅宗龙、杨文岳阻止不住，收合余兵，立营火烧店。李自成等以步兵来攻，官军开炮轰击，天晚农民军暂退。傅、杨画堑分守营地。二更时分，农民军再次发起进攻，保兵北队惊营遁走，杨文岳为副将张德昌挟扶上马，夜奔项城，次日逃往陈州。傅宗龙见杨文岳逃跑，愤愤不平地对监军任栋说："宗龙当死久矣！今陷围中，当与诸军并志决命，不能效他人卷甲而走！"于是命令李本实、杨从义、董朝宣、陈尚才等所将之兵数千人，在原来杨文岳安营的地方，重新穿堑结垒。农民军在傅宗龙营地四周挖掘壕沟两道，将官军紧密包围。

贺人龙、李国奇初九日午后得傅宗龙小帖，令他们引兵还救，二人道："此帖从围中来，焉知真假？"二人逃到沈邱（此指旧沈邱城），该县闭城不纳，二人无奈，又逃往陈州，后奔回陕西。

傅宗龙被困，断援绝饷，形势十分危急。十一日，傅兵粮尽，杀马充

商水扶沟地区示意图

饥。不几天，骡马也吃光，营中铅弹、弓矢、火药俱告尽，清点士卒，仅剩下残伤之众6000。

十八日夜半，官军冒死突围。傅宗龙率领少数残卒徒步溃围而出，余众死伤殆尽，衣甲、营帐等物全部抛弃。农民军跟踪紧追。十九日午刻，傅宗龙在距项城8里的某地，为农民军俘获，押至项城城下被杀掉。农民军乘胜占领了项城。⑤

闯、曹驻扎项城10余日，移兵破商水，另派别将破扶沟。⑥各地土著义军纷纷起来响应。接着，大军由商水至郾城，十月初十日黎明打到叶县以东的北舞渡，当天围攻叶县。叶县的守将原来就是农民军中的叛徒——当时已是明政府副总兵官的闯塌天刘国能。农民军环城力攻，攻打3日不下。李自成以同乡名义劝刘国能出城谈判。十二日刘国能缒城而出，为农民军扣留。罗汝才恨他投降官军，将他处决。十三日，闯、曹大军攻开叶县，杀知县张我翼。⑦

还在围攻叶县的时候，李自成另派塘马数百到襄城传令，要该城守官献城、献印、献骡马；否则，大兵一到，即刻攻城。知县曹思正召集守城诸生，共谋对策。大家纷纷议论道：正德年间，刘六、刘七到襄城，以早

献骡马得免攻打；如今闯王声势远过刘六、刘七，不如早降，免得生灵涂炭。多数人主张立即献城纳款，只有举人张永祺反对。曹思正取出白纸一幅，要四城士绅画押写降表，并且贴出告示，严禁肇事开衅，说："有敢轻放一炮，轻发一兵者，斩勿赦！"张永祺看见势头不对，潜逃出城，避往他处。

李自成复差人持令旗、令箭来襄城传达命令："明日即着人来安抚，但令官绅出城外十里迎接！"二十五日早晨，未见闯王来，打听消息，知大军已开往南阳而去。⑧

李自成、罗汝才自叶县发兵，破泌阳、裕州。十一月初一日，围南阳数匝。大军用大炮轰城，以冲车撞城，架云梯爬城，铁弹、飞矢凌空而过，雨集而下，炮声隆隆，屋瓦皆动。总兵官猛如虎、戴罪总兵官刘光祚、守备钱勋吾百计死守。农民军猛攻三昼夜，攻打不开，战况异常激烈。清初诗人彭而述根据一位亲身参加过这次守城的王姓军官口述，写了一首描绘这次战况的长诗，其中有几句这样写道：

> 语尚未终突骑至，三匝几同华不注。
>
> 西洋大炮如雷霆，冲车云梯更不计。
>
> 屋瓦皆飞虎豹鸣，昆阳之后无此声。
>
> 恍惚更忆河北战，壁上诸侯巨鹿城。
>
> 四门屯锢鏖战打，霹雳烈轰三昼夜。
>
> 内外喧阗鼎沸中，为贼为兵两不下。
>
> ……

激战至第三日，知县姚远熙在西北城头督战受重伤，死在城上。城中军心大乱。初四日，西北城为炮火轰塌，农民军进占南阳。猛如虎持短兵巷战，往来大呼冲拼，被杀。刘光祚亦被杀。钱勋吾受重伤死。杀唐王朱聿镆于县西麒麟冈。⑨

农民军占领南阳后，闯王遣兵招降附近各州县，邓州、唐县、内乡、淅川、镇平、舞阳、新野诸城，皆先后为农民军所得，有的是未战先降，有的是先战后降，有的是被武力攻破。⑩另外，闯王还另派遣一支由20名骑兵所组成的侦察队伍，秘密进入湖广，暗抵汉水羊皮滩北岸，进行地形侦测。他又派遣王二等多人潜入樊城，计划买船20只，与当地屯家船帮混在一起，待大队开到，接应举事，截断汉江，使上下声息不通，先占据荆、襄，再顺流而下攻打南京。不幸这支侦探部队为守滩官军发觉，隔岸开炮轰击，20骑连人带马全部葬身江中，一个也没回去。王二等人也因机密走漏，为分巡下荆南道右参议冒起宗家丁拿获，解往郧阳抚治王永祚处发落，经严刑审问后被杀，也无一人逃脱。⑪

十二月初四日，李自成等率军进驻襄城。入城之日，知县曹思正捧着县印，出城10里郊迎。李自成闻知他劣迹昭著，等他来迎，将他就地正法。

初七日，闯、曹破禹州（今河南禹县）。往东破长葛。十三日，克许州。又先后连破洧川、鄢陵、尉氏、扶沟、西华、太康、通许诸城。土寨首领——矿徒于大忠，盘踞嵩县屏风寨，候李自成大军东去，趁机扩张势力，吞并邻寨。李自成破许州后，派遣侄儿一只虎李过往破屏风寨，杀于大忠。李过引军东还。于部副头领吴天保复收集余众，仍称雄于豫西，清顺治二年，投降清军。⑫

二十三日，李自成发兵50万，第二次围攻开封。在闯、曹尚未往攻开封之前，左良玉尾随农民军之后，于十二月十六日到达裕州。这天下着大雪，城中居民皆潜伏在女墙之后，浇水冻城，以防左兵爬墙而进。左兵又饥又寒，连一粒粮食、一捆草料也无人供应，⑬不得已愤恨开往郾城而去。他一到郾城，蜂涌而入，大肆抢劫，仅骡马即被搜掠达千余头之多。⑭

左良玉移兵临颍。临颍一闻左兵来，坚闭城门不纳。左兵破城闯入，疯狂进行屠杀。城中住有不少农民军家属，皆惨遭杀害。左军自这年（崇祯十四年）十二月十八日至次年（崇祯十五年）正月中旬扎营临颍一连20多天，缺粮也不走。李自成围攻开封，守城官军多次向左求援，左畏怯不敢出兵，多方托辞规避。后见实在无法拖延，方领军至杞县，路过西华，士兵沿门索粮搜抢，还说："我们是为救你们而来！"百姓无不吞声饮泣，含恨彻骨。⑮

李自成第二次从开封撤围，师次郾城，起初扎营于时曲村，后移营于县城西北新店。左良玉为郾城知县由西华请来，扎营于县城东北角，川营方总兵扎营城西，保定总督杨文岳兵扎营城东，督师丁启睿兵扎营大南门外。两军在白沙河（即沙河）畔相持18天。左良玉乏粮，拔营逃回襄阳。

李自成侦知汪乔年已出潼关，舍左不追，还师襄城，准备迎击秦军。

崇祯皇帝诏擢汪乔年为兵部右侍郎，总督陕西三边军务，并密诏汪出师前先掘毁李自成祖墓。

汪接诏后，密令米脂县县令边大绥（一作"受"）具体执行这一任务。经过一个多月的调查，情况掌握后，崇祯十五年（1642）正月初八日这天，边大授亲率箭手30名、乡夫60名，伙同练总、堡长等官多人，冒着大雪，从县城出发，一昼夜疾行200里至三峰子，开道攀缘上山，不远就到达李自成的祖居之地李继迁寨。这是一个久绝人迹的荒村，只有10余处窑舍，破败不堪，仅有墙垣尚存。再过一山，方到墓地。他们立刻动手伐树掘坟，直到这天深夜。次日天明，再继续掘。这里共有新旧坟墓23座，不管大大小小，尽行掘开，全部骨殖皆聚火烧化，墓地四周千余株大小林木，通统被砍伐，寸株不留。在李自成的祖父李海墓中，发现了陪葬的黑碗一只；在他的父亲李守忠墓中，发现了一条一尺二寸长的冬眠白蛇。边大绥等如获至宝，随即将黑碗、白蛇装入顺袋（一种公文袋）中，以便作为向上司请功呈验的佐证。

边大绥向汪乔年报告："贼墓已破，王气已泄，贼势当自败矣！"汪乔年回信道："接来札，知闯墓已伐，可以制贼死命。他日成功，定首叙以酬！草覆。"[16]

兵部的"羽檄"一道接着一道，催促汪乔年迅速出关。汪忧惧、懊丧地说："兵疲饷乏，当锐气方张之敌，我出如以肉喂虎！……"[17]

正月二十六日，汪乔年率总兵贺人龙、郑嘉栋、牛成虎与射塌天李万庆等，统率马步兵3万出潼关，至洛阳。二月初七日，汪留下步兵、火器营于洛阳，挑选精骑万余，兼程赶往襄城。襄城举人张永祺去冬逃出，还乡不得，闻知汪总督将率兵往襄、郏，愿随军同往。张托人介绍先往见总兵郑嘉栋。

二月十二日，在距郏县西北30里的行军途中，郑嘉栋对张永祺说："贼在郾城与左将军相拒，闻襄城官民两行进奉，三为馈粮，逆生张永生父子以六壬课术投贼为用。诸营忿恨，怒襄为大逆不道，欲先问罪，复城取粮……"。

这天夜宿郏县，张永祺在灯下赶写《为传闻襄城从逆始末及迫切望救呈词》呈递汪乔年。当时汪即差弁请张到营中，并留饭款叙。

汪对张说："学生乃奉命征剿逆寇，非讨乱民。深恐襄城士民不知我心，或闭门不纳，或潜怀叵测，颇有不便。欲令郑总兵代学生前行，以真总兵为假总督，至襄以察动静。烦兄偕往。若得襄城，先行题叙。"

张永祺害怕官军进城烧杀掳掠，日后不好向襄城父老交代，不免面有难色。

汪见张踌躇，着急地发誓道："如有难为襄城的地方，天杀之！犬杀之！"

张怕触发大帅的怒气，口中还含着一口未咽下的饭，连忙跪下解释道："适才举人所言，是恐兵民相激致变，老公祖遽尔出誓，举人死罪！死罪！"

汪乔年怒色稍霁，随转弯道："学生并非好发誓之人，因此事关系甚重，对兄发誓非有他！愿兄将学生发誓之意晓谕襄城士民，令各安心无恐，才好。"又说："兵虽进城，只我标下数百人。前议以总兵郑嘉栋、牛成虎二营在城内，贺人龙部兵骄难制，俾使居城外。"

张永祺未候词毕，忙进言道："三帅同功一体，岂可以城内、城外两样对待，令贺帅不安！"

汪道："此说亦是。令三帅俱扎城外！"又道："事情急迫，兄即当同郑帅前往。"

当夜四更，张永祺赶回襄城，不敢遽入，托人入城先进行疏通。十三日卯刻，百余马兵开至城下，张方随之而入。巳刻，传言："汪老爷到！"张永祺心中明白，领着一群生员出城迎接。不知何故，"汪总督"忽旋师退回城西30里的草店铺，弄得大家莫明其妙。后来张永祺暗问郑嘉栋何以突然退兵？郑答："适才兵拨报说：贼从西来，捉我数兵去。我只带兵300，倘入城受困，全军不至，咋办？所以暂旋……等大兵到后，一同入城。"

汪乔年满面怒容由郏县拥纛向东，远远望见张永祺，即下马相揖说："郑总兵如何不入城？逢见几个贼人便吓得跑回，成何军法！况假充学生职衔前往，乃如此举动，襄城士民能不笑我！"

张用言语劝解，许久，汪始息怒。

汪说："今日果复襄城，是学生第一要紧事，定奏兄为第一功。"稍停，复问道："学生系侍郎职衔，襄城典史好生糊涂！塘报封袋如何只写

金都御史?"

张说;"典史以兵乱未见'缙绅名册',不免偶然有错,望大人海涵!"

汪故作一笑,说道;"此原是小事,不足深咎!"接着又说:"适才见兄马甚疲,可牵我白色大马来,骑着前往传谕襄城……"。

张永祺跨上马,飞鞭疾驰入城,时间已是十三日薄暮。汪乔年随后以凯旋者的姿态进入襄城。士绅们等候在城边迎接。他得意地大笑道:"我是真总督来也!"十四日天明,汪见满街是兵,下令逐兵出城,并亲执大棒,站在通衢,一见兵马挥棒就打。

诸兵被驱,各总兵纷纷发出怨言:"以往兵士多败,皆由于顾盼行李,城外如何安置行李?况且骡子多不堪战,必令我们不进城内,难道贼来时只用标下数百兵丁迎敌不成?"

汪乔年无法,只好迁就让步,允许各总兵并瘦弱骡马及行李等项进城,精兵壮马一律在城外候战。直到午刻,士兵尚未吃饭,战马尚未喂草,营伍尚未安定,而李自成的大军却已逼临城下。张永祺见事急,忙命干仆缒城而出,飞往郾城约会左良玉火速统兵前来救急。未刻,农民军发动进攻,双方刚一交锋,又是总兵贺人龙倡先而逃,郑嘉栋、牛成虎继之而逃,副将张国钦、党威、贾某等撤兵入城。黄昏时,农民军攻城甚急。入夜,战事仍猛烈进行。城中军心涣散,难以固守。

十五日,降雪,天甚寒。城中盛传左良玉兵到。城外李自成部忽拔营向西退去。张永祺等最初以为必是左兵赶来,后经确探,方知是前来投奔李自成的土寨首领李好的队伍。李自成收纳了李好,又还兵复围襄城。城外炮火雷震星飞,北瓮城几乎被轰穿。

十七日午刻,农民军攻破襄城。城内经过短时间混乱,秩序很快就恢复。汪乔年被执,被押至城外,离城西3里的韩家庄杀掉。张国钦、李万庆、党威皆被杀。李自成下令捉拿张永祺,到处寻不见他,不知逃往何处。其实他已被俘,押在曹操营中,未被认出,后为该营一个名叫黄龙的小头目私自放走。⑱

十九日卯刻,闯、曹大营仍扎襄城未动。辰初,老营拔营上郏县,不一会,各营俱起,离襄赴郏,行动十分迅速。

上年,李自成打到郏县,杀土寨头目杨同锦和知县邵子灼,派部将杨心赤守城,然后率军往攻开封。谁知李去后不久,该县练总高凌云将杨心赤用计诱杀，郏县又重新落入官军之手。高凌云与继任知县李贞佐日夜派丁派粮，练兵筹饷，声称与农民军誓不两立。这次李自成攻打襄城，远近各地都主动馈运粮米，积极支援。郏县离襄城60里，不但不支援，反而有意挑衅，因此攻克襄城的第三天，李自成即挥戈西指。

当天，大军将郏县围困数重。李贞佐、高凌云等驱迫乡兵凭城困守。农民军猛攻3日，破城而入。李贞佐被执，为农民军所杀。高凌云亦被执，李自成怒他杀害杨心赤，命人将他倒悬在城南一棵大树上吊死。[19]

闯、曹率军继破宝丰、鲁山、登封等县。[20]

三月初十日，攻陈州。睢陈道兵备佥事关永杰、知州侯君擢登陴防守。关永杰以关羽的后裔自诩，当众发誓："宁死战场，不死法场！"城中士民结队请求，望开城迎降，关固执不许。众人道："不开城，自会有人开！"第二天，农民军将北门烧损，又将南城垛口打破四五处，又挖城七八孔。第三天，攻打甚紧，炮声整日不绝。十三日（一说十六日），破陈州。侯君擢城破被杀。关永杰城破亦死。据崇祯十五年（1642）三月二十五日巳时塔儿湾口防官李春仕报称：三月二十三日"陈州兵巡道被贼杀害"。[21]

陈州攻克后，又连克许多州县：二十一日，攻开太康；二十二日，攻开睢州；二十四日，攻开宁陵；三县印官俱逃往黄河北岸。二十五日，"拨马百十余人，在考城散粮，打扫察院贴公馆，守城四门俱是本县秀才"；同日，大军至归德，攻打数日，将西南角掘开一穴，放入火药，二十七日午时将城轰开。四月十一日，由归德复经睢州，十六日，至杞县，准备第三次围攻开封。在攻打太康时，有"小袁营"参加；往攻开封时，有汝宁府真阳县土寨首领沈万登率众万余归附。[22]

李自成、罗汝才第三次围困开封，崇祯皇帝屡诏切责丁启睿，命他速解汴围之急。丁启睿檄调左良玉、虎大威、杨德政、方国安四总兵同保定总督杨文岳，于五月十四日会师于开封以南40里之朱仙镇。杨文岳所统保定兵为10000（一说8000余）车营，配备有火器，在诸军中战斗力较强。

李自成派出的3000侦察骑兵为左良玉部官兵歼灭，他闻信极为震怒，十六日亲率大队人马由开封赶到朱仙镇。农民军营于西，占据朱仙镇高阜上流，官军扎营于东，势居朱仙镇下流。两军营垒相望，金鼓之声互闻。农民军断上流之水，割在野之麦，官军水、食俱绝。

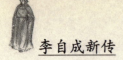

李自成恐开封守城兵蹑后夹击，派人伪造左良玉令箭、令旗，上用假印，差数骑至开封城下，遥呼道："我们是左营所差官旗！我军已将贼困于朱仙镇，擒在旦夕，大兵势重，省兵不可出城，防守为急！"城中信以为真，未曾细辨旗、箭真伪，竟厚赏差人红缎、银牌而去。

丁启睿等日望开封守军出城夹攻，始终杳无音信。官军既失地利，被迫匝立土城寨栅一道，以图自保。左良玉、虎大威居土城之东，丁启睿、杨文岳居土城之西，外以车营火器环绕为阵。官军缺粮，大困，野无所掠，又不敢远出，惟就近拾野穗、采青充饥。后各营兵益感不支，杀马而食，接马溲而饮。

农民军乘官军困厄，不时合营来攻，日以大炮轰击，又在离朱仙镇数十里外的地方，挖掘巨堑一道，深、广各一丈六尺（一说"二丈"），长达百里，切断了官军的逃路。

二十一日，战斗开始。最初两日，官军赖车营火器之力，尚能勉强支持，等到火药用尽，军心恐慌，眼看无法维持，丁启睿仍催督诸军进战。左良玉畏怯，说："敌军兵锋方锐，未可轻击！"丁启睿道："汴围已急，岂能持久？须速进击！"诸将不肯应命，姑请明日一早决战。

二十三日，二更，左良玉拔营先遁。丁营、虎营见左营溃走，军心骚动，皆哗溃。杨营继之而溃。四营兵尽溃，如堤崩水决，一泻不可收止。衣甲、器械、旗帜、营帐，遗弃遍野一派惨败混乱景象。

李自成先已告诫士兵，不要迎头拦截，等待左兵过去，再从后面掩杀。

左兵一口气疾驰 80 里，不敢稍停喘息，唯恐遭到邀击。他们一路未遇伏兵，正在私自庆幸可以徼幸逃脱性命，不料发现前方横亘着一条又深又阔又长的濠沟挡着败兵退路，这一下可把这些明军惊呆了，没有考虑选择他道的时间，而此时背后又忽然出现了追兵，万马嘶鸣，蹄声动地，有如惊涛狂澜怒卷而来。左兵一个个面无人色，慌惧失措，急跃下马争相渡沟逃命，部伍大乱，不复成列，相互涌迫，纷纷掉进沟中。前面的被挤掉下去，后面的又继续被挤掉下来。巨堑为人和马的残骸断肢逐渐填满。

左良玉带着少数亲信，横鞭跃马，从无数尚未断气还在挣扎、呻吟的士兵身体堆上践踏过去，夺命狂奔而逃。原野上，遗弃下马骡万匹、器械无算。左军士卒死伤难以数计。

丁启睿、杨文岳、虎大威等联骑逃奔汝宁，农民军渡河追逐400里，未能追上。官军丧失马骡7000，数万士卒投降。"督师"敕书、印、剑俱失。

败耗传到京师，崇祯皇帝大怒。诏褫丁启睿职，问罪；杨文岳革职，听勘；立逮杨德政，问斩。虎大威至汝宁，以攻土寨中炮死，免议罪。左良玉骄纵难制，不敢过问。

李自成、罗汝才还军复围开封，射示入城，说："尔援丁启睿、左良玉等已被本营杀败，逃奔四散。……他路援兵俱绝，尔辈已在釜中，可即献城投降！"至此，城中方知前左良玉所派差官，原来是假。

这是一次历史上著名的战役。在这次战役中，双方共投入了多少兵力，说法不一。

《甲申传信录》载："左良玉将兵四十万，杨嗣昌将兵十六万，次出朱仙镇。"按杨嗣昌一年多前已死，此处说"杨嗣昌将兵"有误，可能是指"督师"丁启睿。若依此说，朱仙镇之役，官军投入之兵力，最少当为56万。《守汴日志》载："左总兵屯营朱仙镇……连营40里，号40万。"《明季北略》载："良玉与自成相拒于朱仙镇，麾下近20万。"《绥寇纪略》附记"陈益吾与同年许霞城书"："朱仙镇之败，良玉以7000之众率先倡逃，致18万人马一齐溃散。而中原之事遂不可复问。"《怀陵流寇始终录》云："时丁启睿、杨文岳与左良玉、虎大威、杨德政、方国安之兵10余万，俱驻开封之朱仙镇，与贼相望。"所谓56万、40万、20万、18万、10余万，其说不一，到底哪个数字可靠？

侯方域《宁南侯传》讲："将军兵以30万称盛，然止4万在额受粮。"《明史纪事本末》、《平寇志》均谓："（左良玉）有众20万，其饩于官者仅二万五千。"侯方域系侯恂之子，侯恂是左良玉的恩师，传中这两句话系引自侯恂致左良玉的信，所言左兵数字应当可信。但左良玉率师援汴，不可能30万人马倾巢出动，也不会让"四万在额受粮"之兵全部参加战斗。那么，他会带多少人去呢？据崇祯十四年（1641）下半年明兵部"为遵旨察明剿兵确数据实奏闻"之本章云："左良玉营见在官兵17151员名。"估计此次左所率参加朱仙镇之役的兵力，当如兵部所说之数。

《汴围湿襟录》讲："杨督所统保定兵，为一万车营。"虎大威属杨麾下，这一万车营，可能直接归虎统辖。《明史·虎大威传》说"所将止数

千人"，看来虎大威所统之兵，最多不过万人。杨德政、方国安各统兵多少？估计当和虎大威的兵数差不多。丁"督师"标兵、杨总督标兵，总数当亦有数千。

合计起来，参加此次战役的官军，大概有 5 万人左右。

农民军参加的有多少？各书都说李自成第三次围攻开封，军队"号称百万"。但是李自成绝不会把一百万人全部投入朱仙镇战场，因为此刻还在包围开封。既然李自成亲到朱仙镇督战，说明他对这次战役的重视，其所率之军必系精锐无疑。据记载，他部下的精卒约有 4 万到 6 万。另外，既要对抗 5 万左右的敌人，还要在数天之内挖好一条围困敌人的巨堑，没有好几万军队，肯定也是不行的。据此推断，估计农民军投入朱仙镇的兵力，最少当和官军差不多，也有 5 万左右。

这就是说，这次战役双方都出动了自己的精锐部队，各自都集中全力来指挥这次战役。不言而喻，战争的谁胜谁负，势必会影响到以后整个战局。

这次李自成所取得的战绩，不止表现在缴获了大量军事物资和战马这一点上，也不止表现在消灭了敌军大量兵力这一点上，更重要的是，在士气方面打垮了左良玉部的嚣张气焰。从此以后，左良玉军产生一种"畏李自成"、"避李自成"的思想，再也不敢轻易和李部交战。李自成军最初为左良玉的虚声所吓，称他为"左爷爷"；后来经过几次战斗，知左兵并不足畏，改口称为"左家营"；朱仙镇之役后，战士们皆以轻蔑口吻直呼之为"左家小子!"[23]

崇祯十五年（1642）正月，孙传庭被释出狱，以兵部右侍郎起用。襄城之役后，他被任命为陕西三边总督，接替汪乔年，入关练兵。

孙传庭将入陕西，皇帝朱由检特降密旨，要他擒斩多次临阵倡逃的总兵贺人龙。此刻，贺人龙屯驻在咸阳，心中发虚，怕皇上降罪，早晚提防甚严。孙在途中，假意上疏代贺求情，以安贺心。崇祯皇帝也假意降旨允许。贺人龙闻知，稍觉心宽。

孙至西安，与巡抚张尔忠密谋，布置就绪，檄诸将来会。郑嘉栋、牛成虎、贺人龙皆领兵赶到。孙传庭置酒宴请诸将。酒罢，诸将告退，行至旗门，孙忽喝令："刀斧手缚贺人龙!"贺当场被执，孙当众一条条数说他"遇敌先溃"的罪状，数完，立命将他正法，毫不待时。诸将皆出乎意外，莫不人人战汗失色。

诛贺人龙后，孙传庭加紧训练新军。御史苏京奉朝廷旨意，不断催促他统兵出关。孙上疏言："兵新募，不堪用。"朱由检不听。

九月二十二日，孙传庭亲领主力出潼关，沿黄河北岸往东开发，越过太行山，由汜水渡河而南，潜行山中出禹州。另派别将作为偏师，出武关，预期自南阳趋宝丰，北上与主力部队会合。十月初一日，李自成引军突至南阳，将孙传庭偏师消灭，随整军往东，前往捕捉秦师主力。

十月二十四日，李孙两军在郏县某地相接触。这时孙传庭整顿了部队，官军势力稍振。官军设三伏：牛成虎将前军，左勷将左军，郑嘉栋将右军，高杰将中军。牛成虎假败诱敌，李自成误入伏中，牛还兵复斗，高杰、董学礼突起截杀，左勷、郑嘉栋左右横击。农民军战败，死伤颇重，突围向东退走。官军紧追30里至冢头，李自成命战士将甲仗、军资等物尽弃道上，以诱官军。追兵见遍地骡马、衣甲、器械、金银财物无数，争相下马掠取。这时，罗汝才忽率一军，从旁杀出，绕至高杰之后；李自成回兵再战，与曹兵配合，前后夹击。左勷、肖慎鼎军先逃，他军跟着也逃，全军皆溃逃，所获财物尽弃在地，空手奔命，犹恐逃之不脱。官军惨败，覆军数千，丧失军资、甲仗无数，材官小将死于阵上78人。农民军所弃衣甲、器械等物，全数夺回。缴获的马匹比原来所弃的还多一倍。

孙传庭败回陕西，执斩逃将肖慎鼎。左勷系浙江巡按御史左光先之子，不敢问斩，罚马2000赎罪。孙上疏自劾，诏令图功自赎。

这次战役，因适逢大雨，官军粮车不至，士兵冻馁，采青柿充饥，故当地人称之为"柿园之役"。[24]

十月二十九日，闯、曹趁胜再克南阳。[25]

十一月中旬，农民军回屯洛阳正北某地，距新安县约70余里，东西顺河搭盖窝铺，想北渡黄河。这月下旬，再次攻占洛阳郡城和新安县城。闰十一月上旬，农民军开往东南，直向汝宁。[26]

杨文岳自朱仙镇战败，受到革职处分，戴罪防守汝宁。闰十一月初十日，塘马贾都司侦知李自成率兵西来，回城报告。杨出示道："今日之役，可战可守，相机而行，成败勿论，惟一死以报朝廷。"当夜二更，贾都司率部下马步兵千余，纵火鼓噪逃去。十二日晚，闯、曹哨骑至北关，离城30里，合营安塘。十三日，大军离城5里列营，四面围攻。监军佥事孔贞会以川兵驻东关，先溃，死伤数百人。杨文岳督保兵冯副将战于南湖，农民军置炮堤上，击南关营栅，保兵亦溃，冯副将自刎死。分巡佥事王世琮、知府傅汝为用绳子吊将士入城，副将贾悌、参将冯名圣扶掖杨文岳、孔贞会登城。城外攻打甚急。西关参将王某、北关参将赵某，拼力抵御。至二鼓，势益难支，兵多受伤，两将自焚营栅，统兵退入月城，杀所骑战马自刎。农民军整夜发炮，复填壕成桥，布立云梯，百般攻打。城头女墙多处被轰坍。十四日晨，崇王派人以崇王旨意出面议降，杨文岳固执不允，举刀砍柱，厉声道："有敢言降者，吾亲手杀之！"各官皆无言散去。农民军顶着门板，冲至城下，架起云梯，循梯而登，攻势极猛烈。城头矢、炮、擂石雨集而下，击之不退。至午，击破西、北两门，农民军潮水般涌入，汝宁被攻克。

汝阳知县文师熙城破被杀，知府傅汝为赴水死，孔贞会不知所终。杨文岳等被押至城南三里店，为农民军用大炮击死。崇王朱由樻、河阳王朱由材暨诸王妃、嫔、世子等，被囚系。

这时东寨义军首领韩华美前来投顺，李自成封他为"威武将军"，命他守汝宁。沈万登在真阳，李自成封他为"威武大将军"，沈不受，投降了官军。

二十日，闯、曹由汝宁走确山、信阳、泌阳，向襄阳而去。走时，押崇王、河阳王同行；至泌阳，杀崇王等人。[27]

自崇祯十四年九月至十五年闰十一月，李自成先后进行了"新蔡之役"、"襄城之役"、"朱仙镇之役"、"柿园之役"、"汝宁之役"5个战役，通过这些战役，农民军消灭了大量官军，在军事上取得优势，并且在瓦解敌军士气、争取人心归顺等方面也取得很大成绩。这5次胜利，为李自成下一步夺取荆襄、建立政权在军事上和政治上都打下了坚实的基础。

当闯王李自成、曹操罗汝才联合发动上述5次大战役的时候，张献忠、老回回等又在何处？这段历史有必要补述一下。

崇祯十四年秋、冬，张献忠在英山、舒城、桐城一带活动。他在英山望云寨，打过败仗，攻打舒城，又为参将孔庭训击败。这年年末，他进入桐城县境，扎营于鲁硔山中。

崇祯十五年正月，张献忠、革里眼、左金王合兵攻破潜山，往攻桐城，不利，退走。二月，献、左、革合兵破全椒。张献忠入亳州。三月，回、革、左南营五股合步骑数万趋寿州，革、左复谋入颍州，受挫退去，走合张献忠。袁时中攻打王老人寨，为总兵黄得功杀败。老回回继引兵至，也为黄得功所败。张献忠、革里眼约"小袁营"往攻六安，"小袁营"走与闯、曹合营。献、革、左移兵攻霍丘，破城，执杀知县左相申，因官军援兵赶到，退出。接着攻打固始，县令时敏迫令全城居民死守，张献忠等久攻不下，解围他去。

舒城参将孔庭训部的士兵张虎山等人恃强抢割民麦，受县官责罚，心怀忿恨，奔往霍山，请求张献忠发兵来打舒城。孔庭训因与县官有隙此时也投降了张献忠。张命孔兵打头阵，用洞车穴城。编修胡守恒守城。农民军战士在城下叫骂："缚长胡子胡守恒来，赏银一千两！"城上开炮轰击。攻打两日半，四月初三日将城攻占。胡守恒潜逃出城，为农民军追获，杀死在城南三里一个莲花塘中。张献忠改舒城名"得胜州"，将老营扎在七里河、许大王冈等处。

献、回、革、左率众入六安州境，五月初三日以轻骑袭破州城；当夜，又引兵他去。张献忠还舒城，驻兵于桃城镇。

农历五月初五端午节，张献忠在桃城宴请众部将。本镇人郭尚义应邀在座，饮酒间对张献忠献计说："庐州可以破！"张献忠接受了这个意见。

于五月初六日夜，张献忠下令：分传各营，挑选精兵，到桃镇听令。一刻，各营齐集，吩咐造饭。饭毕，发令：人衔枚，马疾走，从小路上庐州府，有泄漏军机者斩！

二更方尽，初转三更，农民军到达城下。13名勇士从西门将军庙攀援上城，守城兵皆熟睡窝铺内，毫未知觉，上城勇士敲着梆子，大声喊道："破破了！"守兵刚从梦中谅醒，即被杀翻在地，推落城下。勇士们顺手用垛口的油灯点草烧窝铺，趁火起打开城门，放大队人马进入。德胜门及其他各门，也接着起火。预伏在城内的战士乘机响应，到处放火，沿街呐喊，顿时全城一片混乱。

庐州知府郑履祥、合肥知县汤登贵仓皇遁走。南京提学御史徐之垣微服逃回句容。兵备道副使蔡如蘅带着小老婆王月，避藏井中，为农民军用绳引出，杀死。

五月，革、左诸部入六安、英山、霍山、潜山、太湖诸山中，结营林荫深处度夏。

六月，张献忠袭破庐江。还屯舒城白马、金牛诸洞。游骑往来桐城、芜湖、巢县、含山诸县境。七月初三日，革里眼等率众万余，袭破湖广黄安（今湖北红安）。

七月初六日，张献忠毁庐州城。这月，老回回、革里眼等统兵数万，攻破河南确山乐山寨、黄山寨诸村镇，屯兵十七日，南去。回、革、左连营屯光山、罗山，分略信阳，南下至湖广麻城。张献忠屯兵陶冲，夺获双樯巨舟三百只，大治水师于巢湖，练习水战，合回、革诸部大小五十六营，水陆大军俱集于皖口，声言将渡江出芜湖，夺取南京。

八月，张献忠用火药轰开六安州城。总兵黄得功、刘良佐领兵救六安，在夹山开仗，官军战败。张献忠亦受伤，身中三箭：一中肩，一中膝，一中尾闾。

九月，张献忠焚枞阳，谋取安庆、桐城、南京，拟建号改元。随后，走潜山，为黄得功、刘良佐打败。左金王、革里眼、老回回、袁时中合兵谋袭颍州，也为黄得功、刘良佐打败。这月下旬，张献忠屯扎太湖、宿松交界的梅墩畈、二郎河一带，联营20余里，准备先取黄梅，再乘胜直捣武昌；他的军师潘独鳌早已潜伏在武昌城内，只等大军一到，即可起而内应。

这年冬，张献忠率军出没于蕲州、黄梅之间，由于官军大批援军开到，加上潘独鳌事机败露被捕，直捣武昌的计划无法实现，只好暂退太湖、潜山。一度谋取桐城，攻打十余日，由于官军救兵到，撤围退走。老回回、革里眼、左金王、治世王、争世王诸部十余万，这时在河南确山、信阳、桐柏、泌阳等地和官军英勇作战，也取得了很大胜利。尽管官军吹嘘"大获全胜"，其实是弄虚作假，农民军的损失即使如他们所夸大宣传的那样，也只不过是"二千有奇"。当闯王李自成、曹操罗汝才结束了汝宁之役，由确山、信阳、泌阳向襄阳进发时，这支多年转战江北的革左五营，便正式与闯、曹大军合营了。㉘

这年年底，张献忠又打回了湖广。

注：

① 《绥寇纪略》卷九、《纪事本末》卷七十八、《烈皇小识》卷四、《平寇志》卷

四均谓崇祯十四年五月癸巳（十九日），释傅宗龙出狱。《崇祯实录》卷十四："（十四年五月）壬辰（十八日），召陈新甲于中极殿。时祖大寿围于锦州五阅月，声援断绝。……上忧之，问新甲计安出？新甲求退与阁臣及侍郎吴甡、总督傅宗龙酌议。"既然五月十八日陈新甲要和傅宗龙等"酌议"重要军事问题，可见"五月癸巳"出狱之说不确。此处从《明史》卷二十四。

②《兵部为遵旨察明剿兵确数等事》（《明末农民起义史料》）讲，崇祯十四年六月丁启睿和傅宗龙在潼关办理交代，这年五月十八日傅还在北京，估计他前往陕西当在这月下旬；北京离潼关约 2000 多里，路上要走 20 多天，到达潼关可能在六月中、下旬。池在潼关办完接交手续前往商、雒，时间当在七月上旬。《内乡县志》卷十《兵事志》云："（十四年）八月……傅宗龙统兵过内乡。"《绥寇纪略》卷九云："（傅宗龙）以九月初四日至新蔡。"根据傅到达内乡（在豫西南）、新蔡（在豫东南）的日期，可大致推测出他离开陕西的时间，大约在八月中旬。《绥寇纪略》只说"汪抚送宗龙出关"，未说出何关；按此时两人均在商雒，由商雒往河南，以出武关为近。若出武关往新蔡'中途必须经过内乡；若出潼关往新蔡，不必经过内乡。而傅宗龙恰恰是由内乡往新蔡，据此说明他确是出武关往东。但《明亡述略》（上）云："崇祯十四年，（傅宗龙）以贺人龙、虎大威两总兵出潼关。"按此材料有两点失实之处：（一）贺人龙在傅出关之前，早在河南；（二）虎大威系受保定总督杨文岳指挥，不属傅宗龙。据此两点失误，说明该书所云"出潼关"之说不可信。

③傅宗龙所领之兵，见《兵部为遵旨察明剿兵确数等事》。《崇祯实录》卷十四说还有川军，数目不清楚。《明史·傅宗龙传》、《平寇志》卷四说傅率兵二万出关，《纪事本末》卷七十八、《崇祯实录》卷十四说傅率兵四万次新蔡。"二万"是指整数；"四万"是包括杨文岳、虎大威之兵（杨、虎兵数见《明史·杨文岳传》）在内。傅、杨会师新蔡日期，《明史》、《绥寇纪略》、《北略》等书所记均同。

④闯、曹扎营真阳日期见《湖广巡抚宋一鹤题遵旨察孔贞会等临阵退缩事》（《明清档案史料丛编》）。

⑤傅宗龙战败日期及经过，诸书所记大致相同，个别地方有出入。傅宗龙之死，诸书均谓：农民军将傅押至项城城下，命他赚开城门，傅不从被杀。《项城县志》卷七《人物志（上）》附载《明总督傅宗龙全项纪略》却说：傅系战败突围失道，"病腹痛坠马受伤而死"，并说由于傅兵的奋战，"项赖以全"。又该志卷十《艺文志下·纪略》录《傅忠壮公祠堂碑记》所记傅死情节与《全项纪略》不同，却与《明史》诸书所记相同。

⑥顺治十六年修《商水县志》卷八《纪事志·灾变》谓李自成于崇祯十四年十月初四日夜，"自项抵商"，"初五日遂设攻具薄城"，初七日早"破东北瓮城"。《豫变纪

略》卷三所记此事日期同。道光《扶沟县志》卷十二《灾祥志》："十四年……冬十月，千斤贼刘槌子破城……十二月，复陷于闯贼。"此处未提李自成，刘槌子当是受李自成派遣。《平寇志》等书都说闯、曹破项后，"分兵屠商水、扶沟"。所谓"分兵"，意思是闯、曹率军往攻商水；另派别将往攻扶沟；所谓"复陷"，意思是十月第一次破扶沟也是李自成所派的队伍。

⑦破叶县，《明史》、《明史纪事本末》、《国権》、《平寇志》等书都说在崇祯十四年九月戊戌（二十五日）；《小腆纪年附考》谓为这年七月；《怀陵流寇始终录》谓为这年十二月乙巳（初四日）。光绪重印同治刻本《叶县志》卷一《舆地志·兵荒》载："十四年十月，流贼李自成陷叶。"嘉庆重楫《南阳府志》卷一《舆地志·祥异》载："（十四年）十月十四日，李自成破叶县。"《兵部题为塘报"南阳等处"贼情事》（《明末农民起义史料》）载："闯贼于崇祯十四年十月二十一日攻叶县。"据《偶然遂纪略》记载叶县城破及刘国能死事，知上举诸材料所记日期均失实。张永祺是襄城举人，与农民军为敌，自称"不二子"。自崇祯五年起，他主动出钱出米，纠集同邑诸生张琇等数十人帮助官府守襄城。《偶然遂纪略》就是记他自己自崇祯五年至十五年在襄城与农民军前后作对的经过，书名取杜甫"生还偶然遂"诗句意。叶县距襄城不足一日路程。张既然要为明政府卖命守襄城，肯定会对襄城附近各地农民军的活动密切注视，所以他所探得的叶县被围日期以及他从一个农民军小头目口中得知的打开叶县日期，最为可信。关于刘国能之死，有的书说"自刎"，有的说"被执"不屈死，结合《偶然遂纪略》"自缒城请死"之叙述及他书之记载，估计是劝刘出城谈判，待其"缒城"来见，将他扣留杀掉。故《偶然遂纪略》记杀刘为十月十二日，攻开叶县为十月十三日，杀刘在先，破城在后；此与《明史》所记"城遂陷，被执"，说法有不同。

⑧见《偶然遂纪略》。张永祺于十月二十四日夜半下城，"哭拜先墓"，潜遁。

⑨南阳始围及攻克日期，见光绪三十年刊《南阳县志》卷七《祠祀下》及卷八《兵防》。《明史纪事本末》、《北略》、《绥寇纪略》均谓李自成破襄城后，十一月"乘胜围南阳"，按破襄城乃十四年十二月，事在破南阳之后，此点《纪事本末》等书误。康熙《南阳县志》卷一《祥异志》："崇祯十六年辛巳冬十一月初四日，闯贼李自成陷南阳。""辛巳"为崇祯十四年，非十六年，此点光绪《南阳县志》卷八已指出其误。乾隆十一年刻《南召县志》卷二《灾祥志》谓"崇祯十六年十一月初四日闯贼李自成陷南阳"，材料可能录自南阳旧志，亦误。《绥寇纪略》卷九说"刺唐邸于其宫"，不确；《崇祯实录》卷十四谓"杀唐王于麒麟阁"，据《兵科抄出湖广郧阳府监纪推官朱翊辩奏本》（《明清史料》乙编、第十本），知"麒麟阁"乃"麒麟冈"之误。

⑩《崇祯实录》卷十四："内乡、镇平、唐县、新野诸城各出降。邓州知州刘振世郊迎五十里，举家从之。"《明季北略》卷十七、《明史纪事本末》卷七十八所记同，

216

惟未说刘振世降。《绥寇纪略》卷九："李自成陷邓州，知州事刘振世死之。镇平令锺其硕、内乡令龚新、舞阳令藩弘（原为"宏"）、通许令费令谋先后殉节死。唐县、新野稽颡迎贼。"此与《实录》所记显有歧异。乾隆《邓州志》卷二十四《杂纪·兵变》所载材料说明，邓州破时刘振世被执，直到第二年春李自成打到郧城才被杀。《实录》明确指出刘振世迎降，而《明史》卷二百九十三却说他"抗节死"，《绥寇纪略》等书只说他死，并未说"殉节"，估计当是投降后被杀。康熙《内乡县志》卷十《兵事忘》谓农民军破内乡，"执知县龚新以行"，说明起初并未杀他，但《明史》（与上同卷）却说他"不屈死"，可能亦系投降后被杀。乾隆元年刻《宜隶阶州志》卷下《节义六》谓镇平知县锺其硕城破被执"遇害"。《明史》（同上卷）所记同。据此，似乎镇平并未"出降"。康熙三十五年修《唐县志》卷七《人物下》记载，唐县是被攻破，并非"出降"。《四朝成仁录》卷二说新野知县韩醇"不屈死"。《明史》（卷同上举该书）说内乡知县龚新与"韩醇并不屈死"。此亦与《实录》、《纪略》所记不同。《淅川直隶厅乡土志》卷二《兵事录》讲，淅川之破，经过了一番攻打。《明史·潘弘传》讲，舞阳之破，最初有过小接触，后来才开门迎降；虽然动过刀兵，但并不激烈。

⑪见《兵部行"兵科抄出郧阳抚治王永祚题"稿》（《明清史料》乙编、第十本）。侦测羊皮滩小分队被官军消灭为十四年十一月十三日夜；王二等被拿获为十一月十五日。

⑫进驻襄城、杀知县曹思正，据《偶然遂纪略》及《偶然遂后纪》。攻克禹州日期，见《礼科抄出太和王府镇国将军翊铨奏本》（《明清史料》乙编、第十本）及乾隆《禹州志》卷十三《灾样志》。《平寇志》卷四讲，禹州破后，"徽王被害"，"延津王常沧等五王"被杀。《小腆纪年附考》卷一亦有"杀徽王某"之说。据《明史》卷一百十九记载徽王朱见沛的子孙在嘉靖时已被革爵、国除，"徽王"爵号已早不存在；既然如此，怎么崇祯十四年破禹州时还会发生"徽王"被杀的事？上举朱翊铨"奏本"讲："崇祯十四年十二月初七日遭闯、曹二贼围攻禹州……管理（朱）常渼缘因守城被贼杀殒，阖府宗仪屠戮大半，此受祸之极惨者也。"该"奏本"并未提到什么"徽王"被杀，被杀的人能提出名字的只有朱常渼一人，其他被杀"宗仪"均只一笔带过，未一一指名，大概都不是什么显要人物；朱常渼为太和王府管理，封辅国将军，并不是"徽王"。老太和王朱祐遂系老徽王朱见沛之庶二子，弘治五年封。按朱明皇室族系"祐、厚、载、翊、常"次序，朱常渼系老太和王朱祐遂的重孙辈。《平寇志》所说被害之"徽王"及"延津王"等五王，当系朱常渼及太和王府其他"宗姓"被杀之讹传。克许州日期，见《兵部题为塘报"南阳等处"贼情事》（《明末农民起义史料》）。康熙五年修《许州志》卷九《杂述志·攻战》所记许州城破较"兵部题本"所记早一日。但"题本"所载日期，系左良玉前锋营副将徐国栋手下拨丁"探到襄

（城）县"、"拿住贼民高自成"，据高所口述，其材料来源可靠。又据该"题本"讲，长葛之破在许州之前，即十二月十三日之前。该"题本"又讲：塘兵张选等回称，十二月闰、曹"已攻洧川、尉氏、长葛三县"；塘马孙继儿回称，十二月"十八日破鄢陵、长葛、洧川、西华、太康"。汪紫山辑《鄢署杂钞》卷十二《双忠祠记》讲："十二月之望，（闰）突至鄢（陵）城。"这就是说，李自成十二月十五日抵鄢陵，十八日破鄢陵。道光十年重修《尉氏县志》卷十一《人物志·义烈》载：十二月十八日"贼哨探尉氏"，"越翌日，城陷"。"越翌日"三字意思含糊，按字面讲是"过明天"；那么，尉氏之破是在"十九日"、还是过"十九日"？《崇祯实录》卷十四只记十四年十二月"李自成连陷襄城、洧川、许州、长葛、通许、鄢陵"，未说具体日期。《绥寇纪略》卷九也只说"十二月李自成陷许州……洧川、长葛、鄢陵、陈留、禹州相继陷"，也未指出具体日期。《扶沟县志》卷十二也只说扶沟之破在鄢陵之后，仍未记具体日期。总之，就目前所能见到的材料，推断诸城之破，只能大致言其月份，无法一一确指其日期。李过攻杀于大忠事，见乾隆《嵩县志》卷二十一《兵防·历代兵事》。结合《说嵩》卷二十二《摭异》之材料，知杀于乃十四年十二月事。

⑬《兵部题为塘报"南阳等处"贼情事》。

⑭《郾城县志》卷八。

⑮据注⑬所引之材料，知十四年十二月十八日"左镇兵马在临颍"，十五年正月初五日"左镇兵马无粮，扎住临颍"；左良玉何日由临颍动身往杞县？据记载，他到达杞县的第三天（《守汴日志》谓左"驻杞县二日"），李自成即主动撤开封之围，撤围时间为崇祯十五年正月十五日；左良玉路过西华，自然会小有耽搁，估计他从临颍动身当在十五年正月初十以后。左兵索粮事，见顺治《西华县志》卷七《兵火》、乾隆《西华县志》卷十《补志·兵寇》。

⑯边大绶伐墓事，见他本人所著《虎口余生纪》及《明史·汪乔年传》。

⑰《明史》卷二百六十二《汪乔年传》。

⑱材料出自《偶然遂纪略》及《偶然遂后纪》，个别地方参看了他书。关于襄城之役，《崇祯实录》、《明史》、《明史纪事本末》、《国榷》、《豫变纪略》、《平寇志》、《绥寇纪略》、《明亡述略》、《北略》、《史外》以及顺治八年修《襄城县志》、刘宗泗揖《襄城文献录》等书之记载，都不如《偶然遂纪略》详尽翔实，而且还有许多错误。如《绥寇纪略》将张永祺误为"李永祺"；《明史纪事本末》、《平寇志》、《北略》将襄城之破、汪乔年之死误为十四年十一月；《明史》卷二百六十《汪乔年传》谓"（十五年）二月二日乔年入襄城"，"二十七日城陷"（该书卷二十四所记日期无误，但与该传前后矛盾）。类似这样的例子还很多，不一一列举。《偶然遂纪略》谓"贾、党、张等副将撤兵入城"，只提及三人之姓，未说具体名字。参看他书，知"党"指党

威（一说为"参将"）；"贾"之名未查出；副将之"张"有二人，一为张国钦（《襄城文献录》卷十《死事》说他是"总兵"，《平寇志》卷四说他是"副将"），一为张一贯。据《明史·汪乔年传》讲"二张"均死于襄城之役（《平寇志》作张国钦、"张一贵"，《襄城文献录》只提到张国钦），到底《偶然遂纪略》中所说之"张"是指谁？"张一贯"、"张一贵"，二者必有一误。《襄城文献录》卷八《刘子章重修〈汪忠烈公祠并厘正诸从祀□记节〉》记"从祀"诸人中，只提到一个"副总兵官张公"未说还有另一个"副总兵官张公"；该书卷十记叙与汪乔年"同时遭到杀害"的诸人中，只提到"总兵张国钦"，未提及还有"张一贯"或"张一贵"。是否张国钦与张一贯或张一贵实为一人而《明史》等书误为二人？书此存疑。据《陕督忠烈汪公乔年殉节记》（见《泗水渔人集》，转录自《鄢署杂钞》卷六）载："适汪公督陕西兵至，驻师襄城，闻良玉被围，约与会剿。而良玉无战意，兼欲以公饵贼而幸脱，阳许进兵，盖阴图远遁也。公不知其殆。"李自成二月十四日围襄城，城被围后张永祺方派人缒城而出约左良玉领兵来救，而此时左早已逃离郾城，张的信肯定不会收到。此处所谓"阳许进兵"、"阴图远遁"、"以公饵贼而幸脱"等语，纯系揣测之辞，绝不可信。

⑲《明史·汪乔年传》："既杀乔年，由西华攻陈州。"《偶然遂纪略》讲，二月十九日李自成"拔营上郏县去"，"各营俱起"。据此知闯、曹攻克襄城后，并未立即向东"由西华攻陈州"，而是率师往西攻郏县。同治《郏县志》卷十一《艺文志》全廷举《忠愍李先生传》及同书同卷《汝州从事翊明顾公传》载，二月十九日围城，"三日矢尽竭，城陷"，故据此知郏县之破可能为二月二十一日或二十二日。

⑳《明史·李贞佐传》谓崇祯十五年二月，"汝（州）所辖四邑并陷。"汝州所辖四县为郏县、宝丰、鲁山、伊阳。该传记载前三县"城陷"，十分明确；但对伊阳，却说"贼薄城，以守御坚，解围去"。看来伊阳似未攻下。既然伊阳未下，怎么能说"四邑并陷"？登封之破，为崇祯十五年二月二十九日，见乾隆五十二年修《登封县志》卷八《大事记》。

㉑陈州被围及城破日期，据《兵部题行〈兵科抄出湖广巡按汪承诏题〉稿》（《明清史料》乙编、第十本）、《兵部为塘报"防河甚紧"事》（《明末农民起义史料》）。《北略》谓"三月朔庚午（初一日）自成等攻陈州"；康熙续修《陈州志》谓攻陈州为三月初九日；《崇祯实录》卷十五谓七月"李自成陷陈州"。均误。

陈州知州，《明史》作"侯君擢"，《绥寇纪略》作"侯君耀"。关永杰"被贼杀害"之报，见《塘报"防河甚紧"事》。

㉒攻克太康、宁陵、考城、归德等城日期，见上引"兵部题行稿"，参看上引《塘报"防河甚紧"事》。道光戊子（八年）重修《太康县志》卷八《杂志·兵变》及卷七《艺文上》耿帝德撰《阖邑殉难记》谓太康之破为崇祯十五年三月十九日，误。

《大梁守城记》、《守汴日志》、光绪十八年续修《睢州志》卷十二《存遗志·兵寇》谓李自成等十五年三月二十二日克睢州。上引"兵部题行稿"谓李自成等"（三月）二十六日攻开睢州"。但《塘报"防河甚紧"事》却说："本日本时（指十五年三月二十五日巳时），又据防官李春仕报称：探得自二十三日陈州兵巡道被贼杀害。又将太康县、睢州、宁陵县俱被贼攻失。"三月二十五日已经探得睢州为农民军攻克，可见说"二十六日攻开睢州"不确。实际攻克睢州日期，应以《守汴日志》等书所记为准。

㉓这次战役发生的时间，《大梁守城记》、《守汴日志》、《汴围湿襟录》、《平寇志》卷五等书所记，虽间或有一二日相差，但基本上一致。《明史纪事本末》卷七十八、《明史》卷二十四、卷二百六十、卷二百六十二、《怀陵流寇始终录》卷十五谓左良玉等四镇兵溃为七月，显然有误。《大梁守城记》载"去营数里"掘长堑。《明史·左良玉传》载系在80里外"穿堑"。去营数里掘堑，官军可以望得见，不至于溃败时"僵仆溪谷中"；80里外掘堑，瞒得过官军，此点《明史》所记较为合理。闯兵对左兵前后看法，见《豫变纪略》卷五。

㉔杀贺人龙，《明史·贺人龙传》谓孙传庭"至陕，密与巡抚张尔忠谋"。《平寇志》卷五谓"与巡按御史张移孝密谋之"。张尔忠与张移孝实为一人，"尔忠"、"移孝"乃名与字之分。张尔忠实为陕西巡抚，非巡按御史，此时之巡按御史为金毓峒（见《明清史料》乙编、第十本，955页），此点《平寇志》误。孙传庭出关、战败日期，据《明史》卷二十四。同治续修《郏县志》卷十《杂事志·兵燹》，勒轨撰《纪流贼事》，记孙传庭赴河南系分兵两路。《怀陵流寇始终录》卷十五："（十五年）冬十月朔（初一日），督师孙传庭兵败绩于南阳。"此当系指孙传庭之偏师而言，"县志"未明确记载这次"败绩"，但《纪流贼事》中有这样一段话："传庭既夺气，而所遣别将出武关以趋宝丰者竟不至，乃北渡河以图再举。"为什么这支别将所带之兵"不至"呢？因为已经被农民军消灭。《绥寇纪略》说左勷系左光先子。按左光先有两人，一为浙江巡按御史，一为总兵官，左勷到底是哪个左光先之子？该书说"左勷纨绔，不习敌"，看来左勷不像是出身将门家庭；明代文官地位较武将为高，孙传庭未斩左勷，是看在他父亲面上，说明他父亲必系一地位较高之人。故推测左勷可能是浙江巡按御史左光先之子。

㉕《国榷》卷九十八。

㉖《兵部为塘报"流寇窥渡"事》（《明末农民起义史料》）："崇祯十五年闰十一月初二日，据山东总兵刘泽清塘报内称：本月二十五日据曹州营都司张成福塘报内称：本月十九日申时据防守塔儿湾把总李春仕报称：本月□□□□兵齐起家探得闯贼在河南府正北□□□新安县约有70余里，东西顺河搭窝铺，□□兵数，贼意欲往河北过，将河南府百姓□□□□有余。今报本口河水三日自十六至十八日，落水一尺二

寸等情。"这份塘报，缺字甚多，特别是缺掉了许多关键字。但根据上下文意，大致可将缺掉之字补齐。今试补如下：甲、"本月□□□□□兵齐起家探得"句，"本月"二字之后必为某某日，某某日之后必为"据塘"或"据探"、"据拨"二字。"塘兵"（或"探兵"、"拨兵"）齐起家向把总李春仕报告了"自十六日至十八日"黄河落水情况，而李春仕根据齐起家的禀报向都司张成福作了情况报告，报告的时间为"本月十九日"，故由此推断齐起家之禀报必为十八日。补齐这句缺字后，当为"本月十八日，据塘兵齐起家探得"这样两句话。乙、"在河南府正北□□□□新安县约有七十余里"句，"正北"后面之缺字必为地名，此地名或者是两个字，或者是三个字，地名后面与"新安县"三字前面之缺字必为"距"字或"距离"二字（如系两个字的地名，后必为"距离"二字；如系三个字的地名，后必为"距"字）。补齐这句缺字后，当为"在河南府正北某地距离新安县约有七十余里"这样一句话。丙、"□□兵数"句，所缺之字当为数目字。丁、"将河南府百姓□□□□有余"句，所缺之字当为"杀戮"或"屠戮多少"这类辞。补齐了文中的缺字，内容就比较清楚了。问题是"塘报"中所说的"本月"究竟是哪一月？总兵刘泽清塘报兵部为崇祯十五年闰十一月初二日，他的塘报系根据都司张成福"本月二十五日"的塘报，很显然，这个"本月"绝不是闰十一月，必是闰十一月前的某月；既然是"塘报"，绝不会报隔月的事，故此处所说之"本月"，当是指十一月。就闰十一月讲，十一月可以称为"本月"。这就是说：张成福塘报刘泽清为十一月二十五日，李春仕报告张成福为十一月十九日，齐起家禀报李春仕为十一月十八日。另外，还可以找到一个旁证。民国二十四年修《兰封县志》卷一《天文志·祥异》："崇祯十五年壬午……冬十一月，黄河水乾，人可徒步。"由此可证齐起家报告"本月十六日至十八日黄河水落一尺二寸"之"本月"必系十五年十一月无疑。弄清楚了上举塘报的确切年月，从该塘报内容可看出，崇祯十五年十一月十八日前李自成等在洛阳正北黄河沿岸活动的情况。邱峨续纂《新安县志》卷十四《见闻志·兵燹》："十五年，闯寇迫临，邑垣已颓，知县陈显元率民入×（此字印刷不清）门寨……死守旬余，力匮而陷。"这说的是哪一月的事呢？从上所举塘报看，肯定是十一月。据齐起家禀报，十一月十八日新安和洛阳尚未被农民军占领，李自成再克洛阳为十一月二十五日，"县志"未说新安城破为何日，只说×门寨"死守旬日而陷"；新安城垣已颓，已为空城，无所谓"陷"；问题是×门寨何时攻克？若十八日以后往攻该寨，"死守旬日"而寨破，时间肯定必在攻克洛阳之后。

㉗农民军攻打汝宁日期，据康熙元年修《汝宁府志》卷十《武备·军功》。《平寇志》所记与此微异。科抄《偏沅巡抚陈睿谟题农民军逼荆惠藩情迫出城事》（《明清档案史料丛编》第六辑）谓闯、曹于闰十一月十四日破汝宁，证明"府志"所说汝宁城破日期可信。给杨报信之都司，《平寇志》作"康世德"。此处依"府志"。王世琮、

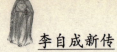

朱由樻、河阳王，《平寇志》作"王世琛"、"朱由桧"、"河南王"。此处均依《明史》。又《明史》卷一百十九作"河阳王"，卷二百六十二作"河南王"。

㉘有关张献忠、老回回等在江北活动的情况，材料主要见《平寇志》、《明史纪事本末》《绥寇纪略》、《北略》、《明史》、《流寇陷庐州府记》等书，同时还参看了各有关县志。诸书所记，惟《平寇志》较全，但仍有缺漏，而且相互抵牾之处不少。

六　在清军和农民军夹攻之下的明政府

崇祯十三年，清崇德五年（1640）春，清军至义州（今辽宁义县），围攻锦州。总兵祖大寿告急。明蓟辽总督洪承畴率兵出山海关，驻师宁远（今辽宁兴城），命吴三桂等发兵抵御。七月，总兵曹变蛟、左光先、吴三桂等合御清兵于黄土台，战于松山、杏山之间，三战皆捷。清兵退屯义州，全力合围锦州。

崇祯十三年十二月，明政府征调宣府总兵杨国柱、大同总兵王朴、密云总兵唐通、山海关总兵马科，与玉田总兵曹变蛟、蓟州总兵白广恩、宁远总兵吴三桂、前屯卫总兵王廷臣八员大将，合兵十万（一说"十三

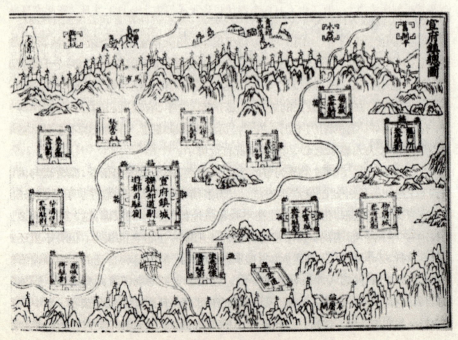

明代边塞重镇宣府镇总图

万”)、马四万、骡一万，在宁远集合，往援锦州。①

崇祯十四年（1641）三月二十二日，洪承畴亲率马、步官兵5万由宁远出发东行。辽东巡抚丘民仰驻宁远，负责转饷。二十三日夜，杏山营前大雨如注，至次日已时方止。二十六日，明军进发松山，与清兵再次接战于黄土台，双方鏖战一整日，清兵退走。明军以缺乏柴草，炊爨困难，洪承畴决定酌留车兵、步兵于杏山、塔山，将各镇马兵暂调回宁远，以就草料。经过半月休整，四月十六、十七两日，洪承畴又亲统主客镇将，再出宁远，师次松山。②

锦州位于宁远东北，两地相距约140余里。松山位于锦州城南25里（一说"18里"），杏山位于锦州城西南40里。塔山在宁远之东，杏山之西，居宁、杏之间。

锦州原本有城，以后坍毁。明初洪武二十四年，指挥曹奉据旧城遗址重新修筑。成化十二年，城垣有所增展。弘治十七年，又有所扩充。天启时，由于年久失修，城基多破坏，或仅存七八尺，或仅存丈余。崇祯元年，辽东巡抚毕自肃组织主客兵2万余人，以半月时间，竭昼夜之力，将周长7里的锦州城修整一新。最初只打算修版筑土墙，预计一月完工，不意修筑期间，忽在城外东南隅发现熟砖90窑，得砖20余万块，于是改变计划，换筑砖墙，以旧砖修城堒，新砖竖城堞，时间反大大缩短，提前半个月竣工。修完锦州，毕自肃又鼓足余勇，继续发动兵丁，修整杏山、松山二城。③

锦、松、杏三城，如同鼎立，可互为犄角。就战略价值而言，松、杏能守，锦州亦能守；反之，松、杏二城有失，或二城中任一城有失，则锦州亦很难独守。

四月二十五日，明、清两方在松山东、西石门和锦州乳峰山一带，展开了一场"扑面对斫"的"实实血战"。

明军在离松山城外数里处，自南向北，以车营、步营、火器营布列阵势，以骑兵张为两翼。在西石门，以总兵吴三桂营兵首列居左，总兵王廷臣、杨国柱各营兵列居左之右，总兵王朴营兵为中权；在东石门，则以总兵曹变蛟营兵首列居右，总兵白广恩、马科各营兵列居右之左，与中权王朴营兵为接连。

清军以步兵守乳峰山，筑垒山上，居高临下，又以两万精锐骑兵屯聚

于东、西石门，环列埋伏以待战。

战斗开始，明军挑选精锐步兵，从山下东、西两路，以弓箭、枪炮上山攻打。直攻至近敌台高处，放炮张旗，喊杀连天。清军死守阵地不退，开炮还击。锦州城内的守军，遥遥望见援军发动进攻，都开出城在南门外摆列营阵，发炮呐喊助威。两方步兵为争夺山头，肉搏拼杀，战况极为激烈。正相持不下，清军精骑七八千忽自西石门突出，投入战斗。明军用枪炮极力攻打抵御。清军骑兵支持不住，向东退去。白广恩率马兵堵截东石门，眼看不支，有溃退之势，监军道张斗即时从阳和车营内调炮支援。五营把总曹科、九营中军杨膺同领炮20门，飞赴东山险要处，竭力抵挡，才勉强把阵脚稳住。清军见明军拒战甚猛，用牛车从他处运来"红衣大炮"30余门，东西两面向明军马、步营猛发数百炮，弹落如雨，每枚炮子重达七八斤。明军火器营也用密集炮火还射。两军炮战至申、酉时分。清军力穷，往北撤走，明军亦疲，收兵回营。锦州之围仍未解。

五月初七日，清军攻打锦州东南、东北二角，城上发射火罐、药包，自卯至午，激战不停，彼此互有杀伤。

锦州被围甚急，明政府以副总兵刘应国为山海关、宁远、登州、天津四镇水师总统，统领四镇水营，从海上牵制清军。这时，沿海各岛屿以及各险要出入海口，大半为清军所控制，处处有兵严防，凡靠近岸边的泉、井，悉被填塞，远岸水场，均有哨骑巡逻。刘应国名义上总统四镇水师，其实各水营有的或有兵而无食，有的或有船而少兵，有的或船与兵两不见踪影。明政府设此水师总统，本来想借此"以收破浪之功"，没想到不仅不能收牵制之效，就连船只靠岸汲取淡水也颇感困难。

五月二十四日，皇帝朱由检有旨：由内府承运库发银3万两，着兵部速解蓟辽督师洪承畴军前作"赏功购勇"之用。不久，又拨监马400匹，分发曹变蛟、白广恩、吴三桂、王廷臣四总兵，以资进剿。[④]

洪承畴奉命"解围救锦"，结果围未能解，锦未能救，自己反被围困在松山。辽东巡抚丘民仰，由宁远解饷而来，也被围困在松山。

清兵为切断松、杏外援，从王宝山、壮镇台、寨儿山、长岭山、刘喜屯、向阴屯、灰窑山至南海口，挖掘了几十里长的壕沟。壕上安桩，桩上系绳，绳上有铃，铃边畜犬。壕沟挖成尖劈状，上宽下狭，深八尺，宽处一丈二尺，狭处仅容一趾。人若掉进沟中，无立脚之地，两足不能相并，无法站稳，更无法从下跃起。加上清军营帐林立，到处哨兵巡逻，白天黑夜都有人防守，要想偷过壕沟，实在比登天还难。

壕初挖时，明军未曾发觉，及至察觉，为时已晚，坐困之势已成。松、杏粮援通道俱被切断。士兵出城刈薪、汲水，亦往往为清军逻卒所杀。城内粮食、柴草，日感缺乏。

八月初二日，援兵与清兵战于松山，总兵杨国柱战死，残部由山西总兵李辅明代领。明军士气大为沮丧。洪承畴多次试图突围，均未成功。二十一日，王朴、马科、唐通、吴三桂、白广恩、李辅明六总兵，奉洪承畴面命，在这天初更，率马、步兵分左右两路突围，与清兵发生夜战，六镇兵边战边闯，互不相顾，各自奔命，大半溃散。有的陷入沟中，为清军俘掳，有的逃至海边，被驱进海中淹死，有的倒卧血泊，死于清军骑兵践踏之下。明军伤亡惨重，全面溃败。

李辅明与他军相失，奔突一夜，次日早上闯至杏山，无法入城，复闯至塔山，亦无法入城，第三日卯时，率残兵逃回宁远。吴三桂当夜闯至杏山，透围入城；数日后又从杏山透围而出，且战且逃，败归宁远。白广恩、王朴、马科三人，亦各率所部残兵败卒，先后奔回宁远。唐通由松山闯至杏山，被围半月余，方由杏山闯回宁远。

闯围溃败的消息传到北京，兵部如实奏闻，崇祯皇帝极为震惊。二十八日申时，朱由检御批道："今贼势已棘，且着见在官兵速图内顾，以捍逆虏。但松山与奴相持，内无粮草，外无援兵，时下作何计较？该部即熟计确奏。钦此，钦遵！"兵部根据这道御批，作了如下紧急布置：

差死士鲁清持蜡书前往松山，密会督、抚，并察看尚留兵若干、存留粮草若干。责令督师洪承畴竭力死守，檄巡抚丘民仰乘间出围。调刘应国水师8000，扬帆松、杏海口，或乘夜偷渡松山，以壮声威。令吴三桂、白广恩、李辅明收拾余兵，联络杏山、塔山，以图再进。

兵部初作这样布置时，还不知道吴三桂等已败退到宁远，故犹以联络杏、塔相责成，及至得到确切情报，才知情况原来已如此糟糕，只好请示皇上，别作安排。

吴三桂到宁远后，朝廷命令他"亟宜收拾残局，转败为功"。白广恩、李辅明分别收拾溃兵，"以图再举"。马科暂住中前所，"以为关门保障"。王朴入关回镇。总兵杨德政受命领兵出关东驰，"以壮声援"。⑤

225

鲁清所持蜡书，系崇祯皇帝密旨，内容是："洪承畴着保全松、杏，以守为战。丘民仰急回宁远，保全七城，以战为守。"

但是，松山被清兵围困得水泄不通，已和外界完全断绝联系，蜡书根本无法送进城中。六总兵溃败丧师，洪承畴也未得一点信息。5个月前，还能从松山派人扒进锦州城，去见总兵祖大寿，取到"祖帅印信密封，回报督师"，可是现在，松、锦之间丝毫消息不透，就像是被隔绝的两个不相关的世界。巡抚丘民仰差前锋中营兵丁王守忠出城打听军情，一出城就无法回来。鲁清和王守忠两人凑巧遇到了一起，两次冒着危险想偷闯进松山，最后都遭到失败。九月初三日，洪承畴又派遣兵丁王亮、八拜透围而出，往宁远通信。二人从乳峰山北面走偏僻间道，至娘娘庙地方，被清兵赶散。王亮跑到笔架山，八拜跑到杏山，次晚两人又都在笔架山海口撞遇到一起，初七日为水师船只接渡，送往宁远。宁远第一次接到了从围城中传出的督师密札。洪承畴催促宁远各总兵迅速整练救援，不可迟误，并说："松山米粮有限，主客聚食三月之后，恐不可支。"

九月初九日，崇祯命令兵部将运至天津的漕粮大米40万石，以"万分加紧"之速度，趁"海风未高，奴警尚远"之时机，"急派宁远20万石，中右（所）、中后（所）、前屯（城）、中前（所）各5万石，务期刻日开洋，联帆遄至"。

另外，朱由检还先后3次御批拨发大量盔甲、弓箭、大炮、火药、骡车等物，立解军前急用。由工部差官和兵部差官负责解运。

如何把这些粮食和军用物资立时运到前线，不是一件容易的事情。因为就在这个期间，清军哨骑已经到达连山。连山距宁远仅30里。一支3万余骑的清军骑兵队伍，已由杏山、笔架山迤逦而至高桥、盐厂沿海，扎营20余处，逢山驻兵，营帐遍野。杏山西、南、北三面俱已挖沟，只有东面防范稍疏。连山以东沿海海岸，到处有清骑兵巡哨。水师副总兵刘应国驾船往来各海口，不时和清军哨骑发生遭遇战，不敢靠岸久停。大量盔甲等物，靠驿站用小牛车往返装运，沿途一再迟误，十一月初三日第一批方出关到曹庄，第二批才到永平府（今河北省卢龙县），第三批十一月初七日才到玉田。哪天才能运到宁远？即使运到宁远，又如何运往松山、杏山？⑥

怎样解松、锦之围？明政府文武官员，各自提出了自己的看法。枢臣们主张"捣义救锦"。有人附和，认为此乃"必不可不行"之策。实际上，这无异于痴人说梦！究竟从何处发兵捣义？从杏山发兵？从塔山发兵？杏山去义州150里，沿路都有清军哨骑，何况城外就扎有清军大营。若从塔山而出，须由红螺山历卧佛寺、岳家山等处，一路皆系山坡蹊径，道路更远。况且明军以有数的饥兵疲卒，实不可以再分，若分兵力必更弱，只恐乘人之虚不成，反为人所乘。⑦

明政府为鼓励将士敌忾之气，解锦、松、杏三城之围，特定出大赏、大罚条规："如旬日内立解三围，赏以通侯，仍许世袭。如松、锦任解一围，亦赏以通侯，止及其身。杏山以是为差。万一三城有一不保，依律加等治罪。其间差等，即照军令状，分别从事。"⑧

崇祯十五年（1642）元旦，皇帝朱由检接受群臣朝贺后，走下宝座，面南而立，吩咐内侍："召阁臣来！"大学士周延儒、贺逢圣、谢陛、张四知、魏炤乘、陈演6人由殿东门入，至殿檐，行叩头礼，跪听宣偷。崇祯帝说："阁臣西班来！"诸臣起立，仍未明了皇上意图，拟按往日分东西两班侍候，只听皇上又说："阁臣西班来！"随有一太监上前接引，说："上宣阁臣来！"诸辅臣趋入殿内，面向东而立。崇祯说："古来圣帝明王，皆崇师道。今日讲犹称先生，尚存遗意。卿等，即朕之师！"说时，转面向西，对诸阁臣一揖。说："经书言：'尊贤也，敬大臣也。'朕之此礼，原不为过，今而后，道德惟诸先生训诲，政务惟诸先生匡赞，奠安宗社民生惟诸先生是赖！"诸臣惶恐俯伏，逊谢不敢。崇祯帝道："先生正是当敬的！"一连说了好几遍。随谕："先生起！"诸辅臣始起，转下叩头。诸臣退出，皇帝还宫。

辽东宁前道副使石凤台密报朝廷，说清有许和之议，双方可以进行谈判。这件事本来是符合崇祯皇帝心意的，也是他所希望的。但是，因为石凤台做事不慎，走漏风声，引起群臣议论，朱由检为掩人之口，反以私款"辱国"之罪将他下刑部狱。大学士谢陛猜透了皇上的心意，知道皇上急切想与清讲和，就是不好亲自开口，总希望先由大臣提出。请旨批准。谢陛跟同列诸臣论及此事，说："石凤台的主张很对。如今朝廷力竭，不如与清讲和为是。"诸同列亦颇同意这种看法。谢陛又与兵部尚书陈新甲谈及此事，陈亦同意这种看法。一次，陈新甲趁召见的机会，对皇帝说："松、杏久困，兵不足援，非用间不可！"崇祯帝道："围城且半载，一言不达，何从用间？"稍停，又说："如可款则款，卿可便宜行事。"陈新甲

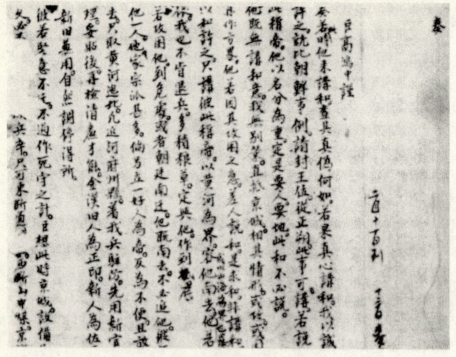

降清明臣高鸿中关于明金议和奏文

将谢陞的意见转告崇祯帝，朱由检问谢陞，谢回答："清果肯议和，和亦可持！"至此，崇祯皇帝决意秘密向清乞和。这事，除极少数人参与外，朝中绝大多数臣僚俱一无所知。

赞画主事马绍愉经陈新甲推荐，由皇帝御批，特加职方郎中衔，赐二品服，作为议和秘使。

正月初七日，马绍愉偕参将李御兰、周维墉至宁远，与清接洽谈判。清方要先验看皇帝敕书，马绍愉未带，立即请示朝廷，赶紧补上。敕书道："朕闻沈阳有罢兵息民之意，向来沿边督抚，未经奏闻。既承讲款，朕不难开诚怀远，如我祖宗朝旧约，恩义联络，永为和好。"

清方看到这份妄自尊大、语意傲慢的敕书，大怒，不予谈判。和议之门旋即关闭，战争随之又起。

二月十八日，松山守将副总兵夏承（一作"成"）德密遣其子夏舒与清约降。当夜，清军乘夜竖云梯登城，夏为内应，城破。次早，督师洪承畴、巡抚丘民仰、总兵曹变蛟、王廷臣皆被俘。兵备道张斗、前总兵祖大乐、副将江翥、饶勋以及参将以下百余人也均被俘。三月初十日，祖大寿率锦州众官出城，至郑亲王济尔哈朗、睿亲王多尔衮军前叩首降。十一日，曹变蛟、王廷臣等被押至锦州，要他们剃发，不屈被杀。丘民仰亦被杀。其他所俘之人，除洪承畴、祖大乐外，皆被杀。清太宗皇太极特谕将洪承畴、祖大乐送往盛京（今辽宁沈阳）。祖大乐在盛京降清。洪承畴亦在盛京剃发降清。

这年夏，塔山、杏山相继为清军攻占。塔山城破时，兵部职方郎中马绍愉正驻城中听候朝命，清军未伤害他，并对他加以保护。

松、锦、塔、杏皆失的败耗传到京师，明政府举朝大震。最初传说洪承畴不屈殉节，崇祯皇帝闻报，极为痛悼，为之辍朝，并且下令赐祭、建祠。各官皆遵敕命前往吊唁、行祭。洪承畴的儿子在京受吊，为其父刊刻"行状"，分送诸亲友。数月后，得到确报，知悉洪承畴未死，已薙发降清，明政府这才下令撤销对他的一切旌恤、祭祀之典。可是，既发之"行状"，业已遍布人间，无法收回。康熙初，洪承畴卒于北京，他的儿子再受吊，再刻"行状"，不过不再缕述他对前朝尽忠"殉节"之事，只叙其对新朝奠都北京以来佐命汗马之功。好事者将前后两"行状"合为一本，传诸后世，成为话柄。野史传说，洪承畴起初矢志不降，绝食求死，清太宗百般劝说，甚至太宗之后亦亲至囚所婉言相劝，洪始回心转意，感激归顺。其实，据近代学者考证："大妃劝降之说，实不足信。太宗初本无留洪意，后以洪自请降，范文程诸臣又奏保，始从其请。旧档有奏稿可证，又何劳说降耶？"⑨

明向清议和，虽遭清方拒绝，但仍不死心，不时命马绍愉进行试探，希望双方能恢复谈判。日子一久，朝中渐有人知道了这事，开始纷纷揣测私议。谢陛暗中警告某些言官："上意主和，诸君幸勿多言！"崇祯帝闻知，十分恼火，认为谢系有意泄密。某日，谢陛为兵饷支绌难办，在朝房发牢骚，说："皇上惟自用聪明，以察为明，致天下俱坏！"礼科给事中倪仁祯（一作"桢"）上疏揭发："谢陛居位辅弼，敢如此归罪天子！"吏科给事中朱徽、户科给事中廖国遴也上疏揭发。崇祯帝火冒万丈，联系他前后言论，实在难以容忍，命廷臣议处。四月二十六日，谢陛终于因此而罢官，削籍为民。这天，离当年元旦崇祯皇帝敬礼阁臣口称"先生"还不到四个月。⑩

五月，明政府暗遣兵部司务朱济贲敕与马绍愉、周维墉等至宁远，再次秘密与清议和。清太宗皇太极召马绍愉等至沈阳谈判。这次马绍愉所携来之敕书，大意谓："敕谕兵部尚书陈新甲。据卿部所奏，乃称前日所谕之休兵息民之事，至今未有确报者，因未差官至沈，未得确音。今准该部便宜行事，差官前往，确探实情。"

在谈判中，清方对具体条款提出苛刻要求。每年索金30万两，银300万两。马绍愉一再求情，允许每年输金1万两，银100万两。清方尚不答应，坚持要金10万两，银200万两。并说："如不从，即发兵！尔家所失，岂止此数？"

皇太极以和战可否咨询其臣僚，经过斟酌，开出下列议和6款，使马绍愉携归复命。

（一）和好以后，明、清双方之吉凶大事，互相庆吊。

（二）每年明赠兼金万两、银百万两与清；清赠人参千斤、貂皮千张与明。

（三）清之逃叛人，不论满洲、蒙古、汉人、朝鲜，凡至明境者，明以之交还于清；明之逃叛人至清者，清亦以之交还于明。

（四）明、清之边界，定之如下：宁远与双树堡中间之土岭，为明之边界，以塔山为清之边界，连山即定为适中之地。

（五）互市场设于连山。

（六）自宁远与双树堡中间之土岭界，北至宁远之北台，直抵山海关长城一带，清人之越出者，均按律处死刑。海道则自宁远与双树堡中间之土岭，沿海至黄城岛以西为界；清则以黄城岛以东为界，双方越界者处死刑。

皇太极的多数臣僚，对这个媾和条件还不满意，认为徒利于明而不利于清。一些早投降清的汉族地主官僚甚而向皇太极献策：明朝到处苦于饥馑，苦于农民军，兵力已竭，粮饷已乏，势将归于瓦解。清若再举兵，明室必至南迁，则黄河以北之地，不能不为清有。若立和议，以黄河为界为上策，以山海关为界为中策，以宁远为界为下策。⑪

这年春天，大学士魏炤乘为御史徐殿臣、刘之渤纠劾，上疏引退，得旨允归。接着，谢陛又以议论皇帝而罢官。谢罢官后1个多月，大学士贺逢圣、张四知又先后致仕。⑫至此，6位辅臣中已有4位缺额，大学士只剩了周延儒、陈演两人。崇祯帝因命吏部主持会推阁臣。在会推过程中，诸臣徇私滥推，一共推了16人，让皇帝自己挑选。一些未被推上的人，心怀不服，投匿名文书，造出"二十四气"名目，以示抗议。

六月十九日，崇祯帝在中极殿召见预推诸臣。诸臣行礼毕，入殿内，依班鱼贯立于御床之东。崇祯道："东房未灭，流寇猖獗，天变民穷，卿等有何嘉猷奏来？"即令各依会推次序进奏。左副都御史房可壮、大理寺卿张三谟、工部右侍郎宋玫奏对不称旨。这夜，传旨命礼部右侍郎蒋德璟、詹事黄景昉、兵部右（一作"左"）侍郎吴甡并为礼部尚书兼东阁大学士，直文渊阁。另传旨，以滥推多人，责吏部回话。

二十一日，召府、部、九卿、科道入弘政门，赐饭。崇祯帝御中左门，皇太子朱慈烺、定王朱慈炯、永王朱慈炤左右侍立。各官行礼毕，分班而立。崇祯帝怒色满面，厉声道："唤吏部尚书李日宣！"次唤吏科都给事中章正宸，又唤河南道御史张煊及房可壮、宋玫、张三谟诸人，各进内，跪听谕旨。

崇祯帝声色俱厉，怒冲冲道："枚卜大典，如何滥推许多？如房可壮等3人，果堪推举么？责令回话，尚是支吾！"

李日宣奏："从不敢徇私！"

崇祯帝道："前尔奏当秉公执法，惟知有君父，不知有私交；知有国法，不知有情面。尔那一件不是情面？朕数次优容，全然不悛！"

章正宸奏："日宣素是游移，臣前有公疏纠他。此番，他实不敢徇私！"

李日宣又奏："房可壮素有丰采，宋玫年少向学，张三谟亦曾分掌过河南道。"

崇祯帝怒喝道："住了！锦衣卫通着拿了！王锡衮着改吏部侍郎署印。李日宣等6人，去冠拿出！"

在场诸臣，无一不被这一迅雷霹雳般的"天颜"盛怒场面惊吓得战栗失色。蒋德璟、黄景昉、吴甡忙叩头请辞新命，奏道："臣等亦在会推之中，诸臣既有罪，臣等岂能自安？"

崇祯帝气色稍平，说："已有旨了！"

周延儒跪奏道："枚卜大典，尚望圣意宽宥！"

次日有旨，下6人刑部问罪。廷臣交章申救，不听。责成刑部大臣，

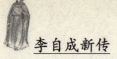

克期3日定谳。侍郎惠世扬、徐石麒拟予轻比，崇祯帝发怒，革惠世扬职，镌徐石麒二秩，郎中以下各官均分别受到处分。狱上，李日宣、章正宸、张熷戍边，宋玫、房可壮、张三谟削籍。⑬

与清议和事，实际是由崇祯皇帝亲自主持，通过兵部尚书陈新甲，指使职方郎中马绍愉具体进行。怎样谈判，接受哪些条款，不接受哪些条款，皇帝都有密诏，前后手诏数十纸，指示机宜，并且一再告诫陈新甲，严守机密。一天，马绍愉送来议和密报，陈新甲一时大意，看后竟随手置于案上，忙他事而去。他的书僮误把这份密件当作一般塘报，按照往日一样把它交给塘报官，付出传抄。密报一经披露，举朝为之哗然。顿时，群情激愤，同声指责兵部，纠劾陈新甲。

给事中方士亮首先上疏。疏道："陛下圣德，三皇不足四，五霸不足六，轻信奸邪作此屈身取辱之事，书之史策，后世以为何如主？"崇祯帝览奏，又羞又急又恨又怒，留疏不发。后见外廷议论不止，方下严旨切责，令陈新甲回话。谁知陈新甲绝不引罪认错，反累引诏中语自翊有功，把责任推给皇帝，说："某事，人以为功，而实臣之大罪！"崇祯帝益发怒不可遏。七月，给事中马嘉植复上书纠劾。崇祯帝命将陈新甲下法司议罪。陈在狱中上书乞宥，不许。他的家属内外、上下行贿，求人营救。

大学士周延儒、陈演都接受了贿赂，极力为他求情，说："国法，敌兵不薄城，不杀大司马！"崇祯帝道："他事且勿论，戮辱我七亲藩，难道不甚于薄城？"

给事中廖国遴、杨枝起、光时亨、倪仁祯4人，在陈新甲未下狱之前，极力倡议"必杀"。及至陈下狱以后，又反频繁奔走于刑部侍郎徐石麒之门，为之疏通，力言"必不可杀"。为什么4人的态度会前后如此不同？原因很简单：开始主张"必杀"，是要索取贿赂；后来改口"必不可杀"，是已经接受了贿赂。

陈新甲案，刑部初引失陷城寨律，定秋后处决。崇祯帝不同意，认为太缓，原判下部再议。刑部署事右侍郎徐石麒迎合皇帝旨意，改判道："新甲陷亲藩七，此从来失事未有之奇祸，亦刊书所不忍载之条例者也。当照临敌□□（原缺二字）不依期进兵策应，因而失误军机者，斩决不待时！"九月某日，旨下："即会官处决！"⑭

陈死后，给事中沈迅犹上疏力诋其失。崇祯帝心有内疚，愤然道：

"令你作陈新甲，恐更不如！"户科给事中陈泰来上疏，请皇上敕兵部差官速缉马绍愉。奉旨："马绍愉既已离京，不必追缉！"⑮

陈新甲于崇祯十一年（1638）受杨嗣昌推荐，代卢象升为宣大总督，崇祯十三年（1640）代傅宗龙为兵部尚书。在他做兵部尚书两年多任期内，正是农民革命日益走向高潮之时。崇祯皇帝所说"戮辱我七亲藩"，就是指在这个高潮来临时先后被执、被杀的德王、万安王、福王、襄王、贵阳王、唐王诸王而言。实只有6个王，为什么说有"七亲藩"呢？原来崇祯十四年（1641）十二月，李自成攻破禹州，杀太和王府管理辅国将军朱常㳺，当时讹传为"徽王"被杀，崇祯帝可能把这个"徽王"也计算在内，所以加起来一共是7个王。德王系崇祯十二年（1639）为清兵所执（崇祯十五年二月死在东北），此事并不发生在陈新甲兵部尚书任内。

陈新甲被杀后，继任兵部尚书者为张国维。张在任不及一年，因清兵入畿辅，罢职下狱。继任者为冯元飚，半年后即告病乞休。继任者为张缙彦，半年后李自成打进北京，投降了农民军。

当松、锦被围，崇祯皇帝把注意力集中在与清议和问题上的时候，也正是李自成、罗汝才在中原地区发动猛烈攻势、席卷中州，加紧围攻开封的时候。明政府起用崇祯九年（1636）被削职的原户部尚书侯恂，总督保定、山东、河南、河北军务，驰援汴梁。侯恂至河南，见中原大势已无可挽回，上疏朝廷，建议放弃开封、甚至河南，分兵扼守四方，使李自成百万大军困陷于中州缺粮之地，饥饿待毙。原疏道："今贼氛告迫，全豫已陷其七八，藩王待救，望若云霓。然自他日言之，中原为天下腹心；自今日言之，乃糜破之区耳！自藩王言之，维城固重；自天下安危大计言之，则维城当不急于社稷！……故为今计，苟有确见，莫若以河南委之。令保定抚臣杨进、山东抚臣王永吉北护河；凤阳抚臣马士英、淮徐抚臣史可法南遏贼冲；而以秦陕督臣孙传庭塞潼关；臣率左良玉固荆、襄。凡此所以断其奔佚之路也。"⑯这个建议，明政府未予采纳。

十一月初六日，清兵分道由墙子岭、界岭、青山大举入塞。次日，破迁安、三河。一趋通州，一自柳树涧趋天津。初九日攻通州。京师戒严。崇祯帝命勋臣分守九门，以司礼监太监王承恩为"督察城守"。王承恩即日五鼓趋至城头，环视料理，与总协暨各门提督诸臣商酌防务。城上兵丁、器械俱不齐全，经过10多天紧急布置，始大略就绪。⑰

李自成新传

十五日，午时，蓟州守兵失慎自燃火药，清兵乘虚而入，随到随破，未曾有一日攻围。⑱清军继分兵往真定、河间、香河，并举兵南下，畿南州县多不守。

崇祯帝朱由检以畿辅被兵，局势严重，不得已假作姿态，下罪己诏，求直言，许官民陈事报名会极门，即日召对。⑲

行人司司副熊开元见皇帝下罪己求言诏，信以为真，请求召见，论劾首辅周延儒，直言朝廷用人不贤，"庸人在高位，相继为奸"。崇祯帝大为震怒，命锦衣卫将熊拿问。给事中姜埰因见皇帝有旨切责言官，上疏论辩，谓若箝制言官之口，今后人"将争效寒蝉"，谁还敢为皇上说话？崇祯帝见疏大怒，命将姜送锦衣卫打问，与熊开元同日下狱。

清兵分两路南下，俱合于山东境内，及开营，又复分为数股：东股由高唐、平原、济南，直逼青州（今山东益都县）；西股由东昌、济宁，直逼兖州（今山东滋阳县）。山东州县相继失守。

十二月初八日，清兵破兖州，鲁王被俘，自杀。兵备王维新、知府邓锡藩、副总兵丁文明等俱死。⑳

处于清军和农民军两面夹攻之下的明政府，既无力量抵抗清军，更无力量招架农民军。在明统治者眼里，清军和农民军都是直接威胁明统治政权存在的两个最大敌人。保定巡抚徐标就曾赤裸裸地指出："今天下有两大患"，一是清军，一是农民军。在这"两大患"中，到底谁是明政府最感畏惧的主要敌人？用徐标的话讲：清军之"患在肢体"，农民军之"患在腹心"；清军之"患飘忽而毒浅"，农民军之"患沉隐而毒深"；清军之"患犹可为"，农民军之"患莫之御"！㉑

"莫之御"三字，清楚地反映了明统治者在与农民军进行十多年殊死斗争之后，不得不被迫承认这样一个无可奈何的事实，即农民革命的烈火，难以扑灭！革命胜利的潮流，无法阻挡！

注：

①《辽东志》"广宁左中屯卫山川地理图"绘有"黄土山墩"，位于锦州城西；同书卷一《地理》谓广宁前屯卫城东北50里有"黄土岗"。"黄土山墩"和"黄土岗"指的是一个地方，当即为《明史·曹变蛟传》中所说之"黄土台"。《崇祯实录》卷十三说"黄土台"，显为排印之误。《实录》说三战松、杏"皆捷"，而《明史》却说

"互有杀伤"。《实录》说"辽东总兵吴三桂",《明史》及《清史列传》卷七十八《洪承畴》都说"宁远总兵吴三桂"。《实录》卷十三谓"密云总兵唐通","山海关总兵马科";卷十四则谓"蓟镇唐通，榆林马科"，前后矛盾。

②洪承畴两次率兵由宁远出发日期，见《兵部为钦遵明旨据实回奏等事》（《明清内阁大库史料》第一辑，下册）。

③据《辽东志》卷一，知锦州在"辽阳城西六百里"，宁远在"辽阳城西七百七十里"，则锦州至宁远当为 170 里。若就直线距离而言，宁、锦相隔约 130 余里，以今铁路线里程计算为 72 公里。松、杏与锦之距离，参看《辽东志》卷一《地理志·山川》及该书前面之"辽东河南地方总图"。《明清史料》乙编、第三本《请兵救援松锦残禀》谓"松城与锦相隔十八里"。修整锦、杏、松城之材料，见《辽东志》卷二《建置志·城池》与毕自肃撰《辽东疏稿》（国家图书馆藏钞本）卷三《锦城就完杏山初筑疏》。该疏具题日期为崇祯元年六月二十九日，具题时正拟以班军万余人"再鼓其气"修整杏山城，预计"半月就绪"，是否如期完成，不得而知。至于松山城，该疏只说"昨岁（指天启七年）之冬定议，今岁（崇祯元年）先修松、杏二城"，何日动工，何日完成，亦不得而知。既然松、杏二城都在"定议"修筑之内，而且杏山城已经着手动工，估计二城之完工，当不会超出崇祯元年。

④见《蓟辽督师洪承畴揭帖》、《兵部行〈御前发下兵科右给事中孙承泽题〉稿》、《协守辽东副总兵刘应国塘报》及《兵部题行〈辽东巡抚丘民仰塘报〉稿》、《兵部行〈钦发蓟辽督师军前赏功购勇银两〉稿》及《兵部行〈辽东巡抚丘民仰咨〉稿》。以上所引诸档案材料，均见《明清史料》乙编、第四本，以下几引"题行稿"等一类档案，除特别注明者外，均出自该书同编、同本，不再一一注明。

⑤据《兵部题行〈宁远道石凤台塘报〉稿》、《兵部题行〈宁前道石凤台密禀〉稿》《宁前道石凤台塘报》、《兵部题〈御前发下原任宁夏镇标参谋官汪镇东奏〉稿》及《北略》卷十八。松山突围事，《崇祯实录》卷十四及《明史·曹变蛟传》所记，与上举"塘报"颇有出入。甲、"塘报稿"谓王朴等突围系"奉督师面令"，而且是以"大同、督标、密云三镇马步为左路，团练、山海、怀标三镇马步为右路"，并非如《实录》等书所说系违令遁逃。乙、"塘报稿"谓曹变蛟、王廷臣二总兵"在城与奴相持"，并未突围，可见《明史》等书所谓闻败"突入松山"、"驰至松山"之说不确。不过有一点需要进一步研究。石凤台的塘报，是根据李辅明的塘报，李是突围总兵之一，是否李为掩盖逃跑罪责，故意捏造是"奉督师面令"？据《兵科抄出大同总兵王朴题本》讲："八月二十一日，督臣遣臣等杀出重围就粮。"王朴所说的"督臣遣臣等"，与李辅明所说的"奉督师面令"是一致的。李辅明塘报时间为八月二十三日——突围的第三天，王朴"题本"具题时间为十月十三日——距突围将近两个月。如

果不是确"奉面令"、或"奉遗",他们怎敢造这个谎言?怎么可能会在不同的时间、地点两人说的话都一致?即使为了掩盖罪责扯谎,李辅明也只能说自己"奉督师面令",不会说其他五个总兵都"奉督师面令",更不会有兵分两路突围的说法;同样,王朴要撒谎,也只能说"督师遗臣",不会说"督师遗臣等"。另据《密奏督抚镇被困松山残稿》载:"焰得本年(指十四年)八月二十一日兵溃,督、抚、镇被困松山,随该臣于八月二十八日具题:请颁密旨,付李辅明下差官鲁清赍赴松山□因□□九日奉圣旨:□□固已失策,若全城保境,徐图□举,亦仍为失中之得。"此处"奉圣旨"下脱落之二字,若依上下文意,或为"突围"、或为"就饷"一类词这就是说,崇祯皇帝也知道,突围是出自洪承畴指示,是"失策",并不认为这是六总兵擅自违令。

⑥鲁清送蜡书、差人透围联络事,见《密奏督抚镇被困松山残稿》及《宁前道石凤台塘报》。松山缺粮,见《兵部题行〈漕运幸蒙截辽〉稿》、《兵科抄出大同总兵王朴题本》、《兵部行〈御前发下兵科都给事中张绍彦题〉稿》。漕粮运往宁远事,见《漕运幸蒙截辽稿》。兵部具题为十四年九月初八日,九月初九日奉御批。解运盔甲等项事,见《兵部职方清吏司奏稿》。清军阻绝粮援通道事,见《兵部行〈总统关辽登津四镇水师副总兵刘应国塘报〉稿》。据《兵部题行〈辽东巡抚丘民仰塘报〉稿》讲,刘应国总统"关宁登津"四镇水师,不知此处为何说成"关辽登津"?

⑦见《辽东巡抚残件》。

⑧《明清史料》乙编、第五本,《兵部题〈汇报奉旨章奏行讫〉残稿》。

⑨崇祯十五年元旦敬礼阁臣,《崇祯实录》、《明史纪事本末》、《明季北略》等书,只提到召见周、贺、谢三人,实际当时辅臣共6人。《三朝野记》卷七《崇祯朝记事》记载此事较他书均详。王氏《东华录》"崇德七"所记松山之破日期,与《明史》同;但谓锦州之降为三月初八日,此点与《明史》异。据《兵部行〈确察洪承畴等殉节塘报互异〉稿》,可证《明史》所记松山城破日期可信;惟该"行稿"未记锦州投降日期,只说曹变蛟、王廷臣于三月十一日被杀于锦州,说明此时锦州已为清兵所占。《东华录》谓:"(二月)辛酉,肃郡王豪格等奏,松山副将夏承德密遣人来……"按这月"辛丑"朔,"辛酉"为二十一日,松山之破既为二月十八日夜,肯定夏承德约为内应必在松山城破之前,绝不可能在这之后。此处"辛酉"日期,显然有误。《崇祯实录》卷十五把松山之破与锦州之降都记为十五年三月丁亥(十八日)同一天,实误。《北略》谓清占松山为"十五年九月二十日事",尤误。《辽东督师范志完塘报》说,十五年四月二十一日吴三桂"差人透围入杏";又说这天亥时塘报"贼以精锐盘踞中左(按中左千户所设于塔山,此即指塔山)"。据此知塔山之破,当在四月二十一日之前;杏山之破,当在四月二十一日之后。《东华录》"崇德七"谓塔山之破为四月初九日,杏山之破为四月二十二日。关于洪承畴降清经过,各书记载纷纭,出入甚大。有的绝

不可信。如《北略》卷十八《洪承畴降大清》及《甲申朝事小纪》初编、卷五《经略洪承畴纪略》所记，荒诞错误之处甚多，不值一驳，此处不赘录。"考证"见孟森《洪承畴章奏文册汇辑》"跋"。

⑩谢陞的话，见《明史》卷二百五十七及《三朝野记》卷七。谢陞削籍《崇祯实录》谓为十五年四月丙午。《实录》误是年四月为"戊子朔"，实际应为"庚子朔"，既然朔日有误，以下按干支推算之日必然全误。故此处以《明史》卷二十四所记为准。

⑪依据《清朝全史》上册、第二十一章及《三垣笔记》附识上、《崇祯实录》卷十五。

⑫《崇祯实录》卷十五：十五年三月"丁丑（初八日），大学士魏炤乘罢"。"（六月）戊申（初十日），大学士贺逢圣致仕"。"（六月）癸丑（十五日），大学士张四知致仕"。

⑬参看《三朝野记》卷七、《崇祯实录》卷十五、《明史》卷二百五十四《李日宣传》。

⑭《清朝全史》卷二十一谓马绍愉以"密约之文书"交付陈新甲，其家僮误以为塘报付抄；《崇祯实录》卷十五亦谓"以议和副书上兵部"，但未说误付抄传。《明史·陈新甲传》则谓马绍愉以"密语"报陈新甲，其家僮误为塘报，付之抄传。参看《三垣笔记》附识上所引当时塘报内容，知误抄者乃马绍愉致陈新甲之密书，并非"密约之文书"。但《三朝野记》卷七却谓："适新甲有疏，细陈款事，中多援引圣谕，此疏误为书役发科抄传。"究竟误抄的是什么？当以《三垣笔记》所说为据。《陈新甲传》载："给事中廖国遴、杨枝起等，营救于刑部侍郎徐石麒"，"大学士周延儒、陈演亦于帝前力救"。该传只说陈新甲"遍行金内外"，并未明确说以上诸人受贿。廖国遴等索贿、受贿事，见《三垣笔记》；周延儒受贿说情，见《崇祯实录》。惟陈演受贿，二书均未载。既然陈新甲内外普遍"行金"，不可能不送贿给陈演；而陈演之为人，又是个"庸才寡学，工结纳"且"资多"之人，不可能不受贿。故据此推断，彼必系受贿后方肯代陈说情。《明史纪事本末》卷七十二、《北略》卷十八均谓崇祯十五年"九月诛兵部尚书陈新甲"，未载具体日期。《明史》卷二十四说十五年八月"丁卯（三十日），兵部尚书陈新甲下狱，寻弃市"。这里所说的"寻"，时间必然是在九月，不过具体是哪天还是不清楚。《平寇志》卷五谓：十五年九月"癸未（十六日），斩陈新甲于西市"。《崇祯实录》记"诛前兵部尚书陈新甲"事于十五年九月"戊子"（二十一日）与"庚寅"（二十三日）之间。刑部对陈新甲所作之最后判决辞，依《三朝野记》所载。

⑮沈迅上疏事，见《明史·陈新甲传》。陈泰来上疏事，见《陈节愍公奏稿》卷上《去奸疏》；该疏崇祯十五年十一月初三日具题，本月二十五日奉旨。

⑯见《壮悔堂文集》卷四《代司徒公论流贼形势奏》。此奏系侯恂之于侯朝宗代为起草。上奏日期据《崇祯实录》卷十五讲，为十五年八月甲辰（初七日）。《实录》载有此奏之节录，但节录得很糟糕，几乎失去了原意。

⑰据《兵部行〈兵科抄出督察城守太监王承恩题〉稿》（《明清史料》乙编、第五本）讲，王承恩的名义是"督察城守"，不是一般史书所记载之"提督城守"，"督察城守"还在"提督城守"之上。该"题稿"崇祯十五年十一月二十二日奉圣旨；从京师戒严之日起至该"题稿"奉圣旨之日止，可大致算出王承恩布置城防所花费之时间。

⑱《明史》卷二十四谓蓟州之破为十五年十一月十四日，《北略》卷十八谓为十一月二十四日（卷十九《周延儒续记》谓为十月初十日五更）。《兵部行〈兵科抄出户科给事中熊汝霖题〉稿》（《明清史料》乙编、第五本）谓一"难民"云：蓟州已于十一月"十五日午时失矣！"清兵入蓟州，当以此"难民"所说之日期为最确。又《兵部为京营遵旨严饬等事》（《明清内阁大库史料》、第一辑、下册）云："今日副将李守镍获二难民杨明、黄宗爱云：蓟州非贼所攻，乃自焚火药，贼遂乘虚而入。"

⑲《明史》卷二十四："（十五年）闰月癸卯（初七日），下诏罪己，求直言。"

⑳清兵占兖州，《崇祯实录》、《兵部行〈兵科抄出察办剿房事务吴履中题〉稿》、《兵部题〈鲁藩拒兵兖郡报陷〉稿》）（上二"题稿"见《明清史料》乙编、第五本）所记日期均同。《明史》卷二十四谓鲁王自杀为十五年，卷一百十六谓为十二年，十二年之说误。

㉑见《明清史料》乙编、第六本《兵部题行〈御前发下保定巡抚徐标密奏〉稿》。

238

第六章　新政权的建立

一　初具开国规模

左良玉自朱仙镇遭到惨败后，精锐损失重大，狼狈逃回襄、樊，扎营在襄阳府城近郊，整天提心吊胆，害怕李自成南下征讨。他一面大量招收溃卒、降丁，扩充自己的队伍；一面派人在樊城加紧修造战船，做好随时逃跑的准备。他手下的人马，连家带口共约二三十万，在册吃粮的不过三四万（一说"二万五千"），其余皆不在编制之内，无饷可领；这样一支庞大的队伍，如何解决全军的口粮问题？左良玉的办法是：或向当地百姓征敛，或因粮附近村落，或直接依靠抢掠的手段维持。襄、樊的人民饱受他的苦害，无不痛恨左兵，盼望农民军早日来临，赶快把他们赶跑。①

李自成、罗汝才破汝宁后，率军由确山、信阳、泌阳、唐县，长驱向襄阳。大军到达泌阳境，著名的"左革五营"首领贺一龙、贺锦、马守应、刘希尧、蔺养成，率领部队与闯、曹合营，接受了李自成的领导。②

群雄会合后，自泌阳经唐县，以摧枯拉朽之势，直捣襄、樊。襄、樊人民放火烧毁左良玉的战船，"焚香顶礼，牲酒远迎"农民军。左良玉下令抢夺汉江上下两岸的大舟，装载军资、妇女停泊河干待发。

崇祯十五年十二月初三日（1643 年 1 月 22 日），闯王前锋部队精骑数万至樊城。后继部队陆续到达。左良玉移营樊城高阜并布置防务：扼截樊城以西羊皮滩、钟家滩等浅滩；又到处布满伏雷、暗弩，以防农民军绕他道袭击襄阳。农民军先在羊皮滩等处试渡，左兵在高岗发炮，试渡未成功。李自成命令用大炮还击，隔江猛轰襄阳北城，炮弹不时落入城中，守城文武官员日夜惶惶不安，预先各将家眷用船运走，时刻准备弃城而逃。初四日，当地百姓自动担任向导，领着农民军绕过伏雷、暗弩，在西距樊城70里的白马滩，强渡汉江。该处江水较浅，仅及马腹，数万（一说"十万"）战士用门板架着铳、炮，步兵在前，骑兵在后，蜂拥呼啸涉水而渡。左良玉急调兵堵御，用大炮、鸟枪、药铳、利箭狂发猛射。农民军边渡边还击。水流很急，站不稳脚，还击不甚得手。数千战士流血牺牲，飘没江中。然而农民军仍奋勇当先，经过激烈战斗，农民军终于登上了汉江南岸。左军遗尸遍野，拔营南走，向承天溃散而去。郧阳抚治王永祚，在护藩的借口下，拥卫福清王及唐王世子登舟潜逃，船刚开出，农民军的骑兵就开进了襄阳。③

李自成等在襄阳郊外扎营，营地横50里，长百余里，声称将南下攻打荆州，再顺江东下夺取南京。④大军稍事休息，即分作东、西、南三路，分头出动。

初八日，西路军攻占均州。农民军降将惠登相驻均州，敛兵避登武当山，依险自保。均州守将高万锦自溺汉江死。十二日，大军攻郧阳，郧道高斗枢率降将王光恩、王光泰等据城死守。两军在城郊四铺嘴、青龙寺及北城土墙外激战四昼夜，彼此相持不下，互有死伤。十五日，农民军退走。

东路军由革里眼贺一龙率领，曹操罗汝才可能负责总指挥。十二日，攻克德安府，旋继续向东，往取黄州府。

南路军由李自成亲自统率。有精骑2万。从征将领为任光荣、孟长庚、老回回马守应等人。主攻目标为荆州。

襄阳城破的第二天，荆州很快就得到了消息，一日之内，警报三至。湖广江北巡按李振声行牌荆州，朱批道："贼骑二万，飞走荆州，初六、七间即到。左兵已逃至承天。速为料理！如迟，祸在不测！"

南路军总数约10余万，分为两支：一支由陆路，经荆门，直趋东南方，一支由水路，经承天，直趋西南方，然后两支取齐，合兵攻打荆州。

荆州府治与江陵县治同在一城，江陵又是惠王朱常润藩封之地，偏沅巡抚陈睿谟奉旨"守荆护藩"，亦暂驻于此（荆州并非偏抚辖区）。初八日，李自成前锋数百骑突至荆州城北高庙地方，歇马侦察。城中文武守官惊恐万状。初九日午时,陈睿谟以护藩为名,拥卫惠王由南门登舟,移驻江边,行将远扬。自十一日开始,一连数日,农民军或数百骑一起,或千余骑一起,出没郊区,往来挑战。十六日巳时,大军分作数股,并力攻城,铳炮声霹雳震地不绝,突破北门,潮涌而入。陈睿谟伴随惠王乘船仓皇逃出,开往公安、石首。闯王派骑兵沿江追赶,没有追上。惠王逃至岳州(今湖南岳阳),遇大风,他和陈睿谟险些葬身鱼腹。⑤

左良玉从襄阳逃到承天,人马饥疲不堪。巡按御史李振声闭城不纳,说:"左兵众多,一日要吃米五、六百石,有此米不如与本地军民自守。"⑥左兵无从得食,东走汉口,又从汉口抢船渡江,掠金沙洲,二十四日入武昌。左兵所过,大肆剽掠,鸡犬不留,汉口百姓逃散,江上舟楫不行,武昌城下居民一空。

李自成在攻打荆州时,曾分出一支人马由沙洋渡汉水,作为先遣队,逼向承天。荆州攻克后,他亲率得胜之军前往。二十六日,大军在钟祥县石牌地方用船搭浮桥,次日刮大风,船尽损毁。经过抢修,二十八日浮桥搭成,部队尽渡汉江。这天,闯王督阵指挥进攻献陵。献陵是嘉靖皇帝的父亲兴献王朱祐杬的坟墓,位置在钟祥县北的纯德山(原名松林山,嘉靖十年改名)。巡按李振声、总兵官钱中选负责守陵。陵军栅木为城,据城而守。农民军用火攻法,烧穿木城,焚毁陵殿,占领陵地。李振声、钱中选战败投降。

崇祯十五年"岁除"日,大军攻承天。崇祯十六年(1643)元旦,攻益急,官军渐不支。正月初二日,承天知府王玑开城迎降,城破。湖广巡抚宋一鹤、故留守沈寿崇被杀,总兵温如(一作"国")珍战死,分巡副使张凤翥逃入山中。钟祥知县萧汉,元旦突围出,至献陵被执,关押于吉祥寺,自杀死。⑦

李振声与李闯王是同乡,投降后,给他官做,乘坐肩舆出入军中,闯王呼之为兄,很受优待;但因他始终怀有二心,暗中与官军相通,事机败露被杀。钦天监博士杨承裕⑧,主动投诚,毛遂自荐,自诩精通天文、地理、礼乐、兵法,能佐李自成取天下,受到特殊待遇。

李自成等破承天后,又分兵下潜江、京山、应城、云梦、孝感诸县。初八日,再派革里眼贺一龙往取德安。十二日,李自成、罗汝才至黄陂。十三日,别将破景陵(今湖北天门县)。李自成等亲临黄州,宣布"三年

免征，一民不杀"诸政策⑨，并发布檄文，公开指斥崇祯皇帝种种罪恶，文道："为剿兵安民事：明朝昏主不仁，宠宦官，重科第，贪税敛，重刑罚；不能救民水火，日罄师旅，掳掠民财，奸人妻女，吸髓剥肤。本营十世务农良善，急兴仁义之师，拯民涂炭。今定承天、德安，亲临黄州，遣牌知会士民，勿得惊惶，各安生理。各营有擅杀良民者，全队皆斩。尔民有抱胜长鸣，迎我王师，立加重用。其余毋得戎服，玉石难分。此檄！"⑩

黄州守将姚雄飞、毛凤奇向农民军投诚。⑪

李自成在黄州料理数日，然后回师向武汉。

左军在武昌，军纪极坏，激起当地人民极大仇恨。监纪王石云与左良玉相互包庇作恶，群众愤极，乘夜将王杀死在武昌城头。监司某某自左营接洽事务回署，行至途中，被群众包围痛骂一顿。李自成的大军逼近武汉，武昌居民暗地造册，准备开门献城。左良玉感到恐惧，还未等农民军来，即率众仓皇逃离武昌。

十八日，李自成率兵破汉阳，夺船四五千只，准备过江取武昌。十九日，江水猛急，渡江的船多被打沉，计划未能实现。二十一日，李自成起营往云梦，罗汝才到德安。二十九日，班师回襄阳：罗汝才于二月初四日抵襄；李自成经随州、枣阳等处，沿路对所派地方官进行"考成"，于二月初五日抵襄。⑫

左良玉率领数十万惊弓之鸟的士卒，伙同总兵官陈可立、方国安，抢截沿江漕舶盐艘，由武昌蔽江而下，如蝗过境，扬言要"寄帑南京"。一时，麻城、黄梅、蕲水等地守将王允成、王世泰、杨文富等人，或窜入左军营中，或依附左军名下，沿江纵掠。"江南之人，莫测其意之怀末，相顾震骇。"凤阳提督马士英同太监卢九德督率总兵黄得功、刘良佐等马、步兵万余，在浦口紧急布防。南京诸文武官及操江都御史，陈师江上，凡上流船只，不问是否左兵，片帆不许过境。

左军至九江，九江居民不许他们登岸。左良玉与陈可立、方国安等借口清军深入，打出"勤王自效"旗号，作为引兵东下理由。兵至安庆，安庐兵备道佥事张亮孤身至左营，劝左军回师。左良玉声明："至池州安插家属而返。"马士英派遣禁旅总兵王宪臣、中军副总兵杨振宗率领千骑人马，驰抵安庆，将南都檄文及马士英手书交左，劝其"止勤王之举，图剿贼之计，以收桑榆。"左良玉见南京防备甚严，不敢一意孤行，答应"当即撤回前兵"。并遣旗鼓参将李国英随同杨振宗往见马士英，禀述"无可奈何率众勤王"的苦衷。

左良玉将前锋从芜湖撤回，屯兵池州。二月二十八日，左良玉、陈可立、方国安联名，揭禀南京兵部等衙门，恳乞南兵部尚书熊明迂等合词奏闻，向皇帝求情。

左兵屯聚池州40余日，后在各方面压力下，始勉强撤兵回安庆。至安庆后，先遣游击官张世龙督率马步兵900名开往九江，全师仍驻安庆城外，必欲索两月兵饷，方肯成行，催之甚急，刻不容缓。应天巡抚郑瑄惟愿左兵"早离一刻为快"，令各州县搜括库帑银3万两，会同南都有关衙门公同差官赍解皖抚黄配玄，转发左军，暂应其目前之需。

很久，左良玉方由安庆上溯至九江。左都御史李邦华奉召入京，路过九江，权宜作主，发九江库银15万两，补其所缺六月之饷，以安其心。至此，左军抢掠之风，稍有收敛。李邦华入都，向皇帝建议：宥免左良玉，归罪王允成。崇祯皇帝采纳此建议，下令左良玉诛王允成，图功补过。左根本不听，一直留王在军中，朝廷亦无可奈何。[13]

左良玉等驱兵东下之前，活动在潜、太、蕲、黄地区的张献忠，由于屡遭挫败，势力比较衰微；左良玉等东下之后，湖广东部防务相当空虚，张献忠乘机长驱深入，席卷该地，声势又复大振。

崇祯十五年（1642）十一月二十一日，张献忠率全营环攻桐城。知县张利民督众死守。总兵黄得功3日之内急行军600里率救兵赶到。张献忠解围而去。[14]十二月十二日夜半，太湖县守将马进宝、贾小槐引农民军入城。张献忠下令，拆平县城。随后，大军乘胜攻克黄梅县，继又攻克广济县。

崇祯十六年（1643）正月二十五日三更，大雪，蕲州城中忽然起火，荆王府将校郝承忠引农民军乘乱梯城而入，先包围王府。天明，张献忠大队入城，下江防道副使许文岐微服出逃，被执。荆王妃萧氏与世子城破前一日逃走。许文岐仁和人，张献忠年轻时贩红花（可制胭脂和染料）于杭州，与他相识，张念旧情，留他在营中，颇为优礼，后因他暗中想谋叛，才把他杀掉。[15]

张献忠在蕲州惩办了一些官绅。令官绅们各自冠带整齐，由东门而入从西门而出，先游街示众，后押赴刑场。临刑时，众官绅无不乞命哀号，

只有原陕西佥事李新神色自若，紧抱父尸就刀而死。张献忠以掌击膝大笑道："快哉！今日老子看煞够这般人的嘴脸！惟独李新是个好汉！"随即命人拿笔砚来，提起笔在驿壁上大书道：

> 山前山后皆出松，
> 地平平地柳成阴；
> 桃李笑柳柳笑松，
> 千秋万古还是松！
> 关西张秉吾题吊李新。

三月初四日，张献忠破蕲水（今湖北浠水）。三月二十三日，自蕲水疾驰至黄州（今湖北黄冈），乘大雾进攻，巳时破城。张献忠在黄州自称西王。

麻城县属黄州府，县中梅、刘、田、李诸大姓，家僮不下三四千，蓄奴恶风，盛于全楚。崇祯三四年间，县城发生过一次奴隶暴动。一夜之间，教场上树起红旗，大书"万众一心"四字，旗杆上挂着倭刀，一旁贴出叛主告示，奴仆们纷纷行动，齐向故主索还身契。但暴动很快就被该县知县蒋煜镇压下去。十数年后，随着农民革命高潮的到来，麻城县又再次掀起了奴仆的反抗斗争。以明承祖、洪楼光、汤九（一作"汤志"）等为首，成立了奴仆自己的组织"里仁会"、"真道会"，会众约57000人，并且武装占据了县城，杀死了一批暴虐奴仆的恶主。地方官绅们惊恐万分，纠众反扑，围困县城，声称"讨乱"。双方斗争异常激烈。县城被困半月，粮食不济，渐觉支持不住。张献忠攻破黄州的消息传来，城中倍感鼓舞，共推汤九与诸生周文江为代表，夜半缒城而出，间道向西王求救。四月初六日迎张献忠入麻城。"里仁"、"真道"二会所有会众，全都归服（一说降者为27000人），被别编为一军，号称"新营"。张献忠格外高兴，因改麻城为常顺州，以周文江为知州。罗田县部分生员、举人，也派代表前来欢迎西王，发兵往占罗田。张献忠随即率领新营、老营大队人马，浩浩荡荡前往攻打武汉。⑯

武昌是湖广省省会、武昌府府治、江夏县县治所在地。城中有楚王府。楚王朱华奎为人愚昧而又贪吝。楚府积资百万（一说"数百万"），富甲一方，楚民穷困已极，莫不暗自怀恨。农民军日益逼近武昌，地方官员与在籍大学士贺逢圣先后入楚府，劝楚王捐助军饷。朱华奎命人抬出祖上受封时太祖所赐金裹交椅一把，说："只有此物，可换钱佐军。"贺逢圣不禁大哭而出。李自成破承天、德安时，大批溃败官军逃至武昌，朱华奎把这些人招募来，编成一军，命王府长史徐学颜统领，称之为"楚府兵"，企图依靠他们来保卫王府。

五月初一日，张献忠打下汉阳。初五日，农历端午节，农民军驾着四五艘龙舟，从团风渡喧噪而渡，直逼武昌县城（今名鄂城县），守兵惊散溃走。过江大军屯驻武昌县樊口，大营尚在江北未渡。六月二十三日，全军从鸭蛋洲过江，营于葛店。二十九日，对武昌会城发起进攻，战事很猛烈。道臣王扬基诡言到汉阳有事，私传令箭赚开城门，同推官傅上瑞弃城而逃。三十日，楚府新兵内应，开保安、文昌二门迎降，张献忠大军入占会城。武昌参将崔文荣战死，徐学颜亦战死。楚王朱华奎被执，张献忠命人将他装入竹木笼舆中，沉入江中（一说"沉湖中"）。楚府宗室尽被杀。张献忠见王府财宝山积，嗤笑道："朱胡子真是个贪财的庸儿！"楚府有一根碧玉萧，长一尺九寸，乃稀世之宝，张献忠恨楚王穷奢极侈，愤然道："此物有何用！"顺手将玉萧击得粉碎。随即传令散发王府金、银、财物，大赈饥民。[⑰]

接着，传檄远近，令各地明官献册投顺。武昌、汉阳、黄州三府所属21州县，俱听命归降。张献忠在武昌着手建立政权。

改武昌为天授府，作为京城。改江夏县为上江县。铸"西王之宝"印。设置中央及地方政府机构。开科取士，共取78人，殿试取30人为进士，授郡县官，余48人为廪膳生，授府、州、县佐。录男子20以下，15以上为兵。[⑱]

李自成自二月上旬回襄阳后，即积极着手进行筹建政权的工作。还在回襄阳之前，大约是刚攻克献陵不久，由于群雄的拥戴，他已自称"奉天倡义文武大元帅"，称罗汝才为"代天抚民威德大将军"，并以此名义发号施令。回襄阳后，进一步修造"倡义府"，并派人至南漳、谷城、均州等地筹办粮食。

对所占州县，皆委派官员治理：发给贫苦农民耕牛、种籽，鼓励农家大力饲养、繁殖牲畜、种桑养蚕。有些地方，甚而直接"委官种田"[⑲]

为巩固荆、襄地区，特挑出精兵一支，驻守河南淅川，以防孙传庭由陕西出兵来犯。均州距襄阳府城只390里，骑兵两天可到。惠登相盘踞均州武当山，对襄阳是个很大威胁。李自成多次派人去招降，劝他重新回到农民军中来，但他拒不从命，死硬到底。李自成生怒，命刘宗敏统率精兵3万（包括骑兵2000余），前往征讨。惠登相知不能敌，率众向西逃窜，由郧阳、房县、竹山、竹溪逃往陕西平利、兴安。刘宗敏分兵两路：一股由陆路追擒惠登相，直追入陕西境，追之不及而还；一股由水路，曳船百号，沿汉江上行，过均州，往攻郧阳。㉒

曹操罗汝才原和张献忠联营，崇祯十四年（1501）因和张发生矛盾，转而与李自成联营。从那时起，一年多来，闯、曹联军在河南、湖广战场联合作战，取得了五覆官军主力的辉煌胜利。李自成的兵长于攻，罗汝才的兵强于战，两军配合，如人之有左右手，相得益彰，不可分离。罗为人粗疏强项，不肯甘居人下，而且生活较奢侈，嗜好酒色。李性格坚韧强毅，处事深谋远虑，不动声色，生活朴实，能与部下同甘共苦。平日，两人为分取战利品，早存在一定矛盾，每攻夺一地，缴获之物，闯部常取十分之六，曹部只取十分之四。加上李自成部常以劣马强换罗汝才部的好马。罗汝才口里虽不说，但心中却甚觉不平。同时，由于军事上一连串的胜利，李自成不免逐渐产生了专制帝王之心。罗部兵强马盛，而又不肯以部属自居，特别是回、革、左诸部与罗关系密切，这不能不使人感到猜疑。一次，李自成置酒款待罗汝才，饮酒间，用言语试探道："我与你起自草泽，不自量能有今日。此后当图取关中，割土以分王！"罗未明白话中的意思，而且已经酒醉，竟然张目相对，冲口回答道："我等以横行天下为快，何必割土称王！"李一听，大为不快，心中已存下杀罗的念头。

还在开封被围期间，河南巡抚高名衡曾伪造过与罗汝才约降的密信，故意令密拨错投，让闯营获得，使闯疑曹，从而达到离间两人的目的。原信是这样写的："前接将军密书，已知就中。及打仗时，又见大炮苗头向上，不伤我兵，足见真诚。一面具题，封拜当在旦夕。所约密机，河北兵马于九月初三日子夜，由下口渡河，专听施行。"

山西（一作"山东"）举人吉珪（一作"尤玄珪"、"袁珪"）是罗汝才的谋主，某日，对罗说："某观李帅非容人之人，今群雄皆俯首听命，能与之不相上下者，惟我与革、左。将军何不早作打算！"罗听了，默不

应声，未作回答。黄州陈生某某，寓居襄阳，甚为李自成所器重。他与吉
珪相识，又与罗汝才有交往。某天，陈生在罗面前挑拨说："将军若怕人
以恶马易善马，何不给马烙上字，按字分群，令人一看就易识别。"罗喜
道："很好！请你来帮我主持这件事。"陈生将曹营之马分为"前、后、
左、右"四群，每群烙一字为记，故意先烙"左"字群，烙后立即暗中报
告李自成说："罗营暗通左良玉，马已用'左'字为号。"李派人前去侦
察，马烙"左"字果实。

三月上旬某日，李自成设酒筵，约请曹操罗汝才、革里眼贺一龙赴
宴。罗汝才心疑，称病不到，贺一龙如约赴席。饮宴至五更，宾主交欢，
酒兴正浓，李自成忽起，甲士拥出，即席缚杀贺一龙。天明，李自成亲策
精骑百余（一说"数十骑"、"二十骑"），疾驰曹营，托言有要事，强闯
而入，乘其不备，斩罗汝才于寝帐之中。贺、罗两军大哗。李自成派贺
锦、刘希尧说服贺一龙部下干将赵应元，出面安抚部众。罗汝才的亲信杨
承恩、外甥王龙率领部分队伍出走，入关投降孙传庭。骁将杨承祖率众降
于郧阳知府徐起元。李汝桂带走数百骑兵，东走安、庐，投降左良玉。他
将杨山、朱养民、王可怀、郝有法以及罗汝才之叔罗戴恩等皆慑服。许
久，两军方定。吉珪、陈生后亦为李自成所杀。[21]

罗汝才之被杀，应该说是一桩不幸的事件。或许会有人这样认为：李
自成有见于革命形势的飞速发展，需要进一步统一军令、政令，不得不采
取断然手段，排除所有足以妨碍达到此一目的之各种障碍，否则，不便指
挥全军，号召群雄。此说从表面上看虽似有理，其实并不尽然。罗汝才虽
然强项，尽管部下兵马强盛，但并未有妨碍李自成军令、政令统一之行
动，更未有暗中另搞一套以反对李自成之阴谋，相反，他倒是个能顾全大
局的人。当年，他和张献忠一度合作得很好，袭取襄阳，俘杀襄王，迫使
杨嗣昌战败自杀，曾为革命作出了一定贡献。后来两人虽因发生矛盾而分
营，可罗汝才却从不计较前怨，当张献忠遭到挫败求助于李自成时，他反
为张说好话，劝李帮助张，给张以很大支持。在明末农民军中，相互火并
的例子是很多的，而罗汝才却从不以自己的强大，吞并其他弱小。他曾说
过这样一句有名的话："农民军不杀农民军！"[22]此话虽很平常，但能做到却
并不容易。在罗汝才与李自成合作期间，两人一起攻打开封，五覆明军，
下荆、襄，取承、德，一个胜利接着一个胜利，所有这些胜利的取得，无

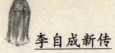

一不是两人共同努力的结果。昔日，荥阳大会，老回回与张献忠因意见不同，几乎闹翻，李自成用革命的道理说服双方，使大家团结一致，共同奋斗，这是农民军中处理内部矛盾的一个好范例。为什么李自成不能采用同样办法来解决与罗汝才之间的矛盾，而非得要采取流血手段不可？

或者说，罗汝才谋反，如不采取紧急措施，及时将他杀掉，势必会马上给革命带来危害。的确，如果仅仅因为高名衡的一封信，或者左良玉的一封信，或者马群烙上"左"字，就断定罗汝才必有谋反之事，这对一个缺乏斗争经验的人来说，原不足为奇。但若对像李自成这样一个久经战阵而又深懂行使反间之计的人来讲，轻易上当，未免很难令人理解。退一步说，就算罗汝才有通敌嫌疑，为保护革命利益，不得不将他杀掉。但是，贺一龙并未有谋反证据，为什么也要将他一并杀掉？《明史》载："（李自成）兵强士附，有专制心，顾独忌汝才。乃召汝才所善贺一龙宴，缚之；晨以二十骑，斩汝才于帐中，悉兼其众。"由此看来，所谓"罗汝才反"，不过是杀罗所持之理由，并不是杀罗之真正原因。其真正原因，无可讳言，系受"两雄不并立"的"专制"之心所驱使。

李自成占据荆、襄后，各地土著起义军纷起响应。澧州（今湖南澧县）、公安、石首、松滋、枝江等州县义军，各自为前导，迎接李自成的部队入境，占领本州县。常德府为偏沅巡抚驻在地，沅抚陈睿谟奉旨移驻荆州，其他高级地方官员早逃避一空，各铺商富户亦纷纷迁徙他处。澧州义军往迎李自成，于三月初十日乘虚袭取常德府城。宝庆府武冈州（今湖南武冈县）侗族、苗族人民，久受压迫与欺凌，三月十四日举行武装起义，攻占州城，杀死岷王朱企镠，起义队伍也都投归了李自成。㉓

李自成占地既广，前来归顺者既众，于是乃以荆、襄为根本，建立名号，自称"新顺王"。㉔定襄阳府为襄京；改德安府为安乐府，改承天府为扬武州，改云梦县为固州，改禹州为均平府；修葺原襄王宫殿，作为王府。制定军制、官制，初立开国规模。

军制：一品"权将军"（一说不设一品，二品曰"权将军"），二品"副权将军"，三品"制将军"，四品"果毅将军"，五品"威武将军"（另一说"威武将军"居"果毅将军"之上），六品"都尉"，七品"掌旅"（一作"掌旗"），八品"部总"，九品"哨总"。

分中、左、右、前、后五营，设正、副权将军各一人，总统五营；每营各设制将军一人，分统各营。以田见秀为正权将军，刘宗敏为副权将军。

五营中以中营规模为最大，称为"标营"，或称"中权亲军"，或称"中权营"。以李岩为中营制将军（一说以贺锦为"帅标制将军"），次以张鼐为帅标正威武将军，党守素为帅标副威武将军（一作"帅标副将军"），辛思忠为帅标左（一作"右"）威武将军，谷可成（一作"可诚"、"大成"）为标左果毅将军，李友为标右（一作"左"）威武将军，任继荣（一作"继宗"、"继忠"）为标前果毅将军，吴汝义（一作"光义"）为标后果毅将军。以上共大将8员。

左营以刘芳亮为制将军，马世耀为左果毅将军，刘汝魁（一作"江魁"）为右威武将军。以上共大将3员。《平寇志》谓"左营大帅五人：刘芳亮、马世耀、贺锦、刘希尧、王良智。"

右营以刘希尧为制将军（一说以刘为"左营副制将军"），白鸠（一作"鸣"，误）鹤为左果毅将军，刘体纯为右果毅将军。以上大将3员。《平寇志》谓"右营大帅三人为：袁宗第、白九（应为"鸠"）鹤、刘体纯。"

前营以袁宗第为制将军，谢君友为左果毅将军，田虎为右果毅将军。以上大将3员。《平寇志》谓"前锋大帅一人：田虎"。

后营以李过为制将军，张能为左果毅将军，马重僖为右果毅将军。以上大将三员。《平寇志》谓"后军大帅六人：李过、骆应标（应为"路应标"）、贺兰、马重喜、张能、高一功"。

五营共大将22员。据《甲申传信录》讲，李自成部下重要将领有姓名可记者为39人，除上列22人外，其他如任光荣、蔺养成、牛万才、白旺、高一功等，均系久立战功的赫赫有名人物。各书所记五营将领之所以间或互有出入，可能是因为人事经常变动的原故。

五营马、步兵共有多少？《传信录》、《国榷》、《小腆纪年附考》等书都说：标营100队，左、右、前、后四营130余队，共兵230余队。每队骑兵50，厮养小儿30或40。步兵每队100、或50有差（一作"每队100或150"）。总计马、步兵60000，马骡20000。按以上马、步兵总数和马骡总数，计算有误。若以每队骑兵50计算，230余队（此"余队"之数不知多少，今假定为"一、二、三"3个数字），应有骑兵11500、或11550、11600、11650（此指精骑而言），加上每队喂马小儿数（以"30"、"40"

两个数字计算）6900 至 6990、或 9200 至 9320，总共约 20000 左右。若以每队步兵 50、100、150 3 个数字计算，230 余队，应有步兵 11000 多、23000 多、或 34000 多。马、步总数相加无论如何到不了"6 万"之数。《明史》说李自成的骑兵"一兵伴马三、四匹"，11000 多精锐骑兵，最少应有马三四万匹，这个数目又大大超过上述记载中"马骡二万"之数。

《北略》说李自成的兵"共二百三十余队，总计马、步兵六百余万"。此总计数字肯定有误。《明史》说李自成"收男子十五以上、四十以下者为兵，精兵一人，主刍、掌械、执爨者十人（《纪事本末》作"役人二十"）。"籍步兵四十万，马兵六十万"。总共马、步兵为 100 万，其中精兵约 6 万。

《纪事本末》、《平寇志》谓：李自成自随骑兵五营，每营精骑 2000（《平寇志》作"五千"）；步兵十四哨，每哨精卒 3000。刘宗敏总步，白旺总骑。若以此编制之骑、步兵数计算，则应有精骑 10000 或 25000，精卒 42000。骑、步相加总数为 52000 或 67000。此数字与《传信录》等书所说"六万"之数，或少 8000 或多 7000，仍不相符；马骡数，或差 10000 或多 5000，与"二万"之数也不相符。尤其是二者所说编制不同，一说为"队"，一说为"哨"，"队"与"哨"究竟有何关系？一"威武将军"、一"果毅将军"下辖多少"都尉"？一"都尉"辖多少"掌旅"？一"掌旅"辖多少"部总"？一"部总"辖多少"哨总"？一"哨总"辖多少"哨"？所有这些问题，由于文献不足，今均无法考知。

军制的初立，是在李自成称大元帅时，及至称新顺王后，又在组织上和人事上作了某些调整和变动。其佐证如下：五营中以中营为"标营"，"标营"制将军之下设"帅标威武将军"、"帅标果毅将军"；所谓"帅标"，不言而喻，当是指"大元帅标下"之意，由此可看出，"标营"之初立必在李自成称大元帅时。《北略》说：李自成"自称倡义大元帅，为一品；权将军，二品。"《传信录》说："一品为权将军，二品为副权将军。"《小腆纪年附考》同意《传信录》的说法，并下"按语"说："萧按《传信录》是也。自成既欲擅名号，必不肯自居臣下之名矣。"《北略》与《传信录》有关"权将军"品级记载之所以有不同，正好反映了李自成由称"大元帅"到称"新顺王"这一变化过程。当称"大元帅"时，"大元帅"和"权将军"是部属关系，故在品级上一为一品、一为二品；到称"新顺王"时，王与将军已不是一般部属关系，已变为臣属关系，"权将军"已成为武官中最高之官，在品级上当然应定为一品。《小腆纪年附考》可能忽略了从"大元帅"到"新顺王"这一变化过程，因而也就看不到"权将军"的品级可以由二品变为一品这一变化过程，以致片面地认为《传信录》所记为"是"，《北略》所记为"非"。其实二书所记，应该说都"是"，只不过各自所表明的时间不同罢了。据《明史》讲，直至崇祯十七年（1644）李自成正式建立大顺政权后，还在"定军制"，说明农民军的军制一直是在不断地变化中。

中、左、右、前、后五营，各以不同旗色相区别。每队立一标旗，行军时随旗前进；每一营将，制一坐纛，作为某营标帜。"标营"之旗用白色，以杂色号带为别；坐纛则用黑色。左营白旗、白纛，右营红旗、红纛，前营黑旗、黑纛，后营黄旗、黄纛。惟李自成用白鬃大纛，顶安银浮屠，状如覆釜，无雉翎装饰。

军行进止，严格听从号令。每当屯驻，即以骑兵一营外围巡绕，昼夜轮流，警候严密，余营得依次休息。扎营处所，派人登上屋顶或高阜瞭望，若见动静，高叫传警，塘马急去各处传报，顷刻之间远近兵马即可闻警赶来。若驻营日久，必派出塘马远至数百里外巡逻，名曰"逻山"。行军以中权营所向为准，中权营开往何处，其余四营制将军各率其部下诸将士以从。行军时，各队更番警戒：今日头、二队当前，四五队催后，六七队两边押巡，余俱从中间散行；明日，则八九队当头，十队、十一队催后，十二队、十三队两边押巡。如此周而复始。午饭后，打"窝铺"者先行，每遇岔道，就在路口留一人高叫："某队在此！"此队人马俱依指示往此路而去。这种办法称为"传路"，"传路"亦由各队轮值担任。

军队不许住民居，即使打下城池，仍只能住帐篷。战士们穿的是特制绵甲，其甲用绵、帛缝纫至数十层、上百层，又轻又厚，矢镞、铅丸皆不易穿透。一兵有副马三四匹，作战时换着乘骑，不使马力过乏。军士皆爱惜战马，平日行路只乘骡，不轻易乘马，专留到打仗时骑用。一到战时，若途遇崇岗峻岭，挥鞭驱马，可腾跃直上。如遇淮、泗、径、渭等河，则用土囊壅塞上流，人或蹲踞马背上，或抱马鬃，或牵马尾，呼啸而过，疾如风雨。除黄河、长江等大河大江不能越渡外，其他一般河流，均可壅流涉渡。如有紧急军情，四更即起，饱食备马以听令。若无战事，则校阅骑射，练习部伍，谓之"站队"。天亮开始，及夜方收，习以为常。为行军轻便计，大军转移，不多携辎重，不多带行粮，靠随地搜掘富室窖藏补充军食，以致有时缺粮、断盐，数月接济不上，陷于困境。每临阵，以铁骑三重当先，称为"三堵墙"，战久不胜，骑兵佯败，候官兵追赶，步兵以长枪击刺迎敌，铁骑复从两旁绕回合围，步骑夹攻，官军未有不败。凡破一城，立投顺牌四面，命人负牌四出至各村落，安抚居民。此村归顺，再负牌过别村，一日之内，能过数十村。对参加农民军的人，各按其专长、能力，编入各种专业队伍：裁缝编入裁缝队，银匠编入银匠队，吹手编入吹手队。如无特殊技艺，则编入打粮队或打马草队，有力气能打仗的人，发给马匹、弓刀，编为战士。

上述五营，是作战部队，另外还分地置卫，驻扎守卫部队。当时划分了5个防卫区，委派了13名卫帅。这5个防区是：以襄阳为襄阳卫，以荆州为通达卫，承天为扬武卫，汝宁为汝宁卫，禹州为均平卫。襄阳卫以左威武将军高一功、右威武将军冯雄各领兵3000（一说"二千"）驻守（一说高一功"守信阳"）。通达卫以制将军任光荣（一作"任继光"）领兵6000守荆州。通达卫左威武将军蔺养成领兵800与通达卫右威武将军牛万才领兵600守夷陵；又以都尉张礼招水兵600驻夷陵，与蔺养成等共守。都尉叶云林（一作"肖云林"）分兵600守荆门州。果毅将军白旺领兵2000守安陆（一作"守承天"）。左营都尉马世泰分驻献陵。威武将军谢应（一作"世"）龙拨兵3000，驻防汉川（一说"守汉阳"）。汝宁卫威武将军韩华美领兵800余，驻守信阳。均平卫果毅将军周凤梧领兵700（一说"将兵十万"），防守禹、郑二州。澧州原为老回回马守应驻守，马因革、曹被杀，感到疑惧，渐生二心，不肯听命；李自成屡调其兵回襄阳，屡调不动，故改用威武将军王文耀，配以荆州之兵6000守澧州。

官制的设置，据《明史》载："牛金星教以创官爵名号，大行署置。"《春明梦余录》载，原钦天监博士杨承裕教李自成设官分职，并说："一切示谕、批发，俱出承裕之手。"所设官制分中央官制和地方官制两类。

中央政府最高文官为：上相、右辅、左弼；改吏、户、礼、兵、刑、工六部为"六政府"，设侍郎、郎中、从事等官。

外官有：提督、防御使、观察使、统制使；府官称府尹，州官称州牧，县官称县令。此外还有学政、武政；府、州、县又增设府同、理刑、州判、县佐等官。

各官品级，据《平寇志》载：太师，一品；六政府尚书（此时尚未设官），二品；六政府侍郎，三品；六政府从事，四品。至于外官及府、州、县官，各为何品？该书未载。太师与上相、左辅、右弼是否同属一品？不清楚。各官之职责与权限如何规定，史书亦缺记载。

其主要官员姓名如下：

左辅牛金星，右弼来仪。《明史》、《平寇志》谓上相为张国绅。《绥寇纪略》及《小腆纪年附考》都说张国绅降于崇祯十六年冬李自成进陕西后。此点《绥寇纪略》所记可信，《明史》所记有误，理由见下节。

吏政府侍郎喻上猷，户政府侍郎肖应坤，礼政府侍郎杨承裕，兵政府侍郎李振声（一说为"王家柱"、或"王家桂"，又丘之陶先为兵政府从事，后代李为侍郎），刑政府侍郎邓严忠，工政府侍郎姚锡胤（一作"徐尚德"）。

襄阳防御使李之纲（一作"武之纲"），襄阳府府尹为牛金星之子牛佺；荆州防御使孟长庚，荆州府府尹张虞机；固州（即原云梦县）州牧高孝（一作"高翠"），安陆县县令邓允渐。余不一一列举。

新政府成立后，举行了第一次科举考试。考题为《三分天下有其二》。参加考试的荆、襄举人、诸生共90人。录取7人。首名赏300金，余赏100金，不取者亦各赏10金，以资鼓励。⑥

在处理重要军事问题时，李自成总是先把部下主要将领召集来，让他们充分发表议论，各谈己见。自己则在一旁耐心倾听，当面不加可否，暗中采纳各种好意见，作为命令，发布施行。命令一经下达，全军上下，必须严格服从，不得有丝毫违误。

李自成青少年时代读书不多，加之很早投身起义军，没有学习机会，因而文化水平有限，虽然在十多年的实际战争锻炼中，学会了一套行军打仗的本领，但是如何治理地方，管理国家，对他来说，仍然是一个新的课题。从前他只是个"将"，现在他却是个"王"，由于地位的变化，使李自成感到学习的重要。为了弥补文化不足的缺陷，他请自己周围的一些儒生给他讲课，"日讲经一章，史一通"㉖。通过他们，李自成学到了一些有关治国治民的儒家政治理论、懂得了许多自古以来各朝各代治乱兴衰的道理。他学习很认真，无论军务多么繁忙，每天都能照样坚持。

大业尚未完成，下一步将采取何种行动？为此，李自成召集左辅、右弼、六政府以及全军各重要将领，同商大计，共议所向。牛金星主张先取河北，直捣京师。杨承裕主张顺长江东下，先占据金陵，切断漕运，使京师自困。兵政府从事顾君恩进言道："不！不！两人所说皆非。金陵势居下流，虽济大事，其策失之缓；直取京师，万一不胜，退无所归，其策失之急。不如先取关中，乃大王桑梓之邦，百二山河，得天下三分之二，建国立业，可为根本。然后旁掠三边，资其兵力，攻取山西，再向京师，如此进有可攻，退有所守，方为全策。"㉒

李自成接受了顾君恩的方案。紧跟着，紧张的备战工作开始了。公开一面，在荆、襄故意大造战舰，扬言将顺流而下，攻取南京；使凤阳、应天一带的官兵不敢分兵西上；暗地一面，则命令铁工昼夜赶制大量铁钩、铁钉等爬山需用之物，准备西向潼关，闯越山险以入陕西。

在进军陕西之前，为消除后顾之忧，李自成集中力量想解决两件大事。一是迅速占领郧阳，以解除荆、襄腹背威胁；一是招降"小袁营"，以免他投向官军怀抱。前一事未能取得成功，后一事虽然得到解决，但不甚理想。今分叙此二事如下：

这年春天，刘宗敏率众数万，以路应标为先锋，由均州溯汉江而上，攻打郧阳，数攻不利，退至离城十里之杨溪铺扎营。另一股由房、竹往西追擒惠登相，没有追上，返回来由白河顺汉江而下，与前一股会合。四月上旬，李自成另派兵攻克保康。在这前后，攻打郧阳的战事再次猛烈展开。大军在城的东、北二面，筑台36座，每台长二丈，阔丈余，高与城等，上用砖石砌垛，架铳击城。郧道高斗枢、郧府徐起元与守将王光恩、王光泰兄弟驱众死守，百般顽抗。战事自三月末起，攻打月余，屡攻不下。大军复回杨溪铺。农民军见官军援兵开到，五月初三日，撤围退去。㉓

"小袁营"袁时中于上年秋天与回、革、左诸部在颍州被官军打败，退往河南东部鹿邑、柘城、杞县一带。在杞县之南、介于睢州之间，有个圉镇；"小袁营"以该镇为巢穴，四出活动，踪迹飘忽不定。总兵杨文岳、侯恂曾派人和他联系，想进行招抚。李自成也曾多次派人和他联系，希望和他恢复往日的合作关系。可是袁时中首鼠两端，剽狡不驯。他始终记恨过去，不相信李自成，而又十分畏惧李自成。上年冬天，闯、曹取得汝宁大捷，俘杀杨文岳，袁时中越发害怕，深恐李自成移兵打他，终于投降了官军。"察办御史"吴履中具疏入告"小袁营""举兵效顺",具奏日期为十五年（1642）十二月三日,据此线索推测,估计袁时中投降时间当在这年闰十一月末。袁投降明军后,依旧飘忽莫测,行踪仍使官军捉摸不定。清兵攻占兖州,鲁王被俘,一度传说袁时中"领兵四十万,分十营去救鲁王",后经职方清吏司员外郎耿章光查清事实真象,方知是谣言。原来谣言是这么传出的。总兵刘泽清奉调入援,部下冯把总带领马、步兵百余北上,中途士卒逃走将半,逃兵多系临清州人,听说本州为清兵所破,都想回家看望家小,又恐刘总兵差人缉拿行法,都诈称是"小袁营"投顺的部队,就这样一传十,十传百,风声传得很远。其实此事与"小袁营"毫不相干,根本无"救鲁王"这回事,"小袁营"手下也绝没有 40 万人马。后来清军由山东撤退,兵科给事中方士亮入奏说:"小袁营亦率兵七千余过济南,赴青州。"但方士亮对此消息也不敢肯定,只说是"传闻"。

有关袁时中事迹的真实情况,大致上是这样:崇祯十五年（1642）冬,总兵官刘超占据永城谋反,杀新任河南巡抚王汉。崇祯十六年（1643）夏,朝廷发兵讨刘超。袁时中投牒河南巡按御史苏京,表示愿领兵擒超自赎。苏京起初拒绝,寻得旨允许。袁时中要把军队开过黄河以北。苏京与河南巡抚秦所式商量,说:"彼实畏闯,非为图超,使一至河北,为害不堪设想。"于是敛舟北岸,派人转告袁:"若能擒斩李自成所派之官,以见诚信,可从其请,否则,姑且约束部下,勿得乱动。"正巧这时李自成派扶沟诸生刘宗文来袁营作说客,劝袁捐除旧嫌,重归和好。袁时中将刘宗文缚献苏京,为苏京所杀。李自成游骑数百直逼其营,袁发兵迎击,杀一将、生俘三人,并向苏京报捷,自称"破贼!"李自成闻信,极为震怒。五月下旬,他派大部队赶到,痛加围剿,袁时中被擒杀,余众或散、或降,"小袁营"全部被解决。[20]至此,农民军中只剩下李自成、张献忠两大势力,其他先后崛起各支,由于种种原因,俱已次第消灭。

当李自成在襄阳称新顺王,着手建立政府,为巩固后方派兵四出征伐的时候,也正是张献忠在湖广东部节节取得胜利,攻克蕲、黄,自称西王,占领武昌,沉楚王于江的时候。张献忠攻占武昌的消息传到襄阳,使李自成在思想上引起很大波动。他致书张献忠,表示祝贺,而信中用的却是上司对下属的语气,并且还提到了革、曹等被杀的事,意思是希望张献忠自动放弃尊号,俯首顺从。张献忠得信,异常恼火,但估量自己势力不

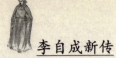

敌,不敢与争,只好以卑辞厚礼相答谢。李自成收下来礼,拘留来使,不给回信。张献忠不禁大恨。

从这以后,这两位农民军领袖,彼此间产生了严重的隔膜。他们过去并肩作战、彼此真诚合作的情景,再也不复出现了。

注:

①据《壮悔堂文集》卷五《宁南侯传》讲,左兵有 30 万;另据《兵科抄出凤阳提督马士英题本》说,"据众口所报:该镇犹有马七、八千匹,战士、降丁约三、四万,而小子、妇女约二十余万。"前一材料所说左兵数,时间指崇祯十五年下半年;后一材料,时间指崇祯十六年四月初四日前。本节所引"题本"等档案,除特别注明外,均出自《明清史料》乙编、第十本。

②《明史·李自成传》谓:"左革五营"为革里眼贺一龙、左金王贺锦、老回回马守应、争世王刘希尧、乱世王蔺养成。他书所载"左革五营"首领之姓名皆与《明史》同,所载马守应与贺一龙之混名亦同,惟其余三人之混名颇有出入。《春明梦余录》卷四十二《兵部一·流贼》及《甲申传信录》卷六谓:贺锦争世王,刘希尧治世王,蔺养成胡闯。《绥寇纪略》卷九:记贺锦、刘希尧二人之混名与上二书同,惟谓蔺养成为左金王。据《传信录》解释:"胡闯,向未掌特权,革贼夺左金王兵与之。"这就是说,胡闯蔺养成所统之兵,原本是左金王之兵;他不仅继承了左金王的人马,也继承了左金王的混号,"胡闯"与"左金王"实际就是一个人。果真如此,那么,原来的左金王名叫什么?到哪里去了?也许在夺兵时已被革里眼杀掉,其名已不为人所知了。问题是《传信录》等三书所载之"左金王蔺养成"与《明史》所载之"左金王贺锦",到底以何者为准?关于这个问题,目前尚难找出更有力的材料作为根据加以确断,只好暂从《明史》。《明史纪事本末》卷七十五、七十八说崇祯十五年九月,"回、革、左诸贼北合于李自成"。《平寇志》卷五说十五年闰十一月,"闯、曹、回、革诸贼,自上蔡、舞阳分道犯汝宁"。《怀陵流寇始终录》卷十五也说"闯与革、左等俱至汝宁。"这里要问,究竟回、革、左诸营参加汝宁之役没有?据《兵部为塘报贼情事》(《明清内阁大库史料》、第一辑、下册)云:"察得革、左等贼,始则分股而扰光、信,继则欲勾合闯、曹以图狡逞,楚师乃能御之于楚疆,击之于豫境。此系去年(指十五年)十一月间事也。"从这份塘报可看出,崇祯十五年十一月回、革、左等人尚未与闯、曹"勾合",可见《纪事本末》所载九月"回、革、左北合于李自成"之史实,不确。又据《兵科抄出湖广巡抚宋一鹤题本》云:"臣(宋一鹤自称)虑大寇蜂屯,扫除未易,乘献、摇两孽狂氛稍远,因介马入豫,拜疏即行。初冬(指十五年十月),驰抵信阳,而回、革群凶正横行汝南也。……且狡谋日深,觊倚闯、曹之势,负嵎汝、

宛之间，中原岂复有完土哉！臣擐胄援枹，亲剿于信阳之北，贼败西奔。幸臣标毛显文、张先璧、陈梁等营，又迎击连剿，而贼志乃不得逞也。"该"题本"具题日期为崇祯十五年闰十一月初六日。从"题本"内容可看出，自这年十月宋一鹤"驰抵信阳"至闰十一月初六日以前，回、革诸营正在汝宁府与南阳府之间的信阳、桐柏、泌阳等地与官军作战，战败即"西奔"。按"汝宁之役"发生于闰十一月十二日至十四日，即正当回、革、左等战败"西奔"——"凯倚闯、曹"之"志乃不得逞"之时，可见《平寇志》等书所记"闯、曹、回、革、左分道犯汝宁"、"闯与革、左等俱至汝宁"之事实，与实际并不相符。《平寇志》又载："闯贼合曹、回、革、左四十万，席卷泌阳、唐县而西。"据有关档案材料记载，李自成由汝宁向襄阳，杀崇王于泌阳。为什么行至泌阳要杀崇王？此一举动是否有如崇祯十四年破洛阳后大会群雄、杀福王以示庆功与杨威双重意义在内？如果是这样，说明闯、曹合回、革、左等群雄正是在泌阳。《平寇志》谓群雄"席卷泌阳、唐县"，当属可信。此外，另有一份"题稿"，与上举宋一鹤"题本"所记不同，必须加以辨明。《兵部题行〈兵科抄出南京兵部等衙门尚书等官熊明遇等题〉稿》载："昨冬（指崇祯十五年冬），二逆（指闯、曹）复败秦兵，更得大炮无算，又勾连回、革诸股，数逾百万，势益燎原，及乘胜陷汝后，旋向泌阳、唐县之间。"就此材料看，似乎回、革、左与闯、曹合营是在汝宁，回、革、左似乎参加了汝宁之役。但是，这个说法是不可信的。因此"题稿"中所引之材料系出自左良玉致熊明遇之"揭报"，左的话就根本不可信。按左良玉被李自成驱出襄阳，逃到承天、武昌，又顺流而东，有直趋南京之势；他这种不经调动而擅离信地的行动，引起了明政府极大的怀疑，南京的地方官员，已经在调兵遣将准备迎击。在这种情况下，左致揭南京兵部等衙门，述说东下"苦衷"；他一方面有意夸大农民军的兵力，一方面还大肆谩骂"楚民从逆"，借此表明自己的行动系出于"无奈"。既然如此，可见"题稿"中有关闯、曹、回、革诸股"乘胜陷汝"之说，不能引为依据。宋一鹤是当时的湖广巡抚，而且亲自"驰抵信阳"直接指挥士兵与回、革、左诸营作战，他所得到的有关回、革、左诸部活动的情报，应该说是第一手史料，当然要比左良玉的话可信。

③据《怀陵流寇始终录》讲：崇祯十五年十二月"戊辰（初三日），（王）永祚以兵出战，兵溃，永祚被创，奉襄、唐二世子逃去，（襄阳）城陷"。但证以《兵科抄出湖广江南巡按刘熙祚题本》之记载，知此处所记，有三点失实：（一）李自成破襄阳为初四日，非初三日。此点他书所记日期与刘熙祚"题本"同。（二）"襄、唐二世子"一语，提法不确切。按崇祯十四年张献忠破襄阳，杀襄王朱翊铭，其子朱常澄逃脱；朱常澄系朱翊铭嫡二子，非"世子"，当时他封福清王。（三）王永祚并未出城作战，所谓"被创"，实无其事。

④见科抄《偏沅巡抚陈睿谟题农民军逼荆惠藩情迫出城事》（以下简称《惠藩情迫出城事》，《明清档案史料丛编》第六辑）。

⑤《明史·李自成传》："自成自攻荆州。"所请"自攻"，说明未和罗汝才在一起。《绥寇纪略》、《纪事本末》、《平寇志》、《国榷》、《流寇始终录》等书，都只说李自成攻荆州，未说有罗汝才。李自成十二月末方离开荆州往攻承天，十二月二十八日"焚献陵"。既然十二月罗汝才未和李自成一起攻打荆州，那么他在哪里？据一般史书记载：革里眼破德安，至黄陂阻水不前，收左良玉残兵800以还，先过罗汝才营，因此引起了李自成的疑忌。按革里眼第一次破德安为十五年十二月十二日，至黄陂"收左军残卒"大致为这月下旬。所谓"先过罗汝才营"，说明这时革、曹是在一起。可能罗汝才负责指挥东路，所以革里眼自黄陂还军后要先过其营向他报告。荆州城破日期，从《酉阳杂笔》等书。

⑥见《兵部题行〈兵科抄出南京兵部等衙门尚书等官熊明遇等题〉稿》。

⑦攻献陵、承天，参阅《惠藩情迫出城事》、《北略》卷十九、《广阳杂记》卷一、《流寇始终录》卷十五、同治六年《锺祥县志》卷十七《祥异》及同书《补编》卷一宋之屏《三忠传》、《明史》卷二十四、《国榷》卷九十八。《锺祥县志·三忠传》谓"壬午除夕"农民军"由石牌潜渡"，与《广阳杂记》所说二十六日于"石牌作梁渡兵"日期相差4天。破承天日期，有两种说法：《崇祯实录》卷十六、《平寇志》卷六、《皇明四朝成仁录》卷三、《锺祥县志》卷十七、《酉阳杂笔》，均谓为崇祯十六年正月初一日。《绥寇纪略》卷九、《国榷》卷九十九、《流寇始终录》卷十六、《明史》卷二十四、卷二百六十三以及《小腆纪年附考》卷一，均谓为十六年正月初二日。

⑧《绥寇纪略》、《纪事本末》、《平寇志》、《国榷》作"杨永裕"，《小腆纪年附考》、《春明梦余录》卷四十二作"杨承裕"。

⑨见《北略》卷十九《李自成屠黄陂》。

⑩引自《平寇志》卷六。

⑪《纪事本末》、《平寇志》、《小腆纪年附考》都说"黄州守将王允成弃城，顺流东下。"按此记载史实有误。《兵科抄出凤阳提督马士英题本》："各将信地：则王允成守麻城，王世泰守黄梅，杨文富守蕲水，毛显文、陈治守蕲州，姚雄飞、毛凤奇等守黄州，刘喜才守云梦，今皆如是。"又云："从贼者姚雄飞、毛凤奇辈是也。"又云："麻城已久为空城……楚将有先行焚掠而窜于左军者，王允成、王世泰、杨文富、罗成耀辈是也。"据此知李自成打到黄州时，该地守将不是王允成，而是姚雄飞、毛凤奇，他们并未弃城而逃，而是投降了李自成。

⑫破汉阳、回襄阳日期，见《阻梗茶运等事》。该材料说："闯将在随州、枣阳等处，沿路考城"，"考城"二字，疑为"考成"一辞排印之误。

⑬ 以上文字，主要根据《明史·左良玉传》、《李邦华传》，《北略》卷十八、卷十九，以及《援剿总兵左良玉奏为备述将士进止并近日维谷情踪事》（《明末农民起义史料》）、《兵科抄出凤阳提督马士英题本》（《明清史料》乙编、第十本收马士英"题本"共两篇，标题全同，均为有关左良玉事，一在971页，一在972页）、《户科外抄应天巡抚郑瑄题本》、《兵科抄出南京史科给事中李沾奏本》、《熊明遇等题稿》。下面有几个问题需要说明：左良玉何时逃离武昌？《左良玉传》谓左"自（十五年）十二月二十四日抵武昌，至十六年正月中兵始去"。《绥寇纪略》卷十一谓"正月十六日启行"离武昌。《平寇志》载：十六年正月丁巳（二十二日），左良玉"东下九江"。此"丁巳"日，当是指到达九江之日期。康熙《安庆府志》卷十四《兵氛》："十六年癸未二月，总兵左良玉由武昌率战舰逼安庆。"到安庆大概为这年二月初旬。安庐兵备道佥事张亮往左营作说客，获得初步成功，高兴地说："半月惊惶，一瞬定矣！"（见上举《郑瑄题本》）所说"半月"，当是指从左兵东下闻警之日算起，由"正月中"算，半月后正好是二月初旬。《郑瑄题本》："左良玉率其部伍屯聚池阳（即池州府）业将两月。"《熊明遇等题稿》："据池太道程世昌报，（左）于三月二十一日从池州溯洄过皖。"《纪事本末》卷七十七："（三月）甲寅（二十一日），良玉引兵自池口西上，屯安庆。"如果左军二月上旬至池州，三月二十一日离开池州，屯聚池州实只四十余日，离"业将两月"还差十来天。又据《郑瑄题本》：三月二十等日，左良玉先遣游击张世龙率900人由安庆抵九江，但"全师尚移驻皖城外，不即前发"。可是《李邦华传》讲，李过九江往晤左良玉，是在十六年三月；这就是说，这年三月左已回到九江。可能大部队及将士家口仍驻皖城外。《桐城事纪》云："（十六年）四月……驻皖城。"说明这年四月，左良玉又由九江逃回安庆。《安庆府志》载：十六年二月，左良玉"逼安庆，至七月还镇。"该志未把左三月一度至九江、四月又逃回安庆这段史实写入，所以容易使人误会为十六年二月至七月左一直就在安庆。左良玉何日回楚？《桐城事纪》说五月，《安庆府志》说七月。《平寇志》卷六说六月"左良玉还屯九江"。《绥寇纪略》卷十一说左七月"十六日，提其兵出湖口"。"五月"可能是指左由安庆回九江，"七月"当是指左军家属全部由安庆撤走。

⑭ 《纪事本末》卷七十七说十五年十二月张献忠"陷桐城"，《绥寇纪略》卷十说十二月"攻桐城，不下"。戴田有《子遗录》自叙云："吾桐滨于陷者，屡矣，而卒获免。"说明桐城始终未破。攻桐城为十一月，解围为十二月。

⑮ 被太湖日期，据《国榷》卷九十八、《安庆府志》卷十四《兵氛》、道光《太湖县志》卷十五《武备志·兵事》。光绪《黄梅县志》卷十九《武备志·兵事附》："崇祯十五年冬，张献忠陷黄梅。"乾隆《黄州府志》卷二十《杂志·兵事》；"十五年……十二月二十三日，贼张献忠陷黄梅，旋陷广济。"据安庆、黄州两"府志"，知黄

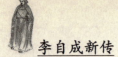

梅之破在太湖之后，此点与《纪事本末》所记不同。按黄梅、太湖攻破日期，应以两"府志"所载为准。破蕲州日期，据《兵科抄出安庐巡抚黄配玄题本》讲，为正月二十五日三更。这个日期是许文岐的儿子许曰霖在州城未破之前，由他父亲任所回仁和老家，中途得报，便道过皖具揭告诉黄配玄的，应当可信。《流寇始终录》卷十六谓破广济为十六年正月"辛酉"（二十六日）。既然正月二十五日三更破蕲州，次日天明张献忠始入城，可见二十六日破广济之说肯定不实。康熙十四年《潜山县志》卷一《星野·兵氛》小字注说张献忠在黄梅于正月初六日以六十余骑至潜侦探。破广济是在破黄梅之后，破蕲州之前。正月初六张还在黄梅，二十五日破蕲州，攻克广济必在初七与二十四日这18天之中；《绥寇纪略》卷十说张献忠破广济后，"寻破蕲州"，此一"寻"字表明时间不会太久，估计破广济可能在这年正月中旬。《明史》卷二百九十四《许文岐传》载："文岐巷战"，"被执"。但《崇祯实录》卷十六载：（许）"微服出，被执"。许文岐的儿子许曰霖也只说他父亲"兵火之中，生死未卜"（见《黄配玄题本》），并未说巷战被执。

⑯破蕲水，《纪事本末》、《国榷》、《平寇志》都说为十六年三月"丁酉"（初四日）。《北略》卷十九《张献忠屠蕲水》谓为二月"初四丁酉"。按崇祯十六年二月"乙丑"朔，无"丁酉"；三月"甲午"朔，初四为"丁酉"。此处所说之"二月"当是"三月"之误。《绥寇纪略》说三月五日破蕲水。《小腆纪年附考》卷二说二月"陷蕲水"。但据《平寇志》卷六讲，二月甲戌（初十日），张献忠前锋至蕲水，并未破蕲水。破黄州日期，《酉阳杂笔》等书所记相同，可信。《北略》谓为"二月丙寅（初二日）"，《流寇始终录》谓为'二月丁巳'（按该月无"丁巳"），均误。占领麻城，《国榷》卷九十九谓为四月"丙戌（二十三日）"，《甲申传信录》卷六说"四月初十日攻麻城"。康熙九年修《麻城县志》卷三《民物志·变乱》谓"四月初六日入城"。《崇祯实录》说四月十八日杀许文岐于麻城，据此知"四月丙戌"陷麻城之说不确。

⑰五月初一日破汉阳，《明史》卷二十四、《国榷》卷九十九所记均同。《崇祯实录》卷十六说十六年二月"张献忠陷汉阳"。《酉阳杂笔》说"汉阳以（癸未）三月廿二日破。"《流寇始终录》卷十六说："（四月）己卯（十六日），贼将白旺入汉阳，即去。"以上材料说明，汉阳在二、三、四3个月之内一连破过3次。张献忠二月何日破汉阳？《国榷》谓为二月"丁亥"（二十三日）。三月何人破汉阳？不清楚。白旺是李自成部将，为何入汉阳即去？不清楚。张献忠袭占武昌县，《绥寇纪略》、《流寇始终录》有记载，他书对此往往忽略缺记。《兵部题行〈平贼镇左良玉呈〉稿》："看得献贼于（十六年）五月初五日渡江破武昌一县……"证明《绥寇纪略》等书所记可信。贺逢圣之死，《小腆纪年附考》卷二对此考之甚详。

⑱参看《纪事本末》、《绥寇纪略》、《平寇志》、《流寇始终录》及《明史·张献

忠传》。

⑲李自成称"奉天倡义文武大元帅"之时间，各书记载均甚含糊。据《阻梗茶运等事》讲，十六年二月初五日李"已到襄阳，盖房伪名倡（原为昌）义府。"按一般常理，称"倡义大元帅"一定在前，修盖"倡义府"必定在后；据此说明二月初五之前李当早已自称大元帅。奖励农业、委派地方官，材料见《兵科沙出湖广郧阳府监纪推官朱翊辨奏本》、《阻梗茶运等事》及康熙《汝宁府志》卷十《武备·军功》、乾隆《罗山县志》卷八《外纪志·戡乱》、乾隆《光山县志》卷三十二《杂纪》、康熙《当阳县志》卷一《事纪第四》等地方县志。

⑳《守郧纪略》载：李自成令"刘某统兵三万往擒登相"，未说"刘某"是谁。《流寇始终录》卷十六就明确指出"遣宗敏以兵三万攻郧阳"。《清史列传》卷七十八《徐起元》说所遣之将为路应标。按路应标当在刘宗敏之下，总头还应是刘宗敏。

㉑高名衡伪造密函，见《大梁守城记》。杀罗汝才之日期，各书记载不同。《守郧纪略》谓为十六年"三月初六夜"。《明史》卷二十四谓为"三月庚子（初七日）"。《甲申传信录》卷六说"三月初七日"革里眼"为闯所缚"，"初八日五鼓时"杀曹操。《春明梦余录》卷四十二所记日期同。《国榷》卷九十九记载不甚清楚，前面说三月辛丑（初八日）"杀其党罗汝才、贺一龙"；可是后面又说"即席斩一龙"，凌晨（当为初九日"入汝才营斩之"。《纪事本末》卷七十八："（三月）癸卯（初十日），李自成袭杀革里眼、左金王，并其众。""夏四月（卷七十五指出为"四月甲子朔"），李自成杀罗汝才，并其众。"《平寇志》卷六所记日期同，该书还明确指出："革里眼名贺一龙，左金王名蔺养成。"《流寇始终录》卷十六："四月甲子朔，杀其党曹操罗汝才、革里眼贺一龙。……与革饮尽欢，夜半缚之；次日侵晨……径造帐中，曹方栉发，斩首持示其下……"如上所述，罗汝才被杀之确切日期，今已无法考出。关于罗汝才被杀经过，一些细节记载，各书亦有纷歧。一说李自成派兵往杀，一说亲统兵往杀；一说罗被杀时"方栉发"，一说"卧未起"。尤以《豫变纪略》所记，更与诸书大异。此外，各书所记还有一大歧异之处：《国榷》、《流寇始终录》、《明史》、《绥寇纪略》、《甲申传信录》、《春明梦余录》诸书，均只记杀曹、革，未说杀左；《纪事本末》、《北略》、《平寇志》皆说先杀革、左，后杀曹。《平寇志》还说，当时有人向凤督马士英献策道："贼有内仇也，贼杀曹操、革里眼……"献策中未提杀左金王事。又说，张献忠占领武昌后，李自成致书献忠道："老回回已降，曹操、革里眼、左金王皆为我所杀……"信中提到了杀左金王事。按左金王，一说名贺锦，一说名蔺养成。据他书记载，曹、革被杀后，贺锦曾奉李自成命安抚革里眼部众，并且还被封为"制将军"；蔺养成被封为"通达卫左威武将军"，守夷陵。据此看来，杀曹、革时，似乎并未杀左。如果《平寇志》所记李自成之信可靠，杀左金王当是事实。杀左估计是后来的事，即先杀

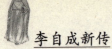

曹、革，后杀左。问题是后来所杀之左，究竟是贺锦、还是蔺养成？《崇祯实录》卷十六、《平寇志》卷七说崇祯十六年冬李自成命贺锦攻取兰州、甘州等地，西宁卫官军坚守，至"明年（指十七年）二月诈降，杀伪官贺锦、鲁文彬（《平寇志》作"杀贼伪将贺锦等"）。"说明贺锦之死，非李自成所杀，乃官军所杀。至于蔺养成何时被杀？此点目前尚难断言，留以待考。

㉒此语见《孤儿吁天录》卷十四。原话为"贼不杀贼"，当然罗汝才绝不会自称为贼，用今天的语言表达当是"农民军不杀农民军"；至于当时农民军怎么称呼自己，不得而知。

㉓《纪事本末》、《国榷》、《平寇志》谓澧州土寇勾李自成陷常德为十六年三月乙未（初二日）。《流寇始终录》卷十六谓"（三月）己未（二十六日），公安、石首、松滋、枝江、澧州土寇导闯兵攻陷之"。《酉阳杂笔》云："常（原作"尝"，乃避常洛之讳改，今改回）德……道臣潘士彦……忽于（十六年）正月十七日倡逃，夜半开门出走。……自道臣逃后，迁徙者殆无虚日。……（农民军）三月初十日始至，城何尝破？扫空以待之耳！"常德城破日期，应以《酉阳杂笔》所记为准。《小腆纪年附考》说"二月湘、广土寇导自成陷常德"，误。《流寇始终录》谓武冈州之破为十六年二月丁亥（二十三日），此处从《明史》卷二十四及《国榷》卷九十九。

㉔何时称"新顺王"，各书记载不甚明确。从文字叙述的语气看，《流寇始终录》、《平寇志》认为是在杀革、曹之前，《绥寇纪略》认为是在杀革、曹之后。《阻梗茶运等事》引高成龙报告，二月初旬农民军在襄阳修"倡义府"，说明这时李仍自称"奉天倡义文武大元帅"，尚未称"新顺王"。《绥寇纪略》载，李在杀罗之前，曾以"割土分王"一语试探罗意；杀罗之后，持罗首级示其下曰："汝才反，元帅令诛之！"说明直到这时，李自成还是只称"元帅"，并未称王。《小腆纪年附考》卷一说："五月，自成伪号新顺王。"看来，李自成称"新顺王"，当是在杀革、曹之后。

㉕开科取士，见《酉阳杂笔》。《平寇志》卷六亦有此记载，但甚简略。何时举行考试，不清楚。《杂笔》只说："寇破荆州，考试诸生。"未说具体月、日。考试地点，似乎在荆州。

㉖参看《纪事本末》卷七十八及《平寇志》卷六。

㉗参看《明史》、《绥寇纪略》、《纪事本末》、《小腆纪年附考》等书。李自成召集部众商讨进军方略事，肯定是在他称新顺王后。《明史》记载顾君恩等这时称李为"大王"，但《绥寇纪略》诸书记载顾等这时仍称李为"元帅"。为何仍称"元帅"？是否因李刚称王不久还来不及改口？此处以《明史》所记称呼为准。

㉘破保康，《纪事本末》说为十六年四月丁酉。按该年四月"甲子"朔，无"丁酉"，日期显误。此点《北略》附考已指出。《平寇志》谓为四月癸酉（初十日）。此

处采《平寇志》说。据《守郧纪略》讲："贼之攻郧，先后凡四次，而最勇者惟此。"最勇的一次开始于"三月杪至四月初"，五月初三日农民军退去。

㉙ 有关袁时中之谣传材料，见如下文献记载：《兵部行〈御前发下察办御史吴履中题〉稿》、《兵部行〈兵科抄出察办剿房事务吴履中题〉稿》、《职方清吏司员外郎耿章光塘报》（以上俱见《明清史料》乙编、第五本），以及《兵部行〈兵科抄出兵科结事中方士亮题〉稿》（《明清史料》乙编、第六本）。崇祯十六年五月二十四日丙辰李自成杀袁时中，此日期《绥寇纪略》"补遗下"、《纪事本末》卷七十八、《平寇志》卷六、《国榷》卷九十九等书所记均同。另据《兵部为农民军回洛防河孔亟题稿》（《明清档案史料丛编》）讲，崇祯十六年五月二十三日大名道副使朱廷焕塘报，称袁时中已为李自成杀死，"侦探甚确"。既然五月二十三日已经探得袁死的确报，可见说他"二十四日灭"不确，袁死之时间最晚也应在五月二十三日，或在这之前二三日内。袁时中被杀地点，据光绪十八年续修《睢州志》卷十二《存遗志·兵寇》载："十六年癸未，袁时中盘踞新河南岸常岗等处，李自成遣其伪将白姓者领千余骑突至，擒时中磔之，余众皆散。"

二　正式定鼎长安

承天失守的消息传到京师，崇祯皇帝感到十分恐惧。他召见阁臣，一面伤心流涕表示自咎，一面严责臣下调度乖方。诸阁臣无言可答，惟有俯伏叩头，惶恐请罪。次日，召礼部尚书兼东阁大学士吴甡，宣谕："杨嗣昌死后，督师无人，卿可往湖广督师，以图恢复。"吴甡当面答应，退而上疏：请兵3万，进复襄阳、承天，兼顾南京，以重根本。并望秦督孙传庭带兵出关，东西合势夹剿。

朱由检览奏，不悦，御文昭阁，再次召见吴甡问道："先生请兵三万，实难猝集。南京去楚甚远，兼顾南京，岂非有意退守？"吴甡连连顿首，慌忙解释："左良玉跋扈不用命，阁部屡檄征兵，一旅不发。臣之威望不敌嗣昌，而左良玉退踞江汉，骄横更甚于前，岂能轻易调动？若臣握有重兵，进可制服强敌，退可驾驭骄帅，否则，徒损威重，于事何益！南京为太祖高皇帝陵寝所在之地，臣惩承天前车之鉴，出师南征，敢不兼顾？其实并非退守。"次辅陈演插言道："督师若出，各省督、抚之兵皆可调遣。"吴甡忙道："臣所以请兵，正因督、抚无兵可调。秦督新募之众，不足依仗。豫督得左良玉护从之卒数十万，军纪败坏，焉能算兵？楚兵新败于承

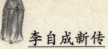

天、襄阳，诸将不知存亡。各督、抚何尝有兵可供臣调度？臣今若勉衔上命而出，空名视师，仰面悍镇，束手待贼，计入境之日，有事必飞骑急奏。臣侍帷幄望天颜尚不得获允所请，何况在行间万里之外！行兵打仗，国之大事，机宜一失，祸不忍言。臣怎敢爱惜余生，不以实情上告皇上。"

朱由检听他说完，不免面露愁容，凄然道："先生所言也是。但一时实难调发许多人马，只能先将一万人从征。"随召见兵部尚书张国维，命配以唐通之兵7000，马科之兵2000，副总兵尤翟文所领京营之兵1000。另赐赏功银五万两，大小银牌1000面，各色蟒衣、绢、布等物，以充军前犒赏之用。又特诏左良玉，出帑金专赐其军，令听"督师"调遣。

由于清兵这时尚未退走，唐通等兵须待清兵退后方可调发。等到清兵退去，陈演认为"关门不可无备"，又将唐通之兵留下。吴甡无可奈何，只好定于五月十八日发兵南征。十五日辰时，他亲赴五军营教场犒赏随行将士。不料临发兵前两日，忽奉圣旨，着他"不必督师了！"皇帝严厉责备他有意延留。吴甡惶恐，两疏引罪，乞罢官，奉旨许致仕。这年冬，遣戍。①

早在正月，明军已经得到情报，知道内犯清军将于三月间全数撤回。锦州的清军到期将发动大规模攻势，用一百门大炮攻打宁远和山海关，以为接应。二三月，清兵分作数路由山东撤走，行止分合不定，大致分东、西两股：东股一路破武定州（今山东惠民县）、乐陵县，由德州出山东境，北折入直隶，经吴桥、东光、沧州（今河北沧县）、青县、杨柳青，从天津以西往北出口；另一路至庆云，破盐山往西至沧州，与前一路合营。西股一路由德州过卫河，犯真定（今河北正定）、保定二府；另一路由故城渡索卢枯河，趋顺德府（今河北省邢台市）、真定府；又一路攻大名府未开，由广平府（今河北永年县）破南和县、顺德府，北折真、保，往合沧、津大股北出。②

清军逼临近畿，崇祯皇帝忧惶失措，御平台，召见辅臣，声色俱厉地说："朕欲亲征！"首辅周延儒跪奏："臣愿代皇上去。"朱由检未答，凝神仰视，偏着头摇了摇。周延儒起。次辅陈演继跪下道："首辅阁务殷系，臣可去。"朱由检还是偏着头摇了摇，仍不言语。陈演起。大学士蒋德璟接着跪下："臣实可去。"朱由检还是摇首如前。蒋德璟起。周延儒再度跪请道："臣愿出征。"朱由检冷笑了笑："先生果愿去？正在此刻！一出朝门，即向东行，慎勿西转。"周延儒谢恩而出，不敢回家，当晚权宿齐化门城楼上，第二天即率各镇勤王之兵东发，往通州。

周在通州，整日忙于与各镇总兵及随从幕客饮酒酬酢，实际并未与清兵一决胜负，而每天却早晚两次具疏飞奏大捷。四月十八日，蓟州总督赵光抃合唐通、白广恩、张登科、和应荐等八总兵与清军战于密云螺山，遭到大败，张登科、和应荐战死，余皆溃走，战场上横尸遍野。二十六日，清军在葫芦峪闯开墙子路口，陆续向口外退去。清军自上年仲冬入塞，至这年孟夏出口，历时半年多，长驱南下，直抵山东兖州府，破三府、十八州、六十七县，共八十八城，掳获大量黄金、白银、珍珠、缎匹、缎衣、皮衣等物，以及驼、马、骡、牛、驴、羊数十万头。饱掠而归。③

周延儒侦知清兵去远，报称敌退，班师还朝。崇祯皇帝在文华殿接见，亲手扶握，慰劳备至，大加赏赐。并谕礼、吏、兵三部，对阁臣视师凯旋优礼之宴应如何隆重，各具仪奏陈。谁知没过多久，锦衣卫都督同知骆养性及部分中官把他在通州畏敌不前、饮酒娱乐、谎报战功等狡诈情事——向皇帝密报，引起了朱由检大怒，传谕府、部诸臣从公察议。周延儒席藁待罪，自请戍边。朝廷勒令他致仕，但为保全大臣体面，仍许驰驿而归，并赏赐路费银一百两。周虽罢官，朝中仍不断有人参劾。山东佥事雷缙祚纠劾蓟辽督师范志完纵兵淫掠、行贿京师等款，就与他有牵连。兵科给事中郝绸（一作"炯"）及御史蒋拱宸、何纶各劾吏部文选司郎中吴昌时窃权附势、纳贿行私、赃私巨万等不法事，又无一不与他直接有关。给事中曹良直更是矛头直指，公开劾他十大罪状。案情越闹越复杂，牵涉的人也越来越多。蓟辽总督赵光抃等被逮。吴昌时被逮。周延儒的门客董心葵（即董廷献）亦被逮。随同周延儒视师通州的给事中方士亮、兵部职方郎中尹民兴等皆受审。甚而连纠劾别人的蒋拱宸也为人纠劾而受审。

七月二十四日，崇祯皇帝在中左门亲审吴昌时等人，取东厂及锦衣卫全套刑具侍候，场面相当紧张。吴昌时受重刑，胫骨被打断，全部罪状——承招。问董廷献，哪些是周延儒受贿起用之人？董答："记不清。"御案上有"缙绅名册"一本，崇祯帝顺手掷下，命他照册指。名册落地，正巧福宁道施元徵一页向上，董即奏道："福宁道施元徵即是。"吴昌时当场揭露蒋拱宸亦有吞没公款、谎奏大捷等欺君之事，蒋正要强辩，崇祯忽怒喝一声："打！"司刑人猛地当头一棒，顿时将蒋纱帽击裂。朱由检大发雷

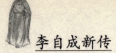

霞，推倒案桌，霍地而起，愤恨起驾回宫。所有跪审诸人，一无发落，暂
时通统关进监狱。当天，明廷传旨遣缇骑南下逮周延儒入京听勘，并发出
官旗，逮吴甡入京候旨。这年冬十一月，范志完、赵光抃、吴昌时弃市，
吴甡遣戍云南；十二月，勒令周延儒自尽。④

崇祯十六年（1643）春、夏，河南局势的演变，显得异常复杂。袁时
中盘踞在杞县、睢州境，沈万登觊觎于汝阳、真阳间，刘洪起在西平、遂
平一带蠢动，李际遇在偃师、登封、郏县等地大肆焚掠。他们都已投降明
政府，听命于官军的调遣、指使。一时，各地官绅所组织的乡兵武装纷纷
而起，相当猖獗。李自成所派各府、州、县地方官，若无军队护送，往往
就会被当地的豪吏、恶绅驱逐或执杀。⑤

这年五月中旬，李自成发前营袁宗第、右营刘希尧出邓州，驻内乡，
接应数月前派驻淅川之兵，以防孙传庭率兵东出潼关。另发后营李过出河
南讨伐袁时中、李际遇、刘洪起，发左营刘芳亮出颍州，以防"小袁营"
等逃往江北。⑥

李自成亲率中权营开抵洛阳，然后循大河南岸而东，前往开封朱仙
镇，直捣睢州袁时中老巢。袁时中逃往新河南岸常岗等地，为李过大军追
及，被擒杀。五月二十一日，李自成又回洛阳。⑦

五月末，李自成回到邓州。⑧再次发兵攻郧阳。大军抵龙门，离郧阳城
80里，顿兵不进。郧道高斗枢每日黎明发兵500，在城外杨溪山扎营，戒
严待战，太阳落山即撤兵回城，次日黎明而出，日入而归，一连三日如
此。农民军见城中戒备甚严，无隙可趁，引兵退去。

六月初七日，进孙传庭为兵部尚书，改称"督师"，总制应、凤、江、
皖、豫、楚、川、黔军务，仍总制三边，兼理粮饷，赐尚方宝剑。明廷于
这月十五日，颁布赏格：购擒斩李自成者赏万金，世袭侯爵；擒斩张献忠
者官一品，世袭锦衣卫指挥，赏5000金。⑨

孙传庭自"柿园之役"战败逃回陕西，扼守潼关，以关中为立足地，
强令富家出饷，穷家出丁，开屯田，积粮草，训练士卒，修缮器械，准备
卷土重来。他新造了"火车"二万辆（一说"三万辆"），并且成立了车
营，准备作为将来决战的看家本钱。这种"火车"'可以运载火炮和甲仗，
用马拖挽。它作战时摆列阵上作为"拒马"，可以阻挡对方的骑兵，宿营
时环列于外作为"营壁"，可以借此护营自卫。两万"火车"，强令克期完

成，督工苛急，日以继夜，工匠痛苦不堪。

秦中一些有钱有势的士绅都不愿出粮出饷，忌恨孙传庭用法太严，想把他撵走。他们故意在京师散布流言，说孙"玩寇糜饷"，回过头又用言语恐吓孙说："督师再不出关，朝廷即将派人来捉拿了！"陕西巡抚冯师孔一再催促道："顿兵久安，不合朝廷命战之意，而且寇日强横，如此下去，怎生得了！"孙传庭不悦，答道："出师有期，当图万全以报朝廷，用不着中丞多虑！"冯道："行师既有期，很好。"吩咐属吏赶快治办酒筵，为"督师"饯行。⑩

孙传庭有苦说不出，他心中明白：手下诸将，屡经败阵，怯懦不堪，哪里是李自成的对手！他向监军乔元柱发牢骚说："我兵未经训练，若能迟延时日，待士卒部伍娴习，乘敌之敝，或可勉强一战。怎奈皇上不允许啊！……"各方催战甚紧，孙传庭顿足叹道："我明知战未必捷，惟图侥幸万一之功。大丈夫岂能面对狱吏受审……"他迫不得已，上疏请皇上谕示出关师期。⑪

高斗枢见李自成大军驻河南，湖广兵力不足，密令王光恩、苗时化、刘调元乘虚袭取均州。并派人往西安，与孙传庭相约：秦兵若出关，李自成必悉众迎战，郧兵即直趋光化、谷城，以捣襄阳。乞密示出师日期。孙传庭回书："约以八月上旬。"七月末，惠登相、徐勇奉孙传庭命由兴安趋均州，八月初会合郧兵攻光、谷。光化守军未抵抗，投降官军；谷城坚守约50余日，始为官军攻占。⑫

孙传庭发兵分道出商雒、潼关。总兵牛成虎、副将卢光祖为前锋，统步骑3200由灵宝、陕州往东，会同河南总兵卜从善、陈永福合兵趋洛阳。孙檄左良玉自九江赴汝宁，夹击李自成。朝廷降诏，发总兵白广恩、秦翼明及延、宁、甘三镇兵俱随"督师"进讨。表高杰为副总兵，将降丁为中军。七月二十八日，孙传庭令白广恩安插家口，赶赴潼关。八月初一日孙誓师西安关羽庙，令总兵马爌、秦翼明从巡抚冯师孔出商雒为椅角，檄促延绥总兵王定、宁夏总兵官抚民速赴潼关，为后援。初四日，孙自西安出发。次日至潼关；初十日出潼关，当天至阌乡。⑬

李自成闻知孙传庭出关，离开邓州，尽发荆、襄甲骑，会兵洛阳。李过正围攻李际迁巢穴登封玉寨，奉命撤围，移师迎击秦军。农民军老营扎唐县，重兵驻襄城、宝丰，步营沿黄河列守，自氾水至荥泽，伐竹、木结

筏，每人佩带3个葫芦，准备北渡黄河。先驱部队千余人在荥泽渡河，为刘洪起所扼，复回南岸。河南巡抚、巡按害怕大军过河，飞调陈永福回河北。孙传庭道："荥泽乃零贼，卜从善尚逗留河北，防守河岸足够有余，大寇在河南，大兵岂能迂道避贼？"传令陈永福勿往河北，急趋洛阳。陈以奉"督师"命回复抚、按，按兵不行。十二日，牛成虎自渑池引兵向洛阳，以"督师"檄与陈永福，催速统兵来合。陈见河北无事，又诡称奉抚、按檄调，率兵北渡。孙传庭怒劾卜从善、陈永福，请加惩处。有旨，削二人总兵衔，降为副将，戴罪立功自赎。

李自成诱敌深入：设伏于滋涧（在洛阳之西）。官军至，见道险，下马搜伏。农民军由滋涧拔营往龙门（在洛阳之南），官军追至龙门。又拔营往汝州，仅留哨骑于伊河之西。孙传庭全军驻龙门，遣兵5000追向汝州，而农民军又尽奔往宝丰。有人为孙传庭献策：劝他纠集乡民、匠役，以半月时间，修复洛阳旧城，储糗粮，开屯田，经略中原，进战退守，作长久打算。孙回答道："我据关不出，犹有可说，为持重万全，今既已出兵，怎能靠筑城以阻士气？何况贼旦夕可灭，遇寇而不击，总不是好办法！"

九月初八日，孙传庭师次汝州，扎营于城东长阜镇。李自成的部将李养纯叛变投降，将农民军中虚实尽向官军透露。还有一批贺一龙旧部投降官军，明军声势稍振。孙传庭别遣游击折增修从甗（一作"曾"）山间道往袭唐县农民军老营，自率一军往攻宝丰。

农民军已改宝丰县为宝州，守兵甚多，防守甚严。初十日，官军开始围攻，城中坚决还击。十一日，李自成以轻兵来援，与白广恩、高杰、卢光祖战于城东，失利退走。十二日，复将精骑数千来援，又为官军击退。孙传庭给部将打气说："宝丰不下，而救援大至，我们将腹背受敌！"他亲督诸将冒死进攻。当夜，宝丰失陷，州牧陈可新、州判姜渭等死，数千战士和居民被官军屠杀。这日夜半，唐县亦为官军攻陷，老营辎重尽失，家属妇女、儿童俱遭屠戮，消息传来，农民军满营皆哭。

连日大雨，道路泥泞不堪，粮车每日只行30里，官军粮秣接济不上，孙传庭部缺粮，士马陷入饥饿中，军心恐慌。有人劝他还兵就粮。孙道："军已行，即还亦饥，不如破郏县就食。"十三日，官军攻郏县。李自成自将步骑万余迎敌。两军鏖战，农民军受重创，急引退，李自成本人几被俘，坐纛为官军所夺，果毅将军谢君友牺牲，余俱败走。官军破郏县，屯驻城商。郏县是个穷县，无粮可征，强集马、骡、驴、羊200余头（一说"数百头"），顷刻食尽，不够士兵一饱。[14]

大雨仍然日夜不止，孙传庭军饥困待毙，一筹莫展。李自成命人负着巨牌，上书"刻期会战"（一作"交战"）的醒目大字，至官军营中挑战。并另以轻骑出汝州，抄绝官军饷道，截夺官军粮草。十七日，孙传庭的后军在汝州哗变。李自成复率精骑直逼孙传庭。孙急分军为三：白广恩从大路，自己与高杰从小路，还师汝州迎粮，命陈永福闭营休战，等候粮到再发，并一再告诫："按甲三日以待，千万勿动！"不料前军刚移动，后队随之亦乱，陈永福连斩数人，仍难遏止，只好亦引所部殿后而行。农民军大队在后紧追不舍。

一连10天大雨，官军人马饥疲不堪。二十一日，李自成追孙传庭至汝州附近。两军相迫，战火发在眉睫。孙问计于诸将。高杰请战。白广恩说："我兵饥困，宜驻师分据要害，步步为营以御贼。"孙道："将军何怯！独不如高将军！"白极为不快。孙传庭下令返辔还战。

农民军设阵五重：最外层为参战不久的新兵，其次为久经战阵的步卒，再次为精锐骑兵，再次为决胜骁骑，最内为老营家口。骁骑列为"三堵墙"：右营红旗红纛、左营白旗白纛、前营黑旗黑纛，各7200人，全副甲胄，严阵待令。二十二日，两军接刃，战斗异常激烈。官军连透阵三重，至第四重，遇到"三堵墙"，遭受勇猛还击；农民军万骑出动，驰驱冲杀，锐不可挡。"火车营"系白广恩统领，士卒皆在陕西新募，从未上过战场，加以离乡背井，各有思归之心，见马、步官军苦斗泥淖中，惶怖战栗，不禁大声骇呼道："败了！"、"败了！"一人惊呼，千军震动，一个个尽脱挽辂，狂奔逃命。他部官军见"火车营"奔逃，也随之而逃。"火车"倾覆塞道，马拴在车上牢不可脱，有的被压倒在车轮下，有的拖着翻倒的车在泥泞中挣扎。农民军的铁骑凌空腾跃而过，一路追杀，步兵手执木棒，中途截击，大获全胜。官军惨败，向西溃逃。农民军乘胜疾追，直至孟津。官军死亡4万余人，丧失兵器、车仗数十万。孙传庭与高杰收集散亡数千骑，由孟津过黄河，定孟县，逃入山西境，然后西走垣曲（一说"传庭单骑渡垣曲"），南渡黄河，又折回河南阌乡，转趋陕西潼关。白广恩率残卒由汝州先奔潼关。农民军获得全胜，"火车营"被歼。[15]

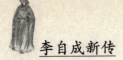

孙初出关时，见农民军节节后退，不免产生错觉，以为李自成真是不堪一击。特别是在占领宝丰、唐县后，他益发趾高气扬，竟迫不及待地屡疏向朝廷报捷，而且吹嘘道："贼闻臣名即惊溃，臣誓肃清楚、豫，不以一贼遗君忧。"崇祯皇帝览奏极为高兴，召对群臣，出示孙疏，大加褒奖。诸臣曲意迎合，皆颂扬称贺。惟兵部侍郎张凤翔、兵部尚书冯元飚深知内情，不以为然。

李自成令侄儿李过催兵速追孙传庭。自率战将刘宗敏、贺锦、辛思宗、谷可成、刘希尧、任继荣等统众数 10 万，直趋潼关；另遣袁宗第、白鸠鹤、刘体纯等领兵 10 万，从南阳趋内乡、淅川，进取陕西商州。

二十七日，李自成至潼关。李过奉命紧追，与孙传庭相距仅百余里，十月初二日，破阌乡。孙败走潼关，器仗、坐蠹俱失。初三日，李自成由间道缘山崖突出潼关之后。孙传庭扎营潼关城外，令城中坚守，白广恩扎营于通洛川，高杰扎营于南门外西山头。初六日，两军大战。刘宗敏等在关前设伏，将孙诱入伏中。孙左冲右突，久不得出，从骑俱散，徒步突围，在混战中被杀，尸不可得。高杰听见关后隆隆炮声，以为潼关已破，自顾性命，惊骇窜逃。白广恩见高杰遁走，亦随之遁走。败兵劈破南水关栅栏，涌逃进城。李过命战士假扮逃军，手执"督师"坐蠹，尾随而入。农民军里外合攻，胜利占领潼关。溃散的官军，亡命西奔，沿途劫杀，地方大扰，无法收拾。[16]

农民军结队入关，长驱西行，4 日之内，连破华阴、华州、渭南、临潼诸州县，关中大震。华阴、临潼的攻克，是李过的头功。临潼距西安仅60 里，不过半日路程。陕西巡抚冯师孔原在商雒，闻警退保西安。西安守兵不多，且乏饷，加上天气严寒，尚无冬装。有人劝秦王每人发棉衣一件，不肯，因而军心思变，士气早已瓦解。十一日，大军进逼西安城下，守将王根子射书城外，约为内应，开东门迎降。冯师孔死，按察使黄绅（一作"炯"）、长安县知县吴从义等投井死。秦王朱存枢被俘，投降。

十五日，袁宗第等攻克商州，十七日，攻克雒南。在这前后，另有一小支先遣部队攻占了郃阳县，还分出塘马 100 余骑，往北开到韩城县芝肛镇（今名"芝川镇"），受到当地百姓热烈欢迎，老百姓预备猪羊犒劳，农民军道："猪羊不用，需要骡马。"并且贴出安民布告说：

"为抚安万民事：芝肛官民人等尽已顺矣，骡马献矣，此后人马不许进城！为此特示。癸未年芝阬镇张挂。"

远近各州县，皆闻风响应，主动出迎，许多地方兵不血刃，先后皆下。⑰

农民军初入西安，发生抢劫、杀人现象。3日后，严令禁止，不许随意杀人，犯者偿命。又下令集合全城男妇老幼，百姓站一边，宗室站一边，家丁站一边，将宗室处死，让家丁参军，对百姓进行安抚，望其各安生理，毋庸惊恐。西安城内秩序，很快恢复。随后，农民军分兵三路，追击残敌：李过、刘芳亮出北道，追高杰、王定至延安。王定由延安逃奔榆林。高杰东走宜川，适逢黄河结冰，渡河逃至山西蒲州（今永济县）。李过追到河边，河冰忽解，不得渡而回。田见秀出南道，追高汝利于汉中，高逃入四川，兵败穷蹙，投戈请降。贺珍、刘宗敏、袁宗第、党守素出西道，追白广恩至固原州（明时属陕西，今为县，属甘肃），白开城而降。李自成闻信，非常高兴，召白来西安，饮酒话旧，极为欢洽。左光先闻知，请求归顺。陈永福败保某山巅，困顿之极，李自成遣白广恩前往招降，陈说："汴城之役，我守城，射瞎大王一只眼，恐归服后难全腰领！"李自成表示："当时双方交战，各尽其事，怎能记仇？"犹恐陈不信，特折箭为誓，以示诚意。陈永福感激莫名，心悦折服，拜命降顺。他将如梁甫、马岱等人，彼此辗转相告，称颂新顺王宽宏大量，皆纷纷主动解甲投效。

李自成改西安为"长安"，以秦王府为新顺王府。封秦王朱存枢为权将军，世子妃刘氏恸哭愿死，不予深究，遣人送归娘家。下令发动民夫，大修长安城，城墙加高加厚，濠堑加宽加深，雉堞楼橹修整一新，比前更加壮丽。禁止百姓穿箭衣，务使军民有别。命杨承裕阅兵渭桥，整练队伍。每3日李自成即亲临大教场校阅骑射，身穿蓝布袍，骑马，张小黄盖，百姓望见黄龙旗，皆伏地呼"万岁！"自明年正月起，规定粮每石征银一两二钱，今冬每石折草60斤，解送长安。各县派遣骡、驴300头，征粟（一说"米"）1000石，所用之斗，大于民间。勒令各地乡官、豪绅捐输助饷，说："如今饷乏，你们都是贪官墨吏，家中有钱，应当协助军需！"两旁士兵露刃相胁，诸官绅无不股栗失色，自动填写捐册。原右佥都御史、大同巡抚焦源溥，拒绝输款，杀以儆众。致仕南京吏部尚书南企仲、削籍工部尚书南居益、礼部主事南居业，不肯纳金，知亦无法逃脱，皆自

271

杀死。[18]

前漕储道参政张国绅，李自成曾特别召见过他一次，为此，他竟非分妄想，觊觎新朝宰相的位置。他当面逢迎巴结，劝李自成早即大位，甚而将自己的"同年"好友太仆寺少卿文翔凤的继室邓夫人当作礼物，献给李自成，希图借此邀功获宠。没想到反而激起李自成极大愤怒，认为他出卖朋友，卑鄙下流，下令将他杀掉。邓夫人是个很有才学的人，通晓历史，会写诗，年前因丈夫去世，寡居三原，身世很凄凉。李自成同情她，也很尊重她，所以特在新顺王府"另置东庭"，请她做将士家属的女教师。从此邓夫人就住在西安，直到农民军失败，才离开那里去盩厔。[19]

十月末，李自成留田斌守西安，自己亲率兵往塞上，攻取"三边"。二十八日，刘体纯等率众至凤翔，屯兵东关。十一月初一日，城被攻破，知府唐时明自杀死。初四日，李自成抵延安，诸将皆来会集，复率戎马万匹，旌旗数十里，胜利回到米脂。[20]这是他起义以来第二次重返故乡，第一次是在崇祯九年。两年前，明政府将他祖茔掘毁，使他感到十分伤心，这次回来，主要目的是想亲自看看究竟，以便重新修复。他命人请工筑土植封，按照先前的地脉形势，恢复成原来的样子，将祖墓修整一新，还访到几位族人，嘱咐他们以后经常负责祭扫。墓地竣工后，举行了一次隆重的祀典，随后他又率领原班人马，返回延安。改延安府为天保府，米脂县为天保县，清涧县为天波县。

明"九边"重镇，陕西就有三边：延绥、宁夏、甘肃。延绥镇属四卫：庆阳、延安、绥德、榆林，其中以榆林最为雄武。在延安、绥德二卫相继归服后，下一步攻夺的目标，自然是榆林和庆阳。十二日，李自成发犒师银5万两，亲笔书写信一封，派遣辩士舒君睿、将官黄色俊等持往榆林招降。同时又命李过、刘芳亮等以大军继后，先礼后兵，若说降不成，就用武力解决。

延绥巡抚崔源之两月前罢官离任，继任者未到。总兵官王定"诡言讨河套寇，率所部遁去"。右布政使兼兵备副使都任、原任总兵王世显、侯世禄、侯拱极、尤世威、尤世禄、王世钦、王世国，副将惠显、潘立勋、尤翟文等，敛集各堡精锐兵勇避入镇城，集合将士问道："愿降？愿守？"几个高级将领表示："愿效死！"广大士兵不敢说话，于是就这样决定。大家共推尤世威为首，主持号令，统一部署。

舒君睿在城下耐心劝说，3 日无结果。

十五日，李过等所率大军开始发动进攻。榆林城三面傍山，一面临河：城北有 5 处护城墩栅，可相互声援，从这面进攻不容易，东、南两面山阜参差，有祠、庙、林木好隐蔽，尤其是海潮寺，逼临城下，可从寺中挖地道穿城。农民军奋勇环攻，城上发射强弩、巨炮，拼死抵御。双方死伤均众。战事日夜继续。……

榆林攻战期间，李自成另派兵往攻宁夏（今银川市）。这月中、下旬，李自成回到长安。十六日，攻打宁夏城，总兵官抚民率镇兵迎击。农民军三战三败，死精骑数千。李自成增派援兵前往；另以 300 精锐骑兵驻守河南陕州，并遣官将百余骑分任阌乡、灵宝、渑池、陕州等州县地方官。大军一路大张榜示，移檄远近郡县。示中有“杀一人如杀我父，淫一妇如淫我母”等语。河南巡抚秦所式、副将李成栋屯兵孟县，在怀庆府郭家滩布防，沿河列炮而守。

榆林攻守 13 昼夜，矢石、炮火从无片刻停息，攻者甚勇敢，守者亦顽强。二十七日，农民军用洞车四面穴城，东南城崩数十丈，城内起火，农民军乘乱一拥而入。接着，展开巷战。一街一巷，反复争夺，自午及暮，各自矢尽刀折，尸体堆积塞道，鲜血流满通衢。最后战斗结束，农民军全部占领榆林。都任合室自经死。惠显被缚，饮酖死。李昌龄、尤世威、王世钦、王世国 4 人被俘，俱以槛车送至长安，不降，被杀。侯世禄、侯拱极、潘立勋、尤世禄等皆先后被杀。尤翟文城破前战死。官军仅存千余残伤败卒，血战突围出走。阖城妇女、儿童尽死于兵火中，无一存留。[21]

李自成命王良智、周士奇、张宏祚镇守榆林，高一功镇守绥德。增派大军往宁夏，总兵官抚民无力再战，请降。

刘宗敏于十一月率军 5 万往征庆阳。三十日，围城数匝。先攻西城，再攻南城，又自西城至北城，又从北城而东城，攻打多日不下。后从东城、北城穴城数十道，破城而入。兵备副使段复兴、知府董琬等死。[22]

在攻破庆阳的前后，所派其他西路大军亦先后取得辉煌胜利。刘体纯、袁宗第等由凤翔西破秦州。贺锦西取兰州，居民开城降；庄浪、凉州（今甘肃武威）二卫亦降；继逼甘州（今甘肃张掖），甘肃巡抚林日瑞、副将郭天吉顽抗，十二月二十四日，农民军乘雪夜堆雪成坎，登坎入城，林、郭二人被杀，城中军民死于刀兵混乱中者 47000 余人。“三边”既定，

远近各城皆望风而降，惟西宁卫坚守不下，至崇祯十七年二月，守将诱杀贺锦、鲁文彬，李自成大怒，命辛思忠率兵往讨，始破。㉓

当农民军一面往西，略取庆阳、兰州、甘州等地时，一面又分兵三路往东，谋渡黄河进入山西。兹将三路大军征战情况，分述如下：

南路军十二月初八日，前锋打到蒲州，渡过黄河，这支部队的主要任务是负责监视高杰和驻防怀庆府之官军。带兵官为刘某、马某（一作"白、李"）。他们打下蒲州、解州后，将所得金银私分给部下，因违反军纪，被按军法处死。高杰这时在蒲州，见到大军渡河，急由蒲州逃奔平阳，随逃奔绛州（今新绛县），又逃奔泽州（今晋城县），逃奔怀庆府，沿途搜索骡马，饱掠而遁。

北路军十二月初九日午时，派兵马约2000余骑，开到府谷县，到黄甫沿河一带，似有从河曲、保德试渡情形。这支部队的主要任务是负责牵制大同、宁武等地之官军。

中路军部队人数不详。十二月初五日西攻汉中不克，还军东攻韩城亦不克。十六日，清剿韩城四郊散兵、游勇。十八日，从禹门东渡黄河，进入山西河律县，副将陈尚智逃往平阳府（今临汾县）。二十二日，大军到平阳，守卒逃散一空，知府张璘然穷蹙迎降。陈尚智因受高杰凌逼，拥兵走入泥源山中，后走投无路亦投降农民军。山西巡抚蔡懋德带领3000疲卒屯扎平阳，河信日益紧急，晋王朱求桂亲降手书召蔡还太原（明时山西承宣布政使司治所、太原府治所、阳曲县治所，均在同一城，今为太原市），蔡留下1000人守平阳，1000人守汾州（今汾阳县），自率马步千人还省城。蔡懋德离开平阳这天，农民军渡河占领了河津，当他还在回省途中时，而农民军却已胜利进入平阳。二十八日，蔡回到太原，他在路上曾给兵部一分塘报，说："伏乞天语，严敕督、抚、镇、道专意董率河防，勿使一瑕可乘。"㉔

农民军占领平阳，杀明宗室300余人，发布檄文张贴各地，号召远近。檄道："为奉命征讨事。自古帝王兴废，兆于民心。嗟尔明朝，大数已终！严刑重敛，民不堪命。诞我圣主，体仁为生；义旗一举，海宇归心。渡河南而削平豫、楚；入关西而席卷三秦。安官抚民，设将防边，大业已定。止有晋、燕，久困汤火，不忍坐视；特遣本首于本月二十日自长安领大兵50万，分路进征为前锋，我主亲提兵百万于后。所过丝毫无犯，为先牌谕文武官等，刻（？）时度势，献城纳印，不惟倍赏，且保各处生灵。如官兵共抗，兵至城破，玉石不分，悔之何及！"⑤

孙传庭之死，明廷极为震惊，急切以兵部右侍郎余应桂总督陕西三边军务，御史霍达监军陕西，经略关陕。余应桂闻命，悲伤饮泣，陛辞时说："不益兵益饷，虽去何济！……"霍达向皇上痛哭陈词："西安若在，臣不惜一死以报皇上……"余至河上，见秦、晋大部州县已破，逡巡不前。朱由检生怒，将他革职，命新擢陕西巡抚（原擢四川巡抚，未入蜀，改填秦抚）李化熙接替，李见局势难以收拾，亦不敢前进。霍达至秦中，亦无地赴任。

崇祯十七年元旦（1644年2月8日），李自成即位于西安，改名"自晟"，国号"大顺"，建元"永昌"，以这年为永昌元年，造《甲申历》。追尊先代，以李继迁为不祧之祖，曾祖以下皆上谥号。拜宋献策为军师，牛金星为天佑殿大学士。更定六政府，置尚书一人，侍郎二人。设弘文馆、文谕院、尚契司、验马寺、书写房、谏议、直指使、统会、知政使等职官。各政府尚书姓名如下：

吏政府：宋企郊；户政府：杨建烈（一说"陆之祺"）；礼政府：巩焴；兵政府：张璘然（一说"喻上猷"，或"王命诰"）；刑政府：陆之祺；工政府：李振声（一说"张璘然"）。

李自成所建大顺政权
发行的货币"永昌通宝"

李自成攻取山西大同
府后所刻官印

复五等爵，大封功臣。权将军、制将军封侯，果毅将军以下封伯、子、男。

侯计9人：汝侯，刘宗敏（一作"磁侯"，误）；泽侯，田见秀；蕲侯，谷英；亳侯，李锦（即李过，一作"义侯"）；磁侯，刘芳亮（一作"汝侯"，误）；义侯，张鼐（一说封"碳侯"或"英侯"，误）；绵侯，袁宗第；岳侯，某（失其姓名，一作"李岩"）；淮侯，刘国昌（一说"刘国鼎"）。

伯72人，有姓名可考者为：光山伯，刘体纯；太平伯，吴汝（一作"从"）义；巫山伯，马世耀；桃源伯，白广恩；鄢陵伯，刘某；武阳（阳武?）伯，李佑（一作"佐"，误）；文水伯，陈永福；平南伯，刘忠。

宁陵子田虎等30人，临朐男高一功等55人。

严申军纪：有一马偬行列者，斩；马腾入田苗者，斩。按军册；得步兵40万，马兵60万。命兵政侍郎杨王休为都肄，出横门至渭桥，来回巡游，旗帜鲜明，金鼓之声动地。

铸大钱，每枚值白银一两，次当十钱、当五钱。平抑物价。

设科目取士，以宁绍先充考官，出题《定鼎长安赋》，拔扶风举人张文熙为第一。"令诸生经义俱散文，毋八股对偶。"

永昌元年，大顺政府在长安印行《华岳全志》，书前有华阴县令曹士抡所题"大顺初年开创第一令曹士抡谨识"等语。㉖

"死贼假仁、假义，众心如醉、如痴。"这是明刑部四川司员外郎王凤翼奏疏中的话。从这两句对李自成部农民军无耻诽谤的话中，可以从侧面反映了广大人民对大顺政权热烈拥护的实在原因和真诚心情。㉗

李自成自上年夏天入豫迎击孙传庭至崇祯十七年正月定鼎长安这段时间内，取得巨大胜利。而张献忠在同一时期也在湖广、江西也取得了辉煌的胜利。

崇祯十六年（1643）春，明政府特设江西、湖广、应天、安庆总督一员㉘，以兵部添注右侍郎吕大器担任此职，驻防九江。左良玉这时也驻扎九江，纵兵沿江骚扰。左自朱仙镇溃败，明政府将他的恩师总督侯恂革职下狱，他为此怏怏不乐；吕大器任江督，使他更感到疑惧，以为朝廷有意要收拾自己，因而在九江称病不进，处处和吕为难。明政府命他"专剿张献忠，毋老师糜饷！"左不得已，遣总兵方国安、副将徐恕德等向蕲州、黄石港、大冶一带先行，然后亲自提兵出湖口。张献忠闻左兵渐集，以张其在、谢凤洲等守武昌，养子张四虎守金沙洲，自率大众西走，破咸宁、蒲圻，向岳州、长沙。明地方官勾结蕲、黄四十八寨武装乡勇数万人，猖狂反扑，攻夺各府、州、县。八月初五日，左兵攻陷武昌、汉阳。㉙张其在放火焚毁各衙署，率诸将开保安门西走；谢凤洲自杀；张四虎先逃。马士英屯兵寿州，遣军前赞画黄鼎联络黄、麻等地山寨乡绅，密书诱约周文江叛变。黄鼎等率寨兵5000直入麻城，俘杀汤九（即汤志）。

就在左良玉占领武昌这天，张献忠攻破了岳州。接着，兵至长沙城下。总兵（一说"副总兵"）尹先民、副将何一德降。沅抚李乾德和巡按刘熙祚奉吉王、惠王走衡州（今湖南衡阳市），往依桂王。二十五日，大军破长沙，推官蔡道宪被杀。张献忠传檄远近。

农民军日益逼近衡九，副将孔全斌率领兵士先抢劫城外典铺，城内陷入一片混乱。桂王朱常瀛命令放火，将王府诸女乐及所有宫女约2000余人连同宫殿一起焚烧，顿时烈焰腾空，哀号呼救之声震达于天。随后，朱常瀛与吉王朱慈煃、惠王朱常润一同逃往永州（今湖南零陵县）。次日，农民军的大部队开到，未遇抵抗，未杀一人，进占衡州。张献忠令尹先民守衡州，自率兵往追三王。九月初五日，别将破宝庆（今湖南邵阳市）。三王于十七日、十八日分别抵永州，将往广西全州（今全县）。刘熙祚以中军护三王而行，自入永州死守断后。王舟满载宫眷、财物，溯湘江而上，滩险水急，船载过重，难行。十九日，大军破永州，刘熙祚死。三王闻信，恐惧，弃舟乘马，逃往梧州，宫眷皆遭劫掠。㉚

下一步，张献忠派兵进取江西，与官军争夺袁州（今江西宜春县）、吉安（今江西吉安市）等城，屡获捷音。

岳州一度为官军攻占。农民军再复岳州，大败官军。左良玉在武昌闻报大惊，抚、按等官皆浮舟江上，随时准备东逃。

十一月二十二日，张献忠亲率大军占领常德府。杨嗣昌的儿子杨山松在家乡办团练，对抗农民军，见府城失守，逃往离城南140里的莫家溪躲藏。张献忠发出"令票"，到处捉拿他。令票说："照得朱贼杨嗣昌，昔年曾调天下兵马，敢抗天兵，嗣昌不幸早死于吾刃矣！今过武陵，乃彼房屋、田土、坟墓在此，只不归顺足以（矣），为何拴同乡绅士庶到处立团？合将九族尽诛，坟墓尽掘，房屋尽行烧毁，霸占土田查还小民。有捉杨姓

一人者，赏银十两；捉其子孙、兄弟者，赏千金。为此，牌仰该府。"

张献忠恨透了杨家，下令将杨山松的五世祖杨润、六世祖杨镗之墓、高祖杨兆瑞、曾祖杨时芳、祖杨鹤之墓，以及他父亲杨嗣昌、母亲尹氏之墓，通统掘开，骨殖尽取出焚烧，灰烬抛掷水中喂鱼。㉛

张献忠派人至荆州，与老回回结好。

岳州、袁州又相继为官军夺占。十二月初二日，农民军破建昌府（今江西南城县）；初七日，又破抚州府（今江西临川县）。邻省广东大震。有人建议：乘胜东取吴、越。张献忠犹豫，未听，决策入川。继而，张献忠放弃长沙，向蒲圻、嘉鱼一带退走。大军溯江西上，过荆州，尽弃舟楫，步骑数十万，至四川界，见各隘口无兵，遂由巫山梅子坡入蜀。女将秦良玉驰援，以众寡不敌溃走。大军入夔州，攻占万县。时间为崇祯十七年春。㉜

注：

①《绥寇纪略》谓召见吴甡在"文昭阁"，《明史》作"昭文阁"，参看朱偰著《明清两代宫苑建置沿革图考》附图《明代宫禁图》，知应为"文昭阁"。"文昭阁"（又称"文楼"）与"武成阁"（又称"武楼"）系东西对称之二阁，在"皇极门"内。《明史》卷二十四载吴甡罢官为十六年五月戊申（十六日），戍于金齿为同年十一月癸丑（二十三日）。

②清兵撤走之路线，参看下列诸材料：《兵部题〈御前发下辽东巡抚黎玉田题〉残稿》（《明清史料》乙编、第五本）、《兵部行〈兵科抄出山东巡抚王永吉题〉稿》（《明清史料》乙编、第六本，以下本注所引诸"兵部行、题稿"均见该本）、《兵部行〈兵科抄出京营总督吴惟英等题〉稿》、《兵部题〈大同总兵姜瓖塘报〉稿》、《兵部行〈兵科抄出天津巡抚冯元飏题〉稿》、《兵部题〈保定巡抚杨塘报〉稿》、《兵部行〈兵科抄出察饬保定剿房事务傅景星题〉稿》、《兵部题〈山西巡抚蔡塘报〉稿》、《兵部行〈兵科抄出兵科结事中李永茂题〉稿》、《兵部题行〈涿州参将李志耀塘报〉稿》。

③周延儒督师日期：《北略》谓四月初五日下午奉命，初六日至通州。《崇祯实录》谓为四月"戊辰"（初五日），《明史》谓为四月"丁卯"（初四日）。螺山之战，《实录》说在四月"辛巳"（十八日），《明史》说在四月"辛卯"（二十八日）。据《兵部行〈兵科抄出京营总督吴题〉稿》（《明清史料》）乙编·第六本）："哨至密云，探得奴之前哨达子已于四月二十六日闯开墙子路口，见今辎重俱在口里葫芦峪地方，陆续往口外行走，其断后余贼往来倒拨顶截官兵，（商）上仁等路过五军二营战场，见

尸横遍地……"既然四月二十六日清军已陆续出口，而且已有人看到当时战场上的情景，可见《明史》所说四月二十八日螺山之战不确，应以《实录》所记日期为准。

④《明史》卷二十四谓"（五月）壬寅（初十日），周延儒还京师"。周之罢官，《明史》及《崇祯实录》均记为十六年五月丁巳（二十五日）。《北略》卷十九《周延儒续记》谓："六月初一，辞陛于前门之棋盘街。"二说虽不同，并不矛盾，一系指免官之日，一系指陛辞之日。《北略》说七月二十五日审吴昌时于文华殿；《明史》、《实录》说七月乙卯（二十四日）亲鞫"吴昌时于中左门"。二说应以后一说为准。《明史》：十一月"癸丑（二十三日），范志完、赵光抃弃市，戌吴甡于金齿"。又云：十二月"乙丑（初五日），周延儒有罪赐死。"另据佚名撰《崇祯长编》卷一所载，知范志完、赵光抃、吴昌时被杀，在十一月二十三日癸丑。周延儒之死，《长编》说在十二月初八日戊辰，乃锦衣卫、法司官覆命之日期；《北略》说为十二月初七日五更，乃周自裁之日期。二说并不矛盾。《明史》说周赐死为初五日，系指法司议罪具奏日期，并非周死之日。

⑤康熙《固始县志》卷九《武备志·军功》："崇祯十六年癸未三月，闯贼送伪官至县……逐却之。"《光州志》卷四十五《纪事志》："崇祯十六年夏四月，李自成委伪官方遂来知光州……沈万登屯汝宁，诱执方遂于府狱。"《光山县志》卷三十二《杂纪》亦有此记载。《绥寇纪略》"补遗下"："（十六年）三月，兵部报：遂平副将刘扁子（即刘洪起，又称"刘扁头"）将汝州伪官杀死。"在湖广同样也发生了这样的事情，今仅举一例，以见一斑：同治《应山县志》卷二十一《兵荒》："十六年正月初九日，民弃城走山谷，十六日伪官陈帝道、伪部总张至县僭据。五月，东乡各寨民逐伪官，入城焚毁。"这里所说的"伪官"，当系指农民军所委任的官吏。

⑥《绥寇纪略》"补遗下"谓李自成"发右营出邓州"、"发左营出颍州"、"发后营一只虎出河南"。发兵时间不明确。《内乡县志》卷十《兵事志》："（十六年）五月，袁、刘二贼营驻内乡西关……"，此处所说之"袁刘"，与《纪略》所说"右营出邓州，以迎敌秦兵"是一回事。"袁"当是指袁宗第，"刘"是指右营制将军刘希尧。五月大军由襄阳发兵，经邓州而往内乡。《邓州志》卷二十四《杂纪·兵变》说"十六年春二月，李自成据邓州"。按这年二月李在襄阳，不在邓州；所谓"据邓州"，可能是他部下将官。因这月李自成曾派精兵一支防守淅川，队伍前往淅川即须经过邓州。《纪略》说"左营出颍州，以敌左兵"。按此时左军在九江、安庆一带，离颍州甚远，估计出兵颍州不是为敌"左兵"，当是为防"小袁营"从河南东部逃逸。《兵部为农民军回洛防河孔亟题稿》（《明清档案史料丛编》）："据顺广道副使宋权捕报：五月二十一日，闯寇回至雒阳，凡府州县俱另安官。又报大寇在汴梁朱仙镇等处，逼近黄河。"李自成既已回洛阳，那么在朱仙镇的"大寇"还有谁？结合《绥寇纪略》的记载，知

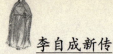

此时在朱仙镇东南睢州一带讨伐袁时中的大将，乃一只虎李过。通过宋权塘报所明确提供的年、月、日，可大致断定李自成由襄阳发兵之时间必在这年五月中旬，此点正可弥补《纪略》之缺记。

⑦ 征讨袁时中之行军路线，参看上引"题稿"及《睢州志》卷十二。

⑧《守郧纪略》："（十六年）五月杪，自成闻督师治兵西安，将出关而南，遂至邓州。"此处未说自何处至邓州。结合注⑥所引之"题稿"，知系由洛阳至邓州。

⑨《明史·孙传庭传》记孙传庭"兼督河南、四川军务，寻进兵部尚书，改称督师"为十六年五月。《纪事本末》、《北略》记其事为该年六月。《平寇志》更明确记为六月"己巳"（初七日）。《明史》谓孙传庭总督诸省军务，其中有山西省，但《平寇志》等书均未提及山西省。

⑩《甲申传信录》卷二。

⑪《平寇志》卷七。

⑫ 据《守郧纪略》。

⑬《甲申传信录》卷二、徐秉义《明末忠烈纪实》卷二《殉秦传·孙传庭》谓"八月二十日"孙出关，误。结合《守郧纪略》所载孙传庭密示高斗枢兵期，"约以八月上旬"，知《明史·孙传庭传》所载孙出关日期可信。据《豫变纪略》载，孙传庭麾下粮运监纪同知郑之俊讲，孙出关为"八月丁卯（初六日）"。郑廉还特意介绍：郑之俊"终始从军，其所说皆目睹，与传闻者不同"。按郑之俊既为运粮官，依照一般行军打仗要求，"大军未发，粮草先行"，出关应当在大军之前；"八月初六日"当是他出关之日期，孙出关之日期仍应以《明史》所说为准。

⑭《崇祯实录》卷十六谓"（九月）己亥（初八日），孙传庭出关"，显误；按这天乃孙至汝州之日期，此点《明史·孙传庭传》、《绥寇纪略》、《纪事本末》诸书所记均同。宝丰之破，《平寇志》一说为九月十二日癸卯，一说为九月十一日壬寅，一说为九月初十日辛丑。按"辛丑"是指官军至宝丰之日，"壬寅"是指李自成第一次援师救宝丰之日，"癸卯"是指李自成第二次援师救宝丰失利城陷之日。《绥寇纪略》对此记载最为明确、可信。《明末忠烈纪实》卷二谓九月初八日官军"克宝丰"，误。《怀陵流寇始终录》卷十六："李养纯之降在（十六年）八月丁丑（十六日），谢君友之擒及郏县之复在九月己亥（初八日），见白谷疏，余说不可从。"他书如《明史》、《平寇志》、《绥寇纪略》均谓李养纯之降在九月八日孙传庭师次汝州时，谢君友之被杀在九月十三日郏县失陷时。"白谷疏"不知指何疏，在《孙忠靖公全集》中一时未能查出收有提到关于李养纯之降与谢君友之死的奏疏，故此处只好暂采《明史》等书之说。

⑮ 孙传庭兵败时间，据《明史》、《明史纪事本末》、《国榷》、《崇祯实录》等书记载，有九月"壬子"（二十一日）、"癸丑"（二十二日）、"甲寅"（二十三日）三种

说法。"壬子"，当是指李自成"追及"官军之时间；"癸丑"，当是指两军正式接战之时间；"甲寅"，当是指官军败逃之时间。孙传庭兵溃地点，据诸书所载，有汝州、襄城、南阳三种说法。高斗枢《守郧纪略》讲，李自成是在"襄（城）、郏（县）间"战败孙传庭的，并不是南阳。高与孙预约"兵期"夹击李自成，当然会对当时战争的形势发展密切注视，所以他的话可信。所谓"襄、郏间"，乃系泛指；严格地讲，当是郏县与汝州之间。

⑯参阅《明史》卷二百九十四《黄世清传》、康熙《内乡县志》卷十《兵事志》、乾隆九年修《商州志》卷十四《纪事》，李自成入秦时曾派出一支偏师自内乡入商州，可是一般史书对这支偏师记载往往忽略。潼关之破，山西巡抚蔡懋德奏报："潼关于十月初六日闯贼袭陷矣。"（《崇祯长编》卷一）证明《明史》、《平寇志》等书所记日期可信。《国榷》谓为十月"癸亥"（初三日），《绥寇纪略》谓为"十月初七日"，《甲申传信录》谓为"十月十四日"，均误。关于孙传庭之死，各书说法不一致。《明史》谓死在潼关，"跃马大呼而殁于阵"。《国榷》也说死在潼关，可接着又说"窜五台山为僧"，意即并未死。《绥寇纪略》、《平寇志》、《纪事本末》、《流寇始终录》均谓死在渭南，系"横刀冲贼殁于阵"。《甲申传信录》谓西安破时，为200喇嘛僧"拥之西去"；此点，《小腆纪年附考》已指出其不可信。《甲申朝事小纪》二编、卷五《丁丑已后佚事摘纪》谓系"大败而逃"。《国寿录》附录《逆闯始末》谓"传庭退潼关，为乱兵所杀"；此说颇有很大参考价值。乾隆五十年修《代州志》卷六《艺文》冯云骧《潼关行并序》云："潼关抗节，裂臆断胸，鼓死城摧，气虹血碧"；又云："余同里人也，知之悉……故作歌以纪孙公。"

⑰西安之破，一说在十月二十日，一说在十月癸酉（十三日），一说在十月壬申（十二日）。《明史》卷二十四说"壬申，李自成陷西安"，卷二百六十三《冯师孔传》又说"十月十一日，（西安）城陷"，前后矛盾。《兵部为塘报"入陕"贼情事》（《明末农民起义史料》）载："有朝邑张生员并旧关在华州卖盐客人赵小山口称：有朝邑访犯贺凤山在西安府监禁，今贼于十月十一日攻入长安，得脱囹圄，今回伊家说：本月十一日失西安是实。"据此证明《绥寇纪略》、《北略》、《纪事本末》、《平寇志》诸书所记西安城破日期属实。冯师孔之死：一说"战殁"于潼关（《崇祯长编》卷一），一说西安"城陷……投井死"（《明史·冯师孔传》），一说"督兵战（西安）城东，兵败被执，不屈死之"（《平寇志》卷七）。破商州、雒南日期，据上注所引《商州志》。芝菌镇告示，见《兵部为塘报"入陕"贼情事》。

⑱《明史》卷二百六十四则说焦源溥因"勒令输金"不从被杀。"三南"之死，据《明史》本传。崇祯十六年十月李自成破渭南，"责南氏饷百六十万"，南企仲"遇害"；十七年正月，南居益、南居业为"贼遣兵拥之去（西安）。……绝食七日而死"。

⑲有关张国绅事，见《国榷》、《绥寇纪略》、《北略》及《陕西巡抚雷兴启为搜获从贼逆妇等事》（《明末农民起义史料》）。《明史》谓李自成占领荆、襄后，以张国绅为上相；按那时张实际尚在陕西，还未投降。张之被召见，乃崇祯十六年十月下旬事。证以《搜获从贼逆妇等事》，知张诱献邓夫人的时间确在闯军占领西安后，此点系出自邓夫人亲口所述，当绝对可信。

⑳《纪事本末》、《平寇志》等书，都说十六年十一月甲午（初四日）李自成破延安、回米脂祭墓，然后"亲攻凤翔"。这就是说，攻克凤翔是在攻克延安之后。但雍正十一年重修《凤翔县志》卷八《经武志·兵事》载："十六年冬十月……渠党刘体纯等二十八日至凤翔，屯东关。十一月朔，城遂陷。"道光二十一年重修《汧阳县志》卷十一《纪事》谓"十六年九月，李自成复陷凤翔"。按"九月"李自成尚在河南，"复陷凤翔"不可能。破凤翔时间应以该县"县志"为准。据上述"县志"所说，知攻克凤翔是在攻克延安之前，不是在这之后。若结合"时间"（初一破凤翔、初四破延安）、"距离"（凤翔至延安）这两个条件一并考察，所谓李自成"亲攻凤翔"恐不可信，此点亦应以"县志"所记刘体纯等攻凤翔为准。

㉑榆林城破日期，据戴名世《榆林城守纪略》、《榆林乡土志》（国家图书馆藏钞本）、顾炎武辑《明季实录》卷四《御史题奏秦中死难各官并榆林失地情形》及《明史》、《纪事本末》、《国榷》等书。

㉒《崇祯实录》、《明史》、《绥寇纪略》、《纪事本末》、《平寇志》等书都说庆阳之破在破榆林、宁夏之后，具体日期不清楚。

㉓费廷珍修《秦州新志》卷五《武备下·历代戎事附》记攻打秦州，只有年、月，未有具体日期。按刘体纯破凤翔为十一月初一，然后西取秦州，估计秦州之破当在十一月上、中旬。兰州之破，诸书谓在破庆阳之后，具体日期不明。破甘州日期，见《明史》卷二十四、《国榷》卷九十九。副总兵郭天吉，《北略》作"总兵郭大吉"，此处从《明史·林日瑞传》。

㉔南路军的情况，材料见《纪事本末》卷七十八、《国榷》卷九十九、《副总兵刘世昌塘报》（见《甲申纪事》附录）。北路军的情况，材料见《镇守大同总兵姜瓖为塘报黄甫等处贼情事》（《明末农民起义史料》）、《兵部为飞报"河东"紧急贼情事》（见同上）。这两份档案有牴牾之处，需要辨明。前一材料说十二月十一日农民军"尚在河西"，而后一材料却说十二月初十日"已过河东"，到底何说为是？"紧急飞报"，显有张皇不实之处。"遽敢信为确音？""或保德居民遥见隔河□□□□□鹤哄传，亦未可知。"连"飞报"人自己对此消息亦抱怀疑态度，可见这个情报并不确实。另据《兵部为钦奉敕谕〈严禁倡逃〉事》（《明末农民起义史料》）："近日寇患地方，人心不固，闻警逃避，法纪荡然，亟宜立行赏罚，用示惩劝。如山西保德州固守有功，官

绅人等，已有旨破格叙擢……"此材料证明十二月初十日"已过河东"之报果然不实。中路军的情况，材料见《明史》、《纪事本末》、《甲申传信录》、《崇祯忠节录》以及《国榷》等书。农民军渡河日期，记载不一。有说十二月二十一日，有说二十日，有说十八日。证以《兵部为钦奉圣谕事》（《明清内阁大库史料》、第一辑、下册，《明末农民起义史料》亦收有此谕）、《兵部行〈御前发下保定巡抚徐标密奏〉稿》（《明清史料》乙编、第十本）所说"十二月十八日过河"之事实，知诸书所记，惟《国榷》属实，他书均误。又《兵部为塘报"山西"贼情事》（《明末农民起义史料》）云："探得大贼系去年（指崇祯十六年）十二月十九日在禹门过河，失了河津等县。"这里所说的"十九日"，应是指"失了河津"等县的日子，不是确指"过河"的日子，"渡河"日期当仍以"十八日"为准。据上引《徐标密奏稿》讲："十二月十八日过河，平阳危急。"说明农民军过河与破平阳这两件事不发生在同一天。但《兵部为塘报流寇"入晋"事》（《明末农民起义史料》）却说："十二月十八日过河，平阳已失。"说明这两件事是发生在同一天。前件系保定巡抚徐标密奏，后件系真定巡按刘宪章题奏，二件均系崇祯十七年正月十六日子时兵部送"御前发下红本"，尚且说法不同；无怪各书所记破平阳日期，众说纷纭，或说为"二十日"、"二十一日"、"二十二日"，令人无所信从。其所以造成如此分歧，主要是由于农民军未到，州县官吏早弃城而逃，故各官上报城破日期彼此不一。农民军具体渡河地点：一说"船铺窝"（《甲申传信录》），一说"船窝"（《明史·蔡懋德传》），一说"沙涡"（《平寇志》），一说"沙窝"（《流寇始终录》）。按河津"西北有龙门山，夹河对峙，下有禹门渡巡检司"（《明史·地理二》）；农民军若要由河津渡河入晋，渡河地点应当是在"禹门"一带。《兵部为塘报"山西"贼情事》就明确指出是在"禹门过河"。蔡回太原途中于十二月二十六日送兵部之塘报，见《明清史料》、乙编、第十本《兵部题行〈山西巡抚蔡懋德塘报〉稿》。

㉕ 见《国榷》卷九十九。檄文发布日期为崇祯十六年十二月癸未（二十三日）。

㉖ 一般记载都说崇祯十七年正月初一日，李自成在西安即王位。《后鉴录》卷五也说"即顺王位"，可是该书又这样记载："其曾祖以下皆上谥号为皇帝，追尊其母吕氏为皇太后……册封高氏为后，陈氏为贵妃。"说明李自成并非即王位，而是即皇帝位。《北略》卷二十三《李自成伪诏》云："犹虑尔君若臣，未达帝心，未谕朕意，是以质言正告。"这是未进北京前发布的檄文。文中完全是皇帝口吻，可证李自成在西安不是称王，而是称皇帝。李自成在荆、襄早已称王，没有必要再次宣布称王。《小腆纪年附考》卷一说："闯贼不名何？书盗之义也。曰僭称王何？别于称帝之辞也。"如果李自成真只称王而未称帝，徐鼒这段表白无异是无的放矢；所谓"别于称帝之辞"，意即当书称帝而不书，表明具有贬抑之意。有关大顺政权六政府及五等爵封之材料，主

要根据《明史》、《绥寇纪略》、《平寇志》、《北略》、《国榷》、《后鉴录》等书。有几个问题需要说明：《明史》卷三百九，称崇祯十七年李自成设六政府尚书，分别以宋企郊、巩焴等为吏政府、礼政府尚书。但《北略》卷二十《李自成僭号》则称："设六政府，各尚书一人，侍郎二人。左侍郎则皆随征。吏左宋企郊，户左杨建烈，兵左喻上猷，礼左巩焴……"《甲申核真略》："按贼改六部为六政府……其尚书皆留守陕西。每府一侍郎从征。如吏政宋企郊，户政杨建烈，兵政喻上猷……皆左侍郎也。坊刻称：入京至（三月）二十五日乃改及（？）以企郊等为尚书，皆谬。"究竟宋企郊等是尚书、还是左侍郎？此处从《明史》。据《八省总督佟揭为恭报地方情形事》（《明末农民起义史料》）载，知刘芳亮确为"磁侯"，张鼐确为"义侯"；又据《清世祖实录》卷十八阿济格疏报，知刘宗敏确为"汝侯"。按照封爵原则，权将军、制将军封侯；但张鼐系"帅标正威武将军"也封了侯，是否破格赏封？刘希尧为"右营制将军"（一说"左营副制将军"），而未封侯，是否史书缺记？或根本未封？所封之伯、子、男皆以地名冠称，如光山伯、太平伯、文水伯、临朐男……文水属山西省，临朐属山东省，崇祯十七年正月李自成建立新政府时尚未打到文水和临朐，"文水伯"、"临朐男"之封，是否后来的事？待考。令"毋八股对偶"，见谈迁《北游录》纪闻上；印《华岳全集》，见上海图书馆藏汤斌增修《华岳全集》。此二例均转引自洪焕椿《明末农民战争史略论》，55 页。

㉗ 见《兵部为死贼假仁假义等事》（《明末农民起义史料》）。该奏由兵部送兵科钞出，崇祯十七年正月十三日奉圣旨。奏中未具体提到李自成之名，但有这样两句话："臣（王凤翼自称）刑曹末吏，山右迂儒。""山右"即山西省，王凤翼当是山西人。崇祯十六年十二月至十七年正月上旬在山西省活动的农民军只有李自成部，故知王凤翼奏中所说"假仁假义"之"死贼"，肯定是指李自成，不会指别人。

㉘《明史·职官二》："总督九江地方兼制江西、湖广军务一员，崇祯十六年设。"未说设于何月。《兵部题行〈兵科抄出浙江道御史李陈玉题〉稿》（《明清史料》乙编、第十本）："崇祯十六年三月二十一日奉本部送兵科抄出浙江道御史李陈玉题……操臣已推就，近且设督九江……"所谓"近且设督"，时间当不会相隔太久，估计大概是这年二三月间事。

㉙ 参阅《兵部行〈平贼镇总兵官左良玉呈〉稿》及《兵部题行〈平贼镇左良玉呈〉稿》（俱见《明清史料》乙编、第十本）。

㉚《广阳杂记》卷二："余（刘献廷自称）闻张献忠来衡州，不戮一人，以问娄圣功，则果然也。"刘熙祚之死，各书说法不一。《小腆纪年附考》卷二与《北略》卷十九均考之甚详，不重复。

㉛ 常德之破，日期据杨山松撰《被难纪略》。《酉阳杂笔》谓常德"十一月二十

三日子时再破"。破常德可能是二十二日半夜，记二十三日子时不算矛盾。张献忠之"令票"，系杨山松所录，原文作："照得朱贼杨某……某不幸早死于吾刃矣！……"估计原件必是直指杨嗣昌之名，此处之"某"字，肯定是杨山松为避父讳而改，故引录时依原意改回。

　　㉜　十七年正月，张献忠破夔州，《绥寇纪略》、《纪事本末》、《平寇志》、《明史》、《蜀碧》等书所记皆同；但《客滇述》却说"二月，贼陷夔门"。万县之破，说法也不一，一说为"二月"（《绥寇纪略》、《蜀龟鉴》），一说为"三月"（《客滇述》）。

第七章　推翻明王朝

一　向京师进军

大顺永昌元年、清顺治元年、明崇祯十七年元旦（1644 年 2 月 8 日），在西安、沈阳、北京三地，李自成、福临、朱由检三人，各以不同的心情，在不同的情况下，分别迎来了这个新的一年。

在西安：李自成正式宣布"定鼎长安"，分封、赏赐各有功将士，即将发兵攻打京师。

在沈阳：大清皇帝皇太极第九子、6 岁的福临，第一次诣"堂子"行礼，御殿受群臣朝贺新春。皇太极死于崇德八年（崇祯十六年）八月初九日，暴病而崩，无遗诏。皇族内部一度发生过争继大统的斗争，最后由手握实权的睿亲王多尔衮取得胜利，扶植皇太极的幼子福临登极，自己以皇叔父的名义摄政，称"摄政王"，福临于同年八月二十六日即皇帝位，以明年为顺治元年。[①]

顺治皇帝即位不久，即对明加紧展开进攻，先后夺取了明中后所、前屯卫、中前所三城。三地被占，明宁远城与山海关之间的通道被切断，宁远孤悬于东，越发难以防守。清军虎视眈眈，日益逼近山海关。

蒙古鄂尔多斯部落以农民军占据陕西之消息奏报清廷。清政府以国书形式致书农民军，想与之联合，共同出兵推翻明朝。封袋上、下各写"谨封"二字，盖以"皇帝之宝"印。信封正面，因不知李自成等人尊号如何称呼，只写"诸帅书"三字，未写个人姓名。信内年、月，亦用"皇帝之

宁远城东门

宝"印。书道："西据明地之诸帅：朕与公等，山河远隔，但闻战胜攻取之名，不能悉知称号，故书中不及，幸勿以此而介意也。兹者致书，欲与诸公协谋，同力并取中原。倘混一区宇，富贵共之矣！不知尊意何如耳？惟速驰书使，倾怀以告，是诚至愿也。顺治元年正月二十六日。"

书使迟起龙等于三月初三日到达榆林，将书投递。大顺榆林守将王良智见封面上写着"诸帅书"字样，以为是一般信件，接到就拆，等到拆开，才发现是国书，不好再将拆开的国书往上转，只得把原件发回，答应将书中的原话代为转奏给大顺国主。李自成大军这时已破大同等处，正迅速向京师挺进，估计王良智肯定会把清方遣使致书的事如实向上报告，但李自成未予理会，当然也不会有什么回报。[②]

在北京，元旦这天，气候很坏，刮大风，黄沙满天，日色昏沉（一说"大风霾"，一说"无风扬沙"）。崇祯皇帝朱由检御皇极殿，太子朱慈烺御文华殿，受百官朝贺。朱由检命大小臣上殿近前，认识东宫面貌。朝罢，锡茶招待阁臣。阁臣们说："库藏久虚，外饷不至，一切边费，刻不可缓，惟望皇上拨发内帑。"朱由检听了，沉默半晌，凄然垂泪道："今日内帑难以告先生！"

去年当皇太极暴病而死的消息传到北京，一度引起朱由检极大幻想，认为：在清内部，"诸孽争立相杀，明有内乱情形"，正是"图奴"大好时机，因此指示兵部密谕吴三桂"乘机用间"。吴三桂奉命，密奏道："招叛用间，自是图奴之一端，而调集重兵，张皇天讨，亦一失不可再得之机

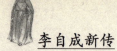

会"；"不然，则关、宁两地，呼吸存亡，株守用间以成功，恐贻误政不小也。"③很快，清廷内部的斗争宣告结束，朝廷"乘机用间"的计划也就随之宣告破产；相反，明政府在清军和农民军东西两面夹攻之下，兵溃饷竭，业已面临彻底崩溃的边缘。

正月初三日，崇祯皇帝在德政殿召见左中允李明睿，问"御寇之策"，李请屏退左右，趋近御案，低声道："臣自蒙召以来，探听贼信颇恶，今将逼近畿甸，此诚危急存亡之秋！若从长计议，唯有南迁一策，可缓目前之急。"

崇祯帝道："此事重大，谈何容易！"一面用手指了指天，说："不知天意如何？"

李明睿道："天命微密，人定胜天。此事愿皇上圣心独断，外度时势，不可一刻迟延。"

崇祯帝向四周望了望，见无他人，方道："朕久有此想法，奈无人赞勷，故迟至今日。汝意与朕意相合，朕志已决，若诸臣不从怎办？眼下卿须守密！"复问："若南行，中途怎样接济？如何安排？"

李明睿答："走河南、山东，这是陆路，由登州、莱州，可以海航，经通州运河，此为水路。皇上须从小路轻车南行，二十日可抵淮上。"

崇祯帝又叮嘱道；"此事重大，不可轻泄！"

李明睿急道："出谋在臣，臣岂敢泄漏？皇上但出都门一步，便可龙腾凤跃，不旋踵而天下运之掌上，若兀坐北京，坚守危城，于事毫无补益！"

崇祯帝点头道："知道了！"随入宫，传谕：赐宴文昭阁。

这天中午，又召对内殿。李明睿请发内帑，以济燃眉。崇祯帝面色悲戚地道："内帑如洗，一毫无措。"

李明睿奏："祖宗三百年积蓄，岂能到此地步？"

崇祯帝皱着眉答："其实无有！"命李出外暂憩，赐茶。夜漏初传，又召李明睿进内。李挨近御案前，详议间道微行、领兵护卫、措饷接济诸事细节。漏下二鼓，李方出宫。④

吏科都给事中吴麟徵请弃山海关外宁远城，徙吴三桂入关，屯宿近郊，以卫京师。廷臣们皆以弃地非策，日后怕担责任，不敢赞同。

李自成遣人持牒至兵部约战⑤，称"三月十日至"，署文用"大顺永昌"年号。送牒人自称为京师籍，从涿州回，投宿某旅店，遇一旅客病危，给十金请代为投递。兵部不信，把他当作侦探，将他斩首。

农民军日益逼近，崇祯帝感到忧惶，每次临朝，总是长吁短叹。一天，对阁臣们说："贼势如此，阃外无人，府库殚竭，将如之何！"

大学士李建泰奏："主忧如此，臣安敢不竭力？臣山西人，颇知贼中事，愿以家财佐军，倡率乡里，可集十万之众，无需朝廷费一卒之饷。臣请提兵西行。"

崇祯帝喜道："卿若肯行，朕当仿古行推毂之礼，亲饯郊外。"

李明睿复蒙召对，继而上疏，字面上不提"南迁"，改说"亲征"，主张"东宫居守"、"皇上启行"，并提出警语："日复一日，优柔不断，天下大事尚可为哉？"疏入，下部速议。兵科给事中光时亨上疏参劾此议为邪说，而且坚决要求："不斩李明睿，不足以安人心！"崇祯帝见疏不悦，召光时亨当面诘责。⑥

正月二十六日，大学士李建泰出师，行遣将礼。寅时，驸马都尉万炜，以特牲告太庙。卯时，日出，皇帝临轩行授钺礼，授李建泰节剑。巳时，备法驾，御正阳门楼，赐钱。自午门至正阳门，旗幡十余万，鼓吹不

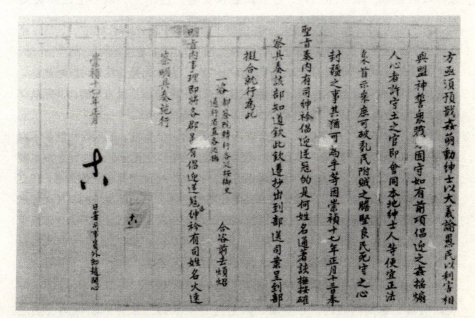

崇祯十七年兵部题稿

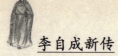

断。内阁大学士陈演、魏藻德、方岳贡，吏部尚书李遇知、户部尚书倪元璐、礼部侍郎杨汝成、兵部尚书张缙彦、刑部尚书张忻、工部尚书范景文等文武百官俱到。楼上，列席19桌（一作"50余席"），文东武西，御席居中向南，御席用金台爵，皆嵌大宝石，是累朝重器，诸臣席皆用金杯，也是库藏国宝。命五府掌印侯、伯、内阁、六部、都察院掌印官，及京营总协侍坐。鸿胪官赞礼，御史纠仪，将军侍卫。开宴时，作乐，崇祯帝亲自酌酒3杯，赐李建泰饮，谕道："先生此去，如朕亲行，凡事可便宜而行，先发后闻。"李建泰感激涕零，干杯，顿首谢恩。崇祯帝命将金杯赐与，留作纪念。太监为李建泰披上大红宫锦一端，簪上金花两枝。席散，鼓乐先导上方剑出，皇帝凭栏含泪目送。许久，见李建泰去远，始命返驾。这天，又刮大风，沙土扑面，尘埃涨天（一说"是日天霁风和"，可能没有整日刮风），所有送行文武，无不预感前途暗淡，神意沮伤。朱由检回至宫中，许久心情亦难平静。⑦

二十七日，李建泰出都。路上，他闻知山西烽火甚急，家乡已为农民军所破，顿觉气沮，有意稽延，每月行止30里，行至涿州，营卒逃回3000人。行至顺德府广宗县，兵丁抢掠，该县士绅闭城不纳。李建泰发怒，攻破县城，杀乡绅王佐，笞责知县张宏基。过东光，该县士民亦关城拒守，官兵破城而入。李建泰徘徊于畿辅真定、河间一带，见山西烽火连天，避锋、观望，托疾不敢入晋。

元旦后，李自成从长安发兵，往取京师。遣刘宗敏、李过等率众2万为前锋，渡河入山西。各州县官吏，或降或逃，无不望风瓦解。大军连克闻喜、曲沃、赵城等县。各地方官，畏惧皇上严杀，凡失守城池多蒙蔽不报，以致京城内外，声息隔绝。二十八日，京师闻平阳再破消息，举朝震惊。⑧

二月初一日，崇祯皇帝平旦视朝，忽从宫外传进挑战书一封，末云："限三月望日至顺天会同馆（凡邮传，在外曰"驿"、曰"递运所"，在京师曰"会同馆"）缴还！"举朝文武，莫不惊骇失色，不敢究问，匆匆朝罢而散。⑨

继刘宗敏等发兵之后，李自成亲统马、步数十万，于二月初一日（一说前两日）从禹门渡河。牛金星、顾君恩、宋献策、宋企郊、巩焴、陆之祺、张璘然、喻上猷、李振声、杨王休等文臣、谋士随行。所派别将破蒲州，所属诸县皆降，委官据守。河南怀庆府济源等县原守官尽逃，河北震动，府城白昼关闭。李自成遣将往追高杰。高杰闻风率兵远扬，窜往徐州。

初二日，破汾州府，知府侯君昭、汾阳知县刘必达死。河曲胥吏夺印送款。静乐士民焚香结队远迎。初三日，怀庆兵变，福王朱由崧与其母邹太妃出奔，乱兵阻道，母子失散。福王走卫辉，依潞王，两人寻俱南遁。⑩

上年冬，山西巡抚蔡懋德由平阳退守太原，巡按御史汪宗友上疏纠劾，说他"不待春融冰泮，遽尔平阳返旆"，致使"余郡皆失"。为此，朝廷有旨：蔡懋德解任听勘。命郭景昌代山西巡抚。郭景昌至固关（亦作"故关"，在娘子关之南，为冀、晋两省要隘），闻农民军破州克郡，逗留不进。三边总督余应桂亦迟回河上，听候动静。有人劝蔡懋德出城候代，蔡以封疆大员，守土有责，不肯去，愿死守太原。

正月末，农民军破太原县（今晋源），游骑至太原府城近郊。李自成遣人持牌至城下召降。蔡懋德登埤拒守，击碎召降牌，擒斩劝降来使。

二月初五日，李自成亲临太原城下。攻围战开始，蔡懋德遣标下骁将朱孔训、牛勇出战，朱中炮，受重伤，牛战死，一军皆没。初七日，南关先破。这日，大风，拔树飞瓦，至夜，狂风大作，势若轰雷，彻夜不停。东南城上有一碟楼，内贮火药数十笼，还有火罐、火箭、灰瓶、火石等物；大南门守将张雄缒城出降（一说"夺南门出降"），吩咐同党放火烧楼。五鼓火起，风助火势，火药爆发，霹雳之声，轰震全城。太原卫千户陈嘉琦及其弟陈嘉贵均为大火烧死。四城守堞兵望见城楼火起，以为城已攻破，俱一哄而散。初八日昧爽，农民军由南门蜂拥入城。中军副总兵应时盛持矛巷战，保蔡懋德突围，未果；两人旋退至"三立祠"；蔡恐被俘，悬梁自缢死，应亦自缢死于蔡身旁。太原城破，地方官共死46人。晋王朱求桂逃出，被追回，降。⑪

李自成移檄远近，揭发明政府罪恶统治，檄道⑫："君非甚暗，孤立而炀蔽恒多；臣尽行私，比周而公忠绝少。甚至赂通公府，朝端之威福日移；利擅宗绅，闾左之脂膏罄竭。文臣结党，朋比为奸；武将卑微，奴颜婢膝。公侯皆食肉豺狼，而倚为心腹；阉竖尽吃糠猪狗，而借其耳目。狱囚累累，士无报礼之心；征敛重重，民有偕亡之恨。"

农民军对所占府、州、县，皆派地方官治理。未占之地，先遣牌招

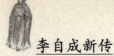
降，不降，再派兵往讨。各地士民，苦于官府征输苛急，痛恨旧官，只要檄到、牌到，即借势驱逐旧官，执香迎导新官。各旧州县官，有的知势不敌，或怀印逃跑；有的逃跑不及，即被百姓拘押；有的比较乖觉，事先造好清册，新官一到，随即设宴办理交代而去。"不当差，不纳粮，吃着不尽有闯王"的歌谣，四处传播。各城乡穷苦百姓，引领盼望农民军，就像大旱之望云霓。

二月十三日，崇祯皇帝下罪己诏。他虽然在诏中承认了自己某些过错，但仍杀气腾腾地叫嚣，要"雪耻除凶"，并公开号召："草泽豪杰之士，有恢复一郡一邑者，分官世袭，功等开疆；即陷没胁从之流，能舍逆反正，率众来归，许赦罪立功。能擒斩闯、献，仍予通侯之赏。"⑬

李自成攻下太原后，即分兵三路，直趋北京：一路为主力，另一路为南路偏师，再一路为东路偏师。

南路偏师，带兵将领为刘芳亮，其行军路线是：由黎城、潞安南下至

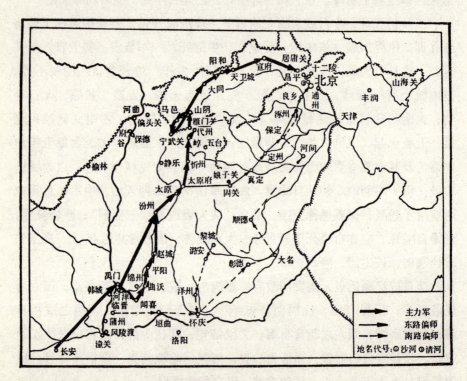

李自成进军京师路线略图

泽州，破河南怀庆府（另一支由临晋、垣曲来会），再折而往北，破彰德，进入畿南大名、河间，直逼保定。⑭

东路偏师，带兵将领为任珍，其行军路线是：由太原往东，出固关，直捣真定、保定。

李自成亲率主力，刘宗敏、李过、谷可成等大将随征。十三日，先遣兵北上，攻取代州（今山西代县）。十五日，大军继后而发。所过之地，"有攻而陷者，有迎而降者"。十六日至忻州（今山西忻县），官吏迎降；五台县知县闻风送款。过崞县，抵代州，"州参出迎，部道皆逃"。总兵周遇吉守代州，连战数日，食尽援绝，退保宁武关。二十日，大军出雁门关，顿兵山阴、马邑（今山西朔县）境。二十一日申时，朔州（今朔县）守备尹进贤发动兵变，杀分守冀北道亓之伟，率众向农民军投降，大军入朔州。这日，围攻宁武关，周遇吉率众死守，四面发炮还击。大顺军用炮轰、梯冲、穴城等法，明攻暗袭，都遭失败。城墙屡被轰坍，守兵立时用麻袋、草囊装土填石，修补完好。激战中，大顺军牺牲骁将四员。城中火药用尽，周遇吉施计，设伏城内，以弱卒诱战。大顺军中计误入，城内急下闸门，伏兵四起，数千战士突围不出，皆战死。李自成准备撤兵，部下有人建议说："我军超过敌军百倍，用十攻一，轮番而进，攻打不停，未有不胜。"李自成接受此建议，重新布置兵力，发起猛攻。战士有进无退，前队战死，后队复上，其势有如排山倒海，二十二日将城攻破。周遇吉骑马挥兵巷战，马蹶摔下，徒步格斗，受重伤，力竭被俘。大顺军恨他顽强不屈，将他缚悬在高竿上，用乱箭射死。其妻刘氏，率仆婢数10人，手持弓箭，登屋而射，战士们四面围困，纵火烧屋，数10人尽死。

李自成召集诸将计议："宁武关虽破，我兵将士死伤很多。从这里到京师，须经大同、阳和、宣府、居庸等地，皆有重兵把守，倘尽如宁武，我军损失必更大。不若暂回陕西休息，改走他途，如何？"诸将也觉得如此比较妥当，因此决定刻期班师。不料当天更深，忽有大同总兵姜瓖遣使送降表至。李自成大喜，设宴款待来使，宾主刚入席，又报宣府总兵王承胤亦派人送降表至，并派骑兵100前来迎接。李自成益喜，优礼答报二总兵，预加封爵他。立即改变计划，决策东向，长驱直向京师。⑮

上年除夕，保定巡抚徐标亲到固关布防，将库贮铜炮、铁炮、石炮、大炮、中炮、小炮、火枪、火箭、火罐尽行取出，一一试放，堪用者察收，不堪用者更换。盘验米、豆、草束，发现存米亏损很大，责令有关人员查究追赔。对于士兵也进行了一定整顿，无事时令其修理残缺，有事时则令执器防御。固关的南面是杨庄口，北面是娘子关，中间有八处隘口，徐标下令，将各小口用石、木重叠堵塞，杜绝行人，只留固关一路，并且还在紧要去处挖掘许多陷坑，埋下地雷。固关分新、旧两关，相隔10里，从表面上看，两关楼台雄峙，雉堞委蛇，层峦绝嶂之中，蜿蜒一径，车莫方轨，马莫并驱，真可算得上天造地设之险。成批成批的人群，捆载着行李，涌入固关，由山西逃往畿辅。形势愈来愈紧张，徐标只好向皇帝建议，若军情紧急，"固关亦应暂闭"。[16]

任珍所率领的东路偏师，以风卷残云之势，在李自成大军离开太原的第四天——二月十八日，一举攻克固关。旋引兵向东，逼取真定府。真定知府丘茂华准备投降，先移家口出城，总督徐标（刚升畿南总督，仍兼巡抚事）事先得报，将丘逮捕下狱。副将谢嘉福乘徐标登城布置防务，将徐劫出城外杀死，开狱放出丘茂华。丘一出狱，即移牒所属州县，归服大顺。任珍派遣数骑入城，接受府库册籍。真定府为大顺军唾手而得，时间为二月下旬。接着，大军发兵北上，破定州（今河北定县），直趋保定府。[17]

刘芳亮所率领的南路偏师，二月二十五日破彰德府，执赵王朱常㳠。然后自彰德引兵北上，入畿南，进军大名、顺德、河间，逼取保定。

李自成所率领的主力军，是在三月中旬逼临京师城下的，任珍、刘芳亮围困保定，不仅牵制了各地的勤王之师，而且还扼制了崇祯皇帝的南逃之路。

"八方七处乱，十攘九无烟"，兵缺、饷缺，处处捉襟见肘，朱由检愈来愈感到忧伤、焦虑、急躁。蓟辽总督王永吉、顺天巡抚杨鹗、吏科都给事中吴麟徵疏请放弃山海关外宁远城，调吴三桂入关，屯宿近郊，保卫京师。崇祯皇帝以其奏疏交阁臣陈演、魏藻德看，征询他们的意见。二人愕然相视，不敢置可否。等出朝后却对人说："皇上有急，故行其计，事定即以弃地之罪杀我辈！谁还敢说？……"吴麟徵闻知，愤激地说："目前是何等时候，尚如此计较后患，不作决断，将来如何了局！"诸臣奏请调吴三桂的父亲吴襄入京为中军府提督。

吴入京后，崇祯帝召见他计议大事，问他弃地守关之策是否可行？

吴襄答道:"祖宗之地,尺寸不可弃!"

崇祯帝说:"此朕为国家大计着想,非谓卿父子弃地。贼势甚迫,卿估量卿子是否有此方略足以制胜?"

襄道:"臣揣想,贼据秦、晋,未必即来京师;即来,也是遣先驱而来。若逆闯自来送死,臣料臣子必能生擒逆闯以献我皇上。"

崇祯帝苦笑道:"逆闯已有众百万,卿谈之何太容易!"

襄忙答道:"贼虽声称百万,实不过数万人,而且尽都是乌合之众,从未和边兵交手作战,不知边兵厉害。往时诸将之兵皆全无节制,见贼动辄溃降,以5000人上阵,即为贼增添5000,以1万人上阵,即为贼增添1万,是以贼势愈炽、愈横。今彼屡胜而骄,一直尚未遇见大敌。在朱仙镇,遇左良玉兵,可以算得大敌,但我军仍遭失败,其原因在于我部队中多为降贼。郏县秦督之兵,可以算是大敌,而其败在于我军多为秦人。若以臣子之兵当之,臣可断言,逆闯不难成擒。"

崇祯帝问:"卿父子共有兵多少?"

吴襄顿首道:"臣罪万死!臣兵按册有八万,其实只三万人。"

问:"三万人是否皆骁勇敢战?"

答:"若这三万人都是战士,成功何待言!其实臣之兵不过三千人可用!"

崇祯帝面色沉郁,问道:"三千人怎能抵挡贼众百万?……"

吴襄慢吞吞地答道:"实说,此三千人非兵,乃臣襄之子,臣子之兄弟。臣自受国恩以来,自食粗粝,而三千人皆细酒肥羊;自衣布褐,而3千人皆纨罗纻绮。由于如此,方能使他们出死力,舍命相从,否则,安能调动?"

又问:"需饷多少?"

明代太监立像

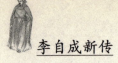

回答："百万。"

崇祯帝大惊："怎要这么多？"

吴襄放慢语气说："百万么，那还是少说了！三千人在外，每人家中都有数百金庄田，今令其舍之入关，给何地屯种？额饷短少十四个月，怎样补发？关外尚有六百万生灵，全部抛弃，恐非善策，若一同迁徙入关，想什么办法安插？百万之数，实恐不足为策，臣何敢妄言！"

崇祯帝皱眉道："卿言亦是。……奈内库止七万金，金银什物补凑一起，也不过二、三十万。……"⑱

各地败报频传，崇祯帝谕遣内臣高起潜、杜勋等10人监视诸边及近畿要害地方。兵部尚书张缙彦上疏，谏道："如今粮饷中断，士马亏折，各督、抚正想卸脱危担。若一时添内臣十员，不惟物力不继，而且事权分掣，反使督、抚有所藉口。"奏入，不听。

二月二十八日，征天下兵马勤王。谕阁臣传五府、六部、詹翰、科道等官齐集文华殿，授以手扎，命各人对有关战守事宜发表意见，然后将意见汇集上交。3日后，崇祯帝问阁臣："条议如何？"阁臣答："臣等不敢言，皇上可看李邦华、李明睿、项煜等人之议。"崇祯帝命取3人之议来看。3人皆力主"南迁"，并请以东宫监抚南京。项煜还主张以定王镇淮安，以永王镇济宁。崇祯帝阅毕，厉色道："难道教朕做抱头鼠窜的不成？"大学士蒋德璟缓言道："太子监军，也是万世之计。"崇祯帝道："朕经营天下十几年，尚且不济，孩子家作得甚事！"第二天，光时亨上疏，反对"南迁"，辞气甚尖锐。从此，"南迁"之事再也无人敢公开议论。

其实，朱由检心中何尝不想"南迁"，他之所以不肯轻易开口，一方面有其说不出的苦衷，另方面也有无法行得通的难处。

过去，他杀过不少失地、"倡逃"的文武大员，一个多月前，还发布过"严禁倡逃"的敕谕，如今自己要弃京师而"南迁"，其性质岂不也同于"倡逃"？用他自己的话讲："祖宗辛苦百战，定鼎此土，贼至而去，何以责乡绅士民之城守者？何以谢失事诖臣之得罪者？"朱由检是个"自以为圣"的皇帝，"南迁"二字怎能出诸自己之口？他希望举朝固请而后行。尤其希望阁臣首倡而后行。他曾私语首辅陈演："此事要先生一担！"但陈演老奸巨猾，一直拒不表态。这不能不使崇祯帝感到恼火，愤怒。

再说，"南迁"也确实不是一件容易事情。走海道？风急浪大，太不安全。走运河？须经山东"梁山泊"等地，实在危险。走陆路？畿南、河南遍地烽火，绝对难通过。即使能到达南京，也未必能有立足之地。上年冬天，浙东许都之变，震动东南。胡乘龙在奉化雪窦山起义，建号"大猛"，改元"宗贞"。"宗贞"二字，意即"去崇祯之头"，"剥崇祯之皮"！看来，东南也并不是安稳避风之处。⑲

三月初十日，昌平发生兵变，原因是由于饷缺。京师闻报，宣布戒严。上谕内监及勋贵、科道等官分守九门，禁止百姓上城。诏封吴三桂为平西伯，左良玉为宁南伯，唐通为定西伯，黄得功为靖南伯，各给敕印。决计放弃宁远，飞檄王永吉、吴三桂急率兵入卫。唐通领兵8000入卫京师，陛见后，命同内监杜之秩往守居庸关。群臣一再请奉太子抚军江南，不许。不少京官想送家眷回南方，有令禁止。北京城内，到处都有大顺军侦探，有的多年在城中开店做买卖，有的早投入各部、院衙门充当胥吏、衙役。元宵节闹花灯，不少大顺军战士化装成看热闹的乡民，混入城中，埋伏各处。不久前，有人从武当山运佛九座，来京挂号。佛高六七尺，下有车轮，可推挽前进。正阳门外布列三座，观者成千上万。后为锦衣卫破获，原来佛腹中藏有大炮，是大顺军运进城来准备作为内应的。尽管农民军逼近京师的消息，日紧一日，但是市面照常营业，庙市依然拥挤如故，居民皆无惊恐之态。为解决军需困难，有旨：谕令文武各官及诸大内监自动捐输助饷。崇祯帝命内侍徐高密谕后父嘉定伯周奎，要他带头，首倡输饷。周奎哭穷，坚谢无有。徐高泣道："老皇亲如此，大事去矣！"周不得已，奏捐1万，崇祯帝嫌少，勒令捐助2万。他向周皇后求助，皇后资助5000两，其余要他自己筹集，他反将皇后资助的5000两吞没2000，只允增输3000。首辅陈演上月已罢官，因随身资财甚多，运输不便，滞留未行，劝他解囊捐助，他以从未向吏、兵二部讨一美缺为辞，极言清苦，百般规避。其他勋戚，除太康伯张国纪捐银2万两外，无不哀告艰难，称困道乏，谁也不肯多拿。诸内官更是会耍花招：或在门上贴出招帖，大书"此房急卖！""此宅廉售！"或把家中古玩什物，陈列街头，摆摊求售。有的甚至公开表示不满，在宫阙墙上留言道："此处不留人，自有留人处。"⑳

李自成破宁武后，停留数日，即发兵向大同。刘宗敏、李过等打先锋。三月初一日，"大队尽到南关，勒马站队，往西南一带，拥众城下"。城上未发一炮，总兵姜瓖、知府董复、乡绅韩霖等开门迎降。大同巡抚卫

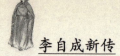

景瑗被执，不降，自经于海会寺。李自成命令部下，不许伤害他的家属。代王朱传㸬以及代府诸宗室，俱被杀。留部将张天林（一作"琳"）守大同。大军寻向东往攻阳和（今山西阳高县）。㉑

阳和军民，早在焦急地盼望农民军。宁夏总兵葛汝芝率带300余家丁，兵败逃到阳和。宣大总督王继谟，约集阖城文武赴关圣庙歃血盟誓，商议城防事情，众官皆默默无言，或口头虚应，实无一人听命。连他最亲信的部下中军副总兵王世明和总练副总兵王登科，也早已向李自成秘密送去降表。次日一早，王继谟听到"汹汹飒飒"之声，响彻公署之外，城中兵丁手持利刃，跃跃欲试。王见势不妙，急逃出城，除旧时长随官丁30余人跟随外，"本镇将卒、官吏、军皂以至门厨"，无一人相从，中军与总练标营各将，亦尽藏躲不见，刚出门，城门即关闭，兵丁随之大噪。王继谟出城前将库存饷银万余两，交付葛汝芝，作为招兵费用。葛仅剩百余人，携银逃到天城卫，众兵忽呐喊震天，将银两全部夺去，连葛所骑之马也夺去。葛只身遁走，众丁结伙往投大顺军。李自成兵不血刃至阳和，兵备佥事于重华出城10里郊迎，全城百姓"或椎牛载酒以先，或预为大膳进食"，热诚欢迎。㉒

李自成继向宣府挺进，三月初十日抵达城郊。十一日，监视太监杜勋、总兵王承胤开南门，绯袍八驺远迎30里。大顺军从南门入城。满城结彩，百姓焚香跪接。巡抚朱之冯坚守北城，命士兵放炮，都不肯动。朱亲自点火，众人从后掣肘。所有炮线不知何时早被拔去，炮眼全用铁钉堵塞。朱之冯愤极，穿上大红官服，在城楼檐下自缢死。李自成下令将他尸体收殓。㉓

李自成进入宣府这天，崇祯皇帝再下罪己诏，尽免"加派三饷"。诏道："朕承天御宇，十有七年，日夜冰兢，思臻上理，调兵措饷，实非得已。三饷并用，久无成功，本欲安民，未免重累，朕之罪也。贪官污吏，巧取鞭朴，朕身居九重，不能体察，朕之罪也。将懦兵骄，焚劫淫掠，朕任用非人，养毒致溃，朕之罪也。……今与尔士民约，剿饷已经停止，召买悉行蠲免，私征滥罚，密访拿问。大小将士，战守有功，立与升赏；节义死难，从优赠恤。一切不便于民，尽行革去，与天下更始。毋信流言，过为惊扰。……"诏中指出，除李自成"罪在不赦外"，其他农民军官将，"有能斩渠献城，即与通侯之爵，万金之赏"。即使如牛金星、喻上猷、李

振声、杨承裕、刘宗敏、田见秀、谷可成等人，也能"悉赦前罪"。㉔

崇祯帝传旨：命襄城伯李国桢练京营兵，提督城守。命司礼监秉笔太监王承恩提督内外京城，便宜行事。㉕

三月十五日，大风，日色晦冥。大顺军由柳沟暗抵居庸关。柳沟地形天险，百人可守，但竟无一兵设防。总兵唐通、太监杜之秩由居庸出降。一说唐通出战，大顺军中忽跳出斑斓猛虎一只，唐惊仆倒地，被虎啮住不放，战士四面合围，虎忽人立，卸下虎皮，露出一人，原来是谷可成假扮。唐通被擒，投降。大顺军占领居庸关。李自成命人持牌遍传远近各乡镇。"知会乡村人民，不必惊慌，如我兵到，俱各公平交易，断不淫污、抢掠。放头铳，要正印官迎接；二铳，乡官迎接；三铳，百姓迎接。"京西郡县守土将吏或降或遁，皆闻风解体。㉖

十六日黎明（一说"午间"），李自成大军至昌平。昌平巡抚何谦前两日以守居庸为名，出城逃走。守兵劝总兵官李守镶投降，李不肯。守兵们道："老爷既不降，吾辈去了。"李守镶见军心涣散，无可挽回，回马至门房自缢而死。大军至三里坡，早有当地老人、生员等候在路旁迎接。刘宗敏率兵先到，昌平守兵跪接，齐声道："昌平守兵降！"刘答道："圣驾在后，准备接驾！"不一会，李自成亲率文武驾到，全城军民恭诚跪迎归顺。㉗大顺军焚毁昌平明十二陵享殿，伐护陵松柏。随后分兵往东，截取通州粮储。

这天卯时，崇祯帝御东左掖门召见考选官32人，以"安人心，戢狡谋，用兵足饷"为题，挨次面对。不用太监侍候，自己斟水磨墨，每一人答完，御笔亲注圈点。席上置茶一壶，不时自斟取饮，也不用太监服待。退食后又复座，直到午后。召对诸人，以滋阳知县黄国琦最为称旨，对道："裕饷不在搜括，在节慎；安人系于圣心，圣心安，则人亦安矣！"崇祯帝点头称是，命授给事中。考选未及一半，忽然有太监送进一个密封，崇祯帝拆视，脸色陡变，忙起身入内。诸臣不知何事，鹄立等候，许久，方见内监出外传谕，命各官均回，始知刚才送进之密封乃昌平失守之急报。

大顺军由昌平到沙河，至清河，一路无阻。兵部派拨马出城，往往到中道即为农民军截入营中，酒肉相待，赠以厚赂，以致拨马皆降，无一骑回城报命。当日晚，已有数百游骑游弋至平则门、齐化门外。近郊营兵诟

问："何处来的兵？"答道："阳和勤王兵！"营兵竟信以为真，不知实际就是大顺兵。

这夜定更后，有两名中官，各捧一黄纸箧，后跟数十员从骑作为前导，再后，有一小肩舆，复有数名骑马内侍跟从。。诸人来至前门，声称："奉敕往良乡、涿州有紧要事，须马上出城。"当时职方司刘若宜值班守城，说："夜已深，贼在近郊，谁敢开门？既有敕，谁知真伪？须要查验。"前面的太监开箧取出驾帖，让刘若宜看。只见上面写道："内官监太监某，可星驰良、涿一带，督催援剿兵马，即刻出城。"另一箧中官不肯打开，说是"密旨"。驾帖验讫，开城放行。肩舆至城边，刘举烛照看，中官厉声喝道："不要举烛！"肩舆中坐着一个穿戎服的人，未看清面孔，不知是谁。后来才知道，原来是秘密护送东宫太子出京南行。[20]

第二天，京师就被围了。

注：

①王氏《东华录》，"顺治一"、"顺治二"。

②见《明清史料》、丙编、第一本，《顺治元年致西据明地诸帅书稿》。《明末农民起义史料》亦收此书，标题改为《清帝致西据明地诸帅书稿》。

③《兵部行〈御前发下辽东团练总兵官吴三桂密奏〉稿》（《明清史料》乙编、第六本）。

④第一次召见李明睿，《平寇志》、《北略》、《小腆纪年附考》诸书，都说在"德政殿"。查阅《明清两代宫苑建置沿革图考》第二章《明崇祯朝之皇城及宫阙制度》，无此殿名。但《明史》卷二百五十八《熊开元传》、卷一百二十一《公主》均提到崇祯帝在德政殿召见臣下的事。方以智《浮山文集前编》卷四《曼寓草上》云："（十七年）二月初三日，上御德政殿，召对毕，上曰：所言多有可采，即补本来。"《明会要》卷七十一《方域·殿》谓"德政殿"乃"中左门之左小厢房"。故据此知"德政殿"确系崇祯帝常召见臣下之处。关于南迁事，一般史书都说由李明睿最初提出，但《三垣笔记》（中）载："上以边寇交炽，与周辅延儒议南迁，命无泄。"知崇祯皇帝本人早有此意，不过不肯自己说出罢了。据《平寇志》讲，李明睿提出此议时，曾与左都御史李邦华、少詹事项煜等商量过。

⑤《甲申传信录》卷一、《怀陵流寇始终录》卷十七、《国榷》卷一百。

⑥《平寇志》卷八："召光时亨，面诘曰：'一样邪说，却专攻李明睿，何也？显是朋党！'又曰：'光时亨阻朕南迁，本应处斩，姑饶这遭。'南迁议遂寝。"《野史无

文》卷四《烈皇帝遗事（下）》认为一般野史所记崇祯面责光时亨——"本应处斩，姑饶这遭"乃"妄说"。为什么是"妄说"，该书未加说明。

⑦《甲申纪事》载："正月十九日，上御批大学士李建泰督师守山西……。"《兵部行〈御前发下戎政府李奏〉稿》（《明清史料》乙编、第十本）载："崇祯十七年正月十七日丑时，奉本部送御前发下红本：该戎政府李奏，前事内称：昨内阁奉上传令臣衙门发兵500随阁臣李建泰誓师晋中……"既然正月十七日之前兵部已奉命发兵随李建泰誓师晋中，可见正月十九日"御批"之日期不确，此点可能《甲申纪事》作者记忆有误。

⑧《甲申纪事》说："正月初八日，西安府起兵。"这是农民军战士姚奇英的话，比较可靠。初八日起兵指的是刘宗敏等先遣部队，李自成起兵还在后。《流寇始终录》、《北略》、《甲申传信录》说正月二十八日丁巳，京师始闻"平阳陷"；《崇祯长编》说："（正月）丁巳，流寇渡河，平阳府官民开门悉遁。"按农民军过河后，系由南向北往攻太原，赵城在平阳之北，破于二十三日，怎么平阳反在二十八日才破？《长编》所记，不是平阳城破日期，当是京师闻破日期。此点《流寇始终录》等书所记较确。

⑨《野史无文》卷四："野史云：二月初一日，上视朝，忽得伪封，误矣。凡朔、望升殿，百官行礼，不奏事。是日免朝。十五日升殿，未闻此说。"按《崇祯实录》不能算野史，但亦有此说。《甲申纪事》云："自二月至三月十八日，（崇祯帝）每日召对各臣。"说明当时情况紧急，军书旁午，所谓朔、望"不奏事"，恐未必尽然。

⑩汾州之破，乾隆三十六年修《汾州府志》卷二十五《事考》及乾隆三十七年修《汾阳县志》卷十《事考》均谓为"十七年正月"，此处从《明史》卷二十四。《绥寇纪略》卷九谓十七年二月李自成率军过河时，随行人员中有黎志升。但据道光二十三年刊《阳曲县志》卷十六《志余》载，黎志升投降大顺在太原府破后，在这以前，随行人员中不可能有他。《绥寇纪略》此点误。

⑪《山西巡抚蔡云怡先生殉难始末传》（国家图书馆藏钞本，收入《皇明逸史》）："十七年正月二十五日，贼游骑已有至郊者"；"廿六日，贼围城"；二月初八日，"城遂陷"。太原城破日期，《明史》谓为"二月七日"；他如《阳曲县志》卷十六、《兵部为贼势已压云境等事》（《明末农民起义史料》）以及《平寇志》、《北略》、《国榷》、《流寇始终录》、《甲申传信录》、《崇祯长编》、《崇祯实录》等书均谓为二月初八日。惟围太原时间，有说为初五日，也有说为初六日。

⑫大顺军檄文发布时间，《明史·蔡懋德传》《流寇始终录》、《北略》谓在攻克太原后；《国榷》一作围太原时，一作二月壬申（十三日）至甲戌（十五日）之间。《野史无文》作"三月"。《流寇始终录》谓该檄文为张璘然所作。檄文内容，各书文字不尽同。此处所录之檄文，时间采《明史》等书之说，内容则据《野史无文》卷四。

⑬《崇祯实录》、《纪事本末》、《平寇志》均载有此诏。将三书所载互校，个别字句互有差异，且都有脱漏之处。此处所引，据《纪事本末》。

⑭《晚明民变》第五章、第五节，认为李自成下太原后，"分两路进兵"。实际分三路，只是另一路史书记载比较零散。《国寿录》附录《逆闯始末》："甲申正月十五日，分五枝出关：一从榆林，一从大兴关，一从潼关，及汝阳，及河南，会京城。时所在望风开城迎接。"这里所说之"河南"，不知是指河南省？还是指河南府（今洛阳）？"及汝阳"、"及河南"，应是所经之地（李自成部未经过洛阳），不是发兵之地，故所称之"分兵五枝"，实际仍是三路。而且所说路线均不对，"大兴关"更不知在何处？戴名世《保定城守纪略》："保定总兵马岱介（后一"介"字系甲胄之义），夜见张罗彦曰：贼分两路来，任珍自固关，刘芳亮自河间，吾当出镇蠡县，居冲要以待敌。"此材料清楚地指出，由固关和河间进逼保定的农民军偏师是两路，并非一路。由固关的一路是东路偏师，由河间的一路是南路偏师。前者一般史书记载很明确，后者则不甚明确。

《明史》卷二十四："（二月）癸酉（十四日），潞安陷。""甲申（二十五日），贼至彰德。"卷二百九十四《丁泰运传》："贼将刘芳亮，自蒲坂（今山西永济县）渡河……贼遂逼怀庆，监司以下皆窜，泰运独守南城，力不支，被执，贼拥见芳亮……贼既陷怀庆，寻陷彰德。"

刘芳亮由彰德至河间，中途经过哪些地方？《明史》卷三百九："自成先遣游兵入固关，掠大名、真定而北。"《爝火录》卷一："自成先遣游兵入故关，掠大名、真定而北，身率众贼并边东犯。"《甲申纪事》"京畿外真（定）、顺（德）等府，皆开门迎降。"按顺德、大名均在真定之南；大名在彰德东北，顺德在彰德之北。任珍入固关，至真定，即由真定北趋保定，并未往南；估计由大名而北至顺德、至河间，当是刘芳亮所率由彰德而北之队伍。

⑮乾隆五十年《代州志》卷四《人物》："甲申二月，李自成破晋阳（指太原县），遣伪将先入代。"乾隆十五年《宁武府志》卷十一《余录》引《太原府志》："（十七年）二月十五日，贼发太原，数日抵宁武。"《兵部为贼势已压云境等事》（《明末农民起义史料》）："据分守冀北道臣亓之伟禀称：代州于（二月）十三日已陷，今犹据城未动。"《明史》卷二十四说二月乙亥（十六日）"李自成攻代州"。《国榷》、《平寇志》渭二月乙亥，李自成"至忻州"。按二月十三日"陷代州"，乃农民军营中逃出兵丁杜应元、秦万福供称，可信；但那是先遣部队所攻克，非李自成本人，因李十五日始"发太原"，十六日方到忻州、代州。《四朝成仁录》卷四《宁武死事武臣传》谓朔州兵变亓之伟系中军鲁明所杀，《兵部为贼势已压云境等事》则谓为守备尹进贤所杀。何时破宁武？众说纷纭：或说三月初一日、初四日、初八日、初九日。《明史·周遇吉

传》不载宁武城破日期，卷二十四谓为二月戊子（二十九日）。《国榷》亦云为二月戊子。《成仁录》谓为二月辛巳（二十二日）。《崇祯长编》卷二谓为二月壬午（二十三日）。《宁武府志》卷十二《艺文》刘玉瓒《周将军墓表》："明崇祯（原为"正"）十有七年二月辛巳，贼破宁武关……总兵官左都督周公死之。"以《周将军墓表》所载周死日期比较正确。据此，知上举诸书，除《四朝成仁录》外，所记日期均误。《纪事本末》卷七十九谓农民军"屠宁武，婴稚不遗。"《平寇志》亦如此记载。《宁武府志》卷十一载："贼初破宁武，亦不甚杀戮，旋引兵而东。明日，贼别部在城中者，忽树蓝旗，遂肆戕虐，被祸者数千人。其伪总兵尤世禄所为也。王玙作《节录补闻》，谓贼恨其久不下，屠杀一尽，血流成波，亦失其实，但得诸传闻耳。"按李自成的军队编制，分中、左、右、前、后五营，各有不同旗色：标营（即"中营"）旗色白（加杂色号带）、坐纛黑，左白、右红、前黑、后黄。没有蓝色旗。《府志》所说"忽树蓝旗"之"别部"，肯定不是李自成的部队。

⑯见《兵部题行〈兵科抄出保定巡抚徐标题〉稿》（《明清史料》乙编、第十本）。

⑰《明史》卷二十四："壬午（二十三日），真定知府丘茂华杀总督侍郎徐标，檄所属降贼。"《国榷》卷一百、《平寇志》卷八所记日期同。聋道人（徐应芬）撰《遇变纪略》载："二月廿五日，贼围真定。廿七日，知府丘茂华以城降，乱兵戕杀保督徐标。"《保定城守纪略》："徐标行部至真定，为副将谢嘉福所杀，遣人出固关迎贼。"此记载所言，似真定兵变在前，固关之破在后，与《明史》等书所记相反。

⑱见《绥寇纪略》"补遗上"。

⑲《甲申纪事》说二月二十八日召群臣陈战守事宜，"三日后（该月小，若从二十八日算起，应为三月初一日），上召问阁臣"。《甲申核真略》谓"汇齐送览，上候于文华殿"，指的是同日，不是三日后。《甲申传信录》云："三月初一日，召对陈州生员张镳中左门，请皇子监国南京。……左谕德李明睿请南迁，日日上奏。翰林户部尚书倪元璐、都御史李邦华，请太子监国南京。"有的书说给事中光时亨极力阻止南迁，但《甲申核真略》却力言并无此事，云："坊刻数本，皆称光时亨阻之，厥后爱书以此而成，时亨以此被诛。虽时亨……一死不为大枉，乃必坐以谏止南迁，无论邦华等无疏可据，假使有之，先帝果意在必行，岂一给事中所能阻乎？"许都之变，《绥寇纪略》"补遗下"，有详细记载。该书谓许都为"义乌诸生"。《弘光实录钞》卷三谓胡乘龙被杀为崇祯十六年十二月二十一日。

⑳运佛入京事，见《三垣笔记》"附识下"。宫阙题话，见《甲申传信录》卷一。

㉑《明史》卷二十四："三月庚寅朔，贼至大同，总兵官姜瓖降贼。"按这年三月为"己丑"朔，非"庚寅"朔。《春明梦余录》卷四十二："三月初一日，大同逆镇迎降，巡抚卫景瑗不屈死。"《甲申传信录》卷二、卷六说三月初七日，李自成兵入大同。

证以《兵部为"阳和"兵将立意迎贼等事》(《明末农民起义史料》),三月初一日占大同日期可信,初七日失实。卫景瑗之死,记载不一。《传信录》:"自碎其首于贼门之石狮子而毙。"《北略》:"抚臣卫景瑗骂贼被磔。"《明史·卫景瑗传》"景瑗谓人曰:'我不骂贼者,以全母也。'(三月)初六日,自缢于僧寺。"

㉒阳和之降,《北略》说为三月初九日,《甲申传信录》说为三月初八日,《国榷》,卷一百谓三月甲午(初六日),"李自成宿阳和"。据《兵部为"阳和"兵将立意迎贼等事》载,宣大总督王继谟三月初二由阳和逃跑;初三或初四黎明(此点该书记载有些含糊),葛汝芝所携饷银在天城卫为兵丁所劫。王继谟逃后,阳和随之即降。这个日期,当以《国榷》所说近是。

㉓宣府被攻破的日期,说法歧异。《北略》卷二十,前面说三月初八"宣府陷",后面又说三月十二"抵城下"。《传信录》卷一、卷六都说三月初九日"宣府破";卷二又说三月十一日王承胤降。《国榷》、《平寇志》都说三月初八日"宣府陷"。《明史》卷二十四:"三月己亥(十一日),李自成至宣府。"康熙五十年修《宣化县志》卷二十八《艺文志》王崇简《宣府忠臣义士祠记》谓朱之冯死,为"甲申三月十一日"。此"祠记"写作年代,据《宣化县志》卷二十《名宦志·朱之冯》,谓为顺治十八年。朱死之日期,应以"三月十一日"之说最为可信,余说均失实。朱之冯之死,有说"夺士卒刀自刎";有说为农民军杀,有说"自缢"。《平寇志》:"宣府陷,叛将白广恩遣总兵姜瓖书约降。"《崇祯长编》卷二:"(三月)乙未(初七日),李自成犯宣府。白广恩、姜瓖叛降,监视太监杜勋迎贼。"《明史》卷三百九:"犯宣府,总兵姜瓖迎降。"按姜瓖为大同总兵,不驻宣府,"陷宣府"与姜瓖降是两回事,没有直接联系。《宣化县志》卷二十二《名宦志·王承胤》"甲申,流寇掠地至大同,承胤(原为"印")先期令营将白广恩密表约降……"此处所说之白广恩,是王承胤手下的一员"营将",不是投降李自成的总兵白广恩。《明史·周遇吉传》讲,李自成破宁武,"大同总兵姜瓖降表至","方宴其使者,宣府总兵王承胤(原为"荫")表亦至。"因王承胤派送降表的使者为"营将白广恩",降表送到时,正好姜瓖的使者也在座。可能诸书把"营将白广恩",误为"总兵白广恩";把两个同送降表的使者,误为是"总兵白广恩"奉李自成命写信给姜瓖约降。其实姜瓖何须劝说?农民军未至大同,降表早送出。《绥寇纪略》"补遗上"云:"叛将白广恩贻书说,误。姜瓖将士皆怀贰,叩头请之冯以其城下贼。之冯愤而夺卒刀自到。"《国寿录》便记《见闻杂记》:"姜瓖,大同人。明末,瓖以总兵驻大同。甲申,李贼东下,姜不敌,降之;仍守大同,原职如故。"这段文字表明,姜瓖是在破大同时降,不是在破宣府时降,结合上述诸有关记载,证明此说可信。

㉔崇祯帝罪己诏,《明史》卷二十四只有二月十三日一次。《纪事本末》卷七十九

也只有二月一次（日期不明）。《平寇志》卷八有两次：一次为二月十三日，一次为三月初六日；卷九还有一次，为三月十八日。《崇祯实录》卷十七也有两次：一为二月初八与十五之间，一为三月初六日。《传信录》卷一与《北略》卷二十均谓三月所下之罪己诏具体日期为三月十一日。《北略》并注云："此诏一载在二月十二。然诏有三，姑书此（指书于三月十一日处）。"《甲申纪事》："（三月）十八日，上下罪己诏，罢加派新、旧饷。"《甲申核真略》："是日（指三月十八日），上又下罪己诏。尽罢加派新、旧饷。"所谓"又下"，可能指三月十一日一次，十八日又一次；估计这两次当是同一内容。此处所引罪己诏，日期采《传信录》及《北略》之说（《小腆纪年附考》亦采此说），内容则据《平寇志》所载。

㉕李国祯提督城守，或说为三月初二、初四、初五。李国祯之"祯"，有的书作"桢"，误，应为"祯"；《明清史料》乙编、第六本收《兵部行〈御前发下京营总督李国祯等奏〉稿》可证。命王承恩提督京城内外，一说为三月初八，一说为三月初十，一说为三月十一崇祯帝下罪己诏后。

㉖居庸关之破，《崇祯实录》、《明史》、《国榷》、《纪事本末》、《崇祯长编》、《平寇志》、《北略》、《燕都日记》（莫釐山人增补冯梦龙原本）、《爝火录》、《遇变纪略》等书，所记日期皆同，可信。《甲申纪事》谓"（三月）十六早至居庸关，午间至昌平。"《传信录》卷一、卷六谓三月十三日，农民军至居庸关，误。

㉗计六奇：《明季南略》卷五《伪官》："（甲申）八月初三日，原任昌平抚何谦自北逃归。"足证昌平破时何谦确系早逃跑，并非如某些坊刻之书所说系"殉难"。昌平之破，《崇祯实录》、《爝火录》、《遇变纪略》、《三垣笔记》、《国榷》、《纪事本末》、《崇祯长编》等书，都说为三月十六日甲辰。《甲申纪事》前面说十六日"至昌平"，而后面又说"十七早闻大兵至（昌平）"。《绥寇纪略》卷九说三月十三日"至昌平"，《明史》卷三百九说"三月十三日焚昌平"（卷二十四又谓三月十六日"陷昌平"）。《北略》、《燕都日记》谓三月十二日庚子"昌平陷"。按农民军由宣府来，理应先破居庸、后破昌平，十二、十三破昌平，时间均在破居庸之前，与实际地理情况不合，显有误。究竟是十六日午间至昌平、还是十七日早至昌平？据一般史书记载，十六日崇祯帝得昌平败报，十七日农民军已兵临京师城下，故破昌平日期，当以十六日之说为实。《明史·李自成传》载：昌平破，"总兵官李守镂死"。《纪事本末》卷七十九、《北略》卷二十谓系"自刎"死。《甲申纪事》的作者赵士锦根据昌平降兵陈一元的谈话，谓农民军至昌平，总兵李守镂系"自缢"而死，不是"拔刀自刎"。

㉘关于崇祯帝太子的下落，各书记载歧异很大。《明史》卷三百九："令送太子及永王、定王于戚臣周奎、田弘遇第。……太子投周奎家，不得入，二王亦不能匿，先后拥至……（李自成）挟太子、二王西走。"卷一百二十："京师陷，贼获太子，伪封

宋王。及贼败西定,太子不知所终。"《纪事本末》、《北略》均谓三月十八日:"召驸马都尉巩永固谋以家丁护太子南行……乃罢。……以太子、永王、定王分送外戚周、田二氏……"《绥寇纪略》"补遗中"谓城破前崇祯帝亲自打发太子及二王出走,记载甚详。《野史无文》较《纪略》记载更详。《甲申传信录》谓召巩永固等,不是"护太子南行",而是护送崇祯帝"出城南迁";只说"分遣太子、二王出匿",未说送外戚家。至于太子、二王怎样为李自成所获,有说为周奎所献,有说为内臣所献,有说为农民军搜得。《甲申纪事》、《甲申核真略》均谓;"贼人宫,东宫跪迎于门左。……又搜得二王。"《燼火录》卷一谓:"东宫在刘宗敏寓,尚衣红袍。"上述材料说明,直到李自成进入大内,太子并未离开皇宫。同时《甲申核真略》还特别指出:"坊刻言周嘉定献东宫","谬!"因"东宫原不在嘉定处"。可是《定思小记》却说:"东宫及永、定二王俱避居戚臣家,贼索之急,乃出。"张怡撰《谀闻续笔》卷一所记又与以上诸书大不相同。该书谓三月十六日夜,太子出京南下,至涿州,被俘送回,随李自成居宫中。永、定二王在京师为刘宗敏所得,和刘住在一起。后李自成在出海关败归,"东宫遇害于通州之东门城下"。据记载,崇祯帝死时,遗诏命成国公朱纯臣辅佐东宫,"百官俱赴东宫行在"。所谓"赴东宫行在",说明在崇祯帝心中必认为太子早已被护卫出京;否则,如果真像一般书中所说,直到十八日夜才为太子换衣送往外戚周家,遗诏中绝不会有此语。故从这句话,可反证《谀闻续笔》所记太子出京一事并非毫无根据。还有,据张怡讲,有关太子出京被俘送回以及后来在通州遇害等事,系"贼中人所言",可见材料来源是比较可靠的。

二 在北京的日子

三月十七日,早朝,崇祯皇帝伤心垂涕。诸臣也相陪垂涕。

这时,京师防务,完全由内监掌握,他人均无权过问。除襄城伯李国祯及协理京营戎政兵部右侍郎王家彦等少数几人外,即使负责分守各城门的卿寺、科道各官,皆一律禁止登城。连京营巡视御史王章,屡次想上城视察守御情形,也遭到拒绝。后经向皇上诉说,才无人敢公开拦阻。给事中孙承泽数日前上疏奏请:"速撤城上内臣。"疏上,不见下文。[①]

这天巳刻,急报传到城下:"远尘冲天,大兵将到!"内监派侦骑出探,回报:"只有少数游骑,并无大敌。"中午,忽有五六十骑弯弓贯矢的骑兵,突至西直门外,大呼:"开门!"守城兵慌忙发炮,打死百姓数十。不一会,农民军大队人马开到,攻打平则(又称"阜成")、彰仪等门。京军三大营（"五军"、"神机"、"神枢"）约十余万人②，在沙河地方和京师城外接连大败，兵皆溃降。所有火车、巨炮、蒺藜、鹿角等作战物资，尽为农民军所得。大顺军用缴获的大炮攻城，炮声日夜隆隆不绝，临近城门各街道，房屋门窗都为之摇晃、颤动。

城上守军，多半老弱不堪，加上数千内侍（后增至"万余"），总数不过数万人。一人守数垛，兵力远不够，增兵内城则外城缺，增兵外城则内城缺。而且军中久乏饷，临到打仗时刻才每人给钱一百文，一说"日给钱二十四文"，城上无人送饭，由军士自己买食。因此军心涣散，人各思变，谁都不愿和农民军作战，反而盼望农民军早来。③

早朝后，午门内外，静悄悄寂无一人。工部尚书兼东阁大学士范景文、左谕德马士奇等侍班未回，正聚集在殿门边私相议论，忽听得急促的马蹄声由远而近，接着襄城伯李国桢骑着马，疾驰闯入。内臣连声呵止。李喘着气道："这是何等时刻！君臣要想见面，也不可多得！"崇祯帝命将李宣至便殿问话。李入内伏地哭奏道："士卒不肯用命，躺在地下不动，鞭一人则一人起，他人又复躺下，事已至此，将怎么办？……"崇祯帝泣道："不想诸臣误朕，已到这般地步！"说罢，大哭回宫。

入夜，宣府投降太监杜勋射书入城，说要入宫见皇上，谈判要事。王承恩将他用绳系上。崇祯皇帝在平台秘密召见，辅臣魏藻德在场。杜勋将农民军兵力如何强大，以及李自成所提条件，一一如实转达。条件是：割西北一带，分国而王，不奉诏、不入觐，输犒军银一百万两，大顺军暂退河南。

崇祯帝极为忧伤、痛苦，带着焦虑、惶困的目光望着魏藻德，问

北京宫城图

道："此议何如？今事已急，可一言而决。"魏不敢回答，唯有连连鞠躬、俯首。崇祯帝烦躁不安地从座上起立，站在龙椅背后，手扶椅靠，一再征询辅臣意见，魏始终不肯发一言。崇祯帝对杜勋说："且等回话，朕计定，另有旨。"杜勋退出。朱由检感到绝望万分……。他含恨、愤怒，无计可施，顺手猛地将龙椅推倒，悻悻启驾还宫。魏藻德惊骇不知所措，仓皇走出大内。至午门，碰见太常寺少卿吴麟徵要入宫奏报紧急军情，魏拦住他说："皇上烦得很，现已休息，不必进去！"强挽吴手而出。④

十八日早晨，城中喧传勤王兵到，后经打听，知道不是，乃唐通降兵索饷。巳刻，天色阴沉，发大风，黄沙障天，俄而，雷电交加，一阵骤雨夹着冰雹，猛烈袭来，至午后方止。农民军攻打西直、阜城、德胜三门，填壕沟，架云梯，炮声震耳欲聋，攻势甚急。未刻，李自成设座西直门外，秦、晋二王左右席地而坐，杜勋一旁侍立。刘宗敏、李过对着城上大骂。李国祯对城下说："我入你营为质，你们当遣人与圣上面讲！"李自成道："用不着为质！"即遣杜勋前往，用绳吊上城，随又命守陵太监申芝秀亦上城，同入大内，逼崇祯帝退位。朱由检虽怒不可遏，但实已束手无策。⑤杜勋等临出城时，在城头与诸大珰耳语甚久，声不可闻，不知说些什么。申刻，太监曹化淳暗中开门约降。⑥外城破，守城勋卫纷纷逃散。一更后，宣武桥南席棚起火，守兵还不知外城已早破。

当外城失守的消息传入宫中时，崇祯皇帝正和周皇后、袁贵妃在乾清宫夜饮。袁妃闻信遽起，急走。崇祯拔剑追上，一剑砍中妃肩，血喷涌而出，再一剑袁妃仆倒晕厥，初未死，后卒。宫监们看见皇上亲自动手杀人，无不惊骇万状，喧呼道："皇爷动刀了！"皇后急返坤宁宫，遵旨自缢。崇祯仗剑随后而至，见皇后已气绝，连声道："死得好！""死得好！"复仗剑入寿宁宫，将16岁的大女儿坤仪公主（后追谥"长平公主"）砍断一臂；又到昭仁殿，将还只有几岁的小女儿昭仁公主砍毙；又到别宫，一连杀死好几名亲近的妃嫔。然后回到乾清宫，命王承恩取酒来。他吩咐内侍将永、定二王送至外戚家躲藏。并亲笔书写朱谕一道：命成国公朱纯臣总督内外诸军事，辅佐太子，释放所有在狱诸囚。遣内监速将朱谕送至内阁。他吩咐王承恩取大杯酌酒，两人对饮，喝干一杯又一杯，都喝得大醉。内监送朱谕至阁中，阁臣已散，阁中无人，只好将朱谕置于案上，回宫覆命。回到宫中，已不知皇上和王承恩去向。

朱由检喝得烂醉，两眼冒着凶狠绝望的怒火，命王承恩备马，换上便装，手执三眼枪，在数十（一说"数百"）名持斧乘骑的太监簇拥下，从宫中出奔，企图夺门突围，逃出城外。行至前门、齐化门，均为守兵所阻，出不去。守门太监不知是皇上出城，疑为内变，俱以炮矢相向。王承恩等觉得危险，不得已，复拥崇祯还宫。时已漏下数刻，正阳门城楼上忽然悬挂出三盏白灯笼，这是事先约好的信号，表明情况已经万分危急。朱由检知事已无救，挥散身边内侍，独携王承恩手，踉跄而走，奔出紫禁城玄武门，来自万岁山（一称"煤山"，即今"景山"），在东头山坡边一棵老槐树下，披发覆面，解下束腰之帛，狼狈不堪，自缢而死。王承恩亦自缢于其主子之侧从死。⑦宫中不见皇上，顿时陷入一片混乱，东、西华门大门，宫女、内监蜂涌号哭而出，遗弃宫装满地。

十九日，天将明，阴云四合，下着微雨，继而转雪，气候十分严寒。李自成麾下孩儿军，从五鼓起，冒着雨雪，不顾凛冽的寒风，发起了对东直、安定等城门的凌厉攻势。孩儿军的战士，都是些十四五岁的少年儿童。平日不打仗时，他们穿着鲜艳刺绣的服装，驰马嬉戏，天真活泼，和其他儿童一样逗人喜爱，一旦打起仗来，冲锋陷阵，拼刺拼杀，如同多年作战的老兵，会使敌人一见畏之如虎。李自成常在紧要时刻把他们放在战争最紧张的前线，来考验他们，锻炼他们。这次进攻京师，攻打东北面城门的任务，主要就由他们担当。他们砍杨树做云梯，架着云梯，攀缘而上。城上的守兵，眼见着这群毛孩子挥舞着刀枪，势不可挡地像猿猴一般迅捷爬上城头，跨过女墙，都吓得魂飞胆落，纷纷卸去盔甲，抛掉腰牌，四散奔逃。东直门就是这天为大顺军最先攻破的一个内城城门，这是孩儿军立下的头功。辰刻，德胜、平则、齐化、顺城（又称"宣武"）、正阳五门一时俱开。骑兵另破西直门。李国祯城破时被执，俯首听命解甲，为大顺军羁押。⑧刘宗敏等遣人先入正阳门，登城，抱箭从城上投下，要百姓持箭归家，箭插门上，暂闭门勿出。

大军俱屯城外，听候老营命令。

牛金星请李自成先申军纪，后入城。李自成拔箭去镞，向后军连发3矢，约道："军兵入城，有敢伤一人者，斩！以为令。"并传令各处："敢有伤人及掠人财物、妇女者，杀无赦！"⑨

已刻，炮声停息，战斗结束，派人沿街传示：大军秋毫无犯，令百姓

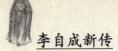

开门勿惧。刘宗敏统军由宣武门入。农民军战士俱青衣白帽，身穿铠甲，背负弓箭，口衔枚，眼平视，整队前进，人马威武雄壮，步伐整齐，一路上除闻甲骑铿锵之声外，绝无喧哗。百姓家家开门迎接，门前设香案，粘黄纸一条，上写"大顺永昌皇帝万岁！万万岁！"行人皆用黄纸或红纸写"顺民"二字，贴在帽上，仍"往来奔走如故"。

午刻，农民军领袖李自成，戴着毡笠，穿着淡青色箭衣，骑着一匹乌驳马，在数百（一作"百余"）精健骑兵护卫下，由牛金星、宋企郊、喻上猷、黎志升、张璘然等文臣陪同，鼓乐竞喧，旌旗前导，自德胜门缓辔进入京师。明司礼监掌印太监王德化等率内监300余员、班役千余人在门外迎接。

李自成偕同牛金星、刘宗敏等重要文武大员数十骑，从大明门进皇城，行至紫禁城第一重门承天门（今天安门）前，仰望红墙黄瓦，门楼高耸，上悬"承天之门"四字匾额，不禁感到一种胜利的喜悦。李自成骑在马上，顾盼自雄，抽矢弯弓，对着众人，指着门匾自信地说："如能安定天下，则一箭射中四字中心。"说完，一箭射去，中"天"字下，稍偏，未能正中。牛金星贺道："中其下，当中分天下。"李自成投弓大笑。王德化、曹化淳等大太监迎候门前，充当前导，引李自成等入大内。

李自成登皇极殿，升毬座。追查崇祯皇帝下落，派人在宫中搜索。拷问近侍，都说不知在何处。黎志升进言道："此必藏匿民间，非重赏、严诛不可得，今日大事不可疏忽！"于是出牌、张榜、传旨，严刑、重赏擒拿崇祯：首告者赏黄金千两，擒献者赏黄金万两（一说"万镒"），爵封侯（一说封"伯"）；隐匿不报者，诛杀全家（一说"夷族"）。

兵政府遍贴安民榜，说："大帅临城，秋毫无犯，敢有擅掠民财者，凌迟处死。"

并榜示民间："照常生理，罢市者斩！"

同时，吏政府大堂谕示明文武各官云：

"为奉旨选授官职事：

照得大顺鼎新，恭承天眷，凡属臣庶，应各倾心。尔前朝在京文武官员，限次早一概报名汇察。不愿仕者，听其自便；愿仕，照前擢用。如抗违不出者，大辟处治；藏匿之家，一并连坐。仰各遵新旨，共扩皇图。赴谒宜先，趋选宜复。须至榜者。

　　　　　　　　　　永昌元年三月日示。"⑩

　　第二天，李自成获太子及永、定二王。太子城破前逃出，至涿州，为农民军执送回京师。二王隐藏内侍家，因搜索甚紧，为内侍献出。坤仪公主亦被人用交床舁至。李自成对待他们十分宽大，不仅毫无加害之意，反而安慰他们，不要害怕，还命人好生照顾，又请医生为公主治疗断臂创伤，并封太子为宋王，二王仍各改封为王。⑪

　　二十一日午刻，大顺军战士李才在煤山发现崇祯皇帝和太监王承恩的尸体。朱由检不知何时丢脱一只鞋，头发披散，衣袖上有墨书遗诏两行，一行云："因失江山，无面目见祖宗，不敢终于正寝"；又一行云："百官俱赴东宫行在。"两尸被抬出。朱由检之尸停放在东华门外施茶庵，周皇后之尸也被抬出放在一起，初用柳木棺收殓，后经李自成特许，改用梓宫，以丹漆梓宫殡殓崇祯，以黝漆梓宫殡殓周后。大顺朝特旨，许明旧臣及内监以帝后礼祭奠崇祯帝、后。同时命令顺天府通知昌平州官吏动官银雇工，将崇祯帝、后安葬。当时州库如洗，筹不出款，由吏目赵一桂和当地士绅捐助一部分钱，雇请民夫，打开天寿山田妃圹，把崇祯帝和周后的梓宫放入，同埋一起。从此，天寿山又增添一陵，十二陵变成了十三陵。⑫

　　李自成入城后，居住在明朝皇宫中，他下令将一部分宫女分赐给随征诸将，作为酬功之赏。太监只留下一小部分，其余尽驱逐出城。各高级将领分别搬进明诸勋戚、权贵府第：刘宗敏住都督田弘遇第，李过住都督袁祐第，谷可成住万驸马府，田见秀住曹驸马府……各重要文官，亦多占居富民、巨室之家。兵马入城，分住民舍，许多街道、胡同尽皆住满。⑬令有骡马的人家捐献骡马。各城门都增添了门兵把守。

　　从明锦衣卫狱中，放出前开封失事"督师"侯恂、宁锦失事监军张若麒以及周延儒的门客董心葵等所有囚禁诸人。侯、张、董出狱后，受到了李自成亲切地接见。特别是董心葵，李自成一再向他表示感谢和慰问。原来董是因受周延儒贪污案件的牵连而入狱的，过去农民军通过他送贿给京师各达官贵人，得到许多重要情报，他在暗中曾为农民军帮过不少忙，所以这次出狱能受到李自成特殊优礼。

　　在京师城破时及城破后数日内，明勋戚文武诸官自杀者，文臣自内阁

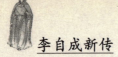

大学士范景文、勋戚自新乐侯刘文炳以下共40余人。先后为农民军执杀者，有王章、王家彦、李国祯、朱纯臣等多人。朱纯臣之死，主要是因崇祯皇帝给他的朱谕被搜获。他的儿子和他的侄儿一并被杀。他是明勋戚中最早被杀的一人。其实他并不知道崇祯给他朱谕，朱谕放在内阁，他并没有见到。⑭

二十日，明朝文武百官俱青衣小帽，纷纷往刘宗教、李过、李岩、郭某4人住处，诚惶诚恐投递职名。各衙门的差役、长班，日夜到处搜寻藏匿不去的人。有的官员剃掉头发，冒充和尚，想方设法逃脱，结果也被严拿到案。诸官俱被分发各营羁押。大学士陈演、魏藻德被关在刘宗敏宅一间小房中，魏从窗隙对看管人说："如要用我，不拘如何用便罢了，为何将我锁闭在这里？"刘宗敏命人将陈、魏二人同大学士方岳贡、邱瑜二人一起发往营中，严加看守。

次日，各官报到，数千人由长安门拥挤而入。承天门不开，诸官俱露坐等候。许久，将职名单收去。汇集烧掉。等了一整天，没有人接见，他们都未吃饭，个个饥疲交困，但谁也不敢先走，直到日暮才放出。

二十三日，在押明官入朝听候点名。众人齐集五凤楼（午门之俗称）前，席地而坐。将午，刘宗敏、牛金星等由内出，手执名册唱名，从中选用了一批官员。录用者，出东华门，赴吏政府听选；未录用者，出西华门，仍发回各营看押。下午，榜示选用各官姓名，先后共发四榜：第一榜，选授弘文馆掌院学士何瑞徵、编修（一作"检讨"）周锺、兵谏议光时亨等96人（一作"92名"）；第二榜，特选兵政府左侍郎左懋泰，镇守山海关等处地方（一作先受夹刑输饷，后释送吏政府，授密云防御使）；第三榜，特授宛平县归顺举人王任杞为通政司参议；第四榜，补选各省州牧、县令等共50人。⑮

新选各官，为了找个靠山，争赴牛金星、宋献策、宋企郊、顾君恩等处投递门生名帖。

何瑞徵未上任前，先敛银大办酒席，请牛金星饮"到任酒"，表示感激。周锺"洋洋得意，乘马拜客"，逢人便夸"牛老师知遇"。原大理寺寺正钱位坤，授吏政府某职（一说授国子监助教或司业），还未就任，就向人吹嘘说："我明日此时，便非凡人！"原翰林院检讨梁兆阳托宋企郊先投手本，为李自成召见，梁叩头道："先帝无甚失德，以刚愎自用，故君臣血脉不通，以致万民涂炭，灾害并至。"李自成道："是啊，朕只为这几个百姓，故起义兵！"梁接着又叩头道："我皇上救民水火，自陕西入山西抵京师，兵不血刃'百姓皆箪食壶浆以迎王师。真是神武不杀，直可比隆尧、舜，若汤、武不足道也。臣适逢圣主，敢不精白一心，以报答知遇殊恩！"李自成大喜，特地留坐赐茶，对梁格外优礼。梁辞出时，朝上打恭，李自成亦朝下打恭还礼。王孙蕙选授"长芦盐运使"，临赴任，箱中锦袍被窃，一时来不及置办，强借他人锦袍抖威风。出京之日，仪仗中首列"钦命督盐"旗两面，乘舆张盖，鼓吹前导，所过地方，令府、县官远迎远送。行近德州，见城中树"大明中兴"旗号，立即毁敕、埋印，丢弃仪仗，磨灭行李上官衔标记逃遁，后嫌行李累重，连行李也抛掉，化装乞丐，只身南奔，逃至中途病发倒毙。光时亨授官后，写信给在南方的儿子们说："诸葛兄弟分仕三国，伍员父子亦事两朝；我已受恩大顺，汝等可改姓走匿，仍当勉力读书，无负南朝科第。"及至大顺军战败，光即仓皇逃归，后为南明弘光朝廷以"从逆"罪诛杀。⑯

对那些不愿投降、祝发为僧的原明朝官员，宋献策上疏建议说："明朝削发奸臣，吏政府不宜授职。此辈既不能捐躯殉难，以全忠义；又不肯委身归顺，以事真主。顾乃巧立权宜，徘徊歧路；忠节既亏，心迹难料。若委以政事，任以腹心，恐他日有反噬之祸。"

李自成览奏，批示道："削发奸臣，命法司严刑拷问，吏政府不得混叙授职。"⑰

二十四日，杀勋卫武职官200余员（一作"500余人"）于平则门外。连日来，街上到处捉拿藏匿之官。捉来的人多被锁押在刘宗敏和李过府中，有些或监禁在其他部将营中。监押的人总数约800余员（一说"千余人"）。这天，刘宗敏试用新制的夹棍，将因抄写奏疏误写二字的书役两人，夹在大街之上，一夜即夹死。从这日起，对在押明官，进行追赃拷问。李自成指示："有罪者杀，贪鄙多赃者刑。"⑱追赃标准，大致规定：内阁十万，部院、京堂、锦衣7万或5万、3万，科道、吏部、兵部、翰林3万、2万（一说"5万、1万"），部属以下以千计（一说"数千"），勋戚无定数。谁受刑谁不受刑，根据调查所得罪恶大小而定。有人完银多而反受夹，有人完银少反而不受夹；有已完银而仍受夹，有不完银而终不受刑；有未完银而忽送吏政府选官，有正在听选而忽又被押回受刑。凡勋戚

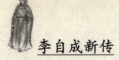

大员，即使赃财全部交出，最终也还是不免一死。

太康伯张国纪被执，夹死，家财尽数籍没。嘉定伯周奎受夹，先后吐赃银60万两（一作"现银53万"），缎匹、珍宝不计其数。其妻卜氏（周皇后之母）、子周鉴均受刑而死。大学士陈演原已罢相，以家赀随身，无法骤行，滞留京师，城破被关押，他主动献出白银4万两，得免受夹刑，但仍被系押未放。他家仆人告密，说某处地下埋银数万两，派人往掘，果如其言。又说："所藏珠宝还多。"复派人去搜，又搜得黄金360两，珍珠成斛（各书所记赃财，数字不一）。⑲

大学士魏藻德受夹，输银1万两（一作"1万7千两"，或"1万3千两"）。刘宗敏责问他："你身为首辅，何以使百姓遭殃？"魏说："本是书生，不谙政事，兼之先帝无道，遂至于此。"刘宗敏怒道："你以书生擢为状元，不到三年即为宰相，崇祯有何亏待于你而诋为无道？"吩咐左右掌嘴数十，仍夹不放。受刑五日夜（一作"六昼夜"），被夹死。⑳

追赃拷掠的对象，范围越来越广，起初只限于京中大小官员，后渐扩及到一般巨商富绅。徽州商人汪箕，居京师，家赀数百万，典铺数十处，李自成命发刑官追赃，三夹一脑箍，箕受刑不住，自杀。泊头秀才郭树家富，被械系至京，刑逼追银。连著名的书画家米万钟，家中也被抄掠一空。无可否认，大顺军也错夹了一些像方岳贡那样名声较好的清官。本来，追赃的目的是为了解决军饷问题，通过这种方法，可以不用加税，能减轻百姓负担，用意原是很好的，但是，在追赃的过程中，打击面过广，用刑太酷，加上支持和鼓励公差、仆役等人的检举、告密，难免不会发生种种借机报复和从中勒索等弊端，以致使得许多具有中等家赀以上的人惶惧不安，感到自危，造成很坏的社会影响，结果得不偿失。

四月初七日（一说初二日），李自成至刘宗敏寓议事，见署中几个院子夹满了受刑的人，哀号呼痛之声震彻内外，听来惊心动魄，有些人已奄奄一息，眼看就快断气。李自成问刘宗敏总共追出赃银多少？刘以总数回答。李自成紧接道："天象示警，宋军师说'宜慎刑'，所有在押各官，当开释的应早点开释。"刘唯唯点头答应。第二天果下令释囚，除少数勋戚大臣外，其余羁系诸犯均一律释放。

李自成自三月十九日打进北京，至四月三十日退出北京，一共只在北京停留了41天，若除去东征讨伐吴三桂一度离京的时间不算，实际在北京只待了20多天。在这20多天之中，北京城内起了天翻地覆的变化。李自成所领导的大顺政权，除做了如上所说"安定民心"、"考选前明官员"、"追赃助饷"等一系列重要工作外，还在政治上和军事上采取了许多重要的步骤和措施，做了更多艰巨而复杂的工作。这些工作，概括起来，大致可以归纳成如下几个方面。

（一）筹备登极典礼

大顺军进城后不久，以礼政府巩焴为首，即率领随驾各臣、新降诸官以及京师士绅耆老，多次向李自成上表劝进，皆不允。军师宋献策奏："宜速正位。"宰相牛金星也劝；"大位未正，恐事有中变。"至此，李自成才允其所请。

为筹备大典，礼政府、工政府忙得不可开交。改皇极殿为天祐殿、大明门为大顺门，乾清宫"敬天法祖"四字改为"敬天爱民"四字。将明太祖朱元璋"神主"迁出太庙，送往历代帝王庙，其他朱家皇帝"木主"，尽行烧毁。喧传从大内搜出刻有"永昌年、月、日"的铜炉一个、漆盒一只，证明天命早定。同时又诈饰喇嘛僧数名，声称从天竺国来，知中国有新天子登极，特来朝贺。命缝工日夜赶制皇冠、龙袍，命金匠新铸国宝，文曰"继天立极"。"天"字在上一层居中，下一层并列"继、立、极"3字。[21]

登极的日期一再更改，一次一次往后推，最后始决定四月十七日正式即位。由礼政府出示通知："百官十二日午门演礼，十三日皇极殿演礼。十五日颁诏。十六日幸太学行释菜礼。十七日即位……"[22]

在这期间，李自成并未把注意力都集中在登极的问题上，还有许许多多迫切需要及时解决的大事正等待着他来处理。他始终保持了入城前那种艰苦朴素的生活方式。穿的仍然是蓝布箭衣，吃的也很简单。宫中一切华贵龙凤器物，一概不用。每天早起，吃点米粥，少量喝点酒，用罢早膳，即出前殿办理公务。刘宗敏每天早晨头戴方巾或白绒帽，只带四五名随从，骑马入西华门，与李自成共商军国要事，丝毫不讲排场。各营兵轮流在午门值宿，士兵可直入殿门走动，骑马也不禁止。有时，李自成置酒宫中，召牛金星、宋献策、宋企郊、刘宗敏、李过等亲信入宫共饮，众人杂坐，吃喝谈笑，不拘礼节，都很随便。刘宗敏呼李自成为"大哥"，谈话"你"、"我"相称，似乎并不理会彼此间还存在着君臣名份的约束。

李自成对即位前某些礼仪的规定，有的感到奇怪，有的很不理解。一天，他在文华殿召见原明右庶子杨观光问道："郊天礼为什么不能吃荤、喝酒、近女色，不许行刑，道理何在？"杨叩头说："天、人一气所感，不茹荤、酒为的是心志清明，不近女色为的是呼吸灵爽，不行刑为的是养天地慈和之气，总的要求是要达到感格上苍的目的。"李自成听了非常高兴，极口称赞道："有理！有理！以后请先生常进来讲讲。"特留他坐，并以茶款待。杨辞出打恭，李送至檐下亦答恭。

内监进献新制的皇冠，请他试戴，不是太大，就是太小，一连重做了3次。每次试戴，他都觉得麻烦，总是不耐烦地说："看射箭去！"一有空，他就到万岁山观看将士们练习骑射，只要他去，跟去的人常常多至数千余人。

四月初六日，李自成御文华殿，召见京师耆老，征询民间疾苦，问兵士有无扰害。初九日，御武英殿，再次接见各耆老。[23]

这时制将军李岩，向李自成疏谏四事：

一、扫清六宫，请主上退居公厂，俟工政府修葺洒扫，礼政府择吉期，百官迎进大内。次议登极大礼，命礼政府议定仪制，颁示群臣演礼。

一、文臣除死难、归降外，宜分三等：贪者发刑官严追，尽产入官；抗命不降者追赃，既完仍定其罪；清廉者免刑，听其自输助饷。

一、各营兵马，仍令退屯城外守寨，听调出征，不宜借住民房，恐失民望。

一、吴三桂兴兵复仇，边报甚急，国不可一日无君，择吉已定。……主上不必兴师，招抚三桂，许以父子封侯。仍以大国封明太子，奉明祭祀……[24]

李自成见疏，心甚厌恶，只在疏后批了3个字："知道了！"对于疏中的建议，并没有加以考虑。

（二）更定大顺官职

大顺政权的官制，在荆、襄建国时已初步确立，定鼎长安后更大具规模，入京师后则愈加完备。所有大顺政府机构及其职掌范围，几乎全部因袭明制，只不过个别名称有所变动。今就其主要职官设置，举例如下：

改明内阁为天祐殿，以牛金星为天祐殿大学士，为文官之首。

改六部为六政府，大堂、二堂为尚书、侍郎；原各部司官之主事改称从事（一作"从政"），原司务、郎中、员外郎等官名称仍旧。原吏部所属文选清吏司改称文谕院（另一说改文渊阁为"文谕院"，又一说改春坊为"文谕院"），其余司务厅、考功司、验封司、稽封司均不变，仍属吏政府。原礼部所属仪制、祠祭、主客、精膳四清吏司略有变动，仪制司改称仪注司，主客司（分掌接待少数民族朝贡、赏赐之事）似未设立，其余机构不变。原兵部职方、车驾、武选、武库四司，前二司大顺兵政府仍设，后二司未见记载。原明工部有营缮、虞衡、都水、屯田四清吏司，大顺工政府下设有哪些司？1959年，在北京市东城王府井大街路西东厂胡同（明锦衣卫旧址）迤南某建筑工地，出土大顺"工政府屯田清吏司契"篆刻正方形铜印一颗，说明大顺工政府承袭明工部遗制，亦设有"屯田清吏司"，至于其他三司是否仍设，尚无实物证明。户、刑二政府下设何司？不清楚。大顺曾开局铸钱，所铸之钱，曰"永昌通宝"，今日犹有残存。铸钱之局何名，属于哪一部门，亦不得而知。

太常寺、鸿胪寺在明朝本为独立的机构，一说"俱属礼政府"，可是大顺却仍设有太常寺卿、太常寺丞、鸿胪寺卿、鸿胪寺少卿等官，是否这些皆为礼政府属官？或"俱属礼政府"之说不确，究竟是哪种情况，尚有待考证。

原十三道监察御史（主察纠内外百司之官邪）改称直指使。六科给事中（掌侍从规谏、补阙拾遗、稽察六部百司之事）改称吏、户、礼、兵、刑、工谏议。

詹事府系辅导太子之官属，大顺似未设。

改翰林院为弘文院（一作"弘文馆"）。

太仆寺改为验马寺（一作"司"）；尚宝司改为尚玺寺（一作"尚契司"）；中书科（掌书写诰、敕、制、诏等事）改为书写房。

大理寺、光禄寺仍照旧称。

明通政使司（掌受内外章疏敷奏、封驳之事及四方陈情、建言、申诉冤滞或告不法等事）设通政使、左右通政、左右参议等官。大顺仍称通政司，通政使改称知政使。罗振玉《隋唐以来官印集存》载有大顺"通政司右参议之记"官印一颗，既有"右参议之记"官印，当亦会有"左参议之记"官印（惜未发现），说明大顺政府设有左、右参议之官。是否设有左、右通政，尚无官印证明。

明国子监设祭酒（从四品）、司业（正六品）各一人，其下有监丞（正八品）、学正（正九品）、学录（从九品）等官若干人（各有具体规定数目）。大顺改国子监为三堂：以司业为正堂，学录为左堂，博士为右堂。

明锦衣卫掌侍卫、缉捕、刑狱之事，大顺改称龙衣卫，其职掌范围仍同。

改五军都督府为五军部（一说"五府改五营"）。正总兵称正总权，副总兵称副总制，守备称守旅（一云武职守备称"守领"），把总称守旗（一作"守旅"）。

巡抚改称节度使，布政使改称统会，按察使改称防御使（一说兵备使改"防御使"）。知府、知州、知县改称府尹（一作"刺史"）、州牧、县令。

所有旧印、牙牌一律收回，汇交职方司，别颁新印。大顺官印分符、券、契、章、记、信等数种。有正方形，也有长方形。上举"工政府屯田清吏司契"即为正方形铜印。1957年在陕西蓝田县城北出土的"三水县信"以及解放前发现的"仪陇县契"，也都是正方形铜印。上举"通政司右参议之记"与1936年在山东恩县发现的"夔州防御使符"，就都是长方形印（后者为铜印，前者不知是否铜质）。《北略》卷二十说"大篆曰符，小篆曰契"，卷二十三又说"三品以上为符，四品以下为契"。《国榷》卷一百一说"符、券用大篆，契、章用小篆"。可是就现存大顺永昌元年四月造"夔州防御使符"所使用之字体来看，乃通行之小篆略为变通的印篆体，不是大篆（此吾友宁可同志代为鉴定）。所谓"四品以下"当包括四品在内，按明"屯田清吏司"设郎中一人（正五品）、员外郎一人（从五品）、主事二人（后增设一人，正六品），均在四品以下，而大顺所颁发之"屯田清吏司"官印即为"契"，此点与《北略》所记正相合。以上几种大顺官印，究竟如何区分，由于史料不足，现一时尚难作出判断。

大顺服制，色尚蓝，文武公服皆用蓝色，官帽亦蓝色。公服方领、方补，补上花纹不论文武俱用兽；领、帽以云纹多寡分品级，一品一云，二品二云……至九品九云。衣带分犀、银、角三等。一二品官，冠上加雉尾一根（一说只有一品加雉尾）。官员皆乘马（一说新降之官只许乘驴），废除轿抬。

颁示李自成先世祖讳，禁用"自、务、明、光、安、定、成"等字，

"自"改"字"、"务"改"务"、"明"改"名"、"光"改"广"、"成"改"呈"。

刊刻《大顺会典》，规定各项朝仪、官职名号以及士大夫彼此相接、相呼体制。凡文武官俱受权将军节制（一作"文官俱听大将节制"），行跪礼。

大顺政府在北京虽只存在1个多月，但却举行过多次考试。一次为顺天府尹王则尧（后改兵政府尚书）主持，考童生，出题《天与之》、《大雨数千里》；考生员，出题《若大旱之望云霓也》。次日即发榜。数日后，牛金星、宋企郊、黎志升等主持，考试举人，出《天下归仁焉》、《莅中国而抚四夷也》、《自天佑之、吉、无不利》等题；应考者约七八十人，大都皆本地举人。次日即揭晓。㉕取实授举人50名，送吏政府授官。凡将赴任新官，由吏政府发给小票，向礼政府具领符、契，刻期到差。外选赴任，由户政府按品级规定发给行旅费用，家眷限本人到任三月后接取。

（三）略取江、淮和招降吴三桂

大顺军破京师时，天津巡抚冯元飏企图集众起兵反抗，但无人响应。相反，天津的士绅却树立大幅黄旗，旗上大书"天佑民顺"（一作"天应民顺"）4字，各家各户都在门上书写"顺民"两字，盼望大顺军早来。李自成传檄至津，天津兵备副使原毓宗与总兵娄光先、副将金斌等率士民迎降。冯元飏遁走。大顺军进占天津。

李建泰在刘芳亮所率大顺军南路偏师逼迫下，兵败退入保定。三月二十日，刘芳亮追至保定城下。二十一日，大军继至，四面环攻。二十四日，城破。李建泰被执，降。㉖大顺政府命张洪守保定，分收所属诸邑。在大顺军强大军力威慑之下，畿内府县很快俱归附。

大顺军控制京、津、保地区后，随即发兵南下，进一步略取山东和江淮。明淮安巡抚路振飞闻警，严防淮上。李自成一面召见原明庶吉士史可程，命他写信给他哥哥史可法，劝史可法归降；一面驰檄左良玉、刘泽清、高杰，劝他们"审时度势，弃昏就明"。大军下登州、莱州、兖州等府，所至披靡；至济南，巡抚丘祖德逃，抚标中军内应，士民迎降。至济宁州，署济宁道王世英以城降。大顺新命山东各府、州、县地方官，在军队的护送下，各自赶赴任所，迅速在各地建立起新的政权。青州防御使王道成，凭借大军声威，不带一兵，单骑上任，城中照样慑服听命。制将军

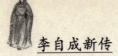
白邦政、淮扬节度使（一说"淮徐节度使"）吕弼周及制将军董学礼等，先后率兵至淮上，驻守宿迁。董学礼奉李自成命，持敕五道，谕降黄得功、高杰、刘伊盛、刘肇基、徐大受 5 人。黄得功不肯受敕，执斩来使。尽管如此，但是大顺军兵威远播，确已使江、淮地区的残明军政大员感到震恐。

吴三桂是明政府派驻关、宁一带负责防御清军的大将。他所处的地位非常重要。农民军逼进京师时，他奉命由宁远率兵入援，师次丰润，北京已破，于是他引兵还据山海关（一说"至山海关，京师陷，犹豫不进"）。他的东边是强大的清军，西边是强大的大顺军，明朝已亡，他势必不能长久独立存在于这两大政权之间。如果他投降大顺军，清军入关必会遭到很大困难；如果他投降清军，则大顺军必会受到严重威胁。他将会投降哪方呢？他观望形势，窥测动向，一时尚难作出最后决策。

李自成对早日争取吴三桂归顺这一点在思想上是比较重视的，然而对他有可能和清军勾结这一点却缺乏足够的警惕。还在驰檄招降左良玉等之前，李自成就派遣降将唐通携带大量黄金、彩缎、犒军银两，以及吴三桂的父亲吴襄所写的一封家书（实为牛金星起草），前来山海关，招降吴三桂。[20]同时还派兵 2 万，增强山海关的防务。

面对着大顺这种势不可抗的军事压力，吴三桂集合部下诸将士，问道："都城失守，先帝宾天，三桂身受国恩，宜以死报，然非藉诸将士之力不可，诸位将何以教我？"诸将士都默不作声。三问三不应。吴三桂转而改口道："闯王势大，唐通、姜瓖都已投降，我孤军不能自立。今闯王已派使者来，是杀掉使者？还是迎接使者？"诸将听了，欢声齐答道："今日生、死，惟将军之命是听！"

李自成的招降计划成功了。吴三桂审时度势，决定"衔璧"、"负锧"归命，因而接受了犒军银两，并且同意立即入京朝见闯王。谁知就在这个期间，由于大顺政府对某件事情处理不当，伤害了吴三桂的个人尊严和切身利益，激怒了他，使他改变了态度，撕毁了前约，致使招抚定局又突然遭到破裂。事情的原委是这样：

崇祯十四年（1641），皇亲田弘遇回南方，到南海进香，一路游山玩水，游到南京，看中了某妓院两名苏州歌妓，一个叫顾寿，一个叫陈沅（一作"陈元"，或称"陈圆圆"）。这两个歌妓都是当时江南闻名的美女，尤其是陈圆圆，名气更大。田出高价买到顾寿，有人以更高的高价买到陈沅，并将陈献给田。崇祯十五年（1642）夏天，田带着这两名美女回到京师。不久，田弘遇病卒。吴三桂得知顾、陈消息，垂涎陈圆圆，愿出千金重价向田家求买陈为妾。田家许诺，于是陈归吴有（一说陈系田主动赠与吴。关于吴得圆圆始末，诸书记载歧异很大，《小腆纪年附考》卷四对此有详细考证，此处不赘录）。吴三桂当时驻防宁远，由于局势紧张，未能将陈及时迎往，令她暂住京师。后来，京师为农民军攻占，刘宗敏住进田宅。一日，陈沅、顾寿和几个男优私约潜逃，不料事情败露，有7个男优被捉回杀掉，陈、顾两人逃脱不知藏往何处。刘宗敏怀疑陈圆圆为吴襄匿藏，逼吴交人。吴说："陈沅早遭送宁远，已经死去。"刘宗敏不信，将吴襄拘捕，动刑拷问，并且抄没了他家。这件事为李自成知道，赶紧制止，责令刘宗敏速将吴襄释放。并且亲自设宴为吴襄压惊，表示慰问，向他解释、道歉。事情这样处理，表面上风波似已平息，但实际上既经造成的影响却已无法挽回。[28]

吴三桂入京行至滦州（一说行至永平西沙河驿），遇见家中一个仆人，这个仆人诱拐了吴襄的一妾私奔，半道碰见吴三桂，他怕露出马脚，撒谎说：自己是保护此妾从家中逃难而出，正要往山海关去报信。吴三桂问：家中情况怎样？答："已被籍没。"问：父亲情况怎样？答："已被拘执。"吴沉吟半晌，又厉声问："我那人怎样？"所谓"那人"，指的是陈圆圆。仆人答："已为贼夺。"吴三桂顿时瞋目怒呼道："大丈夫不能保一女子，有何颜面！"立刻勒马而回，出其不意，击败李自成所派守关将士。他借口报君父之仇，缟素恸哭，集众誓师，公开反叛大顺。他写信回绝他父亲，说：

"父既不能为忠臣，儿亦安能为孝子乎？儿与父诀，请自今日。父不早图，贼虽置父鼎俎之旁以诱三桂，不顾也。"

同时，他还发出檄文，远近张贴，在檄文中，他竟公然叫嚷："请观今日之域中，仍是朱家之天下！"[29]

刘宗敏等在京师经过半个多月的拷问追赃，追出大量金银，先运进大内，连同内库历代所贮，命工匠或熔铸成方砖形、锭子形……分装成包、成驮，然后陆续运往陕西。[30]

大顺军初入京师，军纪极严。有两个战士，初入城抢前门一家绸缎店，立时被磔杀，尸体被钉在前门左栅栏上示众。当时连一些明朝官员也不得不承认大顺军"不抄掠"这一事实。可是时日稍久，军纪逐渐遭到破坏，奸淫掳掠的现象不免随之出现。特别是兵马入城后，由于军民杂处，久而久之，军民之间发生了许多预料不及而败坏军风的纠葛，造成了很坏的影响。大顺军一些将领，包括像刘宗敏这样一些高级将领，因为缺乏处理军民纠葛和民间诉讼的实际经验，加上文化水平不高，主观武断，以致往往把许多事情弄糟。曾经有过这样一件事：有一士子，其女为战士奸污，告到某将官处，这位将官先唤受害女在一旁叮嘱道："你若认奸，便要杀你头。"等到开审，女果羞惧不敢供认，结果反转来坐杀士子，说他诬告。另有这样一件事：有邻居两家，以奸情纠纷涉讼，被执送刘宗敏处，请求审断。刘问奸妇，愿从本夫、愿从奸夫？答以愿从奸夫。刘于是下令将奸妇凌迟处死，同时将本夫和奸夫也一并处斩。

大顺军对管理像北京这样的大城市，根本缺乏办法。从进城那天起，各种明里、暗里的反抗，从来就没有一天停止。尤其是当军纪不能维持的时候，老百姓的失望之心和怨离之心便与日俱增。吴三桂的檄文传到京师，民间暗中相传，市面已明显呈现出动乱不安的迹象。牛金星、顾君恩以民情将变的消息告诉刘宗敏，提醒他注意。刘说："此刻只怕军变，不怕民变。若使军队失望，则无人打仗。至于百姓，设有动摇，闭门分剿，用不着鸣金击鼓，即可一网打尽。何况目前军饷日需万金，若不强取于民，又从何而来？"

山海关的急报如雪片而至，李自成召集部下各重要将领共商东征大事。刘宗敏等起初面有难色，逡巡不应。最后，李自成不得已决策亲行。

四月十二日夜——东征军出发前夕，大顺政府杀定国公徐允祯、大学士陈演等明勋戚、大臣数10人（一说"三十二人"，一说"六十余员"）。大学士方岳贡、邱瑜2人，由监押者给以绳套，自缢死。各被杀勋贵家属妇女，不拘老少，俱按册分配给各营队长，如有子女，子女一并随养。十三日，东征军出师。牛金星、李岩、李牟等以老弱万人留守。刘宗敏、李过等率精骑数万，马步、共约十余万，五更早起，荷戈挂甲，列马东、西长安街待发。黎明时刻，李自成头戴白绒帽，身穿蓝布箭衣，和其他将官打扮并无差别，只不过多一黄盖，仍骑着那匹乌驳马，神情镇静、严肃，由大内经承天门前的御道，南出正阳门。原明太子及永、定二王随行，3

人各由一兵抱持上马，紧跟李自成之后，马尾相衔。吴襄亦被挟持随行。一声令下，骑兵战士全部上马。骑兵、步兵，齐声引吭长歌，各随各色旗号之后，由长安街经正阳门出齐化门，整队东去。牛金星等率留守各官，等候路旁，曲躬拱手送行。[31]

东征军出发后，京师的兵力显得十分单薄。城中明朝残余势力，都在暗中蠢蠢欲动，他们虽然不一定和吴三桂有直接联系，但都把希望寄托在他身上，和他遥遥声气相通。各式各样煽动叛乱的启事、传单，满城飞贴，不胫而走，尽管采取了极其严厉的镇压手段，也还是禁不住私传私阅。就在李自成等率军离京的第二天，西长安街皇城墙上就贴出一份匿名告示，说："明朝天，数（一作"大数"）未尽，人思效忠（一作"孝顺"），本月二十日共立东宫为帝，改元'义兴'。"牛金星等非常惊慌，星夜遣人将情况密告李自成。同时警告各新降明官说："讹言四起，诸君宜简出！"一些投降大顺的明官，见到风向开始不利，多生疑畏之心，"人怀南遁之志"，有的甚至假借"奉差"之名逃去。山东高苑知县苏方公开聚众反叛大顺，布告各地，号召东南绅士，"同仇共奋，勿惑浮言"，竟然得到"远近响应"。

如上所述，可以看出，大顺军进入京师，只是在军事上取得了胜利，而在政治、经济、文化等方面却并未取得胜利。不言而喻，一个政权的建立，若只是在军事上取得胜利，这个政权是很难巩固的。事实很清楚，东征军刚出发不久，京师内外各种反革命力量就已如此猖撅，如果东征军失败，后果又将如何？这是一个严峻的问题。

注：

①孙承泽：《请撤城守监视疏》，见《春明梦余录》卷四十二。该疏提到巡抚朱之冯之死，按宣府城破之报传到北京至少约需两、三日，故据此推测此疏具奏时间可能在三月十四日左右。

②京营三大营，据《明史，兵志》讲，最初"不减七、八十万"，后兵制累更，"额军尚三十八万有奇"，实际"见籍止十四万余，而操练者不过五、六万"。《绥寇纪略》"补遗上"云："祖制，京营兵三十万。"崇祯十五年闰十一月，兵部发放犒军钱锭，领钱之三大营军兵及内直军共十三万零九百六十二人（见《明清史料》乙编、第十本）。"内直军"即"侍卫上直军"，约一万一千人；除去这个数字，领钱之京营军

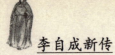
实止 12 万人。《爝火录》卷一："王章……官御史，巡视京营，按籍额军十一万有奇。然半死者，余冒伍，甚甚。"《明史·王章传》所记同。

③《明史·李自成传》："京师久乏饷。"《纪事本末》："饷久缺。"《北略》："京军五月无粮。"《野史无文》卷四云："京师粮饷，按月给放，从来无阙。野史云：京军五月无粮，妄言也。"《兵部行〈御前发下京营总督李国祯等奏〉稿》（《明清史料》乙编、第六本）云："窃炤京营之饷，往年月不过伍，尚以操严为难，今选健折色压欠七月……"（该疏崇祯十七年二月十五日奏）此材料证明京师久缺饷，一点不错，所谓"从来无阙"之说，实无根据。

④《北略》卷二十说三月十七日"叛监杜之秩"入城谈判，《传信录》卷一说这日"遣叛监杜勋缒城入讲和"。《春明梦余录》卷四十二载有王章《缒城疏》，内云："王、曹诸监视昨夜将贼杜勋等暗用绳系上城，不知何故。……"此疏具奏肯定在三月十八日，因十六日农民军还在昌平，十七日始围京师，十九日城破王章即被杀；所谓"昨夜"，当然是指三月十七日夜。将"杜勋等"系上城，意即不止杜勋一人。吴麟徵入宫奏报，《传信录》卷一谓为三月十八日"薄暮"以后，《明史·吴麟徵传》谓为十八。按崇祯帝召见杜勋为十七日夜，魏藻德在场，召见结束必已夜深；魏出朝至午门碰见吴麟徵，可能是在十七日与十八日交接时刻，故有的书记此事为十七日，有的书记为十八日。

⑤《甲申纪事》："（十八日）前降太监杜勋缒城而入。勋奏云：'力不敌，'割地讲和何如？上亦颔之，勋往返而议不成。"《甲申核真略》云："（坊核）又称杜勋自宣府回，与王承恩吊城而入，进白绫、琴弦……，皆谬传也。杜勋已叛，安假复回？承恩为内外总提督，见在京城，又安用吊城为也？"《核真略》认为坊刻之谬所特之理由——"安肯复回"，"安用吊城为"，纯属臆测。上引王章之奏，所述事实正好证实——杜勋确已"复回"，而且确系"吊城"而上。至于是否进琴弦、白绫，此点尚有待旁证。《甲申纪事》虽未说十七日杜勋入城事，但既云"往返而议"，说明吊上、缒下不止一次。十七日夜、十八日白天两次谈判都可信。

⑥有的书说曹献彰仪门（西直门）；有说曹实守东直门，不守彰仪门。据《爝火录》卷一讲，入清朝后，曹曾为献门事，"上疏奏辨甚力，时仓卒莫能明也"。

⑦农民军破京师前，明宫中所发生的一切，各书所记不一致，差异很大。现将几部重要著作中的有关记载，引录数则如下，以资参证：《甲申核真略》："或云是日（指三月十八日）车驾阅城，因幸成国第，皆谬传也。余（杨士聪自称）与卫宫谕（指卫胤文）尽日在内，岂有上出而不知者？……（坊刻称）上与承恩绕城夺门不得而归，乃缢，皆谬传也。"《三垣笔记》附识中："十八日，攻益急……日就晡，上易服出宫门，两出两返，乃命酒，召后、贵人……漏未下三刻，御所佩剑曰：'事至此，

可以死矣！'……同内官数十人逸城夺门不得，归遂同（王）承恩对缢煤山古树下。"
《定思小记》："上于是出朝门，从西长安街拥众行，意欲为突阵计。……"陈济生
《再生纪略》："是夜（指十八日夜），上微服步至成国公府中，阍人辞赴席未归，愤愤
而返。……半夜雨中复同内监步至前门，望见正阳门城上已悬白灯笼三盏，知大事已
去，即刻返宫……"《遇变纪略》："十八日……吾乡刘光禄坐守东华门，是夜五鼓返
寓，遣使密与涂公曰：'皇上并中宫、太子三鼓以轻骑逸民间'。"《謏闻续笔》卷一：
"是夕（指十八日夜），漏下数刻，上微服乘骑，御马监臣王公承恩从至前门，觅国祯
不可得；至齐化门，欲出不得……还宫。……遂至煤山，以身殉矣。承恩从之。痛哉！
此变后老监为予言者。"以上六书作者，当时均在北京，说话都具有权威性。尤其是杨
士聪，这天正入值，宫中所发生的事，他应该最清楚；可是他所说的正好与老内监说
的抵触。除《遇变纪略》外，其他四书均记有崇祯绕城夺门事，难道均如《核真略》
所说："皆谬传也？"《甲申传信录》卷一："上巡寿宁宫，长公主年甫十五……忽挥剑
断公主右臂而仆，并刃坤仪公主于昭仁殿。"按坤仪公主追谥长平公主，断臂公主即长
平公主；《传信录》将昭仁殿被刃之昭仁公主当作坤仪公主，误。崇祯帝自杀地点，说
法也不一。一说"登万岁山之寿皇亭"自缢，一说"走万寿山至巾帽局自缢"，一说
"走入煤山长寿宫……自缢死"，一说"披发跣足崩于大内兔耳山"。按明时万岁山
（《传信录》称"万寿山"，误）有四殿：寿皇殿、永寿殿、观花殿、观德殿，并无
"长寿宫"。长寿宫在大内乾清宫之东，为"东六宫"之一，嘉靖十四年已改名"延祺
宫"。万岁山之寿皇殿，乃"殿"，非"亭"；而煤山在该殿之南，并非该殿在该山之
上。山上原无亭，今所见之五亭（"周赏"、"观妙"、"万春"、"富览"、"揖芳"），为
清乾隆十五年所建。"巾帽局"在地安门内东，即今巾帽局胡同，离煤山还远。明代西
内兔儿山一带，实即元隆福宫西御苑地。兔儿山系垒石为山，穴山为洞，元代称为
"假山"，明代称为"兔儿山"；今山已无存，大概毁于清雍正、乾隆年间。兔儿山和
煤山显系两回事。有说崇祯帝缢于槐树下，也有说缢于松树下、海棠树下、古树下。
1946年我来北京，所见到的是一棵将死的槐树。我的朋友宋仁同志的夫人梁思明是梁
启超的侄女，今年60多，据她讲：她小时候听梁启超说，崇祯帝上吊死的那棵树是一
棵接枝树，一半松树一半槐树。这就是说，我所见到的那棵槐树，已是后栽的。而今，
这棵槐树又死，1981年又栽了一棵新槐树。从死之太监，《再生纪略》及《弘光实录
钞》卷二均谓为王之心。清修《明史》，初稿进呈时，也作王之心；康熙皇帝曾指出其
误，并有谕示。为此熊赐履奉旨复行详察，证实确系王承恩，非王之心，随遵照谕旨
改正错处（参阅黄云眉《明史编纂考略》）。

⑧《爝火录》卷一说李国祯在朝阳门被执；《甲申传信录》卷一说在西直门被执。
按朝阳门和西直门，一在东南一在西北，方向正相反，二书所记矛盾。

⑨ 见《传信录》卷一及《定思小记》。

⑩《三垣笔记》附识中请大顺军进北京"自齐化、东便三门入"。《张士仪禀报思宗缢死及京师情形》(《甲申纪事》附录)、《甲申核真略》、《北略》卷二十、《甲申传信录》卷一、《燕都日记》均谓由德胜门入。李自成入城后进入大内所走路线，据《定思小记》及顾炎武辑《明季实录》卷二《泣鼎传真录·闯贼逆天始末》之记载。李自成进入大内之时间，《甲申核真略》、《再生纪略》《甲申纪事》、《传信录》、《国榷》，说为三月十九日；《北略》、《燕都日记》、《燕都纪变》，说为三月二十日。吏政府大堂谕，见《爝火录》卷一。《北略》卷二十三谓此谕"三月廿四日示"。若以此日期为准，则谕中所说之"次早"，当指三月二十五日。但据他书记载，明文武百官向大顺投递职名或为二十日，或为二十一日，均早于二十五日，说明《北略》此点所记有误。

⑪太子被获，据《谀闻续笔》之说。永、定二王被获，各书说法颇不一，不赘引。《申申核真略》载："封东宫为宋王，定、永二王亦各改封为王。"《北略》谓封太子为"宋王"，封定王为"宅安公"。《传信录》卷六谓对太子及二王"未尝封也"。《明季南略》卷六《太子一案》引左良玉"请保全东宫疏"云："前者李贼逆乱，尚锡王封，不忍遽加刑害……"据此，知所谓"未尝封也"之说不可信。

⑫发现崇祯尸体，《再生纪略》说为三月二十日；《甲申核真略》、《甲申纪事》说为二十二日；《三垣笔记》《谀闻续笔》、《遇变纪略》、《燕都纪变》、《燕都日记》《北略》、《传信录》诸书，都说为三月二十一日。《燕都纪变》的作者钱邦芑系亲眼看见"门板舁二尸送至魏国坊下"的人，故寻获崇祯尸体日期当以目见者所说为最实。有关崇祯遗诏，有说为血诏，有说为墨诏；有说书于衣袂，书于胸前，书于前襟。此处系以《甲申核真略》所记为准，因该书云："此余闻之周中官自内出亲见之者。……坊刻谬撰血诏及称'宁裂朕尸'，皆非也。"葬崇祯帝事，参看顾炎武《昌平山水记》及谭吉聪《肃松录》。

⑬《北略》卷二十载："贼兵入城者四十余万。"另据《再生纪略》载，知城外还扎有一部分农民军，并未全部进城。问题是进城之农民军是否有如此之多？无法证实。《平寇志》卷九讲：进城之军"尽人民居"；"贼令京城造排门册，派养贼兵"。《明史》卷三百九也说："贼又编排甲，令五家养一贼"。《甲申纪事》、《传信录》亦云："街坊、胡同无不至"。

⑭有关李国桢之死，当时就有各种说法：一说他是在争得礼葬崇祯帝后等事完毕后，慷慨节烈自杀；一说他因受夹刑不过，"乘间自缢死"；另一说则谓他"欲求苟活而被刑戮"。《国榷》及《传信录》主后一说。该二书所记李国桢事，系根据他的亲戚、邻居、门客所谈，其可信程度当较他书为大。

⑮点名选官，《再生纪略》、《甲申传信录》卷六谓为三月二十二日；《甲申纪事》、《遇变纪略》、《明季北略》、《燕都日记》谓为三月二十三日。《泣鼎传真录·诸臣被诱始末》、《三垣笔记》附识中都说三月二十七日，"牛金星点名会极门"。看来点名选官不止一次。据《传信录》卷五载，三月十九日光时亨即被李自成召见，"面加奖谕，以原官视事"。"王任杞"，《北略》、《燕都日记》作"王仙芑"，他书作"王仕岊"，谓授"山东潍县令"，均误。《甲申核真略》云："顺天举人王任杞者，余（杨士聪自称）壬午所录士也，往宣府探亲遇贼，遂为所得，授通政司参议……"从以上材料可看出，光时亨和王任杞都在三月二十三日之前已被任用，二十三日榜上列二人之名，只是表示正式公布之意。

⑯ 以上诸例，参阅《北略》、《南略》、《平寇志》、《传信录》诸书。

⑰《北略》卷二十三《宋献策奏削发诸臣》。

⑱《传信录》卷四《拷掠诸臣》。

⑲《定思小记》的作者刘尚友在李自成刚退出北京时曾见到周奎，据他讲："余见周皇亲率人赍金帛充赏赐，身衣丧服，步行，人咸指而叹焉。"《平寇志》说"刘宗敏收拷（陈）演，夹足者再"。《北略》说陈演"受刑最惨。……身无完肤。"《甲申核真略》云："陈（演）监押于宗敏营中十五队。（四月）初八日未放。余（杨士聪）遇诸涂，见其沮丧含涕，必贼言不善也。初九日，亦迁白塔寺后。十二日被杀。事本如此。坊刻称其备受酷刑及三次劝进，不知何据?"

⑳ 一说魏藻德"自勒死"，"饮水一大碗死"，"与（陈）演等同诛"。《甲申纪事》、《甲申核真略》、《定思小记》都说受刑死，当可信。

㉑《明史》卷三百九："铸金玺及永昌钱，皆不就。"《再生纪略》："工政府命工匠铸九玺不成，贼始失色。"《传信录》、《平寇志》、《北略》等书，亦均有此记载。但聋道人在《遇变纪略》中所记大顺国宝印文及其排列格式甚详，显然九玺已铸成，并非"不就"；否则，该书不会说得那么具体。

㉒ 据《平寇志》卷十及《北略》卷二十。

㉓ 第一次接见《再生纪略》说在文华殿，《燕都日记》说在武英殿；第二次接见《再生纪略》未说具体地点，《平寇志》则说在武英殿。

㉔ 谏疏之提出，《平寇志》、《国榷》都说在四月丙寅（初九日），但疏中有关于如何处置明官之建议，说明该疏提出时追赃受刑之官一定尚未定案；可是据《甲申纪事》讲，四月初八日在押各官俱已"传令释放"。据此推测，疏谏四事应当在四月八日之前，不当在四月九日。

㉕ 据《再生纪略》《甲申纪事》、《遇变纪略》、《国榷》、《传信录》、《平寇志》等书。各书所记考试日期有三月二十五日、四月初一日、初二日、初三日、初四日、

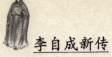

初五日多次，其他如考试对象、应考人数以及主考官员与所出考题，各书记载均有出入。

㉖ 保定城破日期，据《保定城守纪略》、《北略》卷二十、《绥寇纪略》"补遗中"，《崇祯长编》卷二说三月二十四日"围保定"，二十五日"城陷"，不确。《甲申纪事》、《甲申核真略》都说三月二十一日李建泰被押至北京。按李被执是在保定城破之后，二十一日保定尚未破，此处二书所记日期可能有误。

㉗ 李自成檄谕左良玉等，《平寇志》卷十谓为三月乙卯（二十七日）；该檄中有"唐通、吴三桂、左光先等知天命有在，回面革心，朕嘉其志"等语，故据此知招降吴三桂在招降左良玉之前。

㉘ 《兵部题行〈兵科抄出前军都督府左都督田弘遇奏〉稿》（《明清史料》乙编、第六本）：田弘遇于"前岁（指崇祯十四年）给假酬愿南海"，"昨岁（崇祯十五年）六月内抵京"。一般书都说田弘遇崇祯十六年还京病卒。据上"题行稿"，知十六年还京之说误。顾寿、陈沅入京师当是崇祯十五年夏天田还京时携来。吴三桂何时得陈沅？不清楚。顾寿、陈沅潜逃，《传信录》卷八有记载，但无具体日期。《再生纪略》记为四月初七日。有的书说陈沅为刘宗敏夺占，甚而说为李自成夺占，纯系胡说。刘宗敏系襄索沅，做法是错误的，但很快就为李自成纠正。据《传信录》讲："闻责刘宗敏，亦已潜释襄（原为"勒"，误），且宴之矣。"

㉙ 参阅《明史》卷三百九、《传信录》卷八、《平寇志》卷十、《北略》卷二十、《纪事本末》卷七十八、《国榷》卷一百一等有关记载。各书互有差异和牴牾之处，不列举。吴三桂檄文，见《甲申朝事小纪》初编、卷二。

㉚ 运回陕西的金银共有多少，各书记载不一，而且多有夸大，很难令人置信。《甲申传信录》卷六说"共百余万"。《甲申纪事》说："载往陕西金银锭上有历年字号，闻自万历八年以后所解内库银尚未动也。银尚存三千余万两，金一百五十万两。"杨士聪《甲申核真略》载："（四月）十六日，大驱赢马载金银往关中……内库有镇库银皆五百两为一锭，镌有'永乐'年字，每驮二锭……各库银总共三千七百万，金若干万；其在户部者，外解不及四十万，捐助二十万而已。此城陷后存银之大较也。"接着杨士聪慨叹道："呜呼！三千七百万捐其奇零，即可代两年'加派'，乃今日考成，明日搜括……策安在也？"谈迁《国榷》卷一百一载："括各库金共三千七百万有奇。……而大内旧藏黄金四十余窖，内监皆畏先帝，不以闻。"接着，谈迁引录了如上杨士聪的慨叹原话。《北略》卷二十："旧有镇库金积年不用者三千七百万锭，锭皆五百两，镌有'永乐'字，每驮二锭……谈迁曰：三千七百万锭捐其奇零，即可（代）两华加派……"接着，计六奇评论说"子（予？）谓果有如此多金，须骡、马一千八百五十万方可载之，即循环交负，亦非计月可毕，则知斯言未可信也。"《平寇志》卷十：

"谈迁曰：（与以上《北略》引文同，略）……管葛山人曰……今按冠若（即谈迁）之言，以五百两为锭计之，三千七百万锭，则十六万万零也。每驮二锭，则八万万马骡始克负此数，合天下马骡亦不过一二百万匹而止耳，京师安从得此马？无稽甚矣！冠若之是非，大都耳食东林之唾余，而究竟未尝揆之实情。"从上引材料可看出，各书辗转相抄，致使问题越错越远。"三千七百万"之数，是否可信，姑置勿论；但杨士聪所说的"三千七百万"，单位是指"两"，不是指"锭"。谈迁引录杨士聪的话，也很忠实，并未改动原意。可是计六奇在抄录《国榷》这段材料后，未加细察，却误把谈迁所引杨士聪的慨叹当作了谈迁本人的慨叹，甚而将原单位本应为"两"之"三千七百万"改为"三千七百万锭"，而且反过来又以"每驮二锭"、三千七百万锭"须骡马一千八百五十万方可载之"的计算方法，指责谈迁"斯言未可信"，这真是毫无道理。《平寇志》的计算方法更是奇怪。本来以一锭为五百两，将三千七百万"锭"化作"两"，乘以五百之数，应得一百八十五万万两，不知为何该书却得出了"十六万万零"这个数字？按理这个"十六万万零"的单位应为"两"，不应为"锭"，可是不知怎么该书却又偏偏算作了十六万万锭，而且又进一步以"每驮二锭"计算，得出须"八万万马骡始克负此数"这个结论，反过来还指责谈迁"未尝揆之实情"，实在令人莫明其妙。

㉛ 东征日期，《甲申核真略》、《甲申纪事》、《遇变纪略》、《定思小记》、《三垣笔记》附识中所记均同。《传信录》卷六谓四月十八日"杀百官数十员于平则门外"，十九日李自成"东出"，误。《再生纪略》谓东征出动"精兵数十万"，《燕都日记》谓"率师四十万东行"，《明亡述略》（上）谓"自成率众四十万战于山海关"，《北略》卷二十谓"率兵四十万，号八十万"。《大清世祖章皇帝实录》（以后简称《清世祖实录》）卷四载"李自成率马步兵二十余万"出征（王氏《东华录》"顺治二"，同）。《定思小记》云"率马步兵十余万亲往"，《明史》卷三百九云"亲部贼十余万"、"自成兵二十万"，《遇变纪略》云"点兵十万亲往关门迎战"。《纪事本末》卷七十八称"李自成率兵万东行"，《四王合传》称"自率兵六万东行以御三桂"。多数记载谓出兵为十万左右，看来，这个数字可能近于事实；"二十余万"或"四十万"之数，恐有点过于夸大。

第八章 大顺悲歌

一 从一片石到九宫山

吴三桂奉明政府命令放弃宁远，率兵入关，清政府趁机下令："修整军器，储粮秣马，俟四月初旬大举进讨。"①

崇祯十七年、顺治元年（1644）四月初四日，清大学士范文程上摄政王启，指出明被农民军打败，"正如秦失其鹿，楚汉逐之"，建议速派兵"进取中原"，"或直趋燕京"，"或相机攻取"。初七日，清政府行将出师"伐明"，祭告太祖努尔哈赤及太宗皇太极。初八日，顺治皇帝御驾恭殿，赐摄政王多尔衮大将军敕印，"代统大军，往定中原"。初九日，多尔衮率满、蒙、汉兵声炮启行。②明降臣洪承畴随军同行。

根据清出师前祭告太祖、太宗的祝文中"统大军前往伐明"一语，可以看出，清军"启行"前还不知道大顺军已经打进北京、明朝已被推翻这一大局的变化。直到十三日师次辽河，才得到有关李自成的确切情报。多尔衮以军事问题咨询洪承畴，洪上启答道："流寇十余年来，用兵已久，虽不能与大军相拒，亦未可以昔日汉兵轻视之也。"

十五日，清军至翁后。吴三桂遣副将杨珅、游击郭云龙自山海关来，将一封求救信交给摄政王。希望摄政王"速选精兵，直入中协、西协"，"合兵以抵都门，灭流寇于宫廷"；并许以事定之后，"裂地以酬"。③多尔衮得信，喜出望外，立即派人往锦州飞调红衣大炮向山海关进发。十六日，清军师次西拉塔拉。摄政王复吴三桂书。信中表示，若吴率众来归，

"必封以故土，晋为藩王"。至于将来事定后，如何"裂地以酬"，复书根本避而未谈。很明显，此刻清政府所抱之目的乃是"混一区宇"，绝不会满足于"裂地以酬"。此点正如范文程在上摄政王启中所说："成丕业以垂休万祀者此时，失机会而贻悔将来者亦此时"，不言而喻，以雄武大略而著称的多尔衮，岂肯轻易失此"成丕业"的千载难逢之机！

十九日，吴三桂传令部下各将领及当地绅衿，在山海关南郊演武堂集合，当众宣布起兵复仇。次日，集关、辽两镇兵5万人，杀一大顺军俘房祭旗，与诸将官及各绅商人等歃

吴三桂像

血定盟。这天，清军已抵连山。吴三桂复遣郭云龙、孙文焕带着一封紧急信，向摄政王告急说："李自成已率兵至永平一带，催王速整虎旅，直入山海。"多尔衮星夜进发，当天过宁远至沙河地方。二十一日，继续兼程赶路，日昏黑时抵达山海关，距关十五里许屯兵，一昼夜行军二百里。这天，山海关上战事十分激烈，直到夜深。大顺军与吴军双方酣战犹烈，炮声不止。清军披甲戒严，夜半移阵，异常紧张。

李自成所率大顺军十三日从京师出发，十五日才到密云。大军至三河，遇到吴三桂所派的一个谈判小组，由山海关的豪绅代表组成，一共6人，表面上是来求和，实际上是来行使缓兵之计。李自成识破了这一阴谋，立时将这6人予以扣押。十七日，东征军到永平；二十一日，到达山海关。6个被扣的人质，一到山海关，就想从阵前逃脱，幸而被及时发觉，除其中一人身中三箭逃掉外，余下5人均被处死。由京师至山海关约700里，大顺军在路上却整整走了8天。在这8天之中，吴三桂已经完成了他

的军事部署，清军已兼程抵达关门。可是在李自成这方面，却是孤军深入，劳师远来，军事上业已落后了一步。④

山海关除镇城外，四面还有4个小城，东、西两面称为东罗城、西罗城，南、北两面称为南翼城、北翼城。镇城与东、西罗城，都有吴三桂委派的士绅为"总理"、"协理"，率领乡勇协助守城。李自成采取三面夹击、一面开网的作战策略，对西罗城、北翼城、东罗城展开围攻，南翼城因面临大海，敌军无法从海上逃遁，故未围。

吴三桂的关、辽兵在西罗城前面石河以西布防。大战先在这里爆发。两军自辰至午，激战半日，吴军西北角阵势动摇，大顺军数千骑兵飞奔透阵，直至西罗城北，就要准备破城，这时吴三桂忽又派出几名代表，假意投降，哀恳大军停战。攻城将领信以为真，放缓进攻，等待入城受降，谁知敌军却乘此时机，猛烈开炮轰击，并派遣游骑从北坡侧面进行突袭，结果大顺军反而遭到挫败。

北翼城为吴三桂的部下副将冷允登防守。这里是大顺军围攻的重点。战士们猛打狠攻，炮矢日夜不绝，多次直逼城下，城上守敌拼死堵御，伤亡惨重，战况极为激烈。自二十一日起攻打一昼夜，至第二天早晨攻打更急，已有不少战士蜂涌攀城而上，而且城内还有"一军叛降"，眼看北翼城即将攻下，若不是清军参战，吴三桂肯定会全军崩溃。

东罗城为乡勇头目一总理马维熙及协理刘克孔等负责防守。大顺军攻打东罗城比攻打西罗城和北翼城更猛，因此守城乡兵也更加狼狈和惊恐。用马维熙等人的话讲："东罗城孤当贼冲，危急劳瘁倍于两城。"二十一日彻日彻夜，战事始终猛烈进行。⑤

清军到达山海关的当晚，就在一片石地方参加了战斗。一片石又称九门水口或九门口，在山海关之北稍偏东，距关约20里。清方根据吴三桂哨骑的探报，说大顺军已出关立营，于是摄政王多尔衮下令带兵诸王各率精兵准备应战。清军前锋进至一片石，正与李自成所派唐通马步兵数百相遇，双方展开遭遇战。唐通受挫，退走，阵亡百余人。⑥

四月二十二日，清军直薄山海关，吴三桂开关迎降。摄政王设仪仗同吴三桂向天行礼盟誓，然后率众由南水门、北水门、关中门分道入城。

这时，李自成已在关城西边的石河以西，自北山横亘至海摆列好阵势。清军面向大海，对着大顺军阵尾鳞次布列。吴三桂军则分列于清军右

一片石遗址

翼之末。多尔衮命吴军各用白布系肩为号，以便混战时易于辨别。多尔衮集合诸王、贝勒、贝子、公及固山额真、护军统领等，告诫说："此兵不可轻击，须各努力，破此则大业可成！"

　　这日，刮大风，飞沙走石，迷目难睁。清军蓄锐不发，先让吴三桂军出战。大顺军和吴三桂军在离山海关数里许的庙堂前交锋，一开始就非常猛烈。两军矢发似雨，炮轰震天，飞丸射入关城迸落如流星。喊杀声伴随着呼啸的狂风，格外惊天动地。李自成的骑兵在战场上追奔驰逐，左萦右绕就像生龙活虎。眼看吴三桂军力已不支，渐次被围。吴军慌乱，东西驰突，几次围开复合，冲杀不出。两军鏖战过午，清军还是蓄锐不动。直到双方精力消耗过半，这才听见清军阵上吹响第一遍号角，发出第一遍呐喊，射出第一巡箭，但是人马仍旧立在原阵地未动。过了一会，再吹第二遍号角，发出第二遍呐喊，射出第二巡箭，而人马依旧还在原处。两遍呐喊后，大风忽停。就在这时，清军阵上吹响了第三遍号角，发出了第三遍呐喊，射出了第三巡箭。接着，数万久候阵上、以逸待劳的辫发铁甲骑兵，从吴三桂左右两翼闪电奔雷般飞驰而出，投入战斗，直冲大顺军中坚。忽然，狂风又起，两军阵前卷起满天黄尘。这阵突发的暴风，无形中增添了清军的声势。

大顺军廿一日激战一昼夜，次日又苦战大半天，饥渴困顿未得休息。本来战争很快就会取得胜利，只要再坚持一刻，即可将吴三桂军全部解决，不想数万清军铁骑参战，真是出乎意外，当这些士马饱腾的清军一投入战斗，战场上双方强弱的形势立即改变。吴三桂军绝处逢生，又复猖狂起来。大顺军在清、吴联军夹击之下，渐感招架不住，阵脚大乱。

李自成从战争一开始，一直就在附近一处高岗上督战。他骑在马上，两眼聚精会神地凝望着前方。在他周围，有十数骑随身将士护卫。明太子朱慈烺也在他身旁。起初他望见自己的战士英勇战斗，几次将吴三桂军包围；后来他忽听见三遍号角、三遍呐喊声，正在惊疑，只见数万拖着长辫的甲骑，像风发潮涌一般地向自己阵地扑过来。有人告诉他：这是满洲兵！大顺军终于支撑不住，全军溃败了。李自成急策马下岗返旆而走。

大军败退40里。刘宗敏中流矢，负重伤。士兵牺牲甚大，辎重、马匹损失相当严重。[7]

战斗结束，吴三桂至清营，拜见摄政王，剃发称臣。清封吴为平西王，赐玉带、蟒袍、貂裘、鞍马等物。下令山海关军民剃发。

二十三日，吴三桂为向清廷表示忠诚，将原羁留军中的大顺所派招降使者兵政府尚书王则尧送交清营，为清军所杀。[8]

李自成还军至永平，杀吴襄。旋率师还京师。明太子朱慈烺及定、永二王在山海关战役后，不知下落，后事难明。[9]

大顺军战败的消息很快传到北京，一些新降明官风闻吴三桂将奉崇祯太子还京即位，感到惊慌，纷纷询问牛金星："大顺军是否即将西撤？"牛金星表示诧异道："这话从何而来？主上回京即登宝位，望诸君切勿轻信讹言！"为了镇定人心，礼政府特出示道："主上东征，不日回京登极，凡该管衙门预先图办，毋致临时失误。"[10]但是各种谣言飞快流传，而且传得很广，怎么严禁也禁止不住。一些明朝旧官，各自暗中寻找出路：有的暂弃家眷，离京南行；有的扮作僧道、乞丐，出城而遁；有的甚而装死，躺在底板凿孔的棺材中，伪为出殡，潜出都门。城中加强了戒备，城门防守益严，沿街日夜有人巡视。同时下令搜查兵器，使人各街传呼：凡弓箭、火器、民间皆不得私藏！人心颇为浮动，市面显有不安迹象。

二十六日薄暮（一说午刻），东征军陆续回京师，人马疲惫不堪。二十七日，李自成率军入城，杀吴襄全家30余口（一说38口，或34口）。[11]

二十九日，李自成即大顺皇帝位于武英殿，追尊七代考妣为帝后，立妻高氏为皇后。李自成被冠冕，列仗受朝。牛金星代行郊天礼。午后，运草入宫城，塞满各殿门。密令各营将士准备行装，砺兵秣马待发。三十日，天将亮，大顺政府放弃京师，退往关中。李自成率众先发，刘宗敏继发，以谷可成、左光先军殿后。刘宗敏因负伤不能骑马，用棉被叠垫长桌躺卧在上，由4名战士抬着出城。大军离京时，放火焚烧宫殿及九门城楼。一时四处大火，烟焰冲天，城内秩序大乱。这夜，城外各草场亦起火，火光照耀如同白昼。一些来不及出城的战士，或在大火中被烧死，或为趁机报复的市民杀死，牺牲甚重。⑫

大顺军出南城，经丰台、芦沟桥、琉璃河、涿州、固安、保定、庆都（今河北望都）、定州、真定，折而往西入山西。

清、吴联军在山海关打败李自成，清摄政和硕睿亲王多尔衮随统大军与吴三桂直趋北京。二十五日，师次抚宁县；二十六日，至昌黎县；二十七日，至滦州；二十八日，至开平卫；二十九日，至玉田县；三十日，至公罗店。材官常义、吴有才、唐有功自通州来降，报告李自成西走消息，多尔衮即令诸王、贝勒、贝子、公等率师急追。

清顺治元年（1644）五月初一日，多尔衮至通州。初二日，至燕京，原明文武百官出迎五里外。巳刻，多尔衮进朝阳门。明内监以故明卤簿、御辇陈皇城外，跪迎路左。多尔衮乘辇入武英殿，升座，原明众官俱拜伏呼万岁。随后，清政府出示安民。遣人持檄招抚各处城堡。传谕各衙门官员，俱照旧录用。凡投诚官吏军民，皆须剃发，衣冠悉遵清朝制度。下令为崇祯帝后服丧三日，著礼部、太常寺备帝后礼具葬，服除后，官民俱著遵制剃发。摄政王令旨，废除前明苛政："自顺治元年为始，凡正额之外，一切加派如辽饷、剿饷、练饷及召买米豆，尽行蠲免。各该抚、按即行所属各道、府、州、县、军卫衙门，大张榜示，晓谕通知。"⑬

五月初三日，福王朱由崧称监国于南京。十五日改称皇帝，即位于武英殿，诏以明年为弘光元年。宣布"与民更始，大赦天下"，颁示"国政二十五款"。在这二十五款"国政"中，绝大多数条款皆与一般百姓痛痒无关，连明末最大的暴政"三饷"也不肯全部废除，只在第十七款中提到"辽饷名色尽行蠲免"，至于"剿"、"练"二饷是否蠲免，则未提。⑭

不论是刚进北京的清朝政府，还是刚在南京建立的南明弘光政府，在

对待李自成的敌视态度上，彼此是一致的。清政府绝不会中途休兵，用其自己的话讲，"一贼不灭，誓不返辙"。弘光政府在所谓"君父之仇，不共戴天"的口号下，当然也绝不会和大顺军休兵。他们企图和清政府结成联盟，"合师进讨，问罪秦中"；并且许诺将来灭闯之后，"割地岁币"，当"惟力是视"。他们主动派出代表，携带着"国书金币"北上，想和清进行谈判。但是清政府根本不承认弘光政府的地位。在多尔衮等人看来，"国家之抚定燕都，乃得之于闯贼，非取之于明朝"。南方故明诸臣，不但不思报"君父之仇"，反而"乘逆寇稽诛，王师暂息"之机，"拥号称尊"，"俨为劲敌"，这是绝对不能容忍的。清政府绝不会同意和弘光政府举行谈判。他们不仅要引兵向西，继续追击农民军，而且还要发兵往南，一鼓消灭南明政府。⑮

五月初一日辰刻，大顺军抵达涿州北城外。涿州本来早已归服大顺，不料就在大军到达的前一日，罢官家居的明大学士冯铨（不久降清，仍为大学士）鼓动城中士绅和原明军官叛乱，杀死守城官兵，夺占州城，闭城拒守。大顺军要进城，城头炮矢齐加，许多战士中炮中箭死，李自成右臂亦中箭受伤。双方相持至未刻，攻城未曾得手。至这日酉时，清豫王多铎、英王阿济格以及吴三桂等所率领的满、汉追兵已到涿州巨马桥。李自成见清兵追到，放弃入城打算，趁夜往南退去。⑯

初五日上午，李自成亲护老营家口至真定，未入城，在城外关帝庙吃中火即行。这天行军到获鹿上安，次日由井陉入固关。初七日过平定州，向太原进发。初八日，大顺军殿后部队在保定西南庆都县为清军追及，两军展开激战，大顺军损失部分辎重，向定州退走。清军统帅多铎在接仗中，"潜身僻地"，畏缩不前。诸王、贝勒于十二日班师返回北京。固山额真谭泰、护军统领德尔得赫等奉命率前锋兵继续往前追赶。大顺军在定州迎击，战败。谷可成战死，左光先伤脚。谭泰等追至真定，大顺军又战败，退入山西。清军暂还。⑰

李自成回到太原，大约是在初十日前后。他在太原停留十数日，在防务上作了重要安排。他命节度使韩文铨、直指使李若星、权将军陈永福坚守太原，城内驻扎兵马约一万。⑱随后他又率众往南，途经平阳等地，于六月初一日到闻喜，不久折而西去。

自大顺军东征至兵败回山西，在这期间，整个局势起了很大变化。山东、河南等省许多府、州、县的旧明官绅、士子及土寨头目，乘机聚众蠢动，反抗大顺，气焰十分嚣张。

在山东，谢陛（不是旧大学士谢陛，此为另一人）等奉济南王起兵于德州，杀死大顺官员，召募乡勇数万人，檄告远近，缮城拒守。一时，直隶所属吴桥、任丘、交河、盐山、庆云、南皮等县的大顺地方官，尽为当地土劣豪绅所杀。

在河南，情况更严重。睢归参将丁启光、归德知府桑开第合兵诱执大顺商丘、鹿邑、考城、柘城、夏邑诸县县令，送往南京弘光朝廷报功。当时盛传，河南全境皆反。刘洪起、沈万登占据西平、真阳，坚决与大顺为敌。后沈万登为刘洪起所杀。刘自称"左平南麾下副将军"，南至楚、颍，北抵大河，无不听他约束。大顺将领袁宗第自湖广德安率兵入豫，讨伐刘洪起。刘知不敌，往投左良玉。袁留汝州五日，移营去陕西。[19]

在山西，大同总兵姜瓖于五月初十日向清投降，公开反叛大顺。大同大顺守将张天林（混名也叫"过天星"）逃去，衙中存留银两、首饰、器皿共40800余两，来不及带走，尽为姜瓖搜获。姜还将大同所属州县库贮银钱、布帛尽皆掠走。又趁机大肆查没大同明宗室财产、房屋、土地、庄窝，并擅自作主将一部分土地、房屋赏给部下，一部分召人住种，按征租课。[20]

河南局势的严重，引起了李自成的部下李岩的忧虑。他主动提出，请求拨给他精兵2万，愿带着这支队伍去河南平乱。他的请求，触动了李自成的疑心。牛金星素与李岩不合，乘间进谗言，说："李岩雄武有大略，不甘久居人下。中州是他的故乡，若以大兵与他，无异假蛟龙以云雨，日后势大必不可制。李岩素有反心，'十八子'之谶，将莫非是指他？不如趁此机会将他除掉，以绝后患为妙。"李自成被说动，同意了这个看法。

六月二十二日在平阳郊外一座军帐中，牛金星在这里摆下了酒席，幕后埋伏了壮士，然后以饯行为名，派人请李岩及其弟李牟将军两人前来赴宴。饮宴间，牛金星殷勤陪话劝酒。酒过三巡，只听一声暗号，幕后甲士齐出，将李岩、李牟杀死在席间。[21]宋献策、刘宗敏等闻知二李被杀，大愤，背后都怒骂牛金星。

六月十四日，清遣固山额真叶臣率兵往山西。七月初三日，又命固山额真觉罗巴哈纳、石廷柱等由山东移师会合叶臣军，一同攻夺山西。[22]

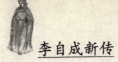

自大顺永昌元年、清顺治元年六月至次年正月，大顺军为恢复河南，保卫山西、陕西等省，在这一带地区和清军展开了激烈的战斗。

为确保西安的安全，大顺军全力驻防于平阳、蒲坂（今山西省永济县东南）之间。㉓李自成有时驻韩城，有时驻平阳，有时驻西安，经常来往于这三地之间，指挥全局。

七月上旬，大顺军由陕西发兵一支出潼关入河南，循黄河南岸向东，道经洛阳往攻密县。㉔另由山西发兵80万，分三路出击：一路上宣大、居庸关，分兵30万；一路上固关，亦分兵30万；一路上彰德、顺德等处，分兵20万。传牌各府、州、县，事先备办粮料，于七月二十日前后伺候，毋得迟误。㉕

向彰德、顺德进军的大顺军，一路由潞安经涉县打到武安，一股由彰德北上打到磁州（今河北省磁县）、邯郸。大军声称"指日攻取大名"，并派出哨探部队进抵顺德府南70里的临洺关，侦察清军动静。叶臣率领的清军，由真定南下，进入河南，夺占了怀庆府。大顺将领董学礼守郭家滩，见怀庆府城失守，败退潼关，八月十二日投降清朝。清军占领怀庆后，差人往招盘据登封玉寨的土寨头目李际遇，李亦向清投降。㉖由于董学礼的降清，大顺军在河内地区的斗争，变得更加激烈、困难。

出击固关的大顺军，由太原出发，兼程东进，一出马就取得很大胜利。

原真定知府丘茂华，本已归服大顺，可是当清军打到真定时，他又投降了清朝，并为清政府任命为井陉兵备道署保定巡抚，负责防守保定、井陉等处。固关只有防兵200人，由张、李二游击十日一轮更番把守。井陉知县莫某，认为李自成已拥兵西去，"西事稍缓，秋成在即"，暂令各兵"归农"，因此关上防务松驰。七月三十日，100大顺骑兵到平定州西关侦察，初闻固关有真定兵马防守，随即退回。分布在榆次、寿阳、平定州之间的大顺军时刻伺机待发，拨马不时往来各地哨探。后来探知固关守兵不多，即令兵马倍道挺进，逼临关前。张游击遣路拨一连五报向井陉告急，莫知县认为这消息不真，阅报后放置一边，未予理睬。八月二十一日未时，大顺军两股由娘子关、固关进兵，李游击拨军飞报紧急军情，莫知县还是不信。大顺军从黄家沟小路直至井陉城下。莫知县、张游击、古典史三人正在衙内穿堂饮酒。大军假称固关官兵，赚开西门，驰至县衙门前，挥刀呐喊。张游击闻声自衙中杀出,在十字街头为乱箭射倒,被乱刀砍死。古典史在衙内被杀。莫知县被执。固关和井陉重新为大顺军占领。㉒

进攻宣大的一路,不如前二路进展顺利。继大同姜瓖叛降后不久,代州也宣布脱离大顺向清称臣。㉓大同南距太原670里,代州西南距太原350里㉔,两地皆为太原北边重要屏障。自这两地降清后,不仅敞开了太原北边的大门,而且使整个山西的防务都受到了威胁。唐通自一片石为清军战败,随同大顺军退回山西,驻兵于保德州。他见到姜瓖投降,仍为总兵,不免也有降意,但考虑自己曾和清军作过战,有些顾忌,想请姜瓖先代他说几句好话。摄政王多尔衮了解到这个情况,就在姜瓖投降后的第9天——五月十九日,主动写信给他,劝他早降。信中写道:"昨山海之役,闻迫于寇,原不得已。而寇兵既溃之后,将军不复再见闯贼,海内人情皆有以谅将军之心矣。近闻驻旌保德,意欲来归,伫候久之,未得确信。传言将因云中姜将军为先容。大丈夫斗大金印当自取耳,岂当碌碌因人济事乎?我国家用人,惟贤才是取,惟功能是拔,不追往事,不记私仇。即平西王在此,亦惟日望将军之来,戮力同心,共平天下。将军复何嫌、何疑、何虑、何畏而不早定至计也?……"㉕

接着,清政府命"钦差镇守山西等处地方兼提督代州三关总兵官"高勋,出面招降唐通。高勋遵照指示,于九月初三日差标下都司宁承芳持书前往保德州,敦促唐通及早投诚。数日后,唐通复书表示:乞"益兵数百协力尽歼贼党,而始去衔归命。"

为什么唐通如此迟迟不敢公开降清?主要原因不是害怕清政府不能容纳,而是害怕大顺军先发制人、出兵征讨。原来此刻宣大地区的形势是这样的:宣府、大同、偏关、宁化等军事要地虽已归服清朝,但在这些据点周围的广大乡村仍为大顺政府所控制。白邦政的军队就驻扎在宣府境内。宣府左侧的几个要地,如保安、怀来、永宁等处,也还在大顺军掌握之中。清政府所派"权署宣府总兵"王应晖只能龟缩在宣府城中,保守城池,不敢远出哨探。山西北部,宁化、静乐、偏关、河曲、保德一带,也仍然还是大顺军经常出没活动的地区。唐通很清楚,在这种情况下,如果过早地露出叛降面目,很可能马上就会遭到被消灭的危险。不过,就在唐通洽降期间,叶臣的部队已由河南打进山西南部,泽州、潞安府及其所属各县,俱已先后为清军占领,且"俱已委员管理",而且进一步正准备北

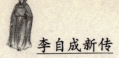

上攻打太原。唐通就是利用这一时机，趁大顺军无力他顾之际，于九月十五日正式向清奉表投诚的。他在未公开降清之前，为了向清表示忠心，曾主动率兵由保德过河，袭击府谷，打败李过。公开降清之后，又积极配合清军进攻米脂，占领米脂。过去明政府曾掘毁李自成的祖墓，后经李自成修复，这次清军打到米脂，又将修复的祖墓掘毁，并且杀害了他许多族人。不久以后，叶臣所部另一路清军又由固关打进山西。从此，大顺军在山西的斗争便渐由主动转为被动。㉛

九月以后，河南的局势更乱。刘洪起从湖广又回到河南。他向农民军进行疯狂反扑，将河南、开封两府大顺政府所派地方官擒获，缚送南京，弘光政府封他为"汝蔡总兵"，加都督同知衔。自金陵口南至许州、舞阳、西平、遂平、临颍、郾城、扶沟、鄢陵、汝宁等处地方，俱受他管辖。在他盘踞的范围内，"索夺财物，拆毁民房，挖掘墙垣，杀人无数，民不堪命，苦不可言。"河北一带地方，俱属营头张天乙管。睢州、归德一带，遭到总兵许定国蹂躏。禹州、襄城、河南府、南阳府以西，是大顺军所能控制的地盘，由大顺政府派官管理。郾城县既有弘光朝廷委派的知县，也有大顺政府派遣的县令，一县二官，斗争十分尖锐、复杂。㉜

九月底十月初，大顺军传谕河北各府、州、县，强令降顺清朝的各地方官，为部队过境预备粮料。大顺军渐向济源、孟县、怀庆府逼进，顺河而东，占据黄河北岸，有接渡南岸兵马合攻怀庆之势。十月初七日，夜，清军董学礼部由郭家滩南渡，击败大顺军防河部队王进才部。王进才被俘，部队牺牲很重。十二日，大顺军骑兵数千围攻郭家滩河口兵营及孟县县城。董学礼先发都司刘国玉等领兵过河北救援，随即亲率全营北渡。十五、十六日，两军在孟县激战。大顺军撤攻怀庆、温县诸大队兵，将孟县合围数十重，并力猛攻。终于从西面将城攻破，董学礼及参将王承印等拼死突出重围，逃往清化。大顺军大胜，打死敌军都司、守备、千总、把总等官11员、兵丁540余名，缴获马560余匹，骡420余头，重伤其参将、都、守等九员及兵丁170余名。㉝

清军渐逼向太原。十月初一日，太原被困，清军用红衣大炮狂轰。守将陈永福出战，失败，逃去。清军入太原，所属五州、20县先后皆降。㉞

十月十九日，清政府命和硕英亲王阿济格为"靖远大将军"，帅师西攻李自成。阿济格率吴三桂、尚可喜等出北京，经宣府，由山西北部大同边外会诸蒙古兵，进军榆林、延安，由陕北南下。[35]

二十二日，清河南巡抚罗绣锦奏报，活动在大河南岸的大顺军2万余人，渡过黄河，攻打怀庆甚急。

二十五日，清政府命和硕豫亲王多铎为"定国大将军"，统领将士，进征江南。由于农民军急攻怀庆，令率师南下，"便道往征"。如清军已打败农民军，"即遵谕仍赴南京"，如农民军闻风遁走，即追蹑其后，"直趋西安"。若豫王先至西安，则勒兵以待英王；反之，若英王先至西安，则勒兵以待豫王。总之，务期"合力攻剿，平定贼寇"。[36]

十一月初八日，石廷柱自军中向清廷奏报，清军已进至汾州、平阳一带。大顺军连战失利，十四日以前已放弃汾州、平阳，向陕西撤走。至此，山西全省尽为清军攻占。[37]

十二月十四日，豫王多铎一军至孟津渡河。大顺军防河将领黄士欣、张有声不支退走。沿河十五寨堡乡勇武装俱望风而降。明总兵许定国亦遣人约降。多铎随拨兵防守各处，并令所部主力军向潼关进发。十五日，清军至陕州，遣前锋夜袭灵宝城外大顺军营，守将败走。二十二日，清军距潼关20里立营，等候"红衣炮军"。在这之前，豫王曾派降将董学礼为前探，于十五日乘虚破关入陕。董奉豫王令旨，入陕后积极进行招降活动，果然在他的劝说引诱下，一些原已归服大顺的明官、明将又纷纷反叛大顺，如巡抚黎玉田、总兵马科、副将高汝利、参将武大定等兵将1万有奇先后向清投降，汉中原明将胡向化及其士兵1万余人也向清投降。此外，董还移书往招固原总兵白广恩、兰州总兵郑嘉栋、甘州总兵左勷等人。董学礼因对清有功，后被提拔为总兵，负责防守凤翔。[38]

大量清军集结在潼关之外，大有旦夕破关而入之势。李自成在西安闻信，率援兵赶到。十二月二十九日，汝侯刘宗敏在关前据山为阵，以拒清军。清前锋统领努山、鄂硕等率兵来犯，大顺军英勇迎战，清护军统领图赖等率骑兵百余人冲阵，大顺军遭到挫折。清顺治二年、大顺永昌二年正月初四日（1645年1月31日），刘芳亮领兵千人进攻清营，图赖等率正黄、正红、镶白、镶红、镶蓝五旗各牛录护军一名迎战，大顺军战败。李自成亲率马、步兵增援。清军随调镶黄、正蓝、正白三旗兵，并力而进，倾营出动。李自成所率步兵全军覆没，骑兵亦遭严重损失。初五、初六一连两夜，大顺军往袭清营，均未得手，挫败而归。初九日，清"红衣炮

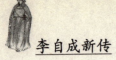

军"开到。十一日，清军进逼潼关口。大顺军掘重濠、立坚壁扼守。两军
恶战，清军用红衣大炮猛轰，大顺军以骑兵300横冲敌阵，又分兵蹑敌师
之后，均遭挫败。李自成率兵退回西安。十二日，清军渡潼关濠口。巫山
伯马世耀以所部7000余众堵截清军，战败，被俘，伪降，十三日，清军占
领潼关，哨兵查获马世耀送往李自成处的联络密函，立即将马擒捕斩首。㉟

当潼关之战正在进行的时候，英王阿济格所率领的满、蒙、汉八旗
兵，已由山西保德州渡河进入陕西。陕西北部许多州县和城堡如葭州、府
谷、米脂、绥德州、神木、安边、定边、孤山镇、双山堡、清水营等地，
这时均已落入清军之手，只有榆林一城，因高一功坚守，尚未被占。英王
一面向西安进发，一面令各镇兵马围攻榆林。正月初五日，唐通自绥德赴
双山，十二日差人向高一功投递战书。大同总兵姜瓖、榆林总兵王大业、
宁武总兵高勋等，俱各领兵向榆林推进。高一功见重兵压境，知孤力难
支，十四日未时主动撤出榆林，向陕南退去。㊵

李自成从潼关退回西安，明白形势已经危急万分，敌军不仅自东边
来，还有一路从北边来，西安已处于腹背受敌的地位。他怀着沉重的心
情，决计放弃关中。他命田见秀断后，自率身边所有文官武将及老营家
口，于正月十三日，就是清军占领潼关的这天，放弃了最初定鼎之都长
安。李自成率众出东门至蓝田，走商州，经龙驹寨出武关，往湖广襄阳而
发。途中，天气严寒，老弱妇女冻死不少。宋企郊中途失散，不知何往。
李自成临走时吩咐田见秀，等大队启程后将城中宫室、官署以及仓廪积储
放火烧毁，以免落入敌手。田见秀掩护大军撤退，任务完成后亦撤走，临
行只烧掉东城一楼，即返身追赶大队，追到商州始追上。㊶白广恩自山海关
之役后，一直跟随李自成，由山西退至陕西。他见农民军节节败退，已早
有降清之意，特别是接到董学礼来信后，更是迫不及待，只是一时"无计
可以出脱"。大顺军撤出西安，路过蓝田七盘坡，冻死很多人，军心慌乱，
戒备有些松弛，白广恩就趁这个机会，黑夜偷逃出营，脱离了大顺。一个
多月后，他就正式"具本崇官顶赏"，向清叩首称臣了。㊷

正月十六日，多铎自潼关发兵，十八日进占西安。阿济格率兵自陕北
后至。本来阿济格出京在前，理应先到西安，只因他在途中绕道越境过土
默特、鄂尔多斯地方需索驼马，以致逗留延误了时日。为此，他受到了摄
政王的批评。二月初八日，清政府谕令多铎"即遵前命，趋往南京"。谕

令阿济格"仍遵前旨,将流寇余孽,务期剿除,以赎从前逗留之咎。"[43]

李自成到襄阳不久,阿济格随后就率兵追到襄阳,这个时间大约在二月中旬。[44]

李自成见清兵追到,退出襄阳,北上向河南邓州。牛金星和他的儿子牛佺不肯一道同撤,留在襄阳不走。阿济格追兵继向邓州。二月二十五日,李自成复折而往南,向湖广承天挺进。三月初五日,大顺军逼承天,左良玉遣使向弘光朝廷告急。[45]李自成旋进军德安。初九日,大顺军至潜江,有东逼武昌之意。[46]

左良玉屯兵武昌,对弘光朝廷中把持朝政的马士英、阮大铖不满。监军御史黄澍劝左兴兵讨伐马、阮,左因年老多病,不敢冒险从事,有些踌躇。大顺军逼近武昌,左感到恐慌,想暂避军锋逃跑,苦于一时找不到借口。正好就在这时,南京发生了"北来太子事"。事情的梗概是这样:有个青年由京师南下至杭州、金华,称是崇祯皇帝的太子,弘光皇帝朱由崧闻知,派人将他召至南京投入监狱,说他假冒,刑讯逼供,想将他弄死。这件事引起南明朝野议论纷纭。朝中大臣,多数认为太子为伪,少数不敢表态;多数内侍认为太子为真,但"劫于上威,莫敢相剖"。南京市民皆认为太子为真,在外武臣如黄得功、刘良佐、左良玉、何腾蛟等亦皆认为太子非妄。一时谤议沸腾,迫使弘光朝廷对此不敢贸然处置。黄澍借此机会,极力鼓动左营诸将,力主"清君侧"救太子。于是左良玉于三月下旬以"奉太子密旨诛奸臣马士英"为名,举兵东下。[47]

左兵去后,李自成挥兵进驻武昌。大顺军自襄阳至武昌,两个月来,转战南北,几乎无日不在行军或打仗之中,又赶上近来霪雨连旬,道路泥泞难行,以致人马饥饿困顿达于极点。阿济格率军由邓州追到承天、德安,一直追到武昌。李自成在武昌只停留了两日。由于遇到很糟的天气,终日阴霾四塞,狂风暴雨;加之城中人烟寥落,军中乏食,所以不能久驻。四月下旬某日,李自成由武昌发兵,水陆并进,沿江东下,声称要攻取南京,他说:"西北虽不定,东南岂能再失?"此刻,李自成身边的人马尚有20余万,刘宗敏、田见秀、袁宗第、刘体纯、刘芳亮、张鼐、吴汝义、牛万才等将领都还跟随在左右。阿济格所率追兵亦分水陆两路,由武昌引兵东下,追到富池口,追到桑家口,四月二十七日追到了九江。[48]

当阿济格所率领的清军在大顺军后紧追不舍时,多铎所率领的南下清

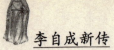

军已于四月二十五日占领了扬州，并继续向南逼近了南京。移兵东下的左良玉，出兵不久就因忧惧、愤懑、病发呕血而死。他的儿子左梦庚代统其众，破建德（今安徽至德）、彭泽、东流、安庆，兵至池州（今安徽贵池县）。形势很明显，这时李自成所面临的军事态势是，前有清兵，后有清兵，中间还夹有左兵，不仅"欲取南京"已无希望，即使再发兵往东也很危险。李自成为打破这种困难局面，立刻改变计划，不再向东，反而折往西南，向江西、湖广交界的九宫山区进军。

九宫山位于湖广武昌府通山县东南90里。大顺军进入九宫山区后，活动的范围大约北至金牛、保安，西至咸宁、蒲圻，东北至兴国州（今湖北阳新县），南至宁州（今江西修水县），仅限于方圆数百里之内。20余万人马集中在这一小块地方，最感困难的是粮食缺乏。当时正是盛夏季节，天气暑热，饥饿、疾病，严重地威胁着大顺军。李自成多次派人四出打粮，但收获不大，因为到处遭到了乡兵的袭击。

紧跟在后，阿济格的军队也开进了九宫山地区。清军进行疯狂搜索和扫荡。许多战士被俘，也有人投降，大顺军的士气受到空前挫折。李自成的两个族叔赵侯、襄南侯和养子张鼐的妻子被俘了；大将刘宗敏及其一妻、二媳和左光先及其一妻、三子均被俘了；军师宋献策也被俘了。大量的船只、马骡被清军夺获。刘宗敏等当时就被阿济格在军中杀掉。[49]

闰六月初，李自成带着少数随从，有说十八骑、有说二十八骑、也有说仅步卒20人，由通山县路过九宫山岭，遇到乡兵，随从被飞石击散。李自成独自行至九宫山西麓的牛迹岭下（今高湖公社），碰上大雨，山坡路滑，他下马步行，牵着马慢慢登岭。行到小源口，遇见乡勇头目程九伯，被他一把扭住不放，两人随即在泥泞的山坡边空手格斗起来。李自成力大，程九伯不是对手，一下就被摔倒在地。李自成一屁股坐在他身上，用一只手将他狠命按住，另一只手去拔腰刀，谁知腰刀已被日久的血渍和泥浆牢牢凝涩在鞘中，急切拔不出来。程九伯狂呼"救命!"他的外甥金某，听见呼声疾忙赶来，提起手中铁铲照着李自成脑后猛力一铲，李自成来不及躲闪，后脑被铲碎，当时就倒卧在血泊中死去。[50]

他的随从寻上岭来，发现他已脑浆迸裂躺在地上，吓得魂飞天外，慌忙跑回去报信说："李万岁爷被乡勇杀死了!"满营大小将士闻知噩耗，无不号啕恸哭。

李自成墓

　　程九伯和他的外甥起初并不知道杀死的这人是谁，数日后，当地乡民才知道杀死的乃是大名鼎鼎的大顺皇帝李自成。乡民们不忍他尸骸暴露，就在他原来牺牲的地点九宫山西麓牛迹岭下，将他埋葬。[51]

　　李自成虽死，但后世人民却永远记得他。相传清道光年间，牛迹岭的农民锄地，发现了一付上有"永昌"年号的马镫。直到光绪年间，通山县的人民还在传说，李自成的佩剑就埋葬在九宫山下。大约是1938年，距李自成之死已有290多年，在离九宫山只有15里的牛角湾，住着一个87岁的贫农谢亚堂老人，每晚都要给村里的孩子们讲述李自成的英雄故事，直到深夜。李自成的斗争事迹，深深地吸引住了这些听故事的孩子。[52]

1963 年，中华人民共和国人民政府开始拨款修建"闯王陵"。1973 年至 1981 年，组织专班人员，从事修建。墓碑题字为中国科院院长著名史学家郭沫若同志所书。一个以"李自成"命名的"文物管理所"在通山县成立。^㉜九宫山本来不是什么有名的山岳，但因是李自成的瘗骨之处，所以使得这个山的名气愈来愈为人们所知晓。九宫山陵墓的修建，不仅会使李自成的名字永传不朽，而且还将会一扫两千多年来人们头脑中"成王败寇"的陋见。

李自成死后，他的部众一部分投降了清朝，如田见秀、张鼐、李佑、吴汝义等人^㉝；一部分投降了南明，如郝摇旗、袁宗第、蔺养成、王进才、牛有勇以至李过、高一功和李自成的皇后高氏等人^㉞。这些人此后的活动及其结局如何，这里无法叙及，因为历史又翻开了另一新的篇章，他们的斗争事迹已是属于另一历史时期叙述的范围了。

注：

①《清世祖实录》，卷三。

②同上书，卷四。

③吴所遣部将，王氏《东华录》作"杨珅"，《清世祖实录》卷四亦作"杨珅"。此后，有关清军行军日程及李自成与清军作战日期，除特别注明者外，均以"实录"所记为准。

④李自成至密云、永平日期，见《平寇志》、《北略》、《国榷》。吴三桂派人诈降事，见光绪《永平府志》卷五十八《高选传》及乾隆《永平府志》卷十八《李友松传》。《国榷》卷一百一云："（四月）乙亥（十八日），李自成至天津西。"按山海关在永平之东，天津在永平西南，既然十七日已至永平，怎么会十八日忽又掉转头到"天津西"？显然这里所说的绝不是李自成亲率的东征军，当是派往南下的部队路过"天津西"。

⑤有关西、东罗城及北翼城之战，材料见《山海关志》卷五《兵警》及《山海副总兵冷允登启本》、《平西王下马维熙等揭帖》（《明清史料》丙编、第五本，以下本节所引档案，除注明者外，均采自同书、同编、同本），同时参阅了 1978 年第 5 期《历史研究》商鸿逵《明清之际山海关战役的真相考察》一文。

⑥《清世祖实录》卷四，顺治元年四月辛巳。

⑦《北略》卷二十《吴三桂请清兵始末》及《附记野史》记述此次战役甚详，但与《清世祖实录》所记有很大不同。《北略》、《平寇志》、《国榷》、《明史纪事本末》、

《怀陵流寇始终录》、《甲申传信录》所记山海关之战日期，均与"实录"不同。《燕都日记》谓四月丁丑（二十日）之战（实际此日战事尚未发生），刘宗敏中流矢，而《平寇志》和《国榷》则说刘中流矢是在大顺军退回京师后。据《实录》载，清军接仗前，"令军士呼噪者再，风遂止"，"及二次呼噪进兵，风遂止"。《沸馆录》卷七云："清军三吹角，三呐喊，一时冲突（贼）阵……是日风势大作……"据此知《实录》所说之"风遂止"，是指大风暂息，并非完全停止，及至清军第三次呼噪出动，大风又起。

⑧《清世祖实录》卷四谓封吴三桂为平西王的时间为四月二十二日大战结束的当日；杀王则尧为四月庚辰（二十三日）。

⑨ 杀吴襄之时间，诸说不一。《北略》说在出兵山海关之前，"即尽戮吴襄家口三十余人"。《四王合传·吴三桂传》说在山海关战败退守京师时杀吴襄及其全家《传信录》卷八说在山海关战败"立斩枭吴襄首级"。《明史》卷三百九载："自成奔永平……杀吴襄，奔还京师。"《国榷》卷一百一更明确指出：四月己卯（二十二日），杀吴襄"于范家庄，永平之西二十里。"《小腆纪年附考》卷五在详细考证了诸种纷歧之说后，下结论："杀襄断在走永平后也。"关于崇祯太子及定、永二王的结局，诸说歧异更大。此问题一时实难弄清楚，且与本传关系不大，故略。

⑩ 礼政府示，《传信录》谓为四月二十五日，《甲申核真略》谓为四月二十六日。按大顺军二十六日还京师，出示日期当以二十五日为是，《核真略》所记可能是见示之日。

⑪ 参阅《平寇志》、《燕都日记》、《传信录》、《北略》、《国榷》、《遇变纪略》、《爝火录》、《甲申核真略》。

⑫《传信录》卷七说四月二十八日李自成"即位"，"是夜五鼓闯潜遁，而大队先出"。按此日期误。焚烧宫阙及九门城楼，徐应芬、杨士聪、刘尚友以及多尔衮"底定燕京捷音"奏报，均提到此事。问题是焚烧到何种程度，此点《明史》未有记载。刘敦桢《清皇城宫殿街署图年代考》："今所知者，唯武英、保和、钦安三殿未遭劫灰，其余殿阁是否全部付诸一炬，无从查考。"（转引自《明清两代宫苑建置沿革图考》）朱偰说："大内及十二宫，或焚毁殆尽……他方面则李自成所焚，决不限于大内。……万寿宫之毁，当在明末清初，与李自成焚大内不无关系。至于太液池东、西、北三面行殿（迎翠、凝和、太素）……何时被毁，亦不可考。是则或在李闯之乱，或在清初营建三海之际，今亦莫得而知矣。"以上所说多推测之词，未能举出确凿证据，姑录此以供参考。

⑬《摄政王谕官吏军民人等令旨》（《明清史料》丙编、第一本，《明末农民起义史料》亦收有此材料），令旨发布时间为顺治元年七月初八日。

⑭ 顾炎武撰《圣安本纪》卷一、《明季南略》卷一及《弘光实录钞》卷一。"国政二十五款",详细内容见《南略》卷三。

⑮ 引文见《南略》卷七《清摄政王致史可法书》、《史可法答书》及卷八《北事》、《使臣左懋第殉节》。

⑯ 顺天巡抚宋权揭为详陈"涿州"战守微绩等事》(《明末农民起义史料》)。

⑰《清世祖实录》卷五只提到庆都、真定之战,未提定州之战。《明史》卷三百九提到定州、真定之战,未提庆都之战。《明史》谓定州、真定两战,均系李自成亲自指挥,还说他在真定一战中受伤,"中流矢创甚"。但据《虎口余生纪》讲,五月初六日李自成已入固关,而庆都之战是在五月初八日,定州、真定之战还在庆都之战以后,李自成本人连庆都之战都未参加,怎么可能会参加定州、真定之战?李自成"中流矢"是在涿州,不是在真定。在庆都、定州、真定和清军作战的是大顺军的殿后部队。《绥寇纪略》卷九说定州之战为五月初二日。《国榷》卷一百一、《平寇志》卷十一谓吴三桂五月初三大败大顺军于定州,初五又大败大顺军于真定。《虎口余生纪》说李自成五月初五至真定,未说这天发生战事。《清世祖实录》卷五讲,五月十二日"追击贼兵之诸王、贝勒等还京,遣大学士范文程等迎劳之。"既然庆都战后诸王都已还京,当然吴三桂不会例外,也会一同还京,所以他不可能参加定州之战和真定之战。《怀陵流寇始终录》卷十八就明确记载"(五月)己亥(十二日),吴三桂兵还京师。"由此可见,所谓吴三桂大败大顺军于定州、真定以及射伤李自成于真定之记载,实不可信。

⑱ 在太原部署军事,见顺治元年七月二十日《招安山西大同等处吴惟华揭帖》。该"揭帖"并未明确指出李自成何时命陈永福等3人守太原。据《纪事本末》载:"李自成自井陉西行至平阳,分兵守山西诸隘。"按李自成是由井陉入固关往太原,再由太原往平阳,要布置太原防务理应在太原布置,不应到平阳后再回头布置。

⑲ 谢陛起兵,《平寇志》卷十一谓为甲申年四月二十八日,《再生纪略》记为该年五月初一日前(具体哪天不明确)。许多书把这次起兵的谢陛误作"旧辅谢陛"。丁启光等诱执大顺地方官,《平寇志》卷十一谓为甲申年五月二十六日。左良玉曾封"宁南伯",非"平南伯",刘自称"左平南麾下",乃刘之浅陋致误。

⑳ 见《大同总兵姜瓖启为恭报云镇钱粮等事》(《明末农民起义史料》)及《姜瓖为处理被农民军查分明宗室房产事启本》(《明清档案史料丛编》)。

㉑ 李岩被杀之时间与地点,见《爝火录》卷四。据《流寇始终录》卷十八、《圣安本纪》卷二、《国榷》卷一百二、《绥寇纪略》卷九、《明季南略》卷一等书记载,知甲申年下半年李自成经常往来于平阳、韩城、西安之间,而且在平阳驻留的时间很久。故李岩在平阳被杀,可能性最大。

㉒《清世祖实录》卷五、卷六。

㉓《兵科都给事中戴明说题本》。

㉔《流寇始终录》卷十八、《平寇志》卷十一谓出潼关为七月十三日，《圣安本纪》卷二谓为七月初六日前。

㉕《真顺广大总兵王爆塘报》。

㉖董学礼降清经过，据《凤翔总兵董学礼揭帖》及《清世祖实录》卷八有关资料撰写。清军占领怀庆时间，据董学礼投降日期推测估计当在八月初旬。《绥寇纪略》"补遗下"谓李际遇"以不早降官军，执至京师伏法"。但据《清世祖实录》卷八、卷十二载，知李际遇确已"遣人来降"。被杀是后来的事。

㉗《保定巡抚丘茂华启本》及《直隶巡按卫胤周揭为塘报"贼据固关井陉"事》（《明末农民起义史料》）。

㉘《清世祖实录》卷六载："招抚山西应袭恭顺侯吴惟华启报：山西代州阌城归顺。"此"启报"置于顺治元年七月十九日与二十二日之间。据此推测代州之降，当在七月上、中旬。

㉙《明史》卷四十一《地理二》。

㉚《多尔衮致唐通书稿》（见《明清档案史料丛编》第六辑）。原"丛编"编者注云：本文无年、月、日，但原件封皮上有五月十九日，根据当时清况，故暂定为顺治元年五月十九日。

㉛上两段叙述，主要根据如下材料：顺治元年九月初九日《山西总兵高勋揭帖》、顺治元年九月十八日《山西总兵高勋揭帖》、《兵科都给事中戴明说题本》，及《清世祖实录》卷八叶臣九月二十日乙巳奏报、卷十叶臣十月十三日丁卯奏报。

㉜见《绥寇纪略》"补遗下"及《山东分巡东昌道李栖凤呈内院文》。后一材料《明末农民起义史料》亦收入，标题为《山东分巡东昌道李栖凤呈为塘报"河南军情"事》。

㉝见《河南巡抚罗绣锦启本》及《凤翔总兵董学礼揭帖》。前一材料《明末农民起义史料》亦收入，标题为《河南巡抚罗绣锦启为塘报紧急贼情"逼侵怀属"等事》。

㉞破太原日期，据《怀陵流寇始终录》卷十八。该书谓陈永福战败，"不知所终"。《清世祖实录》将"陈永福"之名误为"陈有福"，王氏《东华录》照抄亦误。

㉟参看《清世祖实录》卷十、卷十三及《晚明民变》第六章、第一节《北部诸省的放弃》。

㊱命多铎"进征江南"，见《清世祖实录》卷十。《权署宣府总兵王应晖揭帖》："十王统率前营兵将定于本月（指九月）十一日起行……十王大兵从宣府地方经过，传与人民，毋致惊恐……"据《甲申传信录》卷八、《清史探微》七、《多尔衮与九王爷》均谓"十王"即豫王多铎。如上"揭帖"所载，似乎豫王多铎将于九月十一日由

宣府入山西。实际豫王是"率师南下"。经宣府入山西的是八王阿济格，而且时间是十月不是九月。"揭帖"所云，可能是清政府最初的打算，也许是误传。

③《清世祖实录》卷十一载十一月初八日壬辰石廷柱奏报，及十一月十四日戊戌山西巡抚马国柱奏报。

③多铎进兵情况，见王氏《东华录》"顺治三"、《清世祖实录》卷十四。许定国于顺治元年十二月投书肃王豪格，表示愿降。中间经过往返交涉，顺治二年二月初六日始正式降清。详细经过，见《清世祖实录》卷十三及《河南总兵许定国奏本》。董学礼为清招降事，见《凤翔总兵董学礼揭帖》；他被任为总兵，时间为顺治二年三月初十日。

③有关潼关之战，主要根据《清世祖实录》卷十四。他书所记与《实录》歧异之处，举例如下：《绥寇纪略》卷九："（顺治二年）二月，本朝大兵至潼关，攻之，伪巫山伯马世耀以六十万众大败，潼关破，世耀死。"《明史》卷三百九所记内容同。《怀陵流寇始终录》卷十八："贼将马世耀以其党数十万，恶战三日夜，互杀十余万，贼兵败，世耀死。"据《实录》讲，马世耀之兵只有"七千余众"，并没有"六十万众"，或"数十万"人。清军抵潼关为顺治元年十二月二十二日，破潼关为顺治二年正月十三日，自潼关起行往西安为正月十六日；大战发生在顺治元年岁暮至顺治二年正月中旬，不是在顺治二年"二月"，两军相持只有 25 天。最后指出一点：《实录》把"巫山伯马世耀"记为"吴山伯马世尧"，误。

⑩《榆林总兵王大业揭帖》、《定西侯镇守保德州总兵唐通启本》。

⑪《绥寇纪略》卷九。

⑫《原任总兵白广恩揭为恭谢天恩披沥苦衷仰乞垂鉴事》（《明末农民起义史料》）。该本具题时间，顺治二年三月初十日。

⑬清军进占西安之时间及清政府谕令之时间与内容，见《清世祖实录》卷十四。《弘光实录钞》卷三谓弘光元年二月癸酉（二十日）"闯贼败于西安"，时间误。

⑭据《清世祖实录》卷十五载多铎等自军中奏报："二月十四日，大军由西安府抵河南，招降流贼镇守河南伪平南伯刘忠，旋得平定江南之谕……"推测多铎离开西安当在二月初十左右。阿济格离开西安的时间当和多铎差不多，也在二月初十前后，加上路上的行军时间，估计到达襄阳大致当在二月十四以后。

⑮《明季南略》卷二。

⑯见同上。

⑰左兵东下，《浔阳记事》载袁继咸密报谓为弘光元年三月二十三日，《明季南略》卷二谓为三月二十五日，《弘光实录钞》卷四渭为三月二十八日。

⑱《明史·李自成传》说李自成在武昌屯驻"五十余日"，尚有众"五十余万"。

《绥寇纪略》卷九作"居武昌五十日","其众尚数十万"。《烈皇小识》载何腾蛟上明隆武帝疏只说"闯逆居鄂（指武昌）两日"。当时何是湖广等省总督，他的话应可信。《八省总督佟揭为恭报地方情形事》（《明末农民起义史料》）载，大顺失败后，清八省总督佟差人往招李自成部下，共得"官兵二十二万四千零五十员名"。《清世祖实录》卷十八载阿济格等疏报，称李自成兵"共计二十万"。可见《明史》所说"五十余万"之数不确。又《绥寇纪略》载，李自成"以四月二十四日改由金牛、保安走延（咸）宁、蒲圻"。估计大顺军离开武昌可能就在这日或在这之前不久的某日。《纪略》还说，当时跟随李自成的将领有李锦、李过、高必正、吴从义等人。按李锦即李过，此处误为二人。高必正原名高一功。据《荆州副总兵郑四维揭帖》讲，顺治二年四月至七月，李过、高一功一直在荆州地区活动，两人并未随李自成至武昌。有的书说大顺政府所封之太平伯为吴从义，但上举《八省总督佟揭》谓太平伯名吴汝义。《纪略》所说之"吴从义"显系佟揭"中所说之"吴汝义"。阿济格兵至九江日期，据《浔阳记事》）。

㊽ 刘宗敏等被俘、被杀，《清世祖实录》卷十八未载具体地点和时间。同时该书只说"其自成两叔及伪汝侯刘宗敏俱斩于军"；至于左光先、宋献策是否包括在"俱斩于军"之内？记载甚含糊。《明史·李自成传》所记同样也很含糊。据有关档案材料，知刘宗敏、宋献策系一同被害。"实录"将"九宫山"误为"九公山"，"刘宗敏"误为"刘宗闵"，"张鼐"误为"姜耐"，显系音同或音近而字讹。

㊿ 关于李自成被害地点，1956年《历史研究》第6期发表《关于大顺军领袖李自成被害地点的考证》一文，考之甚详确，澄清了历来许多纷歧异论，此处从其说。有的书说李自成为僧以终，有的说"自缢死"，有的说死于乡勇团练之手。据上举《考证》所引通山县《程氏宗谱》及他书记载，证明系死于乡勇头目程九伯之手，确为定论，"为僧"与"自缢"之说均不实。李被害细节，主要以费密编写的《荒书》为据。被害时间，王崇武先生跋《明史纪事本末》考证为弘光元年、顺治二年四月下旬。王夫之《永历实录》卷十三《高必正传》谓为顺治二年五月。《所知录》（上）谓为顺治二年八月。《明史》卷三百九谓为顺治二年九月。《平寇志》卷十二说在顺治三年。《清世祖实录》卷十八载阿济格等疏报："有降卒及被俘贼兵俱言自成窜走时，携随身步卒仅20人，为村民所困，不能脱，遂自缢死。因遣素识自成者，往认其尸。尸朽莫辨。或存或亡，俟就彼再行察访。"据《明清档案史料丛编》第六辑所收顺治二年八月初四日《魏琯为李自成等牺牲事启本》、以及顺治二年七月十二日《丁文盛贺清军克南京及李自成牺牲事启本》，知李自成在顺治二年七月十二日前即已牺牲。又据上举《八省总督佟揭为恭报地方情形事》讲，佟总督于七月初九日进武昌，"即日差都司王自成持书并告示"招降刘体纯、刘芳亮、张鼐、郝摇旗、刘体统等人，证明七月初九

日以前李自成确已牺牲，可见记载李自成死于八月、九月或顺治三年等说，均失实。另据《档案史料丛编》第六辑所收顺治二年闰六月初二日《赵开心为江南归顺已久急须遣官料理事揭帖》云："现闻左良玉拥众江右（按左良玉已于这年四月初四日死在九江，此时"拥众江右"者系其子左梦庚），闯贼李自成尚未授首……"既然闰六月初二李自成尚未死，说明有些书记载他死于四月、五月之说也不可信。阿济格奏报李自成之死，系根据降卒及被俘大顺军战士口述，而且即时还差人去辨认尸体，尽管"尸朽莫辨"，但肯定其所奏事实不会有虚假。阿济格之奏为闰六月初四日，估计李自成被害可能在闰六月初一、二日。

(51)《平寇志》卷十二云："李过闻自成败，勒兵驰救，夺其尸，结草为首，加衮冕葬罗公山下。"《明史纪事本末》卷七十八所记亦同。按罗公山在黔阳县南160里，李自成是死在通山县九宫山，不是死在黔阳县罗公山。据上引《荆州副总兵郑四维揭帖》讲，自李自成东下武昌至九宫山遇害，李过一直在荆州地区，根本不在他叔父身边，既然如此，所谓"夺其尸"、"加衮冕葬"等记载，显系传闻不经之言，不可信。

(52)见《关于大顺军领袖李自成被害地点的考证》一文。

(53)以上材料系湖北省通山县文化馆负责人阮铨卿同志提供，谨致谢意。

(54)《清世祖实录》卷二十五载，田等降清之时间为顺治三年二月。《明清档案史料丛编》收有田见秀、吴汝义二人的"向清投降书"，时间为顺治二年八月。

(55)见《明史·何腾蛟传》。郝摇旗在顺治二年八月也向清写过投降书（《明清档案史料丛编》第六辑《郝摇旗降清书》），后来大概闹翻，又改投南明。

二　历史的教训

李自成牺牲之后，张献忠部农民军不久也遭到失败。

张献忠自崇祯十七年（1644）春进入四川、占领万县后，因大江水涨，屯留该地达三月之久。这年夏，发兵西取重庆。八月，破成都。继而，复分兵略取川西各州县，所至皆捷，又先后发兵攻略川北，亦取得胜利。十一月，在文臣汪兆龄、武将孙可望等合词劝进下，张献忠即皇帝位于成都。定国号为"大西"，改元"大顺"，名成都曰"西京"。随后设官建制，订历法，开科举，行保甲……创立开国规模。

为了巩固自己的统治，怕川人造反，张献忠称帝后，采取了极其严厉的镇压手段。因而也激起了许多原明朝官员和士绅的坚决反抗。据有些史书估计，各地反抗他的人马，总数不下20余万。他实际并没有统治全川。

即使在他所控制的地区，统治也很不稳固。甚而连他部下某些将领，也有叛离的迹象。为此，他决计放弃四川，率兵打回陕西。

清顺治三年，大西大顺三年（1646）秋，张献忠下令毁成都城，焚烧蜀王宫殿及官衙庐舍，自成都启行，向川北进发。至顺庆府，大军在此停留，驻扎甚久。

他的部将刘进忠投降了清朝，刘引导清肃王豪格驱兵由陕西急驰入川。这年十一月二十七日（一说二十八日）黎明，四五名清军前哨骑兵，趁着大雾，潜抵西充县凤凰坡张献忠的皇营驻地侦察。张献忠闻报，未及穿戴盔甲，仅随身携一短矛，后面跟着七八个小卒和一个太监，出营察看究竟。至一小岗上，不意突然一箭飞来，正中他肩下，直透心脏，顿时只见他鲜血涌流，倒地乱滚，不一会即死去。①

张献忠之死距李自成之死，时间只隔一年零五个多月。李、张二人的先后牺牲，标志着明末农民起义的最后失败。

明末农民起义，若从天启二年（1622）徐鸿儒起义算起，至顺治三年（1646）冬为止，前后共经历了25年；若从崇祯元年（1628）王二起义算起，也经历了将近20年。李自成、张献忠自参加起义到建立政权，经过了10多年的艰苦奋战，最后才取得胜利。可是在他们建立政权后不过二三年，又都很快遭到失败，而且无法再图恢复，其原因是什么？

还在李自成、张献忠未曾失败之前，明南京兵部司务陈璧就根据自己"身亲目击"的"实境实情"，分析农民军必败的原因有八，概括起来，大致内容如下：假仁假义，民恨其诈，知其必灭者一。抄没勋戚，锁压百官，知其必灭者二。"贼"兵沿门掳掠，抢财物，淫妇女，满城百姓如在汤火，片刻难存，知其必灭者三。"贼"将头目，各相雄长，目无"贼"主，知其必灭者四。上下争利，文武争权，知其必灭者五。将骄兵悍，人人有富足还乡之心，无勇往赴战之气，知其必灭者六。东南绝运，西北奇荒，半年之内，燕京内外必至绝粒，知其必灭者七。四方义兵兴起，与清兵首尾夹击，知其必灭者八。②

《绥寇纪略》的作者吴伟业分析农民军失败的原因有三："曰诈而难久也，骄而难制也，散而难收也。"三点具体内容，基本上包括在陈璧所说八点之内。

平心而论，陈璧所作的分析，若抛去那些"假"、"诈"、"贼"等一

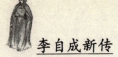

类诬枉之词外，多少接触到了一点问题的实质。《明史·流贼传》说："明之亡，亡于流贼；而其致亡之本，不在于流贼。"这几句话，说得很深刻。指出：明朝虽为农民军所推翻，但明朝灭亡的根本原因在于它自取灭亡之道。同样道理，要分析李自成大顺农民军之所以失败，也应该从它的内部去找原因。

李自成大顺农民军失败的主要原因如下：

一、胜利冲昏头脑、骄傲自大、错误估计形势。

崇祯十六年（1643）秋冬，李自成率领农民军歼灭明军主力孙传庭部之后，迅速占领关中和中原地区，实力发展很快。崇祯十七年（1644）正月，他在西安建立大顺王朝，设置六政府，在短短的3个月内经山西攻占北京，推翻了明王朝。胜利到来太快、太突然，如何迎接新的局面，全军上下缺少思想准备。

闯王进京以后，农民军的重要将领如刘宗敏等骄傲自大，脱离群众，生活上开始享乐腐化。李自成虽然仍保持朴素的生活作风，但对当日严峻的形势缺乏足够认识。他看到了淮河以北各地望风归降形势好的一面，却低估了清兵入关的可能性这一面。他忽视了崇祯朝十七年间，清兵4次打进长城，深入1000多里，攻掠北直、山东许多州县这一事实。当时，他面临着清兵入关的威胁，岂能掉以轻心？

明总兵吴三桂率领关辽精兵镇守山海关，这支军事力量在当日处于举足轻重的地位。如果吴三桂归降大顺朝，李自成就可以凭借有利地形抵御清兵入关；反之，要是吴三桂降清，则清兵可以长驱直入，大局危殆。李自成对吴三桂所处的重要地位并不完全理解，他虽然费了很大气力招降吴三桂，并取得成效，但当吴因家属财产受到刘宗敏损害而坚决反对大顺拼死交战的时候，仍对吴清勾结的可能性思想上缺乏足够的认识和准备，实在太麻痹大意了。

吴三桂父子率兵在辽东与后金兵、清兵血战20多年，双方矛盾很深，可是，自从数年前他的舅舅祖大寿降清之后，情况就发生了变化。清方曾多次派人致书招降吴三桂，虽未成功，但吴的敌忾情绪和从前不一样了。这反映了双方的敌对关系有所缓和。吴三桂降清，形成满汉地主阶级联合起来反对李自成农民起义的局面，这是当时阶级斗争激化的产物。由于李自成等农民军领袖对明、清之间的战争形势估计错误，对如何防止吴、清勾结这一严重问题没有研究、准备，所以当山海关一片石之战激烈进行之际，清兵突然参战，农民军则措手不及，以致全线溃退。从此农民军节节败退，革命形势急转直下，因此山海关战役成了这次农民起义失败的起点。

二、流寇主义严重。

纵观李自成领导的十几年农民战争，有两个问题始终被他所忽视：一是革命根据地的建立，一是革命基层政权的建设。起义初期，由于敌我力量悬殊，农民军不得不采取流动作战的方式，无暇及此，这是可以理解的。但当革命进行到一定阶段、客观条件基本具备时，而仍未把这两个问题提到议事日程上来，这就不能不说是一个错误。

崇祯十五年（1642），李自成在河南五覆官军主力，在军事上取得决定性胜利。这个时候，假使他要在河南建立根据地，站住脚跟，大力开展基层政权工作，条件是完全具备的。可惜李自成未能乘大胜之机，在河南建立根据地。

李自成过分重视军事上的胜利，而比较忽略经济上和政治上的建设。正因为农民军缺乏一个巩固的后方基地，所以在粮食的供应上和军需物资的补充上，往往处于不能得心应手的境地。由于没有进行基层政权建设，所以他所委派的州县官，缺乏群众基础，犹如水上浮萍，敌军打来，难以抵抗，以致许多地方旋得旋失。

大顺永昌二年（1645）春，李自成在襄阳面对强大的清兵进攻，再一次采用流寇主义作战方式，占领武昌，沿江东下，计划夺取江南富庶之区，可是由于前有明军，后有清军，大顺军陷入了困境，最后导致李自成在通山九宫山死于地主武装之手。当时李自成尚有大军数十万，由于他采用错误的作战方式，由于他失去了老百姓的掩护，粮尽饷绝，孤立无援，因而被两名乡勇所杀，这个历史教训是十分惨痛的。

三、政策失误，军纪松弛。

大顺军进京之后，对明朝降官实行追赃政策，不分贤愚，一律拷掠追赃，打击面太大，许多降官降将的身家性命都不能保，谁还乐意归顺呢？这种不合时宜的追赃政策，实际上是在代农民军的敌对势力"为渊驱鱼"，孤立了自己。

李自成一直重武轻文。在长期战争中，他对如何争取明朝武将投降方

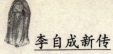

面，所做的工作是比较有耐心的，也收到了一定效果。比如对陈永福的宽大，对待姜瓖、唐通的优礼，就是很好的例证。但大顺政府对文官往往以粗暴方式相对待，以致在政治上造成严重后果。大顺政府规定，文官得受武将节制，这就是说，武将的地位高于文官，实权掌握在一些能征惯战的武将之手。大顺政府违反了我国文武分涂的传统，命令权将军刘宗敏节制文武百官，严重阻碍了招降政策的实施。刘宗敏拷掠吴襄、逼索陈圆圆，导致吴三桂降清引清兵入关，由是铸成大错，这个教训是很深刻的。

大顺军的军纪本来相当严明，自进京之后，一些将领由于经受不住物质生活的引诱，开始享乐腐化，军纪败坏，百姓失望。权将军刘宗敏公开表示，不怕民变，只怕兵变。意思是说，不怕失民心，只怕失军心。刘宗敏的这种看法，对骄兵傲将是一种支持。其实，维护民心与维护军心两者的关系是一致的。只有整顿了军纪，才能挽回民心，民心挽回，支持军队，军心自然稳定；反之，丧失民心，使军队陷于孤立境地，如鱼离水，结果军心亦难维持。大顺军的错误政策和军纪败坏，无疑是它遭到失败的重要原因之一。

四、农民军内部不够团结。

从历代农民起义的结局可以看出，所有成气候的或即将成气候的起义军首领，都有或多或少的帝王思想。当革命初起时，各支起义军为了共同对敌作战，能够互相支援，协同作战，取得许多胜利。可是，到了各支农民军拥有相当雄厚的兵力，就难免发生火并的现象。李自成杀死罗汝才、贺一龙，合并了他们的部队，招致罗、贺部众的反感。贺一龙旧部有不少人投降明军孙传庭与农民军致力死战，这一事实值得深思。李自成从北京撤退后，连战皆败，此时还不好好团结部众，反而听信谗言，杀死李岩，因而使得文武不和，人心涣散，加速了大顺军的失败。

农民起义总要起荡垢涤污的作用。当然，明末农民起义也不会例外。它将当时中国社会上一部分最腐朽、最顽固的黑暗势力——明宗室、勋戚、权贵、宦官以及某些大土地所有者扫荡净尽，这就为后一个朝代集聚民力、休养生息、发展生产廓清了道路。这个伟大的历史功绩是不可磨灭的。但是，农民阶级不是新的生产力的代表者，在封建时代，任何一次农民起义，都不会有成功的希望，或者是被原来的政权所扑灭，或者是像刘邦、朱元璋那样另建立起一个新的封建王朝。不管是哪种情况，农民阶级终究还是不能彻底摆脱剥削和贫穷。即使大顺最后能够取得胜利，也还是不能摆脱这一历史发展规律的支配。

注：

①关于张献忠的死，各书记载有很大不同。此处所叙张死之日期，据《清世祖实录》卷二十九"肃王豪格等奏报"；所叙张死之情况，据 1981 年四川人民出版社《圣教入川记》所载传教士利类思、安文思二人之回忆（二人一度曾为张献忠军所俘，张死时二人就在张军中，见该书 51 页）。

②《明季南略》，卷五。

后 记

大约是 1955 年，中国青年出版社约我为青少年写一本有关李闯王的通俗读物。我写好后自己读了读，感到不满意，所以一直未把稿交去。1961年，北京出版社请吴晗先生写一本大众化的《明史讲话》，吴先生因为忙，约我和他合作，由我承担明末农民起义部分的撰写。不久，"文化大革命"爆发，因此这本书未能按计划完成。1976 年，"四人帮"被打倒后，我又重新振作起精神，重理旧业，把过去所收集的业已散乱零落的旧稿加以整理，费了将近 5 年多时间，才于 1981 年写成这部《李自成新传》。稿子寄到上海人民出版社，编辑部的同志提了许多宝贵意见。1982 年我又到陕西米脂李自成的故乡进行过一次实地考察，进一步对原稿作了某些删削和修改。

在前后断断续续几十年的整理写作过程中，多次中掇，其间所经历的坎坷和艰辛是无法为外人道的。要不是"三中"全会召开，党的知识分子政策进一步落实，这本书恐将永远不会与世见面。

这本书的完成，我应该感谢那些曾经热情支持我、鼓励我、并大力帮助我解决许多实际困难的朋友们，感谢那些为我提供资料、挑选图片、绘制地图*、核对引文、抄写原稿的人。对他们，恕我不一一举名，但是我将会把他们的名字一个一个永远牢记在我心中。

关于李自成的死难地点及死难日期，我已在这本传中作过较详细考证。当我把书稿寄往上海后，我很高兴地收到了湖北省通山县文化局的毛彦斗同志送给我的几份珍贵资料。通过这些资料，可以进一步证实李自成的确是死在通山县九宫山，是死于地主团勇之手，不是死在别处，更非如某些史料所说他是出家做了和尚。资料还清楚地告诉了我们有关李自成遇难时的某些细节。尽管这些细节与《荒书》、《程氏宗谱》等材料所记有所出入，但资料本身仍不失其具有重要参考价值。为了感谢毛彦斗同志的厚意，今将他所赠资料中有关内容抄录数段如下：

《金氏宗谱》卷三："世俊次子字华生，追剿李自成于牛迹岭下。"

《朱氏宗谱》："祥卿公生二子，曰：必贵、宪贵。……宪贵公迁湖广通山之牛迹岭下。……因崇祯末年，闯寇死牛迹岭小月山下，抵此不远，并其住居尽被贼焚，今所存者惟笔录旧底耳。"

《甲申岁弋闯志》（顺治二年乙酉腊万年拙录，民国元年仲秋八世孙麟安移录）："……清师衔纵追击，伧促退武昌。未几南奔，流占九江，图金陵未逞，折洞庭，倍道宁洲，径取横路，与部分兵自率一股，谋占九宫。湘勇合剿，遁李家铺饮马，清军突至遭遇，从者败亡，单骑脱，突进黄土洞，得樵夫助。饥疲转跞，误走葫芦造，乞樵者食。时源口寨首勇程九百闻，遂领寨勇剿逐至牛迹岭下，合寨百余众亦放弩铳，闯趋林内而避，诸勇奋力，犹未能近，须臾夺路，猝遭弩铳击毙。九百刉其首，尽得剑、骑、缨盔、龙袍、佩玉，献于督宪军门佟。翌日，有庄人怜者，草葬之。时顺治元年甲申五月癸未。"

最后，我想要说的是：这本书将完成时，我的老师郑天挺先生答应要为我写一篇序，万没想到，郑先生刚准备动笔，谁知竟溘然与世长辞！郑先生在世时，曾对我写这本书寄予很大期望，可惜他未能来得及看到这本书的出版。为了表示对他的敬意，我愿谨以此书默献给吾师郑先生，作为对老师的纪念。

谢承仁写于北京团瓢书屋

1984 年 2 月 25 日

　*书中的地图（草图）系北京师范学院张树宏同志所绘，不想她已于1984 年因病去世，来不及看到这本书的出版，书此对她表示悼念。

谢承仁于 1986 年 5 月。